W0174100

SVEINUNG MIKKELSEN

DIE FRAUEN
DER DIKTATOREN

Seite an Seite mit Hitler, Stalin, Mao, Idi Amin, Saddam, Gaddafi,
Kim Jong-un und Baschar al-Assad

Aus dem Norwegischen von Daniela Stilzebach

Bibliografische Information der Deutschen Nationalbibliothek:
Die Deutsche Nationalbibliothek verzeichnet diese Publikation in der Deutschen Nationalbibliografie.
Detaillierte bibliografische Daten sind im Internet über http://dnb.d-nb.de abrufbar.

Für Fragen und Anregungen:
info@finanzbuchverlag.de

Originalausgabe, 1. Auflage 2018

© 2018 by FinanzBuch Verlag, ein Imprint der Münchner Verlagsgruppe GmbH
Nymphenburger Straße 86
D-80636 München
Tel.: 089 651285-0
Fax: 089 652096

Copyright der Originalausgabe: DIKTATORENS KVINNER © juritzen forlag as 2014
German translation rights by arrangement with juritzen forlag as, Oslo. Norway

This translation has been published with the financial support of NORLA.
Diese Übersetzung wurde von NORLA (Norwegian Literature Abroad) gefördert.

Übersetzung: Daniela Stilzebach
Redaktion: Werner Wahls
Korrektorat: Hella Neukötter
Umschlaggestaltung: Laura Osswald, in Anlehnung an das Cover der Originalausgabe (by Trygve Skogrand/Passion&Prose)
Umschlagabbildung: © picture alliance/REUTERS/Bobby Yip (Nordkoreanisches Heer), Keystone-France/Gamma-Keystone via Getty Images (Hitler)
Satz: Carsten Klein
Druck: GGP Media GmbH, Pößneck
Printed in Germany

ISBN Print 978-3-95972-115-8
ISBN E-Book (PDF) 978-3-96092-199-8
ISBN E-Book (EPUB, Mobi) 978-3-96092-200-1

Weitere Informationen zum Verlag finden Sie unter

www.finanzbuchverlag.de

Beachten Sie auch unsere weiteren Verlage unter www.m-vg.de.

Inhalt

Vorwort
Frauen nahe der Macht

Sie haben der Macht nahegestanden – sehr nahe –, sie alle. Ansonsten aber waren sie sehr verschieden. Sie haben unterschiedliche Rollen gespielt, und sie hatten unterschiedliche Ambitionen. Einige waren Ehefrauen, andere waren Geliebte. Einige strebten selbst nach Macht. Die meisten waren vollkommen freiwillig dort, einige wurden aber auch gegen ihren Willen hineingezogen. Alle waren sie Frauen in einer von Männern dominierten Welt. Die Rede ist von den Frauen der Diktatoren.

Es ist eine alte und ruhmreiche Tradition, unbekannte Seiten des Lebens von Machthabern aufzuzeigen. Ein großer Klassiker auf dem Gebiet ist die *Geheimgeschichte* des Prokopios von Caesarea, verfasst um das Jahr 550 n. Chr., veröffentlicht jedoch erst lange nach dem Tod des Autors. Im Vergleich zur offiziellen (auch diese im Übrigen von Prokopios geschrieben) erzählt es eine ganz andere Geschichte über den byzantinischen Kaiser Justinian und seine (soll man dem Autor glauben) recht machtfreudige Gattin und Ex-Prostituierte Theodora.

Nun sind Ehefrauen und Geliebte von Diktatoren und anderen Machthabern natürlich Neid und Gerüchten ausgesetzt, oft auch solchen der böswilligen Art. Will man so ein Buch schreiben, wie Sveinung Mikkelsen es getan hat, muss man das im Blick behalten, wenn es darum geht, zu entscheiden, was darin aufgenommen werden soll und was nicht. Unterhaltung ist dabei ein offenkundiges Kriterium. Ein anderes ist die Wahrheit.

Gute Klatschgeschichten sind nicht nur unterhaltsam, sondern auch aufschlussreich, insoweit es berechtigten Grund zu der Annahme gibt, dass sie wahr sind. Sie können ein bedeutendes Gegengewicht bilden zur einseitigen, untertänigen und apologetischen Darstellung von Machtpersonen. In modernen Diktaturen sowie in vormodernen autoritären Staaten (und das betrifft praktisch alle) sind offizielle Darstellungen der Staatsoberhäupter von Propagandaabsichten geprägt. Da ist es nur zuträglich und in vielen Fällen notwendig, Einblicke in Seiten des Lebens der Machthaber zu bekommen, die in der offiziellen Propaganda nicht auftauchen. Es kommt jedoch immer wieder vor, dass auch andere Biografen aus übertriebener Höflichkeit gegenüber ihrem Biografieobjekt peinliche Schattenseiten auslassen. Zum Beispiel heißt es in Lars Roar Langslets Biografie über König Christian Frederik, dass eine Biografie über eine öffentliche Person in der Regel klug daran tut, sich »an das zu halten, was von öffentlichem Interesse ist«.

Eine derartige Höflichkeit findet man in diesem Buch nicht – das heißt, Mikkelsens Ansicht darüber, was von öffentlichem Interesse sein kann, unterscheidet sich von der Langslets. Und das ist gut so, wenn man mich fragt.

Nicht alle Diktatoren sind im Privaten Monster gewesen. Allerdings gibt es auffallend viele Beispiele dafür, dass ungehemmter Machtgebrauch im Großen und ungehemmter Gebrauch und Missbrauch von Frauen im Privaten miteinander einhergehen. Hier ist es natürlich wichtig zu nuancieren. Einige Diktatoren waren offensichtlich direkt böse. Ein Beispiel dafür ist Gaddafi. Andere waren alles in allem einigermaßen rücksichtsvoll.

Es gibt jene Frauen, die man wenig ehrerbietig als Luxustiere bezeichnen kann, die anscheinend primär auf Luxus, Ehre und Aufmerksamkeit aus waren. Es gibt jene, die damit zufrieden waren, in der Öffentlichkeit vollkommen unsichtbar zu sein und sich mit einem Leben gänzlich ohne eigene Ehre oder eigene Macht abgefunden haben. Hitlers Geliebte Eva Braun ist da ein gutes Beispiel. Ein anderes ist einer der tragischsten Fälle in diesem Buch, Stalins Ehefrau Nadeschda Allilujewa.

Und dann gibt es jene, die ihre Position darauf verwendet haben, sich selbst Macht zu beschaffen. Maos Ehefrau Jiang Qing gilt hierbei als das moderne Prachtexemplar. Sie war nicht nur auf Macht aus, sie war offensichtlich auch von einer starken ideologischen Überzeugung getrieben. Oder etwas anders ausgedrückt: Sie war sowohl eine Tyrannin als auch eine Fanatikerin. Sie ging ganz offensichtlich und im wahrsten Sinne des Wortes über Leichen, um dem Zentrum der Macht so nahezukommen, wie es schließlich der Fall war. Nichtsdestotrotz verdient sie meiner Meinung nach Respekt für ihr Auftreten nach der großen Niederlage 1976. Die Protokolle des Prozesses gegen sie zu lesen, hat zudem großen Unterhaltungswert.

Jiang Qing war Anführerin der sogenannten Viererbande, einer Gruppe innerhalb der Führungsebene der Kommunistischen Partei Chinas, die eine ultrarevolutionäre Linie verfocht. Dabei konnte die Gruppe sich auf den alternden und kranken Mao stützen. Nach dessen Tod am 9. September 1976 verloren die vier jedoch einen entscheidenden Machtkampf, wurden abgesetzt, verhaftet, aller nur erdenklichen groben Verbrechen angeklagt und zu harten Strafen verurteilt. Sowohl während des Prozesses als auch danach zeigte sich Jiang Qing kompromisslos, stand zu ihrer Überzeugung und beschimpfte ihre Richter und Gegner. Das ist ein, milde ausgedrückt, erfrischender Kontrast zu einer langen Reihe gefallener Stars in kommunistischen Diktaturen, angefangen mit Stalins Moskauer Prozessen.

Was Jiang Qing betrifft, ist es gewiss sinnvoll, darüber zu spekulieren, was hätte passieren können, wenn sie den Machtkampf 1976 gewonnen und China fortan geführt hätte. Hingegen macht es historisch wenig Sinn, sich Eva Braun als Machthaberin Nazideutschlands vorzustellen (allerdings wäre das vielleicht eine amüsante Idee für einen Roman).

Es ist kein tief greifendes fachhistorisches Werk. Es bietet jedoch ein vielfarbiges Bild sowohl vom Umgang diverser Machthaber mit ihren Frauen als auch vom Wesen dieser Frauen selbst. Ob es einem gefällt oder nicht, Macht ist nun mal ein Aphrodisiakum. Diktatoren können offenbar aus einer Vielzahl williger Bewunderinnen auswählen, wobei es interessant ist zu sehen, welchen Frauentyp sie bevorzugen. Und es ist ebenso interessant zu sehen, welche Rollen die auserwählten Frauen spielen wollten – und welche sie faktisch gespielt haben.

Professor Øystein Sørensen, Oslo, Mai 2014

TEIL 1

Sieg Heil

Der Pantoffelheld

Benito Mussolini

(1883–1945)

»Die Volksmenge, ebenso wie die Frau, ist erschaffen, um vergewaltigt zu werden.«[1]

Benito Mussolini

Mussolini muss sexsüchtig gewesen sein. Sein Verhalten ist zu schmerzlich, monoman selbsterniedrigend, um in irgendeiner anderen Weise erklärt zu werden. Während Europa mehr und mehr auf den Abgrund zumarschierte, zog er wie ein Pavian (seine Worte) umher und schlief mit allen, die in sein Blickfeld gerieten. Ein Arzt gab ihm den Rat, die Anzahl seiner Liebhaberinnen auf eine zu reduzieren.[2] Statistiker haben veranschlagt, dass Mussolini mit mehr als 400 Frauen geschlafen hat.[3] Aber *Il Duce* war kein das Leben genießender Latin Lover. Sein Leben erscheint vielmehr wie eine Art Hölle, sporadisch von Orgasmen unterbrochen. Die Promiskuität ließ ihn hilflos und vor Schuld und Scham zerrissen zurück. Wie ein Alkoholiker, der einer Flasche Schnaps ganz hinten im Schrank die Schuld an einem Saufgelage gibt, behauptete er einmal, dass er mit der französischen Journalistin Magda de Fontanges schlafen musste, um sie daran zu hindern, ihn zu verleumden:

»Sie war eine der üblichen Korrupten, die dir die Alternative servieren: Entweder nimmst du mich, oder wenn du mich nicht nimmst, dann schreibe ich, dass du homosexuell bist, impotent. Also nahm ich sie zwei Mal. Und diese schamlose Frau ging zu einer Zeitschrift und erzählte dort alles. Sie gab an, ich sei so schnell gewesen, dass ich ihr in der Hitze des Gefechts den Slip derart herunterzog, dass er mit einem sonderbaren Geräusch zerriss. Weiterhin schrieb sie, dass ich so schnell fertig war, dass sie überhaupt nichts gemerkt hätte. Sie beschrieb alles, wie ich aussah, alles. Nicht einmal eine Hure hätte ihren Mut und ihre Schamlosigkeit besessen. Ich bedauerte es, dass man mich gezwungen hatte, sie zu empfangen.« All das erzählte er seiner schwer geprüften Liebhaberin Claretta. »Jetzt bist du ganz dunkel im Gesicht, dieses Gespräch hat dich aufgewühlt. Aber das gehört der Vergangenheit an, das war vor zwei Jahren. Ich kann mich nicht einmal mehr daran erinnern, wie sie aussah.«[4]

Nach dem Krieg merkte der reumütige Faschist Curzio Malaparte an, dass »jedes Porträt Mussolinis auch ein Porträt des italienischen Volkes sei«.[5] All die ungerechten, stereotypen Züge, die man den Italienern irgendwie zuschreiben kann, finden sich bei Mussolini allesamt in extravaganter, unverhüllter Zurschaustellung: Völlerei, infantile Sexualität, leere Prahlerei und heftiges Gestikulieren. So gesehen war er eine Art Wegbereiter für erbärmliches Verhalten. Als Silvio Berlusconi 2009 den Rechtsweg wählte, um zu beweisen, dass er nicht impotent ist, war dies etwas, was auch Mussolini hätte einfallen können.[6] Ein kleiner Benito wohnt auch Kapitän Francesco Schettino inne, dem berüchtigten Feigling, der als einer der Ersten im Rettungsboot saß, nachdem er das Kreuzfahrtschiff »Costa Concordia« in dem Versuch, eine Dame zu beeindrucken, auf Grund hatte laufen lassen.

Angelica Balabanoff, eine von Mussolinis Geliebten, beschreibt einen Mann, der Angst vor Hunden hatte, Angst vor Ärzten, Angst vor Friedhöfen und Angst davor, im Dunkeln alleine auf die Straße zu gehen.[7] Die Angst vor dem Alter und dem Tod trifft uns alle, Mussolini aber hat sie gewiss besonders stark empfunden. »Sag mir, dass ich noch jung bin«, flehte er Claretta an, »dass ich nicht fünfundfünfzig Jahre alt bin, dass ich stark bin, dass es nicht zu sehen ist. Ich will nicht sterben«.[8] Der Mussolini, der in ihren Tagebüchern auftaucht, ist ein zitternder geiler Bock und Schwätzer, unsicher, mit unstetem Selbstvertrauen und dem Bedürfnis nach unaufhörlicher Bestätigung: »Die ganze Welt ist gegen mich, von New York bis Tokio, für alles geben sie mir die Schuld, das bin ich gegen den Rest der Welt.«

»Du gewinnst immer«, versicherte ihm Claretta.

»Alle versuchen, mich zu zerstören.«

»Und du zerstörst sie«, versicherte sie ihm.[9]

Letztendlich sollte Mussolini sich selbst zerstören. Seinem turbulenten Liebesleben chronologisch zu folgen, das ist, als baue man einen Turm, der letztendlich unter seinem eigenen Gewicht kollabiert – verdienterweise.

Big Ben

Bereits im Alter von fünf Jahren war Mussolini ein Hengst. Seine autorisierte Biografie beschreibt, wie er das hübscheste Mädchen in der Klasse regelrecht sexuell belästigte: Er küsste und kniff sie, ritt sie wie ein Pferd und zog ihr an den Haaren, bevor er sie nach Hause beorderte.[10] (Mussolinis Ehefrau Rachele war für das Vorwort des Buches verantwortlich.)

Im Alter von achtundzwanzig Jahren veröffentlichte Mussolini schließlich seine Memoiren, mit dem schmissigen Titel *Mein Leben vom 29. Juli 1883 bis zum 23. November 1911*. Angedacht als politische Brandfackel, verliert sich das Werk jedoch in Frauengeschichten. Wir erfahren, dass Mussolini seine Unschuld um die Jahrhundertwende in Forlimpopoli an eine Prostituierte verloren hat: »Ich frequentierte ein Bordell, in dem mich vorzugsweise erfahrene und verruchte Frauen in die Mysterien und Laster der Liebe einweihten. Seit diesem Tag betrachte ich alle Frauen, die ich anfasse, genauso wie jene in diesem Bordell. Sie sind da, um mein Fleisch zu befriedigen.« Nachdem er den Wehrdienst abgeleistet hatte, arbeitete er als Lehrer in Tolmezzo, einer kleinen Stadt in der Nähe von Venedig. Er begann eine Affäre mit »einer Frau um die dreißig, noch immer hübsch und reizend, trotz all der Abenteuer, die sie hinter sich hatte«. (Später bezog Mussolini vom Ehemann besagter Frau, dem das Wirtshaus gehörte, in dem er wohnte, Prügel.)[11]

In seiner Autobiografie berichtet er auch schamlos, wie er im Jahr darauf das Nachbarsmädchen Virginia vergewaltigte. Danach weinte sie und beschuldigte ihn, ihre »Ehre« gestohlen zu haben. »Vielleicht«, schreibt Mussolini, »aber von welcher Art von Ehre sprach sie?« Mussolini bedient sich hier einer feministischen Perspektive: Die Auffassung des Bürgertums von der Sexualität außerhalb der Ehe ist abscheulich. Kaum zu glauben, aber wahr: Mussolini und Virginia wurden danach ein Paar und blieben drei Monate lang zusammen.[12]

Mussolinis vorhergehendes Buchprojekt mit dem Titel *Die Geschichte der Philosophie* war von Studien Nietzsches in der Schweiz inspiriert.[13] Später behauptete er, das unfertige Manuskript sei von der Russin Angelica verbrannt worden, die des Italienischen nicht mächtig war und annahm, all die fremden Namen seien Namen »meiner Geliebten. Folglich ließ sie die läuternden Flammen das verzehren, was sie für eine Chronik dieser Frauen hielt!«[14]

Als Mussolini einmal seine Mutter als Lehrer vertrat, begegnete er unter den Schülern seiner zukünftigen Frau. Als Rachele Guidi während des Unterrichts Possen trieb, schlug ihr Mussolini mit einem Lineal auf die Finger. »Ich schwankte zwischen Weinen und Wut«, sagte Rachele später. »Ich zog die Hand zum Mund, meine Aufmerksamkeit jedoch blieb an seinen zwei enormen, tiefschwarzen Augen hängen, die so einen Willen ausstrahlten, dass ich mich beruhigte, auch wenn ich nicht hörte, was der Lehrer sagte.«[15] (Eine Quelle behauptet, Mussolini hätte es zuerst bei Racheles älterer Schwester Anna versucht, die ihn jedoch abwies, weshalb er zur Nächstbesten überging.[16])

Was Mussolini als Lehrer taugte, ist unklar. Schenkt man einer seiner späteren Geliebten (die allen Grund hat, ihre Rivalin zu verleumden) Glauben, lernte Rachele erst als Erwachsene schreiben, und nicht einmal da sonderlich gut. Sie beendete ihre Briefe mit »bachi« (Insekt) anstatt »baci« (Kuss). Die Briefe waren auch sonst so voller dummer Fehler, dass sich Mussolini einen Spaß daraus machte, sie hervorzuholen und anderen zu zeigen, wenn er zum Saufen unterwegs war.[17]

Zu Beginn ihrer Beziehung nannte Rachele Mussolini noch lange Zeit »Lehrer«.[18] Der Lehrer seinerseits beschrieb den Vollzug des Verhältnisses wie folgt: »Sie stand in voller Blüte, frisch, mit zwei fantastischen Brüsten. Hübsch. Bauernmädchen, aber hübsch ... Eines Tages warf ich sie auf das Sofa und nahm ihre Unschuld mit meiner üblichen Gewalt.«[19] Es hat mitunter den Anschein, als habe der Beziehung ein sadomasochistisches Element innegewohnt, jedoch war das Bett möglicherweise der einzige Ort, an dem der Mann bestimmen durfte. Mussolini war viele Jahre lang ein Trinker. Einmal kam er betrunken zu Rachele nach Hause und fing an, das Wohnzimmer zu verwüsten. Um ihn unter Kontrolle zu bekommen, musste sie die Nachbarn und einen Arzt herbeirufen. Während Mussolini ans Bett gefesselt war, machte Rachele ihm klar, wo der Hammer hängt:

»Mach dir eins klar. Ich werde niemals einen Alkoholiker als Mann akzeptieren. Als ich klein war, hatte ich eine Tante, die trank, ich habe bereits genug gelitten. Ich weiß, dass du große Qualitäten hast, und ich bin bereit, dir die Frauen zu vergeben, aber kommst du noch einmal so nach Hause, schwöre ich, dich zu töten.«[20]

Danach trank Mussolini mit Maß.

Rachele und er waren zwar ein Paar, wohnten aber zunächst nicht zusammen. In der Zeit galt das als skandalös, entsprach jedoch Mussolinis radikaler Politik. Bevor er Faschist wurde, war er nämlich Sozialist und Anarchist sowie ein prominentes Mitglied der *Partito Socialista Italiano*. 1909 wurde ihm die Stelle als Redakteur einer sozialistischen Wochenzeitung in Trient in der Region Trentino-Südtirol angeboten, das zu dieser Zeit zu Österreich-Ungarn gehörte.[21]

Es dauerte nicht einmal ein Jahr, bis Mussolini wegen Aufwiegelung deportiert wurde, bis dahin hatte er es jedoch bereits geschafft, mit einer verheirateten Gewerkschafterin ein Kind in die Welt zu setzen (sowohl das Baby als auch die Mutter starben kurz darauf) sowie ein Verhältnis mit der Österreicherin Ida Irene Dalser einzugehen – später bereute es Mussolini, sich mit dieser »Neurotikerin« eingelassen zu haben.[22]

Zurück in Forlì wollte er bei Rachele einziehen. Wegen Mussolinis gefährlicher revolutionärer Aktivitäten waren ihre Eltern jedoch gegen die Beziehung. Racheles Memoiren zufolge verabredete das Paar ein kleines Schauspiel, um die Eltern zu »überreden«: Mussolini erschien mit einem Revolver im Haus der Schwiegereltern. »Der ist mit sechs Kugeln geladen. Wenn Sie sich Rachele und mir weiterhin in den Weg stellen, ist eine davon für sie und fünf sind für mich. Es ist Ihre Entscheidung!« Die Erlaubnis wurde erteilt.[23] Vom 17. Januar 1910 an wohnten sie zusammen. Im September gebar Rachele Tochter Edda, das erste ihrer fünf Kinder.

Von links nach rechts

Ende 1912 zog Mussolini nach Mailand, um als Redakteur für die offizielle italienische Sozialistenzeitung *Avanti!* [dt.: »Vorwärts«] zu arbeiten. Er ließ Frau und Kind zurück – und die Affäre mit Ida Dalser wieder aufleben, die in Mailand einen Schönheitssalon betrieb. Während sie zur Eröffnung einer neuen Filiale nach Paris reiste, lernte Mussolini Leda Rafanelli kennen. Sie war in Alexandria geboren, wo sie zum Islam konvertiert war. Als die Briten sie aus Ägypten herauswarfen, nahm sie all ihre »neuen Ideen« mit nach Mailand. Sie trug traditionelle arabische Kleidung und frönte ihrer Religion so oft sie konnte;[24] gleichzeitig schrieb sie gewagte Romane mit Titeln wie *Die unehelichen Kinder des Prinzen* und war eine Verfechterin von Anarchismus,

Antirassismus und freier Liebe. Dieses eigenartige Potpourri von Lebensanschauungen einer äußerst selbstständigen Frau hätte einen Chauvinisten wie Mussolini abschrecken müssen, aber er verliebte sich Hals über Kopf, und die beiden stürzten sich in ein stürmisches Verhältnis. (Zu etwas anderem als »stürmischen Verhältnissen« war Mussolini anscheinend nicht in der Lage.)

In der anarchistischen Zeitung *La Libertà* beschrieb Rafanelli Mussolini als »einen Sozialisten für heldenhafte Zeiten. Er ist einer, der immer noch fühlt, immer noch impulsiv glaubt, in viriler und mächtiger Weise. Er ist ein Mann.« Um ihr zu imponieren, kleidete sich Mussolini einmal komplett in Beduinentracht. Er schrieb: »Lass uns gemeinsam Nietzsche und den Koran lesen.«[25] Auch wenn sie gewiss miteinander schliefen, konnte er sie nie seinem Stall der festen Geliebten einverleiben.[26] Nach achtzehn Monaten zerbrach das Verhältnis aufgrund von Mussolinis Haltung zum Ersten Weltkrieg, der soeben ausgebrochen war.[27] Mussolini wollte, dass sich Italien an der Seite der Alliierten in den Krieg begab, weil er hoffte, ein großer Krieg würde das ganze kapitalistische System stürzen.[28] Wegen der Kriegshetze warf man ihn auch aus der Sozialistenpartei, der daran gelegen war, dass Italien neutral blieb. Als Ida Dalser nach Mailand zurückkehrte, ertrank er seine Sorgen in ihr. Sie heirateten 1914 kirchlich, anscheinend aus einem reinen Impuls heraus.[29]

1915 bekam Mussolini das, was er wollte: Italien erklärte Österreich den Krieg. Mussolini nahm selbst als Soldat daran teil.[30] Im November erhielt er einen Brief mit schlechten Nachrichten: Ida hatte einen Sohn bekommen und ihn Benito Albino getauft. Kurz darauf erkrankte Mussolini an Typhus, einer Darminfektion. Als Rachele und Ida Dalser Mussolini zufällig zur gleichen Zeit im Krankenhaus besuchten, gab es Krach. Die beiden Frauen schrien und fauchten einander an, bevor das Ganze in einen Kampf mit bloßen Fäusten ausartete. Als das Krankenhauspersonal Mussolini fragte, welche von beiden er empfangen wolle, antwortete dieser: »Darüber müssen Sie sich

keine Sorgen machen. Beide sind hübsch und lieben mich. Lassen Sie
sie einander töten!«[31] Späterhin wurde Ida aus dem Hotel geworfen,
in dem sie zusammen mit dem Sohn wohnte, da sie ihr Zimmer nicht
bezahlen konnte.[32] In ihrer Wut legte sie in der Lobby Feuer. Als die
Polizei eintraf, gab das Personal »Frau Mussolini« als Schuldige an,
denn unter diesem Namen hatte Ida im Hotel eingecheckt. An ihrer
Stelle wurde jedoch Rachele verhaftet und ins Gefängnis gesteckt. Erst
nach vielen Stunden kam sie frei, Ida kaum freundlicher gesinnt.

Um Rachele eine höhere Stellung als Ida zu sichern, beeilte Mussolini sich, sie zu heiraten, nachdem er aus dem Krankenhaus entlassen wurde. Zudem schwängerte er sie zum zweiten Mal. (Auf dem
Rückweg an die Front machte er trotzdem einen Abstecher zu Ida und
Benito Albino.) Mussolinis einzige Kriegsverletzung zog er sich später
zu – eine Artilleriekanone explodierte, als seine Einheit überprüfen
sollte, ob selbige funktionierte.

Nach dem Bruch mit dem Sozialismus organisierte Mussolini
mehrere paramilitärische Faschistengruppen. Eine seiner Geliebten
erinnerte sich gut daran, wie sie aus vollem Hals lachten, als Mussolini einmal eine brennende Zigarette auf eine Bombe legte und sie
beinahe alle in die Luft sprengte. Rachele versteckte sich mit den Kindern zu Hause, bewaffnet mit einer Handgranate, für den Fall, dass
Mussolinis Gegner angreifen würden.[33]

Faschisten und Sozialisten bekämpften sich in den Straßen.
Streiks und Fabrikbesetzungen scheuchten mächtige, reiche Männer
auf Mussolinis Seite hinüber. Im Oktober 1922 marschierten Tausende Schwarzhemden Richtung Rom und Mussolini verschaffte sich
durch diese Drohung den Posten des Ministerpräsidenten, Rachele
und die von ihm anerkannten Kinder brachte er nun in einer großen
Villa außerhalb von Forlimpopoli unter.[34] Die Wahl 1924 endete für
die Faschisten ausgesprochen erfolgreich, dank Drohungen und eines
neuen Wahlgesetzes. Nach dem Mord an dem Sozialisten Giacomo
Matteotti verließ die Opposition aus Protest das Parlament. Mussolini

gewährte ihr nie wieder Zutritt. Vollendet wurde Mussolinis Diktatur durch Einschränkungen der Presse- und Versammlungsfreiheit, unterstützt von liberalen und konservativen Politikern, die die Sozialisten noch immer mehr fürchteten als die Faschisten.[35] Jetzt hatte Mussolini sein Italien.

An Ort und Stelle

Während er sich an der Front befand, hatte Ida ihn mit ihren Briefen geplagt. Nach dem Krieg verklagte sie ihn auf höhere Unterhaltszahlungen. Eines Abends kam sie zum Bürogebäude von Mussolinis Faschistenzeitung *Il popolo d'Italia* [dt.: »Italiens Volk«], wo sie mit dem Kind auf dem Arm vor der Tür herumschimpfte. Mussolini ging hinaus auf den Balkon und drohte ihr mit einer Pistole. Die Kollegen konnten ihn beruhigen, und sie gingen alle zusammen zum Polizeirevier, aber selbst nach einem langen Verhör beharrte Ida noch immer darauf, im Recht zu sein.[36] Jetzt, nach der Machtübernahme, mobilisierte Mussolini den ganzen Staatsapparat, um sie loszuwerden. Er ließ alle Beweise eines Ehepaktes zerstören. Einzig weil ein Brief vom Mailänder Stadtrat erhalten geblieben ist, sind Ehe und Vaterschaft dennoch bekannt. Als Ida zurückschlug – indem sie behauptete, Mussolini sei von den Franzosen bestochen worden, um Lobbyarbeit für einen italienischen Krieg gegen Deutschland zu betreiben –, ließ er sie ins Irrenhaus verfrachten. Dem kleinen Benito Albino wurde erzählt, seine Mutter sei tot, woraufhin er von einem Polizeichef auf Sardinien adoptiert wurde. Je nach Quelle starb er entweder als Soldat im Zweiten Weltkrieg oder an einer Überdosis Koma auslösender Mittel in einer chinesischen Psychiatrie. Ida starb 1937 an einer Hirnblutung.[37]

Um ihm nahe Personen zu schützen, lehnte sich Mussolini weit aus dem Fenster. Als Italien, auf Druck von Deutschland, 1938 Rassengesetze einführte, half er seiner langjährigen jüdischen Gelieb-

ten Margherita Sarfatti, aus Europa zu fliehen.[38] Sie hatte Italien für
Frankreich verlassen, brauchte aber einen Pass, um in die USA reisen zu können. Mussolini kritzelte seine Genehmigung auf ein Telegramm: »Ja/M.«[39] Sarfatti hatte eine Zeit lang Probleme, ein Visum
für die USA zu bekommen, unter anderem, weil sie sich selbst in
dem Antrag als »eine herausragende Faschistin ... eine Gründerin des
Faschismus« beschrieben hatte.[40] Die Übertreibung war möglicherweise ihrem übergroßen Ego geschuldet; sie war auch der Meinung,
dass die neuen antisemitischen Gesetze Mussolinis eine kleinka-
rierte, private Rache an ihr seien und dass es nur Zufall sei, dass sie
auch alle anderen italienischen Juden trafen.[41]In der Tat hatte Sarfatti
großen Einfluss auf ihn. Sie beriet ihn in Sachen politischer Taktik
und brachte ihn dazu, vom Republikanismus abzulassen und die
Monarchie zu umarmen, was eine ernsthafte Spaltung innerhalb der
Faschistenpartei verhinderte und den Weg für die spätere Machtübernahme frei machte.[42] Unbestreitbar lieferte sie den Beton für Mussolinis ideologische Grundmauer. Später wurde sie desillusioniert.
Mussolini »machte den Faschismus zu einem grotesken missgebil-
deten Schatten von dem, was er ursprünglich war«.[43] Als sie später
ein Buch über diese Zeit veröffentlichte, trug es den Titel *Ich habe
mich geirrt*.

Mussolini mochte Frauen, die ein bisschen was zum Anpacken
vorweisen konnten. Er sagte: »Eine Frau ohne große Brüste ist wie
ein Bett ohne Kissen – äußerst unangenehm.«[44] Er versuchte, diese
Präferenz zur offiziellen Richtlinie zu machen, und brachte 1935 das
Kulturministerium dazu, die Modeindustrie zu einer »Konferenz« zu
versammeln. Die Firmenchefs, Designer, Journalisten und Reklame-
leute erhielten die strenge Anweisung, dünne Modelle durch üppi-
gere Frauen zu ersetzen.[45] Mussolini war der Meinung, dünne Mädchen hätten es schwer, viele Kinder zu bekommen: »Ein Mädchen,
das seine dünne Figur über alles stellt, hat Angst, in den Monaten,
die eine erfolgreiche Schwangerschaft erfordert, seine Figur zu ver-

lieren. So verhält es sich nicht für ein Mädchen, das es gewohnt ist, übergewichtig zu sein. Es kann, dank seiner physischen Reserven, die Prüfungen der Niederkunft viel leichter überstehen. Eine dicke frischgebackene Mutter erträgt zumindest den Schmerz mit weniger Schwierigkeiten.«[46] Zu dieser Zeit fuhr das Regime bereits Werbekampagnen gegen das Zölibat. Unverheiratete Männer mussten eine Sondersteuer entrichten, während Familien mit über sieben Kindern Steuererleichterungen zuteilwurden.[47] Mussolini wünschte sich so viele Italiener wie möglich, auf dem größtmöglichen Gebiet. Zentral in der faschistischen Ideologie war das Konzept *spazio vitale*, italienisch für *Lebensraum*. Mussolini drängte vor Gericht darauf, Landgebiete von »minderwertigen« Völkern zu übernehmen. Trotzdem war der Rassismus nicht so »wissenschaftlich« fundiert wie in Nazideutschland. Vor allem Mussolinis Antisemitismus wirkt emotional und reflexiv: »Ah, diese Juden, ich werde sie alle vernichten ... Ich war nett, geduldig. Ich habe sie nicht zu hart getroffen, während sie ... Sie sind ein paar ziemliche Schweine. Lesen Sie, lesen Sie hier. Hundepack ... Aber ich werde jeden Einzelnen töten, alle.«[48] Trotz solcher Aussagen, von denen es mehrere gibt, begannen die Deportationen von Juden in die Todeslager erst nach Mussolinis Absetzung.

Zum Aufbau des Personenkults, von dem Diktatoren abhängig sind, verteilte Mussolini rund dreißig Millionen Fotos von sich an die italienische Bevölkerung. Als Claretta Petacci vierzehn Jahre alt war, waren die Wände ihres Zimmers bereits mit Bildern von *Il Duce* bedeckt.[49] Sie schickte Mussolini Liebesgedichte. 1932, im Alter von zwanzig Jahren, durfte sie ihr Idol endlich kennenlernen. Mussolini log und sagte, er würde sich gut an ihre Gedichte erinnern: »Es lag viel Seele in deinen Versen, viel Gefühl.« Clarettas bedauernswerter Freund wartete, weshalb Claretta sagte: »*Duce*, es war eine Freude ...« Als sie gehen wollte, blieb ihr Kleid an einem Zweig hängen. Mussolini half ihr, es loszumachen. Sie schauten einander in die Augen.[50] Beider Schicksal war besiegelt.

Die Schöne und der Bulle

Als historische Quelle besitzt Petaccis Tagebuch einen gewissen Wert. Es dokumentiert Mussolinis Meinung über Beethoven (»schade, dass er Jude gewesen sein soll«[51]),* Franco (»ein Idiot«[52]), Hitler (»schwach und dumm«[53]), Frankreich (»der Premierminister ist Jude, der Ministerpräsident ist schwarz, alle Frauen sind Huren«[54]), den Papst (»eine Katastrophe«[55]) und so weiter. Allen voran aber ist es eine Seifenoper. Selbst wenn man den Faschismus nicht befürwortet, ist es direkt frustrierend, wenn man bedenkt, wie viel Zeit auf idiotische Intrigen und die ewige Jagd nach Frauen vergeudet wurde, anstatt das Land zu regieren.

Am Anfang jedoch war die Liebe rein platonisch. Der Grund dafür ist nicht ganz sicher, allerdings hat es den Anschein, als habe der Altersunterschied für Mussolini eine Rolle gespielt. In den ersten Jahren besteht Clarettas Tagebuch aus niedergeschriebenen Telefongesprächen und beigelegten Liebesbriefen wie diesem, datiert auf den 12. November 1932:[56]

Exzellenz,
Meine kleine blaue Notiz ist vielleicht verloren gegangen im Licht dieser Glorie, im Windstoß dieses Triumphes?
Ich habe kaum Mut, meine Frage erneut zu formulieren, so bebt mein Herz, es bebt vor Gefühlen, einem großen Gefühl, Exzellenz, und wäre es nicht wegen meines großen Wunsches, wegen des freudigen Gedankens daran, Sie wiederzusehen, und wegen der Erinnerung an Ihre große Güte, würde ich es niemals wagen ... Ich, die ich so unbedeutend bin ...
Können Sie, die größte Exzellenz, die jemals existiert hat, ein ganz klein wenig Zeit für mich erübrigen? S.I.E bereiten mir noch immer unendlich viel Freude.

---

* Beethoven war kein Jude.

Mit einer Seele, die vor Hoffnung und in tiefster Dankbarkeit zittert, überbringe ich Ihnen, Exzellenz, meinen ergebenen und furchtsamen Gruß, der all mein Warten in sich trägt. Sie müssen entschuldigen, dass ich hinzufüge: 9-10-17-18

Die Zahlen beziehen sich auf die Uhrzeiten, zu denen Claretta am Telefon wartet: von neun bis zehn am Morgen und von fünf bis sechs am Nachmittag. Letztendlich wurde sie des Wartens so überdrüssig, dass sie im Juni 1934 ihren Freund Riccardo Federici heiratete. Es wurde eine unglückliche Ehe.[57]

Im Mai 1936 eroberte Italien Äthiopien. »Nur 1200 Tote«, merkte Mussolini an. »Ich glaube, so billig hat niemals jemand ein Imperium bekommen.« Kurz darauf »vollzogen« er und Claretta ihr Verhältnis. Sie und Federici ließen sich scheiden.[58] Im Oktober machte Mussolini den merkwürdigen Schritt, Clarettas Mutter offiziell um die Hand der Tochter in Untreue anzuhalten. Er tauchte in seine feinste Uniform gekleidet auf und fragte: »Frau, kann ich Ihre Tochter lieben?«[59] (Zumindest drohte er ihr nicht mit einem Revolver.)

Als es schließlich zur körperlichen Liebe kam, war sie gut, wenn auch etwas zu leidenschaftlich. Mussolini gab mitunter Geräusche wie die eines »verletzten Tieres« von sich.[60] Während eines Geschlechtsakts verdrehte er Clarettas Nase »derart, dass sie brach«. Mussolini entschuldigte sich überschwänglich – »meine Liebe, ich bin doch ein Raubtier, entschuldige«[61] –, sagte anschließend jedoch, dass er gewalttätigen Sex langweiligem vorzöge. »Wäre es nicht so, würde es ehelichem Geschlechtsverkehr gleichkommen. Stattdessen hast du tiefen Kummer, und ich zerstöre deine Nase.« Ein anderes Mal, nachdem er sie gebissen hatte, entschuldigte er sich: »Meine Liebe, sieh, was ich mit dir gemacht habe, sieh dir den Fleck an. Eines schönen Tages reiße ich dir vermutlich die Schulter ab.«[62]

Es kann nicht ohne Bedeutung sein, dass sich Mussolini von allen Tieren der Welt am meisten mit dem Bullen identifizierte und Claretta mit der Kuh. Er erzählte ihr, dass der Bulle »ein furchteinflößendes Tier ist. Es lohnt, sich ihr Paarungsverhalten anzusehen, um eine Vorstellung davon zu bekommen, wie die Natur ist ... Er stellt sich hinter die Kuh, springt mit den Vorderbeinen auf ihren Rücken und pflanzt den Stab in sie, der fast genauso lang ist wie ein Arm. Wenige Sekunden später ist alles vorbei. Dann stößt er ein lautes Gebrüll aus und bekommt gewaltige Spasmen. Direkt nachdem er von ihr abgestiegen ist, wird er traurig, niedergeschlagen, so als hätte ihn jemand geschlagen. Sie lässt sich wieder in den Stall führen, wie ein kleines Lamm, treu und satt.«[63]

Zuweilen teilte Mussolini auch die Gehirnkapazität eines Bullen. Claretta war eifersüchtig auf seine vielen anderen Frauen. Er machte das Ganze schlimmer, indem er plapperte, plapperte und plapperte. Am 6. November 1937 erzählt Mussolini Claretta, dass Prinzessin Maria José einmal versucht habe, ihn am Strand zu verführen.

Maria José war jung und schön – und unglücklich in einer arrangierten Ehe gefangen. Mussolinis Version der Geschehnisse ist voll von Details der Art, wie man sie hinzufügt, um eine Lüge glaubwürdiger zu machen: »Sie war fast nackt, schwarzer kurzer Slip und zwei kleine Streifen über der Brust ... logischerweise zog auch ich meine Hose aus ... soll ich ehrlich sein, passierte bei mir nichts, ich reagierte physisch überhaupt nicht ... Sie saß so, dass sogar ihre Schamhaare zu sehen waren ... Und trotzdem, sie hätte noch hässlicher sein können, denn direkt hässlich ist sie ja nicht ... Anschließend positionierte sie sich in allen möglichen Stellungen, auf dem Bauch, mit dem Hintern in die Luft ... Sie muss gedacht haben: ›Entweder ist Mussolini impotent oder er ist ein Idiot.‹«[64] (Die gleiche Entschuldigung verwendete er gegenüber Sarfatti, um zu rechtfertigen, dass er mit einer französischen Spionin geschlafen hatte: »Hätte ich Nein gesagt, hätte sie geglaubt, dass ich vollends die Potenz verloren hätte. Da muss ich trotz allem doch ein kleines Opfer bringen, um meinen Ruf aufrechtzuerhalten!«[65])

Die Wahrheit kam erst 2011 heraus. Das italienische Wochenblatt *Oggi* [dt.: »Heute«] erhielt Zugang zu einem alten Brief, geschrieben von Mussolinis Sohn Romano. Er bestätigt, dass *Il Duce* und die Prinzessin ein kurzes Techtelmechtel hatten und dass die Mutter davon wusste. Im Hinblick auf seine hundertfachen Eroberungen und Begattungen, warum sollte es Mussolini kümmern, wenn gerade diese bekannt werden sollte? Möglicherweise hatte er Angst, von politischen Feinden in eine Falle gelockt zu werden; der Widerstand der Prinzessin gegenüber dem Faschismus war wohlbekannt. Mussolini führte auch eine Kampagne gegen ihren Mann, wobei er versuchte, Prinz Umberto II. als homosexuell anzuschwärzen (was er wahrscheinlich auch war). In dem Zusammenhang gab Mussolini auch an, dass Maria José ihn gefragt habe, was er von Männern mit »anderen Tendenzen als den richtigen« halte. Ein Dreiecksdrama mit der Königsfamilie wäre zu viel gewesen, selbst für ein Wildschwein wie Mussolini. Der Ordnung halber hatte er folgende Ansicht von Schwulen: »Ich teile sie in zwei Kategorien, die Kranken und die Lasterhaften. Die Kranken tun mir leid, die Lasterhaften verurteile und verabscheue ich.« Zu Claretta sagte er, er hoffe, dass der Prinz »gesund« würde und über seine »jugendlichen Einfälle« hinwegkäme. Anschließend schliefen Claretta und Mussolini miteinander, »zwei Mal«.

Nach dem Krieg bekam Maria José den Beinamen »Maikönigin«; zusammen mit Umberto regierte sie fünfunddreißig Tage, bevor die Monarchie per Volksabstimmung abgeschafft wurde. Im Exil in Portugal reichte sie unmittelbar die Scheidung ein. Sie starb 2001.

Eifersucht

Eine andere Geliebte Mussolinis zu dieser Zeit hieß Romilda Ruspi Mingardi. Eines der wenigen Dinge, die wir von ihr wissen, ist, dass Claretta sie hasste. Am 10. April 1937 sieht sie Mussolini und Ruspi zusammen in der Oper: »Ich dachte, ich würde vor Schmerz sterben, ich hatte einen Schraubstock im Herzen.« Letztendlich erklärte ihr Mussolini, wie alles zusammenhing, dass sie nicht die Einzige war. Claretta schreibt: »Ich glaubte, ich müsse sterben.«[66]

Die kurzen Aufzeichnungen vom Juni 1937 geben einen repräsentativen Einblick in die Höhen und Tiefen des Verhältnisses:

12.: »Bei dir. Geschlechtsverkehr. Schnell und nervös.«

13.: »Du bist nach Rimini gefahren, bis zum 21., ohne mich anzurufen.«

21.: »Ich habe versucht, zu dir zu kommen, aber du konntest nicht.«

26.: »Du bist zu mir gekommen, Liebster. Welch Freude, welch große Freude.«

27.: »Du bist gefahren, ohne mich anzurufen. Am 2. Juli warst du zurück. Tage von unendlicher Traurigkeit, Angst und Verzweiflung. Du warst so anders, so fern, mein Herz wurde zermalmt. Ich habe aufgehört zu schlafen, aufgehört zu leben.«

Im September 1937 machte Mussolini mit Ruspi Schluss und gab Claretta den Vorzug. Er rief sie an und plapperte: »Es ist Schluss, sie ist weiter weg als Alaska.« Pause. Dann: »Wo ist Alaska?«[67]

Bereits im darauffolgenden Monat schlief er wieder mit Ruspi. Claretta kitzelte es aus ihm heraus. »Nun gut, hör zu. Es stimmt, ich habe sie dreimal genommen, ja, dreimal. Ich schwöre bei meinen fünf Kindern, dass es nur dreimal war, und ohne größere Lust.«[68]

Auch wenn Mussolini betonte, dass Ruspi keine Bedeutung hatte, war es für Claretta demütigend: »Es war ausschließlich physische Anziehung, sexuell, und auch das nicht in übertriebenem Ausmaß. Das beweist die Tatsache, dass ich andere Liebhaberinnen hatte, ich trug meinen Teil bei, nahm sie jedes Mal, wenn sie zu mir kam. Ich war so wenig interessiert, dass ich mir direkt vor ihren Augen andere Frauen nahm.«[69]

Ruspi bekam einen Sohn, der ihrer Behauptung nach von Mussolini war. Der leugnete es (»Ich bin immer so vorsichtig gewesen.«[70]). Claretta gegenüber sagte er, das Kind »ähnelt mir ebenso sehr wie deine Brüste«![71] Ende Februar machte er erneut endgültig Schluss mit Ruspi.

Mit der *Ehefrau* Schluss zu machen, hat er anscheinend nie in Betracht gezogen, obwohl Mussolini sie schrecklich hässlich fand: »Ich verstehe nicht, warum sich Frauen mit fünfzig Sonnenlicht aussetzen. Heute war meine Ehefrau mit mir zusammen, und sie hielt sich eine Zeitung über den Kopf und setzte sich in die Sonne ... Ich sah sie an, sie ist eine einzige große Falte. Abscheuliches Alter. Plötzlich setzte sie eine Miene auf, wodurch ihr Gesicht länger wurde, und da ähnelte sie zur Verwechslung ihrer bedauernswerten Mutter. Grausam.«[72] Die Ehefrau hatte, zu ihrem Glück, auch Liebhaber, darunter das örtliche Schwarzhemd Corrado Varoli sowie den Bahnhofsvorsteher von Forlì.[73]

Mussolini betrog Claretta auch noch mit einer dritten Langzeitgeliebten, Alice De Pallottelli Fonseca, mit der er zwei Kinder bekam. Eines Tages hatte Claretta den Verdacht, dass er eine andere treffen sollte. Mussolini spielte den Beleidigten: »Demütige mich nicht, ich bin kein Pavian mehr.« Am gleichen Tag ertappte sie ihn und Pallottelli auf frischer Tat und Mussolini musste zu Kreuze kriechen: »Ich bin ein Tier.« Aber anstatt das Ganze ruhen zu lassen und auf Vergebung zu hoffen, kam er mit Entschuldigungen und Erklärungen: »Ich habe sie seit Dezember nicht gesehen, vor Weihnachten. Und ich hatte Lust, sie wiederzusehen. Es hat mir ganz einfach gepasst, sie zu sehen, ich betrachte das nicht als ein Verbrechen. Das Ganze hat bloß zwölf Minuten gedauert.«

»Fünfundzwanzig!«, schrie Claretta, die vor der Tür gestanden und die Zeit gestoppt hatte.

»Dann vierundzwanzig, das Ganze ging sehr schnell. Du verstehst wohl, dass diese Frau den Zenit überschritten hat. Nach siebzehn Jahren ist das nicht mehr der große Enthusiasmus, es ist, wie wenn ich meine Frau nehme ...«[74]

Eines Tages fand Claretta in Mussolinis Wohnung die Gürtel-schnalle einer Frau. Er bekreuzigte sich, fiel auf die Knie und öffnete erneut seinen großen Mund: »Das ist äußerst seltsam, ich habe den Verdacht, jemand hat sie hier platziert ... Würdest du nicht so leiden, wäre ich niemals in der Lage, nur dein zu sein. Es ist für mich vollkom-men undenkbar, nur mit einer Frau zusammen zu sein. Es gab eine Zeit, da hatte ich vierzehn Frauen, und ich nahm jeden Abend drei, vier, die eine nach der anderen. Einmal Rismondo um 20 Uhr, Sarfatti um 21 Uhr, Magda um 22 Uhr und um 23 Uhr eine Brasilianerin.«[75]

So ging es weiter, wieder und wieder, reumütige Beichten, eine selbsthassende und sadistische Aufzählung aller Frauen, die er »genommen« hat: »Ich muss einräumen, dass ich es bereue, meine Energie auf all diese Frauen verwendet zu haben. Ich hatte so viele, viel zu viele. Ich habe Zeit und Kraft auf Frauen verwendet, die, wie sich zeigte, es nicht wert waren ... [Mir wird] übel von all diesen Frauen. Ich denke an sie als Prostituierte. Sie haben sich angeboten und ich habe mich bedient. Ich kann mich an keine einzige von ihnen erin-nern, und an die ich mich erinnere, die wirken so unbedeutend.«[76] Was wollte er mit dieser Aussage erreichen? Er fühlte sich Claretta offensichtlich sehr nahe, keiner anderen erzählte er absolut alles. Allerdings gebrauchte er ihre Ohren als Mülleimer für all seine Sün-den. Er konnte an einem Tag Schluss machen und am nächsten so tun, als wäre nichts geschehen. Samstag, den 15. Januar 1938, sagte er: »Hör zu, ich habe mich entschieden, dich zu verlassen. Doch, es ist das Beste, wenn wir nur gute Freunde sind.« Mussolini war nämlich einer Achtzehnjährigen begegnet. »Sie ist blond, mager, sehr hübsch und sympathisch, damit ist dein Zyklus vorüber.« Mussolini ging. Am Sonntag sagte er: »Du musst mir glauben, ich liebe dich und ich bin rein ... Sollte ich dich betrogen haben, will ich lieber meine fünf Kinder tot sehen.«[77] (Er log ununterbrochen und schwor schamlos auf seine fünf Kinder, Christi Blut und die ewige Seele seiner Mutter.) Er konnte einen neuen Tag damit beginnen, um Entschuldigung für den vergan-

genen Tag zu bitten. Kurze Zeit später konnte er Claretta in Wut raus-
schmeißen. Nach Mitternacht war er verzweifelt und holte sie zurück,
voller Gefühlsduselei: »Lass uns zusammen zum Terminillo fahren,
wir dürfen uns niemals trennen, wir lieben viel zu wenig.«[78]

Selbst dann, wenn er seine Liebe in ornamentalen Monologen pro-
klamierte – »Nach dem unvergesslichen Sonntag, dem Tag, an dem wir
den absoluten Höhepunkt der Liebe erreicht haben, Stunden, die niemals ausgelöscht werden können, weil sie göttlich waren, wie kannst
du glauben, dass ich mich für irgendeine andere interessiere?« –, fand
er immer einen Weg, die Pointe radikal zu untergraben. »Jetzt muss
ich hier bei meiner Frau sein, Adieu Liebe.«[79]

Aber auch Mussolini konnte eifersüchtig sein. An dem Tag, an
dem Hitler Österreich annektierte, machte er sich die größten Sorgen
darüber, inwieweit Claretta ihm »untreu« war. Zu ihrem Glück konnte
man ihn in Gesprächen sehr leicht ausmanövrieren:

»Betrügst du mich?«, fragte er.

»Genau so, wie du es tust«, antwortete sie.

»Wenn du mich betrügst, verlasse ich dich.«

»Was, wenn ich das Gleiche sagen würde?«

»Lass uns diese Diskussion jetzt beenden.«[80]

Auch, wenn Mussolini für Claretta ein Unglück war, war sie für
ihn eine Klippe. Wirklich glücklich wirkte er nur, wenn er monogam
war. Er hatte eine Heidenangst, Claretta zu verlieren. »Du liebst mich
nicht so, wie du es früher getan hast. Du bist nicht mehr elektrisch.«
Claretta kannte ihn gut, sie »demonstriert schnell, dass er falschliegt.
Und er lässt sich von meinen Armen umschlingen wie ein Kind, er
klammert sich fest und glücklich an mich, schließt halb die Augen,
sodass sie den Augen eines zufriedenen Katers ähneln. Er sagt, dass
er nicht mehr ohne mich, ohne meinen Körper, klarkommt, dass er
mich stetig mehr liebt.« Später am Abend sagte Mussolini: »Das habe
ich noch nie zuvor mit irgendeiner Frau gemacht, Küsse im Sonnen-
untergang. Ich liebe dich.«[81] Die junge Frau forcierte seinen ohnehin

bereits enormen sexuellen Appetit: »Ich will nicht nur einmal in der Woche lieben, so wie die Bauern, nicht jetzt, wo ich mich an dich gewöhnt habe und es gewohnt bin, oft zu lieben. Ich hoffe, dass auch du den Rhythmus der Dinge nicht ändern willst.«[82] Und sie gab ihm das Selbstvertrauen zurück: »Sieh nur, sieh dir deinen Giganten an, fass ihn an, sieh, wie groß und behaart die Brust deines bösen, großen Jungen ist. Ich habe gesagt, dass ich ein Tier in der Brunft bin, und das stimmt, das bin ich. Ich nehme keine Frauen mehr, im Vergleich bin ich jetzt keusch. Als ich in der Via Rasella war, herrschte wirklich Leben und Getümmel, da nahm ich vier bis fünf Frauen am Tag. Ich erinnere mich an fast alle, Mercedes war so hässlich, dass sie selbst den Teufel einschüchterte ... Jetzt bin ich keusch: Es sind nur noch zwei Frauen übrig, Ruspi und Pallottelli, die ich definitiv fallen lassen möchte.«[83] Sarfatti (und ihrem Biografen Brian R. Sullivan) zufolge, schlief Mussolini auch mit Clarettas Schwester Miriam.[84]

Kopfüber

Nach Landung der Alliierten auf Sizilien lief der Zweite Weltkrieg für Italien miserabel. Im Juli 1943 wurde Mussolini von seinen eigenen Leuten abgesetzt und verhaftet. Die Deutschen retteten ihn und machten ihn zum Kleinkönig einer unbrauchbaren Minirepublik im Norden, der *Repubblica Sociale Italiana*, mit Hauptsitz in der Stadt Salò. Claretta war an seiner Seite.[85] Mussolini hatte mehr oder weniger immer das gemacht, was die Deutschen wollten, jetzt aber war er nurmehr eine reine Marionette. Als absehbar war, dass Deutschland den Krieg verlieren würde, begriff er, dass alles vorüber war, und schrieb einen letzten Brief an seine Frau:

Liebe Rachele, ich habe die letzte Phase meines Lebens erreicht, die letzte Seite in meinem Buch. Möglicherweise sehen wir einander nicht wieder. Ich bitte um Vergebung für all die Schmerzen, die ich dir unbeabsichtigt zugefügt habe. Du aber weißt, dass du die einzige Frau bist, die ich wirklich geliebt habe. Ich schwöre vor Gott und vor unserem [Sohn] Bruno ...[86]

Zusammen mit Claretta versuchte er, in die Schweiz zu fliehen. Sie und ihr Bruder Marcello waren als das spanische Konsulpaar verkleidet.[87] Sie schlossen sich auf dem Rückzug befindlichen deutschen Soldaten an, Mussolini tat so, als sei er Mitglied der Luftwaffe. Den Deutschen war freies Geleit über die Grenze in die Schweiz versprochen worden. Bei einer Wegsperrung wurde Mussolini jedoch von einem Partisan erkannt. Er und Claretta wurden von den anderen Italienern getrennt, die allesamt erschossen wurden. Mussolinis Fall kam vor einen »Widerstandsrat«, der ihn zum Tode verurteilte. Im Vergleich zu Hitler war Mussolini den Alliierten nahezu sympathisch, und die Partisanen befürchteten, er würde leicht entkommen.

Sie wurden auf einen Acker geführt. Claretta weinte unaufhörlich. Mussolini sagte nichts. Sie wurden mit einer Maschinenpistole erschossen, die klemmte, bevor die Arbeit erledigt war. Verletzt lagen sie auf dem Boden.[88] Claretta sagte: »Bist du nicht froh, dass ich dir bis zuletzt gefolgt bin?«[89] Mussolini sagte nichts. Die Partisanen wechselten die Waffe und erschossen zuerst Claretta, dann Mussolini. Ihre Leichen wurden nach Mailand gebracht und kopfüber auf dem Piazzale Loreto in einer grotesken Zurschaustellung aufgehängt.[90]

Acht Jahre zuvor hatte Mussolini Claretta weisgesagt. Er hatte auf eine kurze Lebenslinie in ihrer Handfläche gezeigt und sie wissen lassen, dass sie nicht lange leben würde.[91]

Am 12. Mai 1938 hatte Claretta in ihr Tagebuch geschrieben: »Er liebkost mich, streichelt mich, dann lieben wir uns, bis wir außer Atem sind. Er wirft sich aufs Bett und sagt: ›Sieh mich an, sieh den Körper an, den du so gern magst. Bewundere ihn, denn eines Tages ist er vernichtet.‹«[92]

Des Führers dumme Blondine
Adolf Hitler
(1889-1945)

Gibt es irgendeine historische Person mit einem geringeren Ansehen
als Eva Braun? Hitler war zumindest ein Fanatiker mit einer Reihe
von Überzeugungen. Eva Braun hingegen erscheint als unbrauchba-
rer Frosch, ohne Einsicht oder Verstand. Sie befand sich inmitten des
Zentrums der Geschehnisse, in unmittelbarer Nähe des Mannes, der
nahezu allein für einen Konflikt verantwortlich war, der siebzig Millionen Menschen das Leben gekostet und Europa in Schutt in Asche
gelegt hat.[93] In den letzten Kriegstagen, während die Russen und
Amerikaner Berlin einnahmen und die Bombenangriffe der Alliierten in den Führerbunker Mauerputz regnen ließen, feierte Eva Braun
mit den Sekretärinnen und plauderte mit dem Koch. Sie hinterließ Briefe und Tagebuchaufzeichnungen, deren Banalität Migräne
verursacht, in denen sie ihre Liebe in einer Reihe platter Klischees
beschreibt.

Um Sympathie mit Eva Braun aufkommen zu lassen, empfiehlt
es sich, den Blickwinkel zu ändern und sie so zu betrachten, als
wäre sie die eigene, siebzehnjährige Schwester. Eva träumte davon,
Schauspielerin zu werden, sie interessierte sich für Mode und sam-
melte Wochenzeitungen und Bilder von Pin-ups und Filmstars.
Die Person Eva Braun hält dem Gewicht der durch ihre Umstände
hervorgerufenen, historischen Analyse möglicherweise nicht stand.
Lange galt sie als eine Überdosis Tabletten ohne Fußnotenstatus.
Ihr größter Rivale im Kampf um Hitlers Aufmerksamkeit war ein
Gespenst.

Geli

»Er liebte sie, aber es war eine seltsame, uneingestandene Liebe.«[94]

HITLERS CHAUFFEUR EMIL MAURICE

Angela Maria »Geli« Raubal (geb. 1908) begegnete ihrem Onkel Adolf zum ersten Mal 1924 im Gefängnis.[95] Hitler war wegen seiner führenden Rolle in dem missglückten »Bürgerbräu-Putsch«, bei dem die Nationalsozialistische Deutsche Arbeiterpartei (NSDAP) versucht hatte, die Macht in Bayern zu übernehmen, zu fünf Jahren Haft verurteilt worden. Letztendlich musste er nur neun Monate verbüßen.[96] Im Alter von zwanzig Jahren nahm Geli in München ihr Medizinstudium auf und zog in Hitlers Wohnung.

War Hitler von seiner Nichte romantisch angezogen, dann wurde das so stark verdrängt, dass es zu platonischer Geselligkeit sublimiert wurde: »Ein Mädel wie die Geli, bei denen werde ich froh und heiter, und wenn ich ihre vielleicht törichten Plaudereien eine Stunde lang angehört habe – oder sie brauchen überhaupt nur neben mir zu sitzen –, dann ist alle Müdigkeit und Unlust weg, und ich kann mich wieder erneut in die Arbeit stürzen.«[97] Die Eifersucht nahm eine Form väterlichen Überbeschützens an: Geli ließ sich auf ein Verhältnis mit Hitlers Chauffeur Emil Maurice ein, der letztendlich um ihre Hand anhielt. Geli nahm den Antrag an – Hitler verlangte von ihnen, zwei Jahre zu warten. Er hatte die Hoffnung, sie dazu bewegen zu können, den einfachen Chauffeur zu vergessen, indem er ihr eine Kostprobe des aufwendigen Gesellschaftslebens zuteilwerden ließ. Trotzdem hielten die beiden ihre Beziehung aufrecht, was die NSDAP intern in die Bredouille brachte. Letztendlich feuerte Hitler Maurice (der Hitler späterhin wegen unrechtmäßiger Kündigung verklagte und gewann).[98]

Auch wenn sich kein Beweis für Inzest zwischen Hitler und Geli findet, bedeutet das nicht, dass das Verhältnis nicht unpassend war.

Der einstige Künstler wischte den Staub vom Skizzenblock und brachte die Nichte dazu, für ihn Aktmodell zu sitzen.[99] Aus Sorge, jemand könnte die Zeichnungen sehen, deponierte Hitler sie beim Schatzmeister der Partei. Er wünschte sich für Geli eine Karriere im Showbiz und organisierte für sie Gesangs- und Schauspielunterricht bei berühmten Regisseuren. Hitler war zu dieser Zeit heftig mit den parlamentarischen Manövern beschäftigt, die ihn später an die Macht bringen sollten, zudem hatte er angefangen, sich mit anderen Frauen zu treffen. Geli erahnte einen Ausweg und fragte um Erlaubnis, nach Wien ziehen zu dürfen, wovon sie schon lange geträumt hatte. Hitler wurde wütend und verweigerte es ihr. Seine Strenge erklärte er damit, dass Geli eine starke Vaterfigur bräuchte, einen »Führer«, wenn man so will. »Sie verstehen, Hoffmann, dass ich um Gelis Zukunft so besorgt bin, dass ich der Meinung bin, gut auf sie aufpassen zu müssen. Ich mag Geli und könnte sie heiraten, aber Sie kennen meinen Standpunkt. Ich will unverheiratet bleiben. Deshalb behalte ich mir das Recht vor, Einfluss auf ihren Umgangskreis auszuüben, bis sie den richtigen Mann findet. Was Geli als Zwang ansieht, ist schlicht und einfach Vorsicht. Ich will sie daran hindern, jemand Unpassendem in die Hände zu fallen.«[100]

Am 18. September 1931 nahm sich Geli das Leben – sie schoss sich mit Hitlers Pistole in die Brust. In der Hoffnung auf einen schnellen Tod hatte sie vermutlich aufs Herz gezielt, traf jedoch die Lunge und erstickte langsam an ihrem eigenen Blut. Hitler war so betroffen, dass er nicht einmal an ihrer Beerdigung teilnahm. Er verfiel in eine schwere Depression und war kurz davor, Selbstmord zu begehen.[101] Einem Freund erzählte er: »Wenn ich aufstehe, um zu frühstücken, oder wenn ich zu Mittag oder zu Abend esse, verspüre ich eine riesengroße Sehnsucht, eine enorme Leere, und ich bin buchstäblich gesprochen alleine, sehr alleine ... Selbst wenn sie nur still neben mir saß und Kreuzworträtsel löste, erfüllte mich ein Wohlbefinden, was jetzt zu eiskalter Einsamkeit geworden ist.« Über den Verlust von Geli kam Hitler nie hinweg, wahrscheinlich aufgrund von Schuldgefühlen. Sie war nicht die Erste, die von Hitler in den Selbstmord getrieben wurde. 1926 hatte er einen kurzen Flirt mit der jungen Maria Reiter.[102] Zu mehr als ein bisschen Geschmuse im Wald kam es nicht, die sechzehnjährige Maria jedoch betrachtete es als »ein Vorspiel zur Ehe« und versuchte, sich zu erhängen – sie war nicht die Letzte.

Wolf im Wolfspelz

Eva Braun arbeitete im Studio des Fotografen Heinrich Hoffmann, als im Oktober 1929 ein komischer Mann mit einem komischen Bart hereinspazierte. Hoffmann stellte ihn als »Herr Wolf« vor.[103] Die drei aßen gemeinsam zu Abend, und über Würstchen und Bier hinweg starrte Wolf die siebzehnjährige Eva an. Anschließend bot er sich an, sie nach Hause zu fahren, was Eva aber ablehnte. Später ließ ihr Chef sie wissen, dass sie Adolf Hitler *in persona* abgewiesen hatte. Er war zu diesem Zeitpunkt bereits ein bekannter Politiker und Autor (*Mein Kampf*), Eva aber sagte der Name nichts. Nach einer kurzen Einführung wuchs ihr Interesse für den Mann jedoch enorm. Hoffmann beschreibt Eva wie folgt: »Trotz ihrer siebzehn Jahre hatte sie etwas Naives und Kindliches an sich. Sie war mittelgroß und sehr interessiert an ihrer schlanken und eleganten Gestalt. Das runde Gesicht und die blauen Augen, eingerahmt von dunkelblondem Haar, erschufen ein Bild, das nur als hübsch bezeichnet werden kann – eine unpersönliche Art von Schönheit, wie ein Foto auf einer Konfektschachtel.«[104] Hitler mochte junge, jungfräuliche Mädchen. Einige Jahre zuvor hatte er Hoffmanns Tochter Henriette gefragt, ob er sie küssen dürfe. Henriette, die damals zwölf Jahre alt war, hatte mit Nein geantwortet, und Hitler hatte nie wieder gefragt.[105]

Nachdem er sich diskret versichert hatte, dass Eva keinerlei jüdische Verwandte hatte, machte Hitler dem Mädchen den Hof. Häufig kam er mit kleinen Geschenken in Hoffmanns Studio, lud sie aber nur gelegentlich ein. Hitler war nicht auf etwas Seriöses aus. »Ich habe eine andere Braut: Deutschland!«, äußerte er sich zu einem frühen Zeitpunkt des Verhältnisses gegenüber seinem SA-Stabschef. »Ich bin verheiratet: mit dem deutschen Volk, mit seinem Schicksal.«[106]

Nachdem Hitler in der Populärkultur nunmehr eine derart lächerliche Figur abgibt, kann man leicht den nahezu apokalyptischen Sex-Appeal vergessen, den er bei seinen öffentlichen Auftritten ausstrahlen konnte. Der Auslandspressechef der NSDAP, Ernst Hanfstaengl, merkte an, dass Hitler ein narzisstischer Typ sei; für ihn sei die Volksmenge ein Stellvertreter für die Frau, die er zu finden wohl außer Stande sei. Reden zu halten, sei für ihn eine Möglichkeit, ein gewaltsames und erschöpfendes Begehren zu befriedigen. Das führe dazu, dass er seine Beredsamkeit eher als Phänomen verstehe. Die letzten acht oder zehn Minuten einer Rede würden immer wie ein Orgasmus aus Worten wirken.[107]

Hitler hatte längst verstanden, dass der Junggesellenstatus Gold wert war: »Viele Frauen hängen an mir, weil ich unverheiratet bin. [...] Es ist so wie bei einem Filmschauspieler: Wenn er heiratet, verliert er für die ihn anhimmelnden Frauen ein gewisses Etwas, er ist nicht mehr so sehr ihr Idol.«[108]

Das galt auch für Männer: Außenminister Joachim von Ribbentrops persönlicher Referent Reinhard Spitzy vergötterte Hitler, und als er dem Führer 1937 begegnete, war dies ohne Zweifel der größte Augenblick im Leben des eifrigen jungen Nazis. Das Ganze erhielt jedoch einen bitteren Beigeschmack, als Eva Braun, von der Spitzy bis dato nie etwas gehört hatte, den Kopf durch die Tür steckte und nörgelte, er solle »doch endlich« zum Essen kommen, es sei »höchste Zeit«. Der Sprachgebrauch war, in all seiner mangelnden Formalität, schockierend. Die Nachricht, dass Hitler »sich ein schlichtes weibliches Wesen erkoren hatte«, desillusionierte Spitzy, weil er Hitler immer »in Askese wähnte, erhaben über Sex und Lust«.[109] Dem übrigen deutschen Volk blieb diese enttäuschende Entdeckung bis kurz vor Kriegsende erspart.

Diskretion hatte Vorrang. Hitler und Eva trafen sich häufig bei Hoffmann zu Hause. War Eva bei Parteiveranstaltungen dabei, dann als Hoffmanns Assistentin und offizielle Parteifotografin. Eva sah ihren Liebsten häufiger auf Fotos, die sie in der Dunkelkammer entwickelte, als im realen Leben. Mitunter sorgte Hitler dafür, dass sich die Wartezeit lohnte, indem er ihr extra schmeichelte: »Darf ich Sie in die Oper einladen, Fräulein Eva? Sehen Sie, ich bin immer von Männern umgeben, da weiß ich das Glück zu schätzen, mit einer Frau zusammen zu sein.«[110] Andere Male fand sie es hingegen »tödlich langweilig«,[111] Hitler zuzuhören. Häufig musste sie ein Wörterbuch konsultieren, um überhaupt zu verstehen, wovon er redete.

Eva und Hitler haben aller Wahrscheinlichkeit nach erst nach Gelis Selbstmord im September 1931 miteinander geschlafen. »Wüssten sie nur, wie gut ich ihn kenne ...«, schrieb Eva neckend unter ein Foto von sich und dem Führer beim Händeschütteln.[112] Eva nahm Tabletten, um den Menstruationszyklus zu unterbrechen,[113] wenn dieser einem geplanten »Rendevouz« (Evas in ihrem Tagebuch verwendetes Codewort für Geschlechtsverkehr[114]) des Paares in die Quere kam.

Im Jahr darauf unternahm auch Eva einen Selbstmordversuch. Hitler und Hoffmann hatten alle Hände voll zu tun, eine PR-Katastrophe zu verhindern. Es war die zweite von Hitlers »Freundinnen«, die innerhalb eines Jahres versucht hatte, sich zu erschießen. Er befand sich inmitten eines intensiven Wahlkampfs mit dem Ziel, Reichskanzler zu werden, und konnte keinen öffentlichen Skandal gebrauchen. Der Selbstmordversuch soll auch nicht sehr ernst gewesen sein, Historiker betrachten ihn als einen Ruf nach Aufmerksamkeit, der weitestgehend erfolgreich war. Durch diesen Vorfall erkannte er, »dass das Mädchen« ihn wirklich liebe, merkte Hitler gegenüber Hoffmann an.[115]

Liebes Tagebuch

»Es ist normal, dass er nicht viel Interesse für mich zeigen kann,
jetzt, wo in der Politik so viel passiert.«[116]

EVA BRAUN

Als Reichspräsident Paul von Hindenburg am 2. August 1934 starb, übertrug sich Hitler die Vollmachten des nunmehr freien Amtes zusätzlich zu seiner Kanzlerschaft, ein Machtraub, der mittels Volksabstimmung von einer überwältigenden Mehrzahl der Deutschen anerkannt wurde. Hitler war nunmehr Diktator eines totalitären Polizeistaates. Jetzt hielt er es für besonders unpassend, zusammen mit einer Partnerin gesehen zu werden, die kaum mündig war. Eva Braun musste sich von Empfängen, Staatsbesuchen und offiziellen Abendessen fernhalten. Joseph Goebbels Frau Magda wurde zu einer Art amtierender First Lady. War Magda einmal verhindert, hatte er sowohl Görings als auch von Ribbentrops Ehefrauen in der Hinterhand.

Im Gegensatz zu Eva Braun war Magda eine äußerst engagierte Nationalsozialistin. Hitler war schon lange ihr politisches Idol gewesen. Ihre erste Begegnung kam zu Stande, als sie ihren zehn Jahre alten Sohn Harald in Uniform zu Hitlers Hotelzimmer in Berlin hinaufschickte, damit er sich »bei seinem Führer« melde. Später trafen sie und Hitler sich auf einen Kaffee. Magda, die hübsch und elegant war, hätte Hitler Joseph Goebbels als Ehemann sicher vorgezogen, der einen Klumpfuß und Ähnlichkeit mit Boris Karloff hatte. Als Hitler jedoch klarstellte, dass er beabsichtige, ein Leben lang Single zu bleiben, entschied sie sich für den Zweitbesten. Sie schrieb, sie liebe ihren Mann, aber ihre Liebe zu Hitler sei stärker und sie sei bereit, ihr Leben für ihn hinzugeben. Doch sie habe verstanden, dass Hitler keine Frau lieben könne, mit Ausnahme seiner Nichte Geli. Er sage immer, seine einzige Liebe sei Deutschland. Deswegen, und nur deswegen, habe sie sich darauf eingelassen, Doktor Goebbels zu heiraten. Um dem Führer nahe sein zu können.[117] Goebbels selbst ahnte durchaus, dass er nicht die erste Wahl war, und klagte in seinem Tagebuch über Eifersucht und Magdas unanständiges Verhalten gegenüber dem Führer.

Hitler pendelte zwischen Berlin und München hin und her. Viele gehen davon aus, dass der »Führer« eine engstirnige Büroratte war. In Wirklichkeit aber war er berüchtigt dafür, zu spät zu Besprechungen zu kommen, bis er Reichskanzler wurde. Es gelang ihm nie ganz, das unstrukturierte Bohemeleben aufzugeben, das er als junger, erfolgloser bildender Künstler in Wien genossen hatte. In München, abseits »der Bühne«, konnte er spazieren gehen, mit Freunden entspannen, im Restaurant essen, in die Oper gehen und die Zeit zusammen mit einer Geliebten verbringen, der gegenüber er genau genommen keinerlei Verpflichtungen hatte.

Er war ein schlechter Partner. Ihren dreiundzwanzigsten Geburtstag musste Eva ohne ihn feiern. Hitler schenkte ihr nicht einmal den Dackel, den sie sich gewünscht hatte, sondern schickte lediglich ein Telegramm und Blumen. Ihre Wohnung sehe aus wie ein Blumenladen und rieche wie ein Bestattungsbüro, schrieb sie am 6. Februar 1935 in ihr Tagebuch. (Hitler war generell nicht sonderlich begabt, was Geschenke betraf; Weihnachten 1937 schenkte er ihr ein Buch über ägyptische Grabkammern.[118]) Fünf Tage später kam Hitler endlich vorbei. Noch immer kein Dackel, nichts. In ihr Tagebuch schrieb sie: »Jetzt habe ich mir selber Schmuck gekauft. 1 Kette, Ohrringe und den Ring dazu um 50 M. Sehr hübsch alles. Hoffentlich gefällt's ihm. Wenn nicht, so kann er mir ja selbst was aussuchen.«[119] Zu diesem Zeitpunkt ist Eva einigermaßen ausgehungert, was die Liebe betrifft. Es sind ganze zwei »wundervolle Stunden«, als sie letztendlich Audienz bei ihrem Liebsten erhält, bevor sie »mit seiner Erlaubnis« auf einen Ball geht – alleine. Laut Plan sollten sie sich auch am nächsten Tag treffen, nachdem sie aber den halben Tag neben dem Telefon gewartet hatte, fand sie heraus, dass Hitler mit dem Zug nach Berlin abgereist war, ohne sich zu verabschieden. »Ich weiß nicht, warum er sauer auf mich sein sollte«, wunderte sie sich. »Vielleicht ist es wegen dem Ball, aber er gab mir die Erlaubnis.«[120]

Zu Hitlers Verteidigung muss gesagt werden, dass er in diesen Tagen damit beschäftigt war, den Versailler Vertrag zu brechen; er führte in Deutschland die Wehrpflicht wieder ein, berief eine halbe Million Soldaten zum Dienst ein und brachte die Briten dazu, dass Ganze zu gestatten. (Das spätere deutsch-britische Flottenabkommen war einer der letzten Punkte eines Vertrags, der dazu gedacht war, Deutschland im Zaum zu halten.) Als Eva und Hitler einander zwei Wochen später wiedersahen, geschah dies im Rahmen eines Abendessens in einem Luxushotel: »Ich mußte 3 Stunden neben ihm sitzen und konnte kein einziges Wort mit ihm sprechen. Zum Abschied reichte er mir, wie schon einmal, einen Umschlag mit Geld. Wie schön wäre es gewesen, wenn er mir einen Gruß od. ein liebes Wort dazugeschrieben, ich hätte mich so gefreut. Aber an so was denkt er nicht.«[121] (Hitlers Angewohnheit, Eva Geld in die Hand zu drücken, schockierte auch Albert Speer, der später sagte, dies sei ein Verhalten wie aus »amerikanischen Gangsterfilmen«.[122])

Eva hegte den Verdacht, dass er ihr untreu sei, und fing an, Hitler hinterherzuspionieren, wenn er in der Stadt war. Drei Stunden habe sie vor dem Carlton [Hotel] gewartet, schrieb sie. Sie habe ihn Blumen für Ondra kaufen und sie zum Abendessen einladen sehen. Anny Ondra war die Ehefrau des Boxers Max Schmeling, der soeben bei einem WM-Qualifikationskampf einen Amerikaner geschlagen hatte – deshalb möglicherweise die Blumen. Fünf Tage später schnaubt Eva über ihre eigenen Verdächtigungen und fügt am Rand des Tagebuchs hinzu: »Meine eigene verrückte Fantasie.«[123]

Mai: »Wie mir Frau Hoffmann liebevoll und ebenso taktlos mitteilte, hat er jetzt einen Ersatz für mich. Er heißt Walküre und sieht so aus, die Beine mit eingeschlossen. Aber diese Dimensionen hat er ja gerne. D.h., wenn das stimmt, wird er sie bald ganz mager geärgert haben.«[124] (»Walküre« war die britische Aristokratin und Faschistin

Unity Valkyrie Mitford, die so aufgebracht darüber war, als Großbritannien Deutschland am 3. September 1939 den Krieg erklärte, dass sie sich selbst in den Kopf schoss; eine Verletzung, die sie ganze acht Jahre kostete, um daran zu sterben.[125]) Möglich ist auch, dass Eva die Gerüchte über eine Affäre zwischen dem Führer und der Baroness Sigrid von Laffert mitbekam, die zur gleichen Zeit in Berlin die Runde machten. Einer von Hitlers Ärzten sagte jedoch, dass es ganz sicher sei, dass Hitler Eva gegenüber treu sei, und es seien auch nie Zweifel an seiner Treue geäußert worden.[126] Vermutlich hatte er viel zu viel Angst vor Skandalen, um etwas mit von Laffert anzufangen, die gerade einmal siebzehn Jahre alt war. Aber das konnte Eva nicht wissen. Alles, was sie sah, waren die Bilder, die sie selbst im Kopf hatte, von einem Führer, der sich mit attraktiven Damen der Gesellschaft umgab. Letztendlich schrieb Eva Hitler einen Brief, um ihn zu beschwichtigen, überzeugt davon, dass er eine andere hatte.

Könne es eine andere Erklärung geben? Ihr fiele keine ein, schrieb sie in ihr Tagebuch. Mehr und mehr bereute sie den Brief. Die Sätze gehen alle in die gleiche Richtung: Wenn ihr nur jemand helfen könne, alles sei so entsetzlich deprimierend. Vielleicht sei ihr Brief zu einem unpassenden Zeitpunkt angekommen. Vielleicht hätte sie nicht schreiben sollen. Ungeachtet dessen sei die Unsicherheit weitaus entsetzlicher als ein jähes Ende. Der liebe Gott solle ihr helfen, dass sie mit ihm sprechen könne, morgen sei es zu spät. Sie habe sich entschieden, dieses Mal fünfunddreißig Tabletten zu nehmen, sodass es »todsicher« sei.[127]

Okay, okay, okay …

Nach Evas zweitem Selbstmordversuch beschaffte Hitler ihr eine Wohnung in der Nähe seiner eigenen am Prinzregentenplatz in München. (Bis dahin hatte sie bei ihren Eltern gewohnt.) Hitler sah sich gezwungen, Eva stärker in sein Leben einzubeziehen: »Ich muss mich mehr um sie kümmern.«[128] Er hätte sich zu diesem Zeitpunkt kaum von ihr trennen können, selbst dann nicht, wenn er es gewollt hätte. Ebenso wie die Ehefrauen anderer Nazis durfte Eva endlich an öffentlichen Veranstaltungen teilnehmen, inklusive dem Reichsparteitag 1935 in Nürnberg. Allerdings in ihrer Funktion als Fotografin; zudem durfte sie nicht zusammen mit den anderen im Hotel wohnen. (Später sah sie sich zu Hitlers »persönlicher Sekretärin« befördert.[129]) Beim Staatsbesuch in Italien wurde sie von einem Abendessen mit Mussolini ausgeschlossen.

Nach und nach wurde Eva auch zum festen Inventar auf dem Berghof, Hitlers Landsitz auf dem Obersalzberg, gut versteckt hinter zwei Meter hohen Sicherheitszäunen.[130] Als das britische Magazin *Homes and Gardens* für eine Homestory vorbeikam, wurde Eva außen vor gehalten, konnte dort ansonsten aber relativ offen als Hitlers Freundin leben. Schnell kam es zum Konflikt zwischen ihr und Angela Raubal, Hitlers Halbschwester (und Gelis Mutter), die Eva als »blöde Kuh«[131] bezeichnete. Als er gezwungen war, sich zu entscheiden, wies Hitler Angela die Tür.

Zu dieser Zeit begegnete Hitler auch zum ersten Mal den Schwiegereltern, in einem bayrischen Gasthof. Evas Kindheit war stark von der unglücklichen Ehe ihrer Eltern geprägt gewesen. Sie hatte so viel Zeit bei einer Schulfreundin verbracht, dass sie letztendlich deren Eltern »Mutter und Vater« nannte.[132] Hitler beschrieb das Gespräch mit Friedrich Braun später als »das unangenehmste Gespräch meines Lebens«.[133] Während der Entnazifizierungsprozesse nach Kriegsende versuchten Evas Eltern, sich jeglicher Verantwortung zu entziehen. Sie behaupteten, vor 1937 nicht einmal etwas von diesem »schlampigen Verhältnis« gewusst zu haben.[134] Jedoch ist es nahezu undenkbar, dass ihnen das enge Verhältnis ihrer Tochter zum Führer wirklich missfallen hat: Vater Friedrich war NSDAP-Mitglied und gab an, dass er »bis zum Schluß« an Hitler geglaubt hatte, während Mutter Franziska oft auf dem Berghof zu Besuch war und 1945 in Hitlers Testament sogar persönlich genannt wurde.[135]

Dennoch deutet nichts darauf hin, dass sie oder jemand anderes in der Familie beinharte Rassisten waren. Evas große Schwester Ilse arbeitete und wohnte bei einem älteren jüdischen Arzt, der noch dazu Marx hieß.[136] Wegen des Verhältnisses zu Hitler bat Eva ihre Schwester, diese Arbeitsstelle aufzugeben; auch wenn Marx und Ilse nur Freunde waren, riskierten beide, nach den Nürnberger Gesetzen der »Rassenvermischung« angeklagt zu werden. Ilse verlor oder kündigte die Arbeitsstelle 1937. Eva fand schnell eine neue für sie: als Sekretärin von Albert Speer, Hitlers Architekt und späterer Rüstungsminister. Im Jahr darauf wurde Dr. Marx aus der Ärzteschaft ausgeschlossen und wanderte in die USA aus. Auch Evas jüngere Schwester, Gretl, wurde in das »Milieu« eingegliedert, als eine Art Assistentin der Schwester. Gretl heiratete 1944 Himmlers Verbindungsoffizier zum Führerhauptquartier, den Massenmörder Hermann Fegelein, »eine der widerwärtigsten Personen im Umkreis Hitlers«, laut Speer.[137] In den letzten Tagen des Krieges wurde Fegelein als Deserteur verhaftet. Während der Verhöre war er derart besoffen, dass er weinte, sich übergab und auf den Boden pinkelte. Letztendlich wurde er hingerichtet, trotz Evas Versuch, eine Begnadigung für ihn zu erwirken.

Ins Gebirge

»Wenn man sagt, die Welt des Mannes ist der Staat, die Welt des Mannes ist sein Ringen, die Einsatzbereitschaft für die Gemeinschaft, so könnte man vielleicht sagen, daß die Welt der Frau eine kleinere sei.«[138]

HITLER

Eva Braun wurde jetzt Hitlers Geliebte in Vollzeit, erreichbar, wann auch immer der Führer Gesellschaft brauchte, eine Art sozialer Bereitschaftsdienst. Nachdem sie sich jahrelang im Hintergrund hatte halten müssen, befand sie sich jetzt im Zentrum der Macht, mit Zugang zu einer riesigen Garderobe und eigenem Friseur.[139] Auch wenn Eva nie eine größere formale Verantwortung bekam als auszuwählen, welche Filme sie im Kino auf dem Berghof schauten, übte sie in der sozialen Arena durchaus eine gehörige Portion Macht aus.[140]

Einer von Hitlers erklärten Gründen, unverheiratet zu bleiben, war der, dass er einer Frau nicht zu großen Einfluss auf sein Leben gewähren wollte. Er wollte frei von allen kleinlichen persönlichen Sorgen sein, wenn er »große Beschlüsse« über Leben und Tod der Nation treffen musste. Seiner Meinung nach verfügten Frauen über eine spezielle Technik: Anfangs seien sie recht nett zu einem Mann, bis sie ihn sozusagen eingefangen haben. Dann aber zögen sie die Zügel an, bis er schön nach ihrer Pfeife tanzt.[141] Allein aus Prinzip ist es verlockend, jegliche Einsicht Hitlers in Bezug auf Frauen zurückzuweisen, ihn selbst betreffend aber erwies er sich als vorausschauend: Als sich Hitlers Schäferhündin Blondi nicht mit Evas Scottish Terriern Stasi und Negus vertrug, war es Blondi, die fortan draußen bleiben musste. Ab und an erhielt Hitler eine Ausnahmegenehmigung von dieser Regel, wenn er Eva demütig fragte: »Evi, erlaubst du, dass die arme Blondi für ein halbes Stündchen zu uns kommt?«[142] (Als knauserige Rache weigerte sich Hitler eine Zeit lang, sich zusammen mit Evas Hunden abbilden zu lassen.) Auch beklagte sich Eva über Hitlers Modegeschmack und war der Meinung, er solle sich mehr wie Mussolini kleiden. Und sein Haarschnitt gefiel ihr ebenfalls nicht; als er ihn mit einem Hut bedeckte, neckte sie ihn und sagte, er sähe aus wie »ein Briefträger«.[143]

Eines von Hitlers Lieblingsliedern hieß *Donkey Serenade*. Er pfiff es gern, Eva war jedoch der Meinung, er läge mit der Melodie falsch.

»Das ist falsch!«, sagte Eva.

»Aber nein«, entgegnete Hitler.

»Ich wette, dass ich recht habe«, sagte Eva.

»Du weißt, dass ich nicht wetten will, weil sowieso ich bezahlen muss«, sagte Hitler.

Eva holte die Schallplatte und legte sie auf.

»Da siehst du selbst, dass du unrecht hast!«, sagte Eva.

»Da hat sich eben der Komponist geirrt«, erwiderte Hitler.

Hitlers Sekretärin Traudl Junge war Zeugin dieser Szene. Über die letzte Bemerkung schrieb sie: »Wir lachten alle, aber ich glaube, Hitler war ganz ernst.«[144]

Eva mochte Popmusik. Einmal kam Hitler ins Zimmer, als sie eine amerikanische Schallplatte abspielte.

»Hübsch, was du da spielst«, sagte Hitler.

»Ja, und eben das hat dein Freund Goebbels gerade verboten!«, schnaubte Eva.[145]

Da Evas Stellung nahezu unangreifbar war, begann ein Schwarm Schmeichler das Paar zu umkreisen. Evas Gunst bedeutete in der Regel auch Hitlers Gunst. Vor allem Speer hatte das begriffen und achtete darauf, Eva so oft wie möglich mit einzuladen. Eine besondere Ehre war es, Eva zum Abendessen zu begleiten, nachdem sie nun immer an Hitlers Seite saß. Görings Frau Emmy behauptete, mehrfach versucht zu haben, an Eva heranzukommen, dabei jedoch von Hitler persönlich gestoppt worden zu sein, der den machtgierigen

Reichsmarschall auf Abstand halten wollte.[146] Ein anderes Mitglied der Gang war die Skulpteurin und Malerin Sofie Stork aus München, die ab und an als Raumausstatterin auf dem Berghof tätig war. Sie hatte eine Affäre mit Hitlers Chefadjutant Wilhelm Brückner und war bei den Braun-Schwestern so beliebt, dass Brückner gehen musste, als er Stork für eine andere Frau fallen ließ.[147] Eva und Gretl brachten Hitler dazu, Sofies Sportfischereigeschäft mit soliden Summen und gesonderten Importgenehmigungen zu unterstützen.[148] Geschäfte und Freundschaft gingen Hand in Hand auf dem Berghof, der Berlin nunmehr als den Ort ersetzt hatte, an dem Hitler arbeitete, kommandierte und offizielle Besuche empfing. Die meisten Bilder, die es von ihm und Eva Braun gibt, stammen aus dieser Zeit, mit den bayrischen Alpen im Hintergrund. Das einzige offizielle Foto der beiden – mit anderen Worten das einzige, was damals veröffentlicht wurde – wurde während der Winterolympiade 1936 aufgenommen.[149] Eva sitzt in der Reihe hinter Hitler.

Eva nannte den Berghof »Grand Hotel« und hat sich dort anscheinend wohlgefühlt.[150] Die Beziehung war jedoch nie in irgendeiner Art und Weise formalisiert worden, und scheinbar war das Paar selbst unsicher, wo genau die Grenzen des Anstands verliefen. Albert Speer, der selbst nicht gerade ein Playboy war, beschrieb Hitler zusammen mit Eva als »überaus prüde«; tagsüber nahmen sie »eine unnütze, verkrampft wirkende Abstandshaltung« ein, bevor sie am späten Abend zusammen »in die oberen Schlafräume verschwanden«, wie zwei Teenager.[151] Bei Spaziergängen durch den Wald ging Eva im Gefolge ganz hinten, sogar hinter den Sekretärinnen. Ihre Intimität soll auf andere Weise zum Ausdruck gekommen sein: Sie war zum Beispiel die Einzige, der es in den Sinn kam, Hitler zu bremsen, wenn dieser am Mittagstisch zu viel schwatzte.

Unter vier Augen soll es hingegen nett zugegangen sein. Sowohl Hitlers alter Kriegskumpan Max Amann, Hitlers Haushälterin als auch Hitlers Arzt beschreiben das Verhältnis praktisch wie eine Ehe:

liebevoll und sexuell aktiv.[152] Auch der Sex lässt sich nicht als fade und langweilig abschreiben: Als Eva Braun einer Freundin ein Foto von Hitler und dem britischen Premierminister Neville Chamberlain zusammen auf einem Sofa in Hitlers Wohnung sitzend zeigte, kicherte sie: »Stell dir vor, wenn Chamberlain die Geschichte dieses Sofas kennen würde ...«[153] Einmal ging Hitlers Kammerdiener Heinz Linge, ohne anzuklopfen, in das Büro des Führers und fand Eva und Hitler »in einer heftigen Umarmung mitten im Zimmer. Errötend drehte ich mich um, zog mich zurück und schloss die Tür.«[154]

Dass Hitler ein gesundes und gutes Sexualleben gehabt haben soll, widerspricht dem Bedürfnis vieler, den Mann auf absolut allen Gebieten als durchgeknallt einzustufen. Noch immer kursieren Anekdoten über Perversionen: Er soll Geli gezwungen haben, ihm ins Gesicht zu urinieren, sich während des Vorspiels selbst erregt haben, indem er detailliert die Torturtechniken der Gestapo beschrieb, und er soll den Filmstar Renate Müller gebeten haben, ihn zu bestrafen, weil er »schmutzig und unrein« sei. Dass Eva irgendwann in ihr Tagebuch schrieb, Hitler würde sie nur »für einfache Zwecke [brauchen], ansonsten geht es nicht. Das ist idiotisch«, wurde dahingehend falsch ausgelegt, als klage sie über seine bizarren sexuellen Vorlieben.[155] All das ist amüsanter Klatsch, es deutet aber nichts darauf hin, dass es wahr ist. Auch die Theorie, dass Hitler homosexuell war – thematisiert in dem Buch *The Pink Swastika: Homosexuality in the Nazi Party* –, wurde von Historikern nicht ernst genommen.[156]

Der Untergang

Es wird gesagt, dass Nahtoderfahrungen belebend seien, und als Hitler am 20. Juli 1944 ein Bombenattentat überlebte, war er froh wie ein Fisch im Wasser. »Ich bin unverwundbar, ich bin unsterblich!«, sagte er.[157] Seine malträtierte Uniform schickte er als eine Art Trophäe an Eva, zusammen mit einem Liebesbrief, in dem er sie mit »Liebes *Tschapperl*« (ein österreichischer Kosename, der in etwa »Dummerchen« bedeutet) anredete und kindlich eine Skizze der Militärbaracke beilegte, in der die Bombe hochgegangen war. Eva fiel beinahe in Ohnmacht, als sie das Paket erhielt. Der Krieg war längst verloren, jedoch kann das Ereignis Hitler durchaus neues Selbstvertrauen gegeben und seine Überzeugung gestärkt haben, lieber zu sterben, als zu kapitulieren.

Bereits im Sommer 1943 hatte Eva zu Henriette von Schirach gesagt: »Meinst du, ich lasse ihn allein sterben? Ich bleibe bei ihm, bis zum letzten Augenblick, ich habe mir das genau überlegt. Niemand kann mich davon zurückhalten.«[158] Als sie am 7. März 1945 in dem berüchtigten »Führerbunker« ankam, war das ein Omen.

Jetzt waren sowohl die Amerikaner als auch die Russen, jeder aus seiner Richtung, auf dem Weg in die deutsche Hauptstadt. Hitler litt an Parkinson und war verwirrt von all den Medikamenten, die sein Leibarzt in ihn hineingepumpt hatte. Seine Fähigkeiten als militärischer Stratege waren von den Generälen schon lange kritisiert worden, jetzt aber verlegte der Führer auf ausgedienten Karten nicht-existente Truppen über unmögliche Distanzen, während er schrie und über Verräter und Feiglinge jammerte.[159] Selbst getreue Kampfgefährten fielen langsam von ihm ab, hoffend, sich den USA anstatt der Sowjetunion ergeben zu können. Göring freute sich darauf, mit Eisenhower zu verhandeln, »von einem Marschall zum anderen«.[160] Eva aber blieb, treu und ergeben. Sie trank mit den Sekretärinnen Champagner, spielte Schallplatten ab und tanzte. Jetzt hatte sie Hitler fast für sich alleine. Jetzt konnte sie für ihn da sein, ihn unterstützen und darauf achten, dass sein Uniformkragen sauber war. Sie küsste ihn vor aller Augen. Ihr größter Beitrag in diesen düsteren Tagen war Speer zufolge »eine fast heitere Gelassenheit«.[161]

Am Tag vor Hitlers letztem Geburtstag fragte sie ihn, ob er sich an die Statue beim Außenministerium erinnere. Das sei eine fantastische Skulptur und würde perfekt in ihren Garten passen. Er möge doch so nett sein und sie ihr kaufen, wenn alles gut gehe und sie aus Berlin herauskämen! Aber er wisse nicht, wem sie gehöre, erwiderte Hitler. Vielleicht gehöre sie der Stadt, und da könne er sie nicht einfach kaufen und in einen privaten Garten stellen. Ach, wenn er es schaffe, die Russen zurückzuschlagen und Berlin zu befreien, könne er wohl diese eine Ausnahme machen, erwiderte Eva.

Hitler lachte herzlich über diese »Frauenlogik«.[162]

Angst vor Repressalien hat ihren Entschluss zu bleiben anscheinend nicht beeinflusst. Hitler hätte sie wohl fliehen lassen, wenn sie ihn darum gebeten hätte. Er hatte nicht gerade damit gerechnet, dass Eva mit ihm zusammen sterben wollte; Hitlers erstes Testament verspricht »Fräulein Eva Braun, München« eine monatliche Rente von eintausend Mark.[163]

Am 29. April diktierte Hitler seiner Sekretärin Traudl Junge sein letztes Testament: »Da ich in den Jahren des Kampfes glaubte, es nicht verantworten zu können, eine Ehe zu gründen, habe ich mich nunmehr vor Beendigung dieser irdischen Laufbahn entschlossen, jenes Mädchen zur Frau zu nehmen, das nach langen Jahren treuer Freundschaft aus freiem Willen in die schon fast belagerte Stadt hereinkam, um ihr Schicksal mit dem meinen zu teilen. Sie geht auf ihren Wunsch als meine Gattin mit mir in den Tod.«[164]

Eva bekam ihren Adolf und wurde Frau Hitler. Ihre letzten sechsunddreißig Stunden weisen einen verdrehten, semi-tragischen Quasi-Pathos auf. Die Zeremonie wurde im Kartenraum von Stadtrat und Gauamtsleiter Walter Wagner abgehalten. (Wagner hatte im Rahmen des Volkssturms in den Straßen Berlins gekämpft und wäre wahrscheinlich umgekommen, hätte ihn die SS nicht zu diesem Anlass eingesammelt.) Die kümmerlichen Umstände bekamen einen zusätzlichen erniedrigenden Aspekt, als Wagner, wie von den deutschen Rassengesetzen verlangt, beide fragte, ob sie rein arischer Abstammung seien und nicht unter unheilbaren Krankheiten litten.[165] Eva begann ihre Unterschrift auf der Heiratsurkunde mit »Eva B«, bevor sie das »B« durchstrich und das Ganze mit »Hitler« vollendete.[166] (Wagner war sogar so nervös, dass er seinen eigenen Namen falsch buchstabierte: Waagner.) Hitler seinerseits nannte seine Braut auch weiterhin »Fräulein Braun«.

Bereits zu einem früheren Zeitpunkt hatten sie über die beste Art zu sterben diskutiert. Eva wollte Gift nehmen und eine schöne Leiche hinterlassen. Hitler zog es vor, in den Kopf geschossen und verbrannt zu werden. Sie landeten bei einem Kompromiss: Eva nahm eine Ampulle Zyankali, Hitler erschoss sich selbst, beide wurden verbrannt.[167]

Zwischen Macht und Ohnmacht

Eva Brauns Motive sind unklar. Hätte sie es allein in der Hoffnung auf Ruhm und Ehre mit Hitler ausgehalten, wäre es am sinnvollsten gewesen, sich umgehend aus dem Staub zu machen, als der Krieg schlechter lief. In der Tat wirkt es so, als habe Eva Braun Hitler aufrichtig geliebt. Sie glaubte voll und ganz an ihn, sogar nachdem der Führer selbst alle Hoffnung verloren hatte.

Wusste Eva Braun vom Holocaust und anderen Verbrechen? Nach dem Krieg wurde ein Sport daraus, so wenig wie möglich gewusst zu haben; selbst führende Nazis behaupteten, nichts von dem geahnt zu haben, was sich direkt vor ihren Augen abgespielt hatte.[168] Wie viel Eva genau verstanden hatte, werden wir wohl nie erfahren. Sie war nicht dumm, verfügte allerdings nur über mittelmäßige Fähigkeiten und mittelmäßige Intelligenz. Doch selbst wenn sie und die anderen Frauen zum Kegeln oder ins Kino gingen, während Hitler die Generäle traf, diskutierte er seine Geschäfte anschließend offen mit ihnen.[169] Es gab keinen festen Grundsatz, die Frauen außen vor zu lassen. Als Hitler 1939 den deutsch-sowjetischen Nichtangriffspakt aushandelte und sich darauf vorbereitete, in Polen einzufallen, ging Eva umher und machte Fotos, die sie, versehen mit ihren persönlichen Kommentaren (»Polen weigert sich zu verhandeln«), in ein Album steckte.[170] Die Details der Massenmorde an Zivilisten wurden möglicherweise einfach als unpassendes Gesprächsthema vor den Damen angesehen, und es war streng verboten, die Judenausrottung vor Hitler überhaupt zu erwähnen. Vielleicht ist es richtig, davon auszugehen, dass Eva (ebenso wie eine Vielzahl der Deutschen) bestimmte Aspekte von Hitlers Antisemitismus teilte, egal wie gleichgültig sie gegenüber »Politik« war. Selbst cleverere Leute als sie ließen sich von Hitlers völkermordendem Charisma überzeugen.

Innerhalb des Rahmens jener sonderbaren Welt, die sie sich selbst konstruierte, stieg sie bis ganz an die Spitze auf und wurde zu Hitlers Partnerin im Leben wie im Tod. Sie überwand den Schatten Gelis und nahm den Platz als die einzige Eine ein. War das ultra-narzisstische Selbstverwirklichung, während draußen die Welt zerstört wurde? Historiker debattieren noch immer über die Bedeutung von Eva Braun. Nachdem er ein bisschen Abstand gewonnen hatte, gab Albert Speer an: »Eva Braun wird sich für die Historiker als eine große Enttäuschung erweisen.«[171] In ihrer Biografie, die Quelle vieler der hier benannten Informationen ist, schlussfolgert die deutsche Autorin Heike B. Görtemaker jedoch: »Gefangen zwischen Macht und Ohnmacht, aber letztendlich entschieden handelnd, eitel und keineswegs ein Opfer, sicherte sich Eva Braun dennoch einen, wenn auch zweifelhaften Platz in der Geschichte.«[172] Möglicherweise war sie eine passende First Lady für Deutschland – *nichts gesehen, nichts gehört. Ich wohne nur hier.* Aber wie viele Deutsche hatte auch sie blindes Vertrauen zu Hitler und dem Nationalsozialismus, und nur weil sie nicht an großen Entscheidungsprozessen teilnahm, bedeutet das nicht, dass sie getrennt von der Geschichte beurteilt werden kann.

Perlen für das Faschistenschwein

Francisco Franco

(1892–1975)

Francos Traumfrau war groß, schlank, dunkelhaarig und viel zu gut für ihn. Sofia Subirán war ein unerreichbares Mädchen der feinen Gesellschaft. In der spanischen Exklave Melilla behauptete ein Klatschblatt, wenn sie ins Theater ging, zog sie mit ihren »schönen Augen, einem unsagbar reizenden Gesicht und ihrem Prestige, das aus der Loge herausstrahlte«, alle Aufmerksamkeit von der Bühne ab und auf sich. Der zukünftige Faschistendiktator begegnete der Sechzehnjährigen erstmals bei einem Tanz. »Franco sah mich und konnte nicht aufhören zu applaudieren«, sagte Sofia später.[173]

Das neu gegründete Spanisch-Marokko war ein kolonialer Trostpreis Frankreichs an Spanien, nachdem König Alfonso XIII. Kuba und die Philippinen hatte aufgeben müssen. Auf diesem Küstenstreifen ganz im Norden Afrikas sollte Franco nach und nach Karriere machen, 1912 war er jedoch lediglich ein armer Leutnant.[174] War man nicht General oder Oberst (wie Sofias Vater), war das Militär an sich nicht mit sonderlich viel Prestige verbunden.

In seinen Liebesbriefen versuchte Franco, sich als raffiniert darzustellen: »Wenn Sie mir erlauben zu sagen, dass ich Sie ein bisschen liebe, wäre das möglich?«[175] Sofia hielt Franco für einen Gentleman, aber gleichzeitig auch für einen »sehr ungeschickten« Tänzer, der »die ganze Zeit reden [wollte] ... das war langweilig«.[176] Franco wurde zu oft in den Krieg geschickt (gegen die Marokkaner, die sich gegen die Kolonialmacht auflehnten), um faktisch irgendein Verhältnis mit Sofia in die Wege leiten zu können. Die meisten Briefe riss ihr Vater in Stücke, weshalb Franco gemeine Soldaten dazu brachte, sie über die Diener zu ihr zu schmuggeln. Franco legte Bilder von Vestalinnen und Cherubinen bei, offensichtlich hatte er das Mädchen auf einen Sockel gehoben. »Er behandelt mich, als sei ich ein übernatürliches Wesen«, klagte Sofía, die Franco schließlich bitten musste, damit aufzuhören. Nach einem letzten Brief trat der Leutnant den Rückzug an: »Mit Francos Liebe können Sie immer rechnen.«[177] Sie sahen sich nie wieder. Fünf Jahre später traf er, während eines Pilgerfests in Galicien, jedoch jemanden, der ihr ähnelte.[178] Carmen hieß sie. Mit der in diesen fünf Jahren gewonnenen Erfahrung war Franco für eine neue Herausforderung bereit.

Wie Sofía gehörte auch Carmen Polo der feinen Gesellschaft an. Ihr Vater Felipe war Witwer; es war ihre Tante Isabel, die Carmen und ihren Schwestern aristokratische Manieren und guten Geschmack beigebracht hatte.[179] Es war stets erwartet worden, dass die Mädchen innerhalb des Bürgertums heirateten. Franco war nunmehr Major im Heer, was für Carmens Vater aber noch immer nicht gut genug war. Daher ließ er sie wissen, dass sie ebenso gut »einen Stierkämpfer« ehelichen könne. Er befürchtete wohl, die Tochter würde umgehend zur Witwe werden; Franco war im Kampf in Marokko bereits ernsthaft verletzt worden und hatte einen Hoden verloren.[180] Zudem war Franco klein und mager, was ihm den wenig schmeichelhaften Beinamen *El comandantín*, »der kleine Kommandant«, einbrachte.[181]

Carmen jedoch war stolz, als ein dekorierter Kriegsheld sein Interesse bekundete.[182] Sich für Franco zu entscheiden, war möglicherweise ihre einzige aufsässige Tat in ihrem ganzen Leben. In einer ansonsten sehr kritischen Biografie heißt es, hinlänglich bewegt: »Die Historiker sind sich einig, dass es Liebe auf den ersten Blick war.«[183] Und Franco legte echte romantische Gesten an den Tag: Um seinen missbilligenden künftigen Schwiegervater zu umgehen, mietete er ein Haus in der Nähe der familiären Villa. Am Abend gingen die Liebenden auf ihren jeweiligen Balkon hinaus, lächelten sich zu und winkten einan-

der. Später erzählte Franco selbst die Geschichte spanischen Wochenzeitungen, und auch die norwegische Tageszeitung *Verdens Gang* gab
sie seinerzeit wieder:

> *Carmen Polos Familie ... verweigerte ihm konsequent den Zugang*
> *zum Haus. Franco aber fand einen Ausweg, um mit der Auserwähl-*
> *ten seines Herzens in Kontakt zu treten. Wie er feststellte, wurde*
> *die Bar, in der er täglich ein Glas Sherry zu sich nahm, regelmäßig*
> *auch von einem sehr guten Freund von Carmens Vater besucht.*
> *Täglich beobachtete er, wie dieser Mann hineinkam, seinen Hut an*
> *den Kleiderständer hängte und seinen Sherry trank. Unbemerkt*
> *steckte er dann seine täglichen und äußerst feurigen Liebesbriefe in*
> *das Hutband des Mannes. Die Briefe wurden immer an den rich-*
> *tigen Adressaten geliefert, ohne dass weder der Vater des Mädchens*
> *noch der Mann mit dem Hut davon wussten.*[184]

Irgendwann wurde die heimliche Korrespondenz aber doch entdeckt,
woraufhin die Familie Carmen zusammen mit ihren Schwestern in
ein klösterliches Internat schickte. Um das Mädchen zu sehen, ging
Franco nun jeden Tag in die Kirche, was ihm keiner verbieten konnte.
Letztendlich gab Carmens Familie nach und genehmigte die Verlo-
bung.[185]

Anhänger von Freud werden es als nahezu lächerlich einfach empfinden, Francos Familienhintergrund zu analysieren. Während Mutter Pilar eine fromme Hausfrau war, war Vater Nicolás ein Playboy
und Freimaurer mit »liberalen Ideen«. Nicolás verachtete seinen Sohn
und verhöhnte das, was er als Schwäche und Femininität des Jungen
betrachtete, der sich bei Familienstreitigkeiten oft unter dem Rock
der Mutter versteckte. Als Franco sein Interesse bekundete, bei der
Marine anzuheuern, schnaubte der Vater nur, der seinerseits selbst
Kapitän war.[186] Nicolás verließ die Familie letztendlich zugunsten des
Kindermädchens. Der vierzehnjährige Franco blieb mit dem Ehrgeiz

zurück, erfolgreich zu sein.[187] Viele Jahre später hatte er seinen Vater auf der militärischen Rangleiter überholt und heiratete eine jüngere Ausgabe seiner Mutter. Die Anti-Freimaurerei wurde zu einem exzentrischen Grundpfeiler in Francos Regime, und seine Kinder zu verlassen, wurde verboten.

Franco nahm seine Freundin mit nach Hause zu seiner Mutter in die Stadt Ferrol. *Doña* Pilar war stolz auf ihre zukünftige Schwiegertochter. »Sieht sie nicht wie eine Märchenprinzessin aus?«, sagte sie stolz zu den Nachbarn. »Die Prinzessin« ihrerseits empfand die Einrichtung des Hauses der Familie als vulgär.[188] Als Francos Mutter starb, durfte Carmen die ursprüngliche Einrichtung durch teure Kunst und antike Möbel ersetzen.[189]

Arbeit und Freizeit

Die Hochzeit musste drei Mal verschoben werden. Franco war anderweitig beschäftigt. 1920 wurde er stellvertretender Befehlshaber in der neu gegründeten spanischen Fremdenlegion. Er musste nach Marokko zurückkehren, wo er drei Jahre blieb.[190] Im Kampf gegen aufständische Berber verlor Spanien bei Annual innerhalb von etwas mehr als zwei Wochen fast fünfzehntausend Soldaten. Verstärkung unter der Leitung von Franco gelang es, Melilla zu halten, wodurch die Spanier umhinkamen, komplett aus Marokko vertrieben zu werden.

In den Zeitungen konnte eine vermutlich ängstliche Carmen von den Großtaten ihres Verlobten lesen. Im Frühjahr 1923 kehrte Franco nach Hause zurück. Kurz bevor die Hochzeit endlich stattfinden sollte, beförderte der König ihn abrupt zum Oberstleutnant und machte ihn zum Kommandeur der Fremdenlegion (seine beiden Vorgänger waren ernsthaft verletzt beziehungsweise getötet worden). Also musste Franco erneut zurück nach Afrika. Vor der Abreise gab er Carmen ein Versprechen: »Dieses Jahr werden wir heiraten. Es sei denn, ich werde im Kampf getötet.«[191] Carmen ertrug das Warten, indem sie das Positive sah: Jetzt, wo sich der König persönlich für den Verlobten ausgesprochen hatte, konnte ihre Familie sowie die übrige Oberklasse in Oviedo Franco nicht mehr als Taugenichts abstempeln. Sie heirateten schließlich am 16. Oktober 1923. Da Franco mittlerweile eine Berühmtheit war, wurde die Hochzeit zu einem Großereignis. In der Lokalzeitung *El Carbayón* hieß es: »Gestern genoss Oviedo mit großem Vergnügen und Jubel einige ersehnte Stunden. Es war die Hochzeit von Franco, dem mutigen und populären *Jefe de la Legión.* So groß und echt der Eifer des Brautpaares war, seine Liebe am Altar gesegnet zu sehen, so gewaltig war das Interesse der Stadt, es glücklich seine Träume der Liebe erfüllen zu sehen. Nachdem sich nun auch der König in die Riege der Bewunderer des Helden eingereiht hatte, gab es nun den einstimmigen Wunsch zu sehen, wie die vom Schicksal bestimmten Liebenden auf dem Weg zum vollkommenen Glück den göttlichen Segen entgegennehmen.«[192]

Später wurde den Frischvermählten Audienz beim König in Madrid gewährt. Sechs Jahre, nachdem Carmen ihn kennengelernt hatte, war Franco eine Investition, die bergeweise Rendite abwarf. Neben dem Pomp und der Pracht des Ereignisses war sie stolz darauf, mit einem Mann verheiratet zu sein, der mit großer Autorität mit dem König persönlich über Politik diskutieren konnte. Zu diesem Zeitpunkt hatte Spanien bereits einen Diktator, Miguel Primo de Rivera, der, unterstützt vom König, die Macht 1923 mittels eines Militärputsches an sich gerissen hatte. Zum Hintergrund des Putsches gehörte die weit verbreitete Unzufriedenheit mit dem Krieg in Marokko, und es war die Rede davon, auch diese Kolonie schlicht und einfach aufzugeben, was Franco keineswegs gern hörte. Ein Angriff der Berber auf das französisch besetzte Südmarokko ermöglichte 1925 jedoch eine Allianz zwischen Spanien und Frankreich. Franco war zu dieser Zeit Oberst und leitete persönlich die spanische Landung bei Al Hoceïma. Frankreich griff vom Süden her an.[193] Die Bewohner wurden mit aus

Deutschland stammendem Senfgas bombardiert. Im Mai 1926 fiel die Rif-Republik der Berber. Halbherzig begann ein Guerillakrieg, der bis 1927 andauerte, dann war das Ganze vorüber.

Schwierige Jahre im Luxus

1926 wurde Franco in Madrid zum Brigadegeneral ernannt – vor allem ein Bürojob und längst nicht so spannend, wie Berbern den Kopf abzuschlagen. Francos Unzufriedenheit hatte auch für Carmen Konsequenzen. Die Aufnahme ins gesellschaftliche Leben von Madrid war an gewisse ungeschriebene Bedingungen geknüpft, wobei Franco bei allen durchfiel: Er mochte keinen Small Talk, mochte nicht tanzen, und sich herauszuputzen behagte ihm auch nicht.[194] In ihren Heimatstädten waren sie die Größten, in der Hauptstadt hingegen waren sie nur eines von vielen prominenten Paaren, und es gab immer Emporkömmlinge, die den Glanz selbst der tollsten Großtaten übertrumpfen konnten.[195] Zum Beispiel als Franciscos Bruder Ramón, Casanova und Freimaurer, und einige seiner Freunde als erste Spanier den Atlantik in einem Amphibienflugzeug überquerten. Dafür brauchten sie weniger als sechzig Stunden, und die Mannschaft wurde zu Nationalhelden. Der große Bruder Francisco durfte zwar zu den Gesellschaften kommen und seine Frau mitbringen, jedoch waren sie entschieden in den Hintergrund gerückt.

Es dauerte lange, bis Carmen schwanger wurde. Franco hatte Angst, dass ihn die Kriegsverletzung unfruchtbar gemacht hatte. Am 14. Februar 1926 jedoch bekam das Paar sein erstes und einziges Kind, Tochter María del Carmen (Spitzname: Nenuca). Schnell machten Gerüchte die Runde, das Mädchen sei adoptiert oder – noch schlimmer – Schwager Ramón sei in Wirklichkeit der Vater. Madrid war ein Schlangennest von kleinkariertem Tratsch und ein Jahr später bekam die Familie die Chance dort herauszukommen. Franco wurde

Chef einer neu gegründeten Militärakademie im nördlich gelegenen Saragossa. Es war provinziell genug, damit sie auf der sozialen Skala wieder ganz oben thronen konnten. Bei der Arbeit war Franco von Kriegskumpanen umgeben, die später den Kern seines Machtzirkels ausmachen sollten. Carmen ihrerseits fungierte im Korps der Offiziersfrauen als inoffizeller »General«.[196]

Miguel Primo de Riveras übertriebenes Engagement für öffentliche Projekte hatte die Spanier für eine Weile vergessen lassen, dass sie in einem armen Land lebten. Im Zuge des großen Börsenkrachs von 1929 halbierte sich jedoch der Wert des spanischen Exports. Im Januar 1930 ging der Ministerpräsident ins Exil und starb zwei Monate später in Paris an Fieber und Diabetes. Die nächste Regierung wurde nach nur etwas mehr als einem Jahr gestürzt und riss das Königshaus mit sich. Im April 1931 wurde die Zweite Spanische Republik proklamiert. Ein neues, republikanisches Grundgesetz enthielt all die Dinge, denen die Faschisten später entgegenarbeiten sollten – Stimmrecht für Frauen, Meinungsfreiheit, Stärkung der regionalen Selbstverwaltung, Trennung von Kirche und Staat –, Franco selbst engagierte sich jedoch erst, als Kriegsminister Manuel Azaña im Juni seine Militärakademie schloss. Carmen befürchtete, ihr hart erkämpfter sozialer Status könne für immer verloren sein. Nach einigen entwürdigenden Monaten auf dem Land erhielt Franco neue Posten, zuerst in La Coruña, dann auf Mallorca.[197] Carmen konnte wieder mit den anderen Damen im Jachtclub Karten spielen und plaudern.

Im Februar 1934 starb Francos Mutter an Lungenentzündung, kurz bevor sie zur Pilgerfahrt nach Rom aufbrechen wollte. Der Verlust hinterließ eine Leere, die Carmen eifrig bedacht war zu füllen. Draußen im Feld hatte Franco seine religiösen Pflichten vernachlässigt, jetzt wandte er sich jedoch gemeinsam mit Carmen verstärkt der Kirche zu.[198] Francos Weltanschauung wurde stärker als jemals zuvor von der katholischen Kultur geprägt. Der Feind waren die Gottlosen, sagte er, »Sozialismus, Kommunismus und was auch immer unsere

Zivilisation mit dem Ziel angreift, sie durch Barbarei zu ersetzen«.[199] Als ihm im Oktober die Aufgabe übertragen wurde, in Asturien einen Aufstand von Grubenarbeitern niederzuschlagen, ging er mit einer Brutalität ans Werk, die bereits den Ton des kommenden Bürgerkriegs anschlug. Mehr als eintausend Zivilisten wurden getötet, viele von ihnen in der Stierkampfarena von Oviedo hingerichtet.[200] Carmens Heimatstadt wurde teilweise in Schutt und Asche gelegt. Offizieren, die dem Abschlachten ein Ende bereiten wollten, wurde selbst mit Hinrichtung gedroht.

Guernica und weiter

Nach der Wahl am 16. Februar 1936 ging die Regierungsmacht an die Volksfront über, eine zerbrechliche Mega-Koalition, bestehend aus allen linken Gruppierungen, die kriechen und krabbeln konnten. Azaña wurde Präsident und stellte seinen Vorgänger Niceto Alcalá-Zamora vor Gericht. Es kam zu Aufständen der Faschisten. Die Linken schlugen zurück. In Spanien herrschte Chaos. Nach dem Attentat auf einen ihrer prominentesten Politiker im Juli zogen sich die rechten Parteien aus dem Parlament zurück.

Zu dieser Zeit war Franco auf die Kanarischen Inseln nach Teneriffa geschickt worden, fünf Flugstunden von Madrid entfernt. Azaña sah in dem einflussreichen, reaktionären General eine Bedrohung, wozu er allen Grund hatte: Nach dem Wahlsieg der Volksfront hatten Franco und seine Kumpanen mit der Planung eines Staatsstreichs begonnen. Auch Carmen Polo war über die Pläne informiert, die nunmehr nach und nach umgesetzt wurden. Via Lissabon evakuierte Franco Ehefrau und Kind per Schiff ins französische Le Havre. (Versteckt in einer Kabine überlebten die beiden unterwegs einen Meutereiversuch.) In Frankreich sollten sie bei Carmens früherer Gouvernante wohnen, bis das Schlimmste vorüber war. Was jedoch als flinker Staatsstreich gedacht war, entwickelte sich schnell zu einem Bürgerkrieg. Franco musste der überbeschützenden Gouvernante einen Anwalt auf den Hals hetzen, damit seine Familie nach Spanien zurückkehren konnte. In Burgos, dem Hauptsitz der Nationalisten, wurden sie wiedervereint. Am 28. September wurde Franco zum *generalísimo* der Regierung der Aufständischen ernannt.[201] Carmen war seine First Lady und religiöse Führerin; einem General Francos zufolge »*una fanática terrible*«. Jeden Abend beteten Franco und Carmen gemeinsam. Sie waren überzeugt davon, Gott auf ihrer Seite zu haben[202]; nach Papst Pius XII. war der spanische Bürgerkrieg ein »Kreuzzug«[203]. Das Ziel heiligte im wahrsten Sinne des Wortes die Mittel. Dennoch versuchte Carmen zu verhindern, dass der Krieg ihrer eigenen Familie zu nahe kam: Als ihr Vetter Pacón an die Front geschickt wurde, ließ sie ihn zurückrufen.[204]

Zehntausende wurden in den ersten Kriegsmonaten von den Faschisten hingerichtet. Carmen intervenierte nur ein einziges Mal: Als der Sohn einer Cousine zum Tode verurteilt wurde, sorgte sie dafür, dass die Strafe umgewandelt wurde. Hingegen tat sie in gleicher Situation nichts für den Ehemann einer Freundin, einen republikanischen General. Andere gute Taten – zum Beispiel als sie im Oktober 1936 in einem bizarren Geschehen den berühmten Schriftsteller Miguel de Unamuno davor bewahrte, während der Immatrikulationszeremonie an der Universität in Salamanca von Soldaten gelyncht zu werden – sind die Ausnahmen, die die Regel bestätigen, sentimentale Einfälle einer Frau mit einem Herz aus Eis.[205]

Francos Regime wurde früh von Hitler und Mussolini anerkannt, die auch Truppen, Waffen und Munition bereitstellten. (Es waren deutsche Flugzeuge, die Guernica bombardierten.) Von den künftigen alliierten Mächten war es nur die Sowjetunion, die die amtierende Regierung stützte. Zusätzlich zum Mangel an Männern und Material wurden die Republikaner durch kleinliche interne Streitigkeiten geschwächt, Kommunisten gegen Sozialisten, Stalinisten gegen

Marxisten-Leninisten usw. Die Republikaner hatten die meisten prominenten Freunde (sowohl George Orwell als auch Ernest Hemingway beteiligten sich an den internationalen Brigaden[206]) und schrieben die schönsten Gedichte, was aber das Kämpfen betraf, waren Francos Männer besser. Als die Faschisten im März 1939 gewannen, war eine halbe Million Menschen getötet worden. Franco wurde zum *caudillo*, »Führer«, ernannt, und alle politischen Parteien, abgesehen von der Falange, wurden verboten.

Die Dame mit den Perlenhalsketten

Nach dem Krieg hielt es Carmen für angemessen, in das königliche Schloss von Madrid einzuziehen. Der König brauchte es schließlich nicht mehr. Innenminister Ramón Serrano Súñer, verheiratet mit Carmens Schwester Zita, konnte Franco allerdings überzeugen, dass das 135.000 Quadratmeter große Schloss als Repräsentationswohnsitz ein bisschen zu gewaltig war. Stattdessen zog das Paar in die etwas diskretere Villa El Pardo gleich vor der Stadt, auch wenn Franco darauf drängte, für Reden und nationalistische Veranstaltungen über das Schloss »zu verfügen«.[207]

El Pardo war während des Krieges in Mitleidenschaft gezogen worden. Die internationalen Brigaden (freiwillige Soldaten aus der ganzen Welt) hatten das Gebäude als Baracke genutzt. Die Renovierung dauerte sechs Monate.[208] Carmen ließ die Bilder der Königsfamilie durch Bilder von sich selbst und der eigenen Familie ersetzen.[209] Jetzt war sie praktisch die Königin.

Wenn Franco etwas Gutes getan hat, dann war es, Spanien aus dem Zweiten Weltkrieg herauszuhalten. Das Land war so gut wie zerstört, und die Kampfmoral befand sich am Nullpunkt, trotzdem erwarteten Deutschland und Italien Gegenleistungen für die Unterstützung, die sie den spanischen Faschisten gewährt hatten. Spanien außen vor zu halten, erforderte durchaus diplomatisches Geschick. Während der Verhandlungen legte Franco zum Beispiel Forderungen auf den Tisch, die unmöglich erfüllt werden konnten. (Wie bewusst diese Strategie war und wie stark der Wunsch der Achsenmächte nach einer spanischen Teilnahme wirklich gewesen ist, ist unsicher.) Nach einer langen Besprechung mit Franco gab Hitler jedenfalls an, sich lieber drei oder vier Zähne auf einmal ziehen zu lassen, als sich noch einmal einer solchen Unterredung auszusetzen.[210] Goebbels fiel der Einfluss Carmens – sowie der Kirche – auf das Regime auf. Franco würde zulassen, so der deutsche Propagandaminister, dass Spanien nicht von ihm gesteuert werde, sondern von seiner Frau und seinem Beichtvater. Ein kleiner Revolutionär, den sie da auf den Thron gesetzt hätten![211]

Franco hatte immer die Hoffnung, dass Hitler siegen würde. Spanien war während des Zweiten Weltkrieges auch nicht im strengen Sinne neutral; deutsche Schiffe konnten in spanischen Häfen entladen und Treibstoff auffüllen, zudem erhielten spanische Freiwillige die Erlaubnis, auf deutscher Seite in den Krieg zu ziehen, allerdings nur gegen die Sowjetunion.[212] Nach dem Sieg der Alliierten wurde Spanien bestraft: Das Land wurde im Marshallplan für den Wiederaufbau Europas außen vor gehalten, zudem wurde ihm jahrelang die Mitgliedschaft in der UN verweigert. (Die Isolation dauerte an, bis die USA herausfanden, dass sie Militärstützpunkte auf spanischem Boden benötigten. Der Pakt von Madrid zwischen den beiden Ländern brachte Franco 1953 enorme wirtschaftliche und militärische Unterstützung ein. 1955 folgte die UN-Mitgliedschaft.)

Unter Spaniens mächtiger First Lady wurden die Rechte der Frauen viele Jahrzehnte nach hinten geworfen. Frauen durften weder wählen oder Universitätsprofessoren werden; und ohne die Erlaubnis des Ehemannes oder des Vaters durften sie weder ein Bankkonto eröffnen noch bei Gerichtsverfahren als Zeugen auftreten. Scheidung, Abtreibung und Verhütungsmittel wurden verboten. Der Platz einer Frau war das Zuhause, und dieses zu verlassen, war strafbar. Spanien wurde zu einer Art katholischem Iran – »Nationalkatholizismus«. Frauen mit »niedriger Moral« konnten zu ihrem eigenen »Schutz« interniert werden. Viele wurden von ihren eigenen Familien angezeigt (die Altersgrenze der Volljährigkeit lag bei dreiundzwanzig Jahren). Regimegegnern und Unverheirateten wurden ihre Neugeborenen weggenommen, oft mit dem Hinweis, das Kind sei gestorben, nachdem es im Gefängnis zur Welt gekommen war. (Leere Särge wurden begraben.) In einem Versuch, den Republikanismus auszurotten, kamen die Babys dann zu Familien, die als ideologisch akzeptabel eingestuft wurden. Mitunter wurden die Kinder regelrecht verkauft, ein lukratives Geschäft, das auch noch lange nach Änderung der Gesetze fortgeführt wurde. »Die verlorenen Kinder des Franquismus« zählen rund dreihunderttausend Schicksale.[213] Noch immer kommt es vor, dass erwachsene Spanier mit ihren alten, leiblichen Eltern wiedervereint werden, für die meisten ist es jedoch zu spät.

Aufgrund ihres katholischen Glaubens verteilte Carmen ab und an Essen und Kleidung an Arme. Ein Versuch, grundlegende soziale Ungleichheiten abzuschaffen, blieb jedoch aus, und die Groschen, die für Almosen verwendet wurden, verblassen im Vergleich zu Carmens enormem privaten Verbrauch und den luxuriösen Abendessen mit Kaviar und französischem Champagner.[214] »Wie viel Geld hätte der Staat gespart – und wie viel unabhängiger wäre *El Caudillo* gewesen –, wenn nur seine Frau zu Hause geblieben wäre, so wie die Frauen anderer Präsidenten und Staatsoberhäupter«, schrieb Francos Vetter und General Francisco Franco Salgado-Araujo in sein Tagebuch.[215]

Carmens Spitzname *Doña Collares* – »Frau Halsketten«[216] – entstand aus ihrer Vorliebe für Perlen. Sie und ihre Tochter bekamen Schmuck und Juwelen oft billig oder umsonst von Goldschmieden, die sich einschmeicheln wollten. Als sie sich später von ihr distanzieren wollten, logen sie und sagten, sie hätte sie ihnen gestohlen.[217] Der Diplomat José Antonio Vaca de Osma war jedoch Zeuge von Carmens Vorgehensweise, um sich indirekt Kunst und Antiquitäten zu erbetteln: Sie lobhudelte Skulpturen und Gemälde, bis der Eigentümer nervös fragte, ob sie sich vielleicht vorstellen könne, selbige mit nach Hause zu nehmen.[218]

Evita

Nie war Spanien isolierter als 1947. Das Brot musste rationiert werden. In einer Geste, bei der es allen voran darum ging, der USA die Zunge herauszustrecken, sandte Argentiniens Präsident Juan Perón eine Schiffsladung Korn und Fleisch über den Atlantik. Im Juni besuchte seine Frau Eva Spanien. Es ist schwer, zwei First Ladys zu finden, die weniger Gemeinsamkeiten aufweisen als diese beiden: Die berühmte »Evita« war eine ehemalige Kellnerin und Schauspielerin, eine Feministin und Gewerkschaftsaktivistin, die gern Schlitz und schulterfrei trug.[219] Der prüden Carmen stahl sie spielend die Show. Auch sie hatte enormen Einfluss auf ihren Mann, wurde im Gegensatz zu Carmen vom Volk jedoch aufrichtig geliebt. Als PR-Gag war der Besuch okay, doch kamen die beiden Frauen nicht miteinander aus. Carmen gab Evita den Rat, in ihren Reden ein anderes spanisches Wort für »Arbeiter« zu verwenden, *trabajadores* anstatt *obreros*, da letztgenanntes aufgrund der Konnotationen zu den Gewerkschaften zu kommunistisch klänge. (Carmens bevorzugter Ausdruck lautete *los rojos*, »die Roten«.) Evita bestand darauf, Franco-feindliche Distrikte zu besuchen. Sie konfrontierte Carmen auch mit Spaniens fehlender Demokratie und sagte, der Unterschied zwischen ihren beiden Ehemännern bestünde darin, dass Perón regiere, weil das Volk ihn gewählt habe und nicht aufgrund »eines aufgezwungenen Sieges«.[220] Was Carmen jedoch am meisten verärgerte, war Evitas Einmischung in den Prozess gegen Juana Doña, eine junge Kommunistin und Gewerkschafterin, die wegen eines versuchten Bombenattentats gegen die argentinische Botschaft zum Tode verurteilt worden war. Trotzdem überredete Evita Franco, die Strafe in dreißig Jahre Gefängnis umzuwandeln. Nach zwanzig Jahren kam Doña frei. Sie war bis zu ihrem Tod 2003, mit vierundachtzig Jahren, politisch aktiv.[221] Evita Perón hingegen starb 1952 jung. Als ihr Mann drei Jahre später im Zuge eines Militärputsches abgesetzt wurde, floh er nach Spanien. 1971 unternahm Evita posthum ihre zweite Reise nach Madrid. Juan Perón ließ den offenen Sarg mit der einbalsamierten Leiche auf den Esstisch seiner Villa stellen. Jeden Tag kämmte Peróns neue Ehefrau Isabel ihrer verstorbenen Vorgängerin die Haare. Das Ganze hätte man nicht besser erdichten können.

Eine königliche Hochzeit

Carmens Tochter, die kleine Nenuca, heiratete am 10. April 1950, im Alter von dreiundzwanzig Jahren, Cristóbal Martínez-Bordiú.[222] Carmen war darauf bedacht, ein neues, immerwährendes, adeliges »Haus« zu begründen, und folglich war die Hochzeit eine pompöse Luxusorgie. Der Bräutigam war bereits Marquis von Villaverde, wurde vor der Hochzeit aber auch noch schnell zum »Ritter« des Ordens vom Heiligen Grab ernannt. Bei der Hochzeit trug Carmen eine Perlenkrone. Cristóbals Hut war mit Federn geschmückt.[223]

Für die Schwiegerfamilie war die Ehe ein lukratives Arrangement. Wenn der Herzog und die Herzogin von Argillo mitsamt ihren Kindern auch vorab keine Not gelitten hatten, wurden sie nunmehr Vorstandsmitglieder großer Unternehmen. Der Bräutigam seinerseits sicherte sich das Alleinvertretungsrecht in Spanien für Motorroller der Marke Vespa.[224] Eine populäre Volksweise lautete:[225]

Das Mädchen wollte einen Mann
Die Mama wollte einen Marquis
Der Marquis wollte Geld
Jetzt ist die Suche eingestellt

Nenuca heiratete einen Titel und bekam ein untreues Schwein dazu.
Auch Carmen Polo war von ihrem Schwiegersohn schnell desillusioniert. Der Tochter gegenüber sprach sie über ihn von »diesem
Mann, den du geheiratet hast«.[226] Dennoch bekam das Paar zusammen sieben Kinder, auf der Welt wimmelte es nur so von Franco-Ab-
kömmlingen, jedoch wuchs die geplante Dynastie zu einer verzoge-
nen Ansammlung von Frauenprüglern, Schwindlern, Junkies und
Realitystars heran. Um ihre traumatisch privilegierte Kindheit zu
verarbeiten, veröffentlichten sie »Autobiografien«. An Carmen Polo
erinnerte man sich nicht so, wie sie es sich vielleicht gewünscht hatte.
»Die Angelausflüge in der Nähe des La Granja [Palastes] fühlten sich
wie Bußgänge an, denn Großmutter begleitete uns fast immer und
wir mussten den ganzen Weg von Madrid den Rosenkranz beten«,
beklagte sich Enkelkind Francis. »Das war die reinste Tortur, bis wir
am Ziel waren, mussten wir alle Litaneien beten. Ich erinnere mich
noch immer daran: *Salve Regina, Mater Salvatoris, Ora pro nobis* ... die
Ausflüge schienen eine Ewigkeit zu dauern.«[227]

Wald und Flur

Als Franco seine militärische Laufbahn begann, galt die Jagd üblicherweise als eine soziale Arena. Und das Erlegen von Gebirgsziegen,
Rotwild, Hasen, Wildschweinen und Fasanen blieb für Minister, Soldaten, Aristokraten, Geschäftsleute und Stierkämpfer eine natürliche
Variante, der Natur nahezukommen. Griff einer von ihnen jedoch
direkt Geschäftliches oder offizielle Anliegen auf, wies Franco ihn
brüsk zurück, der seinerseits die Freizeit genießen wollte.

Die Jagdtouren fanden häufig in der Nähe großer Herrenhäuser
statt, über die Franco verfügte. Carmen nutzte die Zeit, um Haus zu
halten, die Gästezimmer vorzubereiten und Gartengesellschaften
zu arrangieren, auf denen sie zusammen mit den Frauen der ande-

ren Jäger stickte und plauderte. Mitunter gab es Unfälle. 1961 verlor Franco beinahe eine Hand, als der Lauf seines speziell designten Purdey-Gewehrs explodierte. Einige Jahre später schoss ein Beamter Francos, Manuel Fraga, Nenuca in den Allerwertesten. Sie wurde nicht ernsthaft verletzt, und Franco, der einst einen Legionär hatte hinrichten lassen, weil dieser sich über die Rationen beschwert hatte, begnügte sich damit, den Anfänger zu schelten.[228] (Fraga wurde später Tourismus- und Informationsminister. Bekannt wurde er für eine sanfte Liberalisierung der Zensur. Als erlaubt wurde, im Fernsehen und Kino kurze Röcke zu zeigen, kommentierte dies ein spanischer Journalist mit den Worten: »Con Fraga hasta la braga« – locker übersetzt: »Mit Fraga kann man bis hinauf zum Höschen schauen.«) Über den Waffen schien ein Fluch zu liegen: Im März 1956 erschoss der achtzehn Jahre alte Prinz Juan Carlos durch ein Missgeschick seinen kleinen Bruder Alfonso – mit einer Pistole, die er von Franco bekommen hatte. Viele Jahre später tötete ein Urenkel Francos während der Jagd einen Kameraden. 2012 schoss sich Juan Carlos' dreizehn Jahre altes Enkelkind beim Spielen mit einer Schrotflinte selbst in den Fuß.

Selbst alt und an Parkinson leidend, ging Franco noch immer auf die Jagd, wobei ihm die Assistenten die Fasane nunmehr direkt vor die Flinte werfen mussten.[229]

Das Ganze ist vorüber

Franco starb langsam. Nach und nach musste er Macht abgeben. Carmen sah überall Feinde. Sie vertraute sich Admiral Luis Carrero Blanco an: »Ich bin sehr besorgt. Ich bin nicht in der Lage zu schlafen, so besorgt, wie ich bin. Deshalb möchte ich mit Ihnen sprechen. An jedem Tag, der vergeht, werden die Dinge schlimmer. Dieser neue Innenminister bereitet mir schlaflose Nächte. Und der Außenminister ist illoyal ... in der Botschaft in Paris hat er ganz offen schlecht über

Paco gesprochen. Er sagte es zu Botschafter Cortin, der loyal ist und es mir erzählt hat. Er sagte, dass Paco keine Bedeutung mehr hätte.«[230]

Franco persönlich hatte Prinz Juan Carlos zu seinem Nachfolger auserwählt und ihn seit seinem zehnten Lebensjahr geschult und auf dieses Ziel hin vorbereitet. Als Erwachsene betraten der Prinz und seine glamouröse griechische Ehefrau Sofia die nationale Bühne. Carmen Polo war krankhaft eifersüchtig. Als Enkelin Carmen mit Juan Carlos' Vetter vor den Traualtar trat, versuchte die First Lady, ihnen königliche Titel zu beschaffen. Sie mussten sich mit Herzog und Herzogin begnügen. Verschnupft versuchten die Franco-Damen das Prinzenpaar von offiziellen Veranstaltungen auszuschließen, in einem kindischen sozialen Schachspiel, in dem alle Figuren glaubten, sie seien König oder Königin.[231]

Unabhängig davon war dem künftigen König nur eine zeremonielle Rolle zugedacht. Die wirkliche Macht delegierte Franco an seinen getreuen Admiral Blanco, der im Juni 1973 Ministerpräsident wurde. Sechs Monate später wurde er von Mitgliedern der baskischen Untergrundorganisation ETA ermordet. Franco weinte unaufhörlich, wie ein kleines Kind, komplett am Boden zerstört. Er brachte nicht die Kraft auf, zur Beerdigung zu gehen. »Sie haben den allerletzten Faden durchtrennt, der mich mit der Welt verband«, merkte er Carmen gegenüber an.[232] Blancos Nachfolger, Carlos Arias Navarro, hatte Angst, das gleiche Schicksal zu erleiden und kündigte politische Reformen an. Die waren zwar wenig bedeutsam, aber der Ball war ins Rollen gekommen.

Im Sommer 1974 wurde bei Franco ein ernsthaftes Blutgerinnsel entdeckt. Sein Leibarzt Vicente Gil ließ ihn umgehend ins Krankenhaus einweisen. Die Familie war wütend, weil man sie vorher nicht um Rat gefragt hatte. Jetzt glaubte ganz Spanien, Franco läge auf dem Sterbebett. Juan Carlos wurde vorübergehend Staatsoberhaupt, was in den Augen der ganzen Welt die Stellung des Prinzen festigte. »Das ist das Schlimmste, was du Paco antun konntest«, sagte Carmen Polo. Nach einer Schlägerei mit Francos Schwiegersohn, dem Marquis, auf dem Krankenhausflur wurde der Arzt gefeuert. Das Abschieds-geschenk: ein Farbfernseher.[233]

Franco wurde zwar gesund und kehrte in seinen Job zurück, war nunmehr aber ein verwirrter alter Mann. In seiner jährlichen Rede anlässlich der Machtübernahme von 1936 wetterte er wie ein Irrer gegen Verschwörungen der »linken Freimaurer« und der »Terroris-tenkommunisten«. Bei einem Treffen mit US-Präsident Gerald Ford redete Franco entweder Unsinn oder starrte Löcher in die Luft. Inmit-ten des Verfalls gelang ihm dennoch eine letzte Gnadenlosigkeit: Trotz massiven internationalen Drucks hinsichtlich einer Begnadigung, auch seitens des Papstes, wurden fünf ETA-Mitglieder hingerichtet.[234]

Am 20. November 1975 schließlich starb Francisco Franco. Carmen Polo musste aus dem El Pardo ausziehen, wo sie fünfunddreißig Jahre lang gewohnt hatte. Sie brauchte siebzig Tage zum Packen – Möbel, Kronleuchter, Gemälde und Antiquitäten, Antiquitäten und nochmals Antiquitäten wurden in Militär-LKWs abtransportiert und auf die Besitztümer der Familie in ganz Spanien verteilt.[235]

König Juan Carlos ernannte Carmen zur *Señora de Meirás*, nach ihrem und Francos *pazo*-Sommerdomizil in Galicien.[236] Und obwohl er Francos handverlesener Erbe war, setzte Juan Carlos unmittelbar Reformen in Gang, die Spanien innerhalb weniger Jahre von einer faschistischen Diktatur zu einer parlamentarischen Demokratie führ-ten. Als am 23. Februar 1981 zweihundert bewaffnete Mitglieder der Zivilgarde das Parlament besetzten, hielt der König eine dramatische Rede, die direkt im Fernsehen übertragen wurde und einen neuen Militärputsch abwehrte. Der Franquismus war offiziell tot.

Carmen widmete sich jedoch auch weiterhin ihrem Mann. Sie wurde zum Günstling von Francos noch verbliebenen Mitstreitern: An jedem 20. November nahm sie an einer Erinnerungszeremonie an Francos Grab in *Valle de los Caídos*, »Das Tal der Gefallenen«, teil, einem enormen Mausoleum, zum Teil von republikanischen Sklaven errichtet.[237]

Alt, gebrechlich und machtlos gelang es Carmen dennoch, nach dem Tod ihres Mannes in Gefahr zu geraten. Im Februar 1978 wurde das Sommerhaus durch ein wahrscheinlich gelegtes Feuer ernsthaft beschädigt. Carmen wagte nie wieder, einen Fuß dorthin zu setzen.[238] Das Haus aber wurde instand gesetzt und ist bis heute erhalten. Wie die übrigen Immobilien der Familie Franco ist es voll von enormen Porträts von *El Caudillo* und seiner Frau, von ausgestopften Tieren, die der Diktator selbst erlegt hat; der Biografie von Carmen Enríquez zufolge »ein absurdes und geschmackloses Durcheinander, Wrackreste des gesunkenen Schiffs einer Familie, die sich häufig aufführte, als sei das ganze Land ihr eigener Hinterhof«.[239]

Im Sommer 1979 legte jemand Feuer in dem Hotel, in dem Carmen Polo und ihre Familie in Saragossa wohnten. Dreiundachtzig Menschen starben. Carmen kam mit einem »Nervenzusammenbruch« ins Krankenhaus, und ihr Schwiegersohn, der Marquis, musste, lediglich in Unterhose bekleidet, aus dem Fenster springen.[240]

Carmen zog sich in eine Wohnung in Madrid zurück, mit einer jährlichen Apanage von 15 Millionen Peseten, rund 83.000 Euro, mehr als der neue Ministerpräsident an Gehalt bekam. »Die ganze Unruhe in meinem Leben erfordert große christliche Duldsamkeit«, seufzte sie.[241] Dank der neuen Pressefreiheit Spaniens konnte sie die Skandale der Familie in den Wochenzeitschriften verfolgen. Nicht nur Enkel und Urenkel gerieten in Schwierigkeiten; im Frühjahr 1978 wurde Nenuca auf dem Flughafen von Madrid verhaftet, als sie versuchte, Gold, Juwelen und Medaillen im Wert von Millionen außer Landes zu schmuggeln.[242] 1987 war Carmen zu krank, um an der jährlichen Erinnerungszeremonie für ihren Mann teilzunehmen. Im darauffolgenden Jahr war sie tot. Sie ist beim El Pardo beerdigt.

Wie eine böse Version von Hyacinth Bucket (aus der britischen Sitcom »Mehr Schein als Sein«) führte Carmen ein Zuhause, in dem das Äußere alles war. Mit einem bereits privilegierten Hintergrund ausgestattet, wurde sie zu Spaniens ungekrönter Königin, ohne jemals im Einklang mit den eigenen Werten zu agieren. Sie musste zum Beispiel nicht die Zähne zusammenbeißen und das Leid einer arrangierten Ehe ertragen; sie heiratete ihre Jugendliebe, einen Mann, an den niemand geglaubt hatte, und liebte ihn mit standhafter Ergebenheit ein Leben lang. Den eigenen Prämissen entsprechend hatte sie ein tolles Leben, allerdings handelte es sich um Selbstverwirklichung auf Kosten des ganzen Landes. Auf der einen Seite entsprach Spaniens Übergang zur Demokratie – ebenso wie Portugals – einem Ehrfurcht einflößenden Aufblühen. Die Institutionen des Landes schienen den Faschismus abzuschütteln, als sei er eine alte Haut, die sie nicht mehr benötigten. Auf der anderen Seite verursachten der Krieg und die Franco-Zeit tiefe Risse in der Gesellschaft hinsichtlich Ökonomie, Kultur und Sprache, die sich noch immer bemerkbar machen. Spanien wuchs mit einem gewalttätigen Vater und einer strengen, steif lächelnden Mutter auf. Einige der Kinder wurden geschlagen, andere wurden verhätschelt, und die Weihnachtsessen sind noch immer für alle die Hölle.

TEIL 2

Europa, du Rotes

Einsam, zweisam, Dreieck
Lenin
(1870–1924)

Lenins Mutter, Marija Alexandrowna, war stets sehr besorgt um ihren Sohn. Und das nicht ohne Grund. 1887 war Lenins Bruder Alexander wegen eines versuchten Attentats auf den Zaren hingerichtet worden.[243] Als Lenin* von zu Hause auszog, um in St. Petersburg zu studieren, wurde Marija vor Angst krank. Lenins Schwester Olga lebte auch in der Stadt und hatte ein Auge auf ihn. Am 20. April 1891 schrieb sie an die Mutter: »Ich glaube, liebe *mamotsjka*, dass du keinen Grund hast, dir Sorgen zu machen, dass er sich überanstrengt. Zum einen ist Wolodja die Vernunft in Person und zum anderen sind die Prüfungen sehr einfach. Zwei Fächer hat er bereits abgeschlossen und in beiden eine Fünf [Anmerkung der Redaktion: steht für »ausgezeichnet«] bekommen. Samstag hat er sich ausgeruht. (Die Prüfung war am Freitag.) Am frühen Morgen ging er an die Newa, und am Nachmittag hat er mich besucht und dann spazierten wir gemeinsam an der Newa entlang und schauten dem Treibeis zu.«

Einen Monat später starb Olga an Typhus. Lenin brauchte eine neue Frau, die auf ihn aufpasste.

---

* Lenin wurde als Wladimir Iljitsch Uljanow geboren. Wie Stalin hatte er über die Jahre hinweg unzählige Alias, Pseudonyme und Decknamen. Der Einfachheit halber werden diese hier ausgelassen. Das Gleiche gilt für Stalin.

Pfannkuchen

Nadeschda »Nadja« Konstantinowna Krupskaja begegnete Lenin erstmals im Februar 1894 auf einer, als Pfannkuchenessen getarnten, marxistischen Konferenz.[244] Sie erinnerte sich, dass Lenin ungeduldig und spöttisch war; jemand sagte, »dass die Arbeit im Leseausbildungskomitee sehr wichtig sei. Wladimir Iljitsch lachte, und sein Lachen klang böse und trocken. (Nie wieder hörte ich ihn so lachen.) ›Nun, wenn jemand den Wunsch hat, das Land zu retten, indem er für das Leseausbildungskomitee arbeitet‹, sagte er, ›gilt es lediglich, damit anzufangen.‹« Lenins Sarkasmus entsprang einem knallharten Fokus auf die großen Vorhaben.[245] Für Sofarevolutionäre hatte er nicht viel übrig. Lenin und Nadja freundeten sich schnell an und Lenin nahm sie unter seine Fittiche.[246]

Am 8. Dezember 1895 wurde Lenin, mit Unmengen unerlaubter Literatur in seinem Besitz, wegen des Verdachts der Aufwiegelung verhaftet. Da die Mutter Angst hatte, er würde im Gewahrsam verhungern und erfrieren, schickte sie ihm so viele Pakete, dass Lenin sie letztendlich bitten musste, damit aufzuhören: »Ich habe ein riesengroßes Lager an Lebensmitteln. Ich könnte einen Teeladen eröffnen. Ich esse sehr wenig Brot, ich versuche abzunehmen.« Auch Bettwäsche hatte er zu viel: »Schick nicht mehr, ich weiß nicht, wohin ich sie legen soll.«[247] Schließlich kam Lenin ins »verwaltete Exil« nach Sibirien, in die Siedlung Schuschenskoje. Dort hatte er reichlich Zeit zum Schreiben. Er sah ein, dass er einen Assistenten brauchte. Nadja meldete sich als Freiwillige, da aber nur Ehepartner und Verwandte eine Ausreiseerlaubnis bekamen, mussten sie heiraten. Lenin trieb die Hochzeitspläne auf charmant unromantische Weise voran: »Anjuta fragt, wann die Hochzeit stattfinden soll und wen ›wir einladen‹?! Sie handelt überstürzt! Zunächst muss Nadeschda Konstantinowna hierherkommen, und dann muss die Verwaltung die Erlaubnis zur Hochzeit erteilen – als Menschen sind wir vollkommen ohne Rechte. So ist das hier mit ›Einladungen‹!« Die Hochzeit fand letztendlich, ohne Probleme, am 10. Juli 1898 statt.[248]

»Exil in Sibirien« klingt grauenhaft, allerdings waren diese drei Jahre faktisch eine der glücklichsten Phasen ihrer beider Leben.[249] Lenin unternahm lange Spaziergänge durch die Natur, ging im Wald auf die Jagd. Er aß gut. Er hatte Zeit zum Denken und zum Arbeiten, und er konnte ungehindert Briefe und Pakete sowohl verschicken als auch empfangen. Er schrieb das Buch *Die Entwicklung des Kapitalismus in Russland*. Das Gerichtswesen des Zaren hatte Lenin schlichtweg zur Schreibstube in idyllischer Umgebung verurteilt.[250] Nach Verbüßung der Strafe verließ er das Land, ging zuerst in die Schweiz, dann nach Bayern. Um die russischen Behörden zu verwirren, operierte er mit rund hundertfünfzig Pseudonymen. Nicht einmal Nadja gelang es, die Kontrolle darüber zu behalten. Als sie ihm hinterherreiste, machte sie erst einen unnötigen Umweg über Prag, weil sie glaubte, Lenin würde dort unter dem Decknamen »Modraczek« wohnen. Mitsamt all ihrer Koffer fuhr sie zu der ihr mitgeteilten Adresse. Nadja erinnerte sich, wie »ein Arbeiter herauskam und sagte: ›Ich bin Modraczek.‹ Ich war total verwirrt und stotterte: ›Nein, das ist mein Mann!‹«

Wie sich herausstellte, war Modraczek nur einer von Lenins Kontakten, der für ihn Post weiterleitete. Sie erfuhr, dass Lenin unter dem Alias »Rittmeyer« in München wohnte. Daraufhin reiste sie dorthin. »Aus Schaden klug geworden, ließ ich das Gepäck am Bahnhof zurück und nahm die Straßenbahn, um Rittmeyer zu suchen. Ich fand das Gebäude, und Wohnung Nummer eins erwies sich als ein Bierausschank. Ich ging zum Tresen, wo ein dicker Deutscher stand, und fragte vorsichtig nach Rittmeyer. Ich hatte den Verdacht, dass auch dieses Mal etwas nicht stimmte. ›Das bin ich‹, sagte er. ›Nein, das ist mein Mann‹, sagte ich vollkommen verblüfft. Und wir starrten einander an wie zwei Idioten.« Rittmeyers Frau hingegen verstand, was vor sich ging und nahm Nadja mit zu einer anderen Wohnung, in der sich Lenin und seine Schwester Anna aufhielten. Nadja rief: »Warum zur Hölle hast du nicht geschrieben und mitgeteilt, wo ich dich finden kann?« Man könnte Lenin des Versuchs verdächtigen, sich Nadjas zu entledigen, jedoch waren diese Probleme und Missverständnisse eine übliche Konsequenz der ganzen Geheimhaltung in den revolutionären Kreisen. Alexander Schljapnikow verwechselte einmal Genua und Genf, und Iwan Babuschkin war im Begriff, das Schiff in die USA anstatt nach England zu nehmen.[251]

Nadja war lediglich ein Jahr vor Lenin geboren, wirkte aber viel älter. Sie war nicht besonders hübsch. Sie litt an Morbus Basedow, was zu Struma und herausstehenden Augen führte. Lenins Schwester zufolge hatte Nadja leichte Ähnlichkeit mit einem Hering, und in revolutionären Kreisen hatte sie den Spitznamen »der Fisch«. Der Schriftsteller und Journalist Ilja Ehrenburg merkte uncharmant an: »Wenn man Krupskaja sieht, versteht man, dass Lenin nicht an Frauen interessiert ist.«[252] Aber auch wenn sowohl Lenin als auch Nadja regelrecht Abstand von romantischer Liebe und Verliebtheit nahmen, hatten sie Gefühle füreinander und wünschten sich alsbald Kinder. Acht Monate nach der Hochzeit schrieb Nadja an die Schwiegermutter: »Was meine Gesundheit angeht, so ist sie ganz ausgezeichnet, was jedoch die Ankunft des kleinen Vogels betrifft, sieht es leider nicht so gut aus – es gibt kein Anzeichen dafür, dass irgendein kleiner Vogel gedenkt anzukommen.«[253] Wie sich zeigen sollte, war Nadja aufgrund ihrer Krankheit unfruchtbar, zudem wird vermutet, dass Lenin zeugungsunfähig war.[254]

Nadja war viel mehr Lenins Partnerin in der Ideologie als in der körperlichen Liebe. Wie sie selbst schrieb: »Er hätte nie eine Frau mit Ansichten lieben können, denen er nicht zustimmte, und die ihm kein Kamerad in seiner Arbeit war.«[255] Sie war auch sein Felsen in der Brandung, möglicherweise der einzige Grund, warum er nicht schon viel früher an Stress gestorben ist, als es dann der Fall war. Während des zweiten sozialdemokratischen Kongresses in London spaltete sich die Partei in zwei Fraktionen, in die elitären Bolschewiki und die eher volksnahen Menschewiki. Auch wenn sich Lenin lange einen solchen

Bruch gewünscht hatte, waren die daraus resultierenden ideologischen Konflikte so bitter, dass er an den Rand eines »physischen und mentalen Kollapses« gelangte. Damit er zur Ruhe kam, nahm Nadja Lenin mit ins Gebirge.[256] Die drolligsten und fröhlichsten Augenblicke in Nadjas Memoiren beschreiben Lenins kindlichen Enthusiasmus für das Freiluftleben: »Während wir durch den Wald gingen, fielen Wladimir Iljitsch plötzlich einige weiße Pilze auf, und auch wenn es regnete, fing er eifrig an, sie zu pflücken, so als wären sie seine Feinde. Wir waren durchnässt, bekamen aber einen Sack voller Pilze. Selbstverständlich verpassten wir den Zug und mussten am Bahnhof zwei Stunden auf den nächsten warten.«[257]

Dennoch war das Leben im Exil schwierig, vor allem nach dem misslungenen ersten Versuch einer Revolution 1905. Nadja befürchtete, dass »noch ein oder zwei Jahre in dieser Atmosphäre aus Streit und Tragödie der Landesflucht einen Zusammenbruch bedeutet hätten«.[258]

Dem überdrüssig, »in einer provinziellen Ecke zu verrotten« (Schweiz), entschied sich Lenin, nach Paris zu ziehen. Dort kam er im Dezember 1908 zusammen mit Nadja, Nadjas Mutter und seiner Schwester Maria an. Sie wohnten in der Rue Beaunier 24, nahe der Porte d'Orléans. Lenins Mutter hatte Angst, er würde hungern und schickte Pakete mit Speck, geräuchertem Fisch, Schinken und Senf.[259] Nadja hielt Lenins Mutter über das Leben im großen Ausland auf dem Laufenden: »Du glaubst vermutlich, dass wir hier überhaupt kein Vergnügen haben, aber wir gehen fast jeden Abend aus; wir sind mehrfach im deutschen Theater und zu Konzerten gewesen, und wir studieren die Menschen und die lokalen Sitten.«[260] (Lenin beschrieb Paris später als »ein widerliches Loch«.[261])

1910 sah Lenin seine Mutter zum letzten Mal, als sie zusammen zwei Wochen in Stockholm verbrachten. Als sie ihren Sohn bei einer seiner Reden erlebte, war sie sehr stolz, »so beeindruckend und tüchtig, aber warum strengt er sich so sehr an, warum spricht er so laut? Das ist schädlich ... Er achtet nicht ausreichend auf sich.« Als sich die

Zeit der Heimreise näherte, hatte Lenin den Verdacht, dass er sie nie wiedersehen würde. Beim Abschied waren seine Augen »traurig und wehmütig«.[262] (Eines der ersten Dinge, die Lenin nach der Revolution bei seiner Rückkehr nach Russland tat, war die Gräber seiner Mutter und seiner Schwester Olga zu besuchen.[263])

Die Geliebte

1909 lernte Lenin Inessa Armand kennen.[264] Sie war halb Französin und halb Engländerin, zu diesem Zeitpunkt fünfunddreißig Jahre alt und Mutter von fünf Kindern. Auch wenn sie vielleicht keine große Schönheit war, zog sie alle Aufmerksamkeit auf sich – und sie war Bolschewikin durch und durch. Späterhin wurden sie und Lenin ein Liebespaar.

Während des Studiums hatten Nikolai Tschernyschewski und sein Roman *Was tun?* enormen Einfluss auf Lenin gehabt, sogar mehr als Marx. Das Buch beschreibt ein radikales Studentenmilieu, geprägt von freier Liebe. Weil Inessa und Nadja gute Freunde wurden, befand sich Lenin plötzlich in einer offenen Dreiecksbeziehung, genau wie es in dem Roman beschrieben wird. Die drei arbeiteten und reisten zusammen, wie eine Familie.[265]

In ihren Memoiren malt Nadja ein nahezu pastoral idyllisches Tableau ihres gemeinsamen Lebens: »Stundenlang spazierten wir entlang der Waldwege, die mit gelbem Laub bedeckt waren. Meistens spazierten wir drei zusammen – Wladimir Iljitsch, Inessa und ich. Wladimir Iljitsch sprach von seinen Kampfplänen. Inessa stand dem Ganzen äußerst enthusiastisch gegenüber. Sie beteiligte sich nunmehr direkt an dem bevorstehenden Kampf – sie nahm sich der Korrespondenz an, übersetzte mehrere unserer Dokumente ins Französische und Englische, sammelte Material, sprach mit Leuten usw. Mitunter saßen wir stundenlang an einem bewaldeten Hang, Iljitsch machte sich Notizen für seine Artikel und Reden und feilte an den Formulierungen, ich studierte Italienisch mithilfe eines Lehrbuchs von Toussant, und Inessa nähte einen Rock und wärmte sich in der Herbstsonne.«[266]

Was komplizierte Liebesbeziehungen betraf, war Inessa keine Anfängerin. Ihr verflossener Liebhaber, Wladimir, war gleichzeitig auch ihr Schwager. Ihr Ehemann, Alexander, hatte die Beziehung großzügig genehmigt, als er davon erfuhr. Auch dieser Wladimir war ein Revolutionär; nach dem Attentat auf den Gouverneur von Moskau kamen sowohl er als auch Inessa ins Gefängnis. Alexander sorgte für ihre Freilassung. Wladimir war an Tuberkulose erkrankt und reiste zur Erholung nach Südfrankreich. Inessa schmuggelte sich selbst aus Russland heraus und reiste, mit dem Schlitten über gefrorene Seen, von Finnland nach Schweden, bevor sie den Zug nach Stockholm und weiter nach Nizza nahm. Im Februar 1909 starb Wladimir in ihren Armen. Inessa kehrte zu ihrem Mann zurück und blieb bei ihm, bis sie Lenin kennenlernte.[267]

Sexualkunde

Lenins Ansichten über Sexualität und Ehe waren ... nun ja, kompliziert, von ebenso viel Theoretisieren geprägt wie seine politischen Schriften. Als Inessa im Januar 1915 ein Pamphlet über die Rechte der Frauen verfasste, hatte Lenin einige Anmerkungen: »Ich würde dir raten, den dritten Abschnitt komplett zu streichen – ›die Forderung nach freier Liebe für Frauen‹. Das ist eigentlich keine proletarische, sondern eine bürgerliche Forderung.«[268] Er war der Meinung, Inessa übersähe »in den Fragen der Liebe die objektive Logik der Relationen der Klassen«.

Inessa versuchte Lenin zu erklären, dass es in Ordnung sei, wenn sie beide »eine flüchtige Passion« hätten, auch wenn er verheiratet war. Lenin widersprach mit voller theoretischer Macht: »Küsse ohne Liebe zwischen vulgären Eheleuten sind schmutzig. Dem stimme ich zu. Dem muss ... was gegenübergestellt werden? Wahrscheinlich: Küsse mit Liebe. Du aber stellst dem ›eine flüchtige (wie flüchtig?) Passion‹ (warum nicht Liebe?) gegenüber – und logisch betrachtet ist das so, als würden Küsse ohne Liebe (flüchtig) ehelichen Küssen ohne Liebe gegenübergestellt ... das ist merkwürdig.« Er unterzeichnete kühn: »*Friendly shake hands!*«[269]

Lenins Ansichten scheinen sich in den folgenden Jahren nicht sonderlich weiterentwickelt zu haben. 1920 sagte er: »Die Freud'sche Theorie ist jetzt auch solch eine Modenarrheit. Ich bin misstrauisch gegen die sexuellen Theorien der Artikel, Abhandlungen, Broschüren usw., kurz jener spezifischen Literatur, die auf dem Mistboden der bürgerlichen Gesellschaft üppig emporwächst. Ich bin misstrauisch gegen jene, die stets nur auf die sexuelle Frage starren, wie der indische Heilige auf seinen Nabel. Mir scheint, dass dieses Überwuchern sexueller Theorien, die zum größten Teile Hypothesen sind, oft recht willkürliche Hypothesen, aus einem persönlichen Bedürfnis hervorgeht, nämlich das eigene anormale oder hypertrophische Sexualleben vor der bürgerlichen Moral zu rechtfertigen und von ihr Duldsamkeit zu erbitten. Dieser vermummte Respekt vor der bürgerlichen Moral ist mir ebenso zuwider wie das Herumwühlen im Sexualleben.« Lenin tobt, wenn es um die ehelichen Normen der damaligen Zeit geht: »Der Verfall, die Fäulnis, der Schmutz der bürgerlichen Ehe mit ihrer schweren Lösbarkeit, ihrer Freiheit für den Mann, ihrer Versklavung für die Frau, die ekelhafte Verlogenheit der sexuellen Moral und Verhältnisse erfüllen die geistig Regsamsten und Besten mit tiefem Abscheu.« Er räumt ein, dass sexuelle Triebe heftig sein können: »Nun gewiss! Durst will befriedigt sein. Aber wird sich der normale Mensch unter normalen Bedingungen in den Straßenkot legen und aus einer Pfütze trinken? Oder auch nur aus einem Glas, dessen Rand fettig von vielen Lippen ist?« Mit Engels gesprochen sagt er, dass »der generelle Sexualtrieb« zu

»individueller Sex-Liebe entwickelt und raffiniert werden« müsse. Kein reiner Hedonismus also, sondern: »Gesunder Körper, gesunder Geist! Weder Mönch noch Don Juan«. Lenin spricht hier zu der deutschen Feministin Clara Zetkin. Einen jungen Kameraden verwendet er als abschreckendes Beispiel dafür, wie ungesund Promiskuität sei: »Ein prächtiger Bursche, hochbegabt. Ich fürchte, trotz allem wird nie etwas Rechtes aus ihm werden. Er saust und torkelt von Weibergeschichte zu Weibergeschichte. Das taugt nicht für den politischen Kampf, nicht für die Revolution. Ich wette nicht auf die Zuverlässigkeit, die Ausdauer im Kampf jener Frauen, bei denen sich der persönliche Roman mit der Politik verschlingt. Auch nicht der Männer, die jedem Unterrock nachlaufen und sich von jedem jungen Weibchen bestricken lassen. Nein, nein, das verträgt sich nicht mit der Revolution.« In diesem Moment derart von Frustration erregt, »sprang [Lenin] auf, schlug mit der Hand auf den Tisch und machte einige Schritte im Zimmer.«[270]

Das Verhältnis zwischen Lenin und Inessa dauerte vier Jahre an. In einem Brief an Lenin schrieb Inessa, wie sie die erste Zeit erlebte: »Zu dieser Zeit hatte ich fürchterlich Angst vor dir. Ich hatte den Wunsch, dich zu treffen, aber es erschien besser, an Ort und Stelle umzufallen, als sich dir zu nähern, und als du aus irgendeinem Grund in [Nadjas] Zimmer vorbeigeschaut hast, verlor ich umgehend die Kontrolle und benahm mich wie ein Dummkopf. Erst in Longjumeau und im darauffolgenden Herbst in Verbindung mit den Übersetzungen und so habe ich mich in gewisser Weise an dich gewöhnt. Es war so herrlich, dir nicht nur zuzuhören, sondern dir auch zuzusehen, während du sprachst. Zum einen hellte sich dein Gesicht auf, zum anderen hast du nicht bemerkt, dass ich dich ansah ... Zu dieser Zeit war ich absolut nicht in dich verliebt, aber selbst da liebte ich dich sehr.«[271]

Als Lenin Inessa schließlich bemerkte, erregte das Aufmerksamkeit. »Lenin mit seinen kleinen mongolischen Augen starrte ununterbrochen diese kleine französische Dame an«, sagte der Sozialist

Charles Rappoport. Nadjas Mutter sah einen Skandal darin, als sie von der »Ordnung« erfuhr, unter der ihre Tochter lebte, und gab ihr den Rat, dieses Verhältnis zu verlassen. Wie es zuvor bereits Inessas Mann getan hatte, bot Nadja an, sich zu opfern – abzureisen und die Liebenden in Frieden zu lassen.[272] Lenin wollte davon nichts hören.

Ende 1913 wurde Nadja krank und musste in Bern an der Struma operiert werden. Der Eingriff fand ohne Betäubung statt. Die Erholung sollte viel Zeit in Anspruch nehmen. Lenin beschloss, ihr Stress zu ersparen, und beendete das Verhältnis mit Inessa. Mit charakteristischer Taktlosigkeit bat er sie darum, ihm alle seine Liebesbriefe zurückzugeben.[273]

Inessa ihrerseits verbrachte in Paris einen unglücklichen Jahreswechsel. »Es ist Schluss zwischen dir und mir, es ist Schluss zwischen uns, mein Lieber! Ich weiß es, ich fühle es: Du kommst niemals hierher! Als ich die bekannten Orte sah, verstand ich plötzlich – wie ich es nie zuvor getan habe –, welch großen Teil meines Lebens du hier in Paris eingenommen hast, weshalb nahezu jegliche Aktivität hier in Paris mit Tausenden Fäden an den Gedanken an dich verbunden ist ... Gerade jetzt würde ich ohne die Küsse auskommen – dich nur zu sehen und ab und an mit dir zu sprechen, wäre eine Freude – und das wäre keinem zum Schaden gewesen. Warum wurde ich dessen beraubt? Du fragst, ob ich wütend auf dich bin, weil du den Bruch ›durchgeführt‹ hast. Nein, ich glaube nicht, dass du es um deiner selbst willen getan hast.«[274]

Lenin ließ das nicht unberührt. Er schrieb zurück, dass ihre Briefe »solch traurige Gedanken wecken und solche Gewissensqualen anfeuern, dass ich es schlichtweg nicht schaffe, mich zu sammeln«.[275] Als Inessa ihn jedoch der Arroganz beschuldigte und behauptete, er habe gesagt, »dass nur zwei oder drei Frauen in seinem Leben Respekt verdienten«, verlor Lenin die Beherrschung: »Niemals, niemals habe ich geschrieben, dass ich nur drei Frauen schätze. Niemals!!! Was ich geschrieben habe, war, dass meine bedingungslose Freundschaft, mein absoluter Respekt und mein Vertrauen nur zwei oder drei Frauen gewidmet sind. Das ist etwas ganz anderes, etwas komplett und vollkommen anderes. Ich hoffe, wir sehen einander hier nach dem Kongress und können darüber sprechen.«[276]

»Der Kongress« der Bolschewiki und der Menschewiki in Brüssel war ein Versuch, die Fraktionen wieder zusammenzuführen. Lenin hatte keinerlei Skrupel, die soeben fallen gelassene Inessa statt seiner nach Belgien zu schicken. Lenin hasste die Menschewiki nämlich mehr als irgendetwas anderes: »Ich wäre wahrscheinlich in die Luft gegangen. Ich wäre nicht in der Lage gewesen, die Heuchelei auszuhalten, und hätte sie alle als Schurken bezeichnet.«[277]

Revolution

März 1917: Nadja machte den Abwasch, und Lenin war auf dem Weg nach draußen, als ein anderer Exilrusse mit der großen Neuigkeit angelaufen kam: Der Zar war gestürzt. Die Revolution im Gange.

Lenin wollte so schnell wie möglich nach Russland reisen, was sich jedoch als gar nicht so einfach erwies. Der Erste Weltkrieg dauerte noch an und Russland und Deutschland waren Feinde. Nadja und Lenin hatten zwar Zugang zu gefälschten schwedischen Pässen, jedoch sprach keiner von ihnen Schwedisch. Nadja befürchtete auch, Lenin würde sie verraten, wenn er die Menschewiken während eines Albtraums im Schlaf auf Russisch verfluchte.

Lenins Schweizer Freund Fritz Platten verhandelte mit dem deutschen Botschafter und regelte letztendlich das sichere Passieren. Am 9. April stiegen Nadja, Inessa und Lenin in den berühmten »plombierten« Zug nach Schweden. Von dort aus ging die Reise weiter nach Russland. Am späten Abend des 16. April erreichten sie Petrograd.[278]

Lenin hatte vorab Briefe und Instruktionen geschickt. Russland feierte noch immer seinen großen Sieg und seine neue Freiheit, Lenin

weigerte sich jedoch, sich auf seinen Lorbeeren auszuruhen. Er war
bereit für die nächste Stufe der Revolution. Seine Ankunftsrede auf
dem Bahnsteig war erschütternd radikal. Sogar Nadja glaubte, er habe
den Verstand verloren. Mit seinen »Aprilthesen«, die am Tag darauf
im Rahmen einer Sitzung veröffentlicht wurden, griff er die proviso-
rische Regierung an, in der seiner Meinung nach die Menschewiki
überrepräsentiert waren.[279]

Lenins Gesundheit war seit jeher schwach gewesen. Ärzte in der
Schweiz hatten ihm mitgeteilt, dass er kaum lange leben würde. Aus
der wenigen Zeit, die ihm blieb, wollte er das Beste machen. Nadja
war seine Waffenschwester, erfüllt vom fanatischen Glauben an den
Mann und die Sache. Die Götter wissen, dass sie es nicht des Geldes
wegen tat; Lenin und sie besaßen nicht einmal Möbel.[280]

Dass Lenin konstant überarbeitet und gestresst war, kann seiner Konstitution nicht zuträglich gewesen sein; ohne irgendeinen
Gedanken an die eigene Gesundheit zu verschwenden, stürzte er sich
in die Arbeit, Russland zu retten, und war einem Zusammenbruch
nahe. Ende Juni gab Nadja ihm den Rat, eine Pause zu machen. Sie
selbst blieb in Petrograd, wo sie stark in die Ausbildung und in die
Jugendarbeit eingebunden war, weshalb Lenin zusammen mit seiner Schwester ins finnische Neuvola reiste. Erneut lud Lenin seine
Akkus in landschaftlich schöner Umgebung auf. Nach einer Woche
musste er wieder zurück. Übereifrige Bolschewiki, die Lenin nicht
unter Kontrolle hatte, marschierten Richtung Taurisches Palais, dem
Hauptquartier der provisorischen Regierung, und unternahmen den
Versuch einer Revolution innerhalb der Revolution. Das funktionierte
nicht. Eine Reihe von Bolschewiki, Nadja inklusive, wurden verhaftet, die *Prawda* wurde eingestellt und das Parteihauptquartier sowie
Lenins Wohnung wurden auf den Kopf gestellt.

Lange Zeit hatten die Deutschen revolutionäre Aktivitäten in Russland finanziert (der Feind meines Feindes ist mein Freund usw.).
Ein Teil des Geldes war bei Lenin gelandet. Die Regierung wollte ihn

wegen der Zusammenarbeit mit einer feindlichen Macht vor Gericht stellen. Lenin verließ das Land. Er rasierte sich den Bart ab, setzte sich eine Perücke auf und gab sich als finnischer Feuerwehrmann aus. Als Nadja nach Helsinki reisen wollte, um ihn zu treffen, schickte Lenin ihr mit unsichtbarer Tinte geschriebene Anweisungen. Als sie den Brief zum Lesen über das Feuer hielt, gingen Teile der Wegbeschreibung in Flammen auf. Stundenlang irrte sie durch die finnische Hauptstadt, bis sie ihn endlich fand. Auf der zweiten geheimen Tour ging die Sonne früher unter, als sie es erwartet hatte, und sie verirrte sich im Wald.

Ende August wuchs die Unzufriedenheit mit der russischen Übergangsregierung. Den Menschen fehlte es an Lebensmitteln und Arbeit. Der Weltkrieg war unbeliebt. Die Bolschewiki bekamen mehr Zulauf und erlangten nach und nach die Mehrheit sowohl im Moskauer als auch im Petrograder Sowjet. Lenin reiste zurück nach Russland. Am 10. Oktober beschloss das Zentralkomitee einen Staatsstreich.

Dem gregorianischen Kalender zufolge fand die »Oktoberrevolution« faktisch im November statt. Die Bolschewiki übernahmen die Macht und Lenin wurde Regierungschef für das, was später unter dem Namen Sowjetunion bekannt wurde. Andere Aufgaben wurden verteilt: Seine Schwester Maria arbeitete in der Redaktion der *Prawda*. Nadja wurde stellvertretende Kommissarin für das Bildungswesen. Alexandra Kollontai (die später in Norwegen die weltweit erste weibliche Botschafterin wurde) wurde Volkskommissarin für das Sozialwesen, eine Stelle, für die sich Inessa interessiert hatte. Sie verdächtigte Lenin und Kollontai, die eine eifrige Fürsprecherin der freien Liebe war, einer Affäre. Inessa kehrte zu ihrem Ehemann zurück, der, kaum zu glauben, all die Zeit getreu auf sie gewartet hatte. Im September 1918, als Lenin von einem Menschewik angeschossen und beinahe getötet wurde, verließ sie ihn wieder. Die Verletzungen hatten bei Lenin gewisse bleibende Schäden verursacht, und er brauchte Hilfe bei der Arbeit.

Erneut stellten Inessa, Nadja und Lenin ein Dreigespann dar. Jetzt schrieben sie jedoch keine Reden auf dem Land – sie leiteten die Geschicke des ersten kommunistischen Staates der Welt. Lenin sah sich mehr und mehr gezwungen, das Arbeitstempo herunterzuschrauben, und verbrachte mehr und mehr Zeit auf seinem Gut in Gorki. Er schrieb an Nadja, die sich in Moskau aufhielt, in einem für seine Verhältnisse nahezu weinerlichen Ton: »Die Zitrusbäume stehen in der Blüte. Wir haben gut geruht. Ich umarme dich liebevoll und küsse dich. Achte darauf, mehr auszuruhen und weniger zu arbeiten.«[281] Die erste, die unter der Arbeitslast zusammenbrach, war jedoch Inessa; im August 1920 musste Lenin sie und ihren Sohn in ein Sanatorium nach Sotschi schicken.

Für Inessa stand die Liebe über allem. Da sich Russland jedoch inmitten eines Bürgerkriegs befand, konnte sich Lenin keinerlei derartige Sentimentalitäten erlauben. Er befahl seinem Mann in Sotschi, Inessa und ihren Sohn lieber hinzurichten, als sie von Anhängern des alten Regimes gefangen nehmen zu lassen. Das war nicht notwendig; Lenin hatte beide, ohne es zu wissen, direkt in eine Choleraepidemie hineingeschickt. Inessa wurde umgehend ernsthaft krank. Auf dem Sterbebett führte sie Tagebuch, das sich durch Morbidität und Melancholie auszeichnet: »Ich muss an Lazarus denken, der von den Toten erweckt wurde und das Kennzeichen des Todes behielt. Das erschreckte das Volk. Auch ich bin wie eine lebende Tote, und das ist entsetzlich[282] ... Es ist, als wäre mein Herz in jeglicher anderer Hinsicht gestorben. So als hätten sich, indem ich all meine Kraft und all meine Leidenschaft W.I. [Lenin] und der Arbeit für unsere Sache gewidmet habe, alle meine früheren so reichhaltigen Quellen der Liebe und Sympathie für Menschen geleert ... Warme Gefühle habe ich nur noch für meine Kinder und für W.I.«

Lenin erhielt ein Telegramm: »Es war unmöglich, Kameradin Inessa Armand zu retten, die an Cholera litt. Sie starb am 24. September. Wir begleiten die Tote nach Moskau.«[283] Lenin hatte in den vergangenen Jahren mehrere Freunde und Kollegen verloren, das war jedoch der bisher schwerste Schlag. Angelica Balabanoff (eine von Mussolinis Geliebten) schrieb, dass Lenin bei der Beerdigung so gebrochen wirkte, dass sie es nicht wagte, ihn zu grüßen: »Nie zuvor habe ich einen so gequälten Menschen gesehen. Nie zuvor habe ich einen Menschen so vollkommen von Trauer zerfressen gesehen, von der Anstrengung, sie für sich zu behalten, sie gegen die Aufmerksamkeit anderer zu schützen [...] Seine Augen schienen in den Tränen zu ertrinken, die er mit großer Anstrengung zurückhielt.«[284] Als Lenin später entdeckte, dass das Grab nicht gepflegt wurde, ließ er einen anständigen Grabstein errichten und Blumen niederlegen.

Die Frauen an seiner Seite

Im Mai 1922 erlitt Lenin den ersten von drei Schlaganfällen, die ihn letztendlich das Leben kosten sollten. Er wurde nach Gorki gebracht. Sein innerer Kreis war nun fast ausschließlich auf Frauen beschränkt, allen voran Nadja und seine Schwester Maria.

Groß war die Freude bei Lenin und Nadja, als zwei von Inessa Armands erwachsenen Kindern ihren Besuch ankündigten. Maria protestierte gegen die Einladung, ihrer Meinung nach täte die Aufregung dem Bruder nicht gut. Sie und Nadja stritten so viel, dass Lenin (der sich entspannen sollte) Migräne bekam. Lenins Leibwächter musste eingreifen, er bat die Armand-Geschwister, sich um des heimischen Friedens willen fernzuhalten. Hinter Marias Rücken schrieb Nadja dennoch an Inna Armand und bat sie zu kommen und bei ihnen in Gorki zu wohnen.

Noch kleinkarierter waren die Machtspielchen in der Küche. Wer beispielsweise sollte die Aufgabe übernehmen, den Gästen etwas zu essen anzubieten? In einem Bericht vom 3. Juli 1922 schreibt Lenins Leibwächter: »Als Kamerad Meschtscherjakow während seines Besuchs kein Tee angeboten wurde, beklagte sich Nadeschda Konstantinowna bei Iljitsch [Lenin], der sehr verzweifelt war und am gleichen Tag Maria und Sascha [einer Haushaltshilfe] eine Rüge erteilte, dass sie sich nicht der Gäste annähmen. Er befahl ihnen daraufhin, allen, die zu Besuch kämen, etwas zu essen zu geben.« Maria gab die Schuld allerdings Nadja und behauptete, dass Lenin über seine Frau gesagt hätte: »Alle wissen, dass sie eine Schlampe ist, der man nicht trauen kann«, was etwas heftig erscheint. Möglicherweise hatte er Angst, sich für eine Seite zu entscheiden, und redete deshalb jeder von ihnen nach dem Mund, wenn Maria und Nadja abwechselnd hereinkamen, um die jeweils andere schlechtzumachen.[285]

Von der übrigen Leitung lebte Lenin relativ isoliert. Er regierte via Diktat. Josef Stalin missfiel vor allem Nadjas Rolle als Pförtnerin. »Warum sollte ich nach ihrer Pfeife tanzen?«, beklagte er sich. »Mit Lenin das Bett zu teilen, bedeutet nicht, den Marxismus-Leninismus zu verstehen. Nur, weil sie die gleiche Toilette wie Lenin benutzt ...«[286] Nachdem Lenin den zweiten Schlaganfall erlitten hatte, ergriff Stalin die Gelegenheit beim Schopfe und ging auf Konfrontation; er drohte damit, Nadja aus den öffentlichen Registern streichen und jemand anderen als Lenins Witwe einsetzen zu lassen. Das hätte sie vollkommen wehrlos zurückgelassen. Nadja war so erschrocken, dass sie sich erst im März 1923 traute, Lenin davon zu berichten. Daraufhin erhielt Stalin einen wütenden Brief:

»Hochgeachteter Kamerad Stalin. Sie waren so frech, meine Frau ans Telefon zu rufen und sie zu beschimpfen ... Ich beabsichtige, nicht so leicht zu vergessen, was mir angetan wurde, und es sollte unnötig sein zu erwähnen, dass ich das, was meiner Frau angetan wurde, so betrachte, als wäre es mir angetan worden. Deshalb bitte ich Sie zu erwägen, ob Sie das Gesagte zurückziehen und das Ganze bedauern wollen oder ob Sie es vorziehen, die Verbindungen zwischen uns abzubrechen.«[287] Stalin schrieb zurück und bat um Entschuldigung, allerdings ereilte Lenin ein weiterer Schlaganfall, bevor dieser den Brief lesen konnte. Er war jetzt fast gänzlich außer Gefecht gesetzt.

Als sich sein Zustand stabilisierte, ließen ihn die Ärzte nach Gorki zurückverlegen.[288] (Mehr über Stalins Manövrieren rund um Lenins Sterbebett siehe das Kapitel über Stalin.)

Lenins letzte Monate waren augenscheinlich schlicht und glücklich, was vor allem der Ehefrau und den Schwestern zu verdanken war. Er konnte nicht selbst in die Natur hinausgehen, wurde jedoch im Rollstuhl umhergefahren. Nadja half ihm beim Pilzesammeln, wie sie es viele Jahre zuvor auf dem Land in der Schweiz getan hatten. Als der Winter kam, fuhren sie Schlitten. Am 21. Januar 1924 starb Lenin.

Nach seinem Ableben hielten Nadja und Stalin ein kühles, aber professionelles Arbeitsverhältnis aufrecht. Erst als Stalins Frau sich mehr als acht Jahre später das Leben nahm, erlaubte sie sich eine kleinliche, sarkastische Rache: »Lieber Josef Wissarionowitsch. [sic] Ich habe in letzter Zeit an dich [sic] gedacht. Und ich möchte meine Unterstützung anbieten. Es ist hart, die Person zu verlieren, der man am nächsten steht. Ich erinnere mich an die Gespräche mit dir in Iljitschs Büro, als er krank war. In dieser Zeit hast du mir Kraft gegeben. Ich reiche dir meine Hand. Nadeschda Krupskaja.«[289]

Als Nadja 1938 um Begnadigung für einige ihrer zum Tode verurteilten Freunde bat, lehnte Stalin selbstverständlich ab.

Am 26. Februar 1939 beging Nadja ihren siebzigsten Geburtstag. Stalin soll ihr zur Feier einen Kuchen geschickt haben. Am späten Abend wurde Nadja mit heftigen Magenschmerzen ins Krankenhaus eingeliefert. Sie starb in den frühen Morgenstunden des nächsten Tages. Dass Stalin sie vergiftet haben soll, ist trotzdem nicht sehr wahrscheinlich, wenn nicht aus anderen Gründen, dann, weil Nadja kaum so dumm gewesen ist, einen von Stalin geschickten Kuchen zu essen.

Unabhängig davon war es Stalin, der ihre Asche zu Grabe trug.

Ein Epilog: Nach seinem Tod wurde eine Stadt nach Lenin benannt. Nadjas Name zierte eine Schokolade. 1991 wurde Leningrad wieder zu St. Petersburg. Die »Krupskaja«-Schokolade ist hingegen noch immer erhältlich.

Der schlimmste Ehemann der Welt

Josef Stalin

(1878–1953)

»Lieber Kamerad Stalin ... Ich sah dich in meinen Träumen ... Ich hoffe auf eine Audienz ... Ich lege ein Foto von mir bei.«

BRIEF EINER BEWUNDERIN

»Unbekannte Kameradin! Bitte vertraue darauf, dass ich dich nicht enttäuschen möchte, bereitwillig respektiere ich deinen Brief, muss aber mitteilen, dass ich keinen Anlass (keine Zeit!) habe, deinem Wunsch nachzukommen. Ich sende meine besten Wünsche. J. Stalin. PS. Der Brief und das Foto werden retourniert.«[290]

STALINS ANTWORTSCHREIBEN

Stalins Vater Bessarion hatte immer den Verdacht gehabt, dass sein Sohn ein *nabichuari*, ein Bastard, war. Der Hauptverdächtige war Koba Jegnataschwili, der Pate des Jungen. Koba war ein reicher Gastwirt, Militäroffizier und Ringer(!), während Bessarions Eltern leibeigene Sklaven gewesen sind.[291] Ein Mitglied des Adels konnte Bessarion nicht anrühren und ließ seinen Frust deshalb an seiner Frau Keke und dem Sohn aus. Wie es im Georgien der Achtzigerjahre des 19. Jahrhunderts üblich war, wurde Josef von seiner Mutter routinemäßig geschlagen – allerdings warf sie nie in betrunkenem Zustand einen Hammer nach ihm, wie der Vater es tat.

Bessarion war nicht von jeher ein explosiver Trunkenbold gewesen. In der Stadt Gori war er lange Zeit als leutseliger Spaßvogel bekannt, der Untreueverdacht gegen die Ehefrau nagte jedoch heftig an ihm. Einmal versuchte er, Keke zu erwürgen. Josef holte die Nachbarn herbei, die Bessarion eins überziehen und ihn festbinden mussten, damit er aufhörte.[292] Ein anderes Mal warf Josef ein Messer nach dem Vater, um die Mutter zu beschützen.

Bessarion drängte darauf, dass der Sohn in seine Fußstapfen trat: »Ich bin Schuhmacher. Mein Sohn muss auch Schuhmacher sein. Wie auch immer, er wird Schuhmacher!«[293] Er nahm den zehnjährigen Josef eine Zeit lang aus der Schule und mit nach Tiflis, wo er das Handwerk erlernen sollte. Keke hingegen wollte, dass Josef Pfarrer wird, weshalb sie die Kirchenmänner dazu brachte, einzugreifen und den Jungen wieder nach Gori zurückzuholen. (Einer anderen Theorie zufolge war Pfarrer Tscharkwani, Bessarions alter Trinkkumpan, Stalins Vater. Stalin selbst sagte einmal, sein Vater sei Pfarrer gewesen.)

Bessarion und Keke ließen sich scheiden. Als sie einander 1902 zum letzten Mal begegneten, geschah dies aus bloßem Zufall. Josef saß im Gefängnis, weil er einen Streik bei einer Ölraffinerie angeführt hatte. Auf dem Weg ins Gefängnis, um Josef zu besuchen, traf Bessarion auf Keke, die auf dem Weg nach draußen war. »Halt, oder ich bringe dich um!« Stalins Mitstreiter mussten den rabiaten Mann von seiner Exfrau fernhalten. »Er [Stalin] will die ganze Welt auf den Kopf stellen! Hättest du ihn nicht in die Schule gehen lassen, wäre er Handwerker. Jetzt sitzt er im Gefängnis!«[294]

Der gemeinsame Kampf gegen einen gewalttätigen Mistkerl brachte Josef und seine Mutter einander merkwürdigerweise nicht sonderlich näher. Stalins Tochter, Swetlana Allilujewa, schrieb später, dass er »ein ebenso schlechter Sohn wie Vater und Ehemann war. Sein ganzes Dasein war etwas anderem geweiht, Politik und Streit, und deshalb bedeuteten fremde Menschen für ihn immer mehr als die Familie.«[295]

Nach der Flucht aus dem sibirischen Exil kehrte er 1904 in seine Heimatstadt zurück. Die Mutter hoffte, Josef würde heiraten und sich zur Ruhe setzen. Zur Hälfte wurde ihr Wunsch erfüllt.

Die große Liebe

»Sie brachte mein Herz zum Schmelzen«, sagte Stalin über seine erste Begegnung mit Ketewan Swanidse.[296] Sie war die jüngste von drei Schwestern, die in Tiflis als Näherinnen für eine Französin arbeiteten. Stalin ging häufig in ihren Salon, um Damen zu treffen.

Später wurden alle offiziellen Fotos aus der Froschperspektive aufgenommen und retuschiert, bevor Stalin jedoch eine öffentliche Person wurde, erschien er in all seiner fehlenden Pracht als klein und lächerlich: Er war schlecht gekleidet, mager, von kleiner Statur (165–168 Zentimeter) und pockennarbig. Wegen eines Unglücks in der Kindheit war der eine Arm kürzer und steifer als der andere, was sich unter anderem auf seine Tanzfertigkeiten auswirkte (»Ich bin nicht in der Lage, eine Frau um die Taille zu fassen.«[297]). Jedoch hatte er sich einen Ruf als revolutionärer Bandit erarbeitet und nahm Ketewan mit Gesang und selbst geschriebenen Gedichten für sich ein:

Wisse mit Sicherheit, dass einmal zu Boden geschlagen, ein bedrückter Mann danach strebt, wieder das reine Gebirge zu erklimmen, wenn sich Hoffnung bemerkbar macht.
Deshalb schöner Mond, scheine wie zuvor durch die Wolken.
Lass deine Strahlen freundlich auf der azurblauen Wölbung spielen.
Ich aber werde die Weste aufknöpfen und dem Mond die Brust entgegenstrecken.
Mit ausgestreckten Armen werde ich den Verbreiter von Licht auf Erden ehren![298]

Klappe, nächste Szene: Eheschließung. Zwar hatte Josef nach einem Jahr im Priesterseminar einen intensiven Hass auf alles Religiöse entwickelt, doch bestand seine Mutter auf einer kirchlichen Trauung. Die Kirche ihrerseits weigerte sich anfangs, die Eheschließung zu vollziehen; Josef wurde von der Geheimpolizei des Zaren, *Ochrana*, gesucht und hatte dem Funktionär falsche Papiere vorgelegt. Einer der Priester ließ sich schließlich auf einen »Familiendienst« ein. Aus Sicherheitsgründen musste die gesetzeswidrige Hochzeit des Nachts stattfinden. Kurz darauf verließ das Paar die Stadt.[299] Mehr als zehn Jahre sollte die Mutter nichts von ihrem Sohn hören.

Auch seiner neuen Familie maß Stalin keine sonderlich hohe Bedeutung bei. Zu dieser Zeit war er im Kaukasus einer der obersten »revolutionären Organisatoren« der Bolschewiki, mit anderen Worten ein Gangster, der mittels Erpressung, Seeräuberei sowie Zug- und Banküberfällen Geld für die Sache beschaffte. Ketewans Aufgabe bestand darin, sich um den Haushalt zu kümmern und Gott fromm um die sichere Heimkehr ihres Mannes zu bitten. Am 13. Juni 1907 stand sie auf dem Balkon und wiegte Sohn Jakow in den Schlaf, als großer Lärm sie aufschreckte und ins Haus zurücktrieb. Auslöser dafür waren Stalin und seine Bande, die zwölf Kilometer entfernt in Tiflis einen Geldtransporter überfielen. Bewaffnet mit Bomben, Pistolen und Säbeln verwandelten sie das Zentrum der Stadt in ein Inferno.[300] Sie töteten bis zu fünfzig Personen und machten sich mit über dreihunderttausend Rubel aus dem Staub (rund anderthalb Millionen Euro).[301] Nachdem sie das Geld, versteckt in Paketen mit Damenunterwäsche, nach Moskau zu Lenin geschickt hatten, kehrte Stalin, berauscht von dem Triumph, zurück zu Frau und Kind. Am nächsten Morgen machten sich Nervosität und Angst breit. Mit dem Zug flüchtete die Familie nach Baku.

Viel mehr ist über ihr gemeinsames Leben nicht bekannt. Sie waren nur siebzehn Monate verheiratet, bevor Ketewan an einer Lungenentzündung starb. Jedoch muss sie Stalin tief beeindruckt haben. An ihrem Grab gab er Unheil verkündend bekannt: »Dieser Mensch hat mein steinernes Herz erweicht. Sie starb, und mit ihr starben meine letzten warmen Gefühle für die Menschen.« Er legte eine Hand auf seine Brust und fügte hinzu: »Hier drinnen ist alles leer.«[302]

Die Beerdigung war, wie die Hochzeit, eine schnelle Angelegenheit: Die *Ochrana* war Stalin jetzt so dicht auf den Fersen dass er mit einem Sprung über die Friedhofsmauer fliehen musste. Jakow ließ er bei den Schwiegereltern zurück.

Die schwierige zweite Frau

Am 7. November 1917 übernahmen Lenin und Trotzki in Moskau die Macht. In Russland brach ein Bürgerkrieg aus. Das Land war gespalten, in die Revolutionäre auf der einen Seite und die Anhänger des abgesetzten Zaren Nikolaus II. auf der anderen Seite. Stalin war Mitglied des Revolutionären Militärrats. Sein Hauptquartier war ein Zug. Am 3. Juni 1918 fuhr er von Moskau nach Zarizyn (später Stalingrad), um Korn zu beschlagnahmen. Die siebzehnjährige Nadeschda »Nadja« Allilujewa war Stalins Sekretärin. Eines Nachts während der Reise vernahm ihr Vater Sergej aus Nadjas Coupé Schreie. Mit einer Pistole in der Hand stürmte er herein. Nadja war hysterisch; Stalin hatte sie vergewaltigt. Sergej erhob die Waffe. Stalin redete sich aus den Schwierigkeiten heraus, indem er versprach, das Mädchen zu heiraten. Weil sie noch nicht volljährig war, musste die Hochzeit bis zum nächsten Jahr warten. Neun Monate nach der Vergewaltigung gebar sie einen Sohn, Wassili.*

---

* Die Behauptung wird in Roman Brackmans *The secret file of Joseph Stalin* (2001: S. 149) aufgestellt. In seiner Stalin-Biografie schreibt Simon Sebag Montefiore (2006: S. 60) über die Zugfahrt nach Zarizyn nur Folgendes: »Hier nahm vermutlich das Verhältnis zwischen Nadja und Stalin seinen Anfang.« Tochter Swetlana erwähnt nichts dahingehend, dass die Mutter vergewaltigt wurde – aber sie muss es auch nicht unbedingt gewusst haben. Montefiore (S. 57) lobt im Übrigen Brackmans Buch.

Die Geschichte von Stalin und Nadja hatte ein Jahrzehnt zuvor so viel schöner begonnen, als er sie vor dem Ertrinken rettete. Die Familie Allilujewa hatte Stalin eine Zeit lang bei sich wohnen lassen, als sich dieser auf der Flucht vor der *Ochrana* befand. Eines Tages fiel Nadja ins Meer. Obwohl er nicht schwimmen konnte, stürzte sich Stalin heldenhaft ins Wasser. Zappelnd gelang es ihm, sowohl sich als auch Nadja an Land zu befördern. Als sie später Stalins Frau wurde, gab es vermutlich viele Tage, an denen sie sich wünschte, sie beide wären auf den Boden des Kaspischen Meers gesunken. Bei der sowjetischen Invasion Georgiens war Stalin eine der treibenden Kräfte. Als die Menschewiken dort besiegt waren, ließ er sein Elternhaus in ein Stalin-Museum umwandeln. Seine Mutter quartierte er in ein kleines Schloss ein, das früher dem russischen Vizekönig gehört hatte. Die Frau, die früher für wohlhabende Nachbarn genäht, Kleider und den Boden gewaschen hatte, bekam jetzt eigene Diener und Ärzte. Stalin brachte nicht die Kraft auf, seine Mutter selbst zu besuchen, und schickte stattdessen Nadja, zusammen mit einem Brief, datiert auf den 16. April 1922: »Liebe Mama! Grüße! Bleib gesund, lass keine Sorgen in dein Herz dringen. Du kennst die Redewendung: ›Während ich lebe, genieße ich die Veilchen, und wenn ich sterbe, bleibt nur die Freude auf die Erde des Friedhofs!‹ Diese Frau – sie ist meine Ehefrau. Pass gut auf sie auf. Dein Soso.« Stalins Briefe waren in der Regel sehr kurz. Der nächste lautete in Gänze: »Liebste Mama! Grüße! Sollst du zehntausend Jahre leben. Ich küsse dich. Dein Soso.« Einer der Gründe für die Knappheit, jedoch kaum der einzige, war, dass er nahezu vergessen hatte, wie man Georgisch schrieb, das ein eigenes Alphabet besitzt und nicht das kyrillische verwendet. »Was für ein Georgier bin ich, wenn ich mehr als zwei Stunden brauche, um einen Brief an meine Mutter zu schreiben?«, beklagte er sich. »Über jedes Wort, das ich schreibe, muss ich nachdenken.«[303]

Stalins Familie lebte jetzt in einer Wohnung im Kreml. Auch Ketewans Sohn Jakow zog nach Moskau. Nadja wurde Stiefmutter des nunmehr vierzehn Jahre alten Jungen, der kaum Russisch sprach. Daneben adoptierten sie Artem, den neugeborenen Sohn eines engen Freundes von Stalin, der bei einem Zugunglück ums Leben gekommen war. Nadja versuchte vergeblich, die Kinder zu einer gewissen Disziplin zu erziehen. Auf der Arbeit war Stalin den ganzen Tag über streng, und wenn er nach Hause kam, entspannte er sich, indem er die Kinder verhätschelte. Andererseits erzählte Nikolai Bucharin, wie schockiert er war, als Stalin seinem einjährigen Sohn einen Mund voll Pfeifenrauch ins Gesicht blies. Das Kind hustete und weinte. Stalin sagte, er tue das, um den Jungen »stark zu machen«.[304] Er ließ Wassili auch Wein trinken. Als Nadja protestierte, lachte Stalin nur und sagte, dies sei »Medizin« für den Jungen.[305] (Wassili starb mit nur einundvierzig Jahren an chronischer Alkoholabhängigkeit.) Als Jakow wegen einer Frau erfolglos einen Selbstmordversuch unternahm, schnaubte Stalin nur: »Er kann nicht einmal ordentlich schießen.«[306] Im Rahmen einer Diskussion sagte Stalin, dass die Partei sogar vor der Familie stehe.

»Was ist mit Ihren Kindern?«, fragte jemand.

»Das sind *ihre!*«, antwortete Stalin und zeigte auf Nadja, die unter Tränen aus dem Raum stürmte.

Als Bucharin einen hübschen Teenager heiratete, rief ein berauschter Stalin ihn in der Nacht an, um zu »gratulieren«: »Du hast mich auch dieses Mal geschlagen ... Eine gute, hübsche Ehefrau ... jünger als meine Nadja!«[307]

Stalin beschaffte Nadja eine Stelle im Sekretariat von Regierungschef Lenin. Das Ziel lautete Spionage. Das Verhältnis der beiden Führungskräfte zueinander war nie von sonderlich viel Wärme geprägt gewesen. Lenin missfielen seit Langem Stalins Unsitten, darunter das Pfeiferauchen. Einmal platzte es aus ihm heraus: »Man schaue sich den Asiaten an – er tut nichts anderes als saugen!«[308] Nunmehr aber fürchtete er mehr Stalins wachsende Macht, kritisierte seine brutalen Methoden sowie sein Vorgehen in Georgien. Als Lenin im April 1922 ernsthaft krank wurde, ernannte der elfte Kongress der Partei Stalin zum neuen Generalsekretär. Vom Krankenbett aus, nach seinem zweiten Schlaganfall, diktierte Lenin ein Testament für den Kongress: »Genosse Stalin hat, nachdem er Generalsekretär geworden ist, eine unermessliche Macht in seinen Händen konzentriert, und ich bin nicht überzeugt, dass er es immer verstehen wird, von dieser Macht vorsichtig genug Gebrauch zu machen ... Stalin ist zu grob, und dieser Mangel, der in unserer Mitte und im Verkehr zwischen uns Kommunisten durchaus erträglich ist, kann in der Funktion des Generalsekretärs nicht geduldet werden.«[309] Lenin war der Ansicht, Stalin müsse entfernt werden. Die Platzierung Nadjas erwies sich als klug: Sie bekam Wind von den Plänen und setzte ihren Mann darüber in Kenntnis. Stalin tat sich mit Lew Kamenew und Grigori Sinowjew zusammen, zwei anderen Sowjetführern, die in dem Testament kritisiert wurden. Es gelang ihnen, das Schreiben nach Lenins Tod am 21. Januar 1924 zurückzuhalten. (Seitens Kamenew und Sinowjew war das sehr kurz gedacht: Im Rahmen von Stalins erstem »Moskauer Prozess« wurden sie 1936 hingerichtet.) Um sich an die Spitze des Systems zu manövrieren, ging Stalin im Laufe der Zwanzigerjahre des 20. Jahrhunderts eine Reihe solcher Allianzen ein. Aus Genosse Generalsekretär wurde Genosse Diktator, weil er geschickter und gnadenloser war als alle anderen.

»Hallo du«

Nadja hatte kein leichtes Leben. Sie litt unter Depressionen und Migräneanfällen und hielt sich in Abständen immer wieder in Kureinrichtungen auf, wo sie wegen Erschöpfung, Herzproblemen und Gliederschmerzen behandelt wurde.[310] Im August 1926 nahm Nadja die Kinder und verließ ihren Mann. Stalin flehte Nadja an, wieder nach Hause zu kommen, und letztendlich gab sie nach, wurde jedoch niemals glücklich.

1930 nahm sie an der Industrieakademie in Moskau ein Studium der Textilproduktion auf. Dort erzählten ihr Kommilitonen Horrorgeschichten über Stalins Regime: Hunger und Kannibalismus, Deportationen und Massenhinrichtungen. Als Nadja das Stalin gegenüber ansprach, fertigte er das Ganze als »trotzkische Gerüchte« ab und ließ die Studenten verhaften (die keine Ahnung davon gehabt hatten, dass sie sich Stalins Ehefrau gegenüber so offen geäußert hatten). Nadja war bis dahin immer eine gläubige Kommunistin gewesen; trotz des elendigen Familienlebens, die Revolution blieb eine Grundfeste. Jetzt bröckelte auch diese. Während eines Streits schrie Nadja Stalin an: »Du bist ein Plagegeist! Du quälst deine Frau, deinen eigenen Sohn, das ganze russische Volk!«[311]

Ein paar Worte zu Stalins Geliebten: Zu ihnen sollen die Ballerina Olga Lepeschinskaja, die Friseurin im Kreml und eines der Dienstmädchen auf der Datsche gehört haben. Letztgenannte hatte eine Stupsnase. Stalin mochte Stupsnasen. Es gab auch das Gerücht, Stalin hätte die sechzehnjährige Tochter seines engen (jüdischen) Mitarbeiters Lasar Kaganowitsch geschwängert. Swetlana sagte später, dies sei der Grund gewesen, warum die Eltern aufhörten, im gleichen Bett zu schlafen. Nach Nadjas Tod tauchte das Gerücht auf, Stalin hätte dieses Mädchen geheiratet. Das war Klatsch, den die Nazis eifrig bemüht waren zu verbreiten, zumal sie dann zwei Feindbilder in Stalin vereinen konnten: den Bolschewismus und nun auch das Judentum. Wahrscheinlich ist die Geschichte über eine angebliche Ehe nur ein Märchen.[312]

Den fünfzehnten Jahrestag der Oktoberrevolution 1932 feierte die Führungsriege mit einem Abendessen beim Vorsitzenden des Revolutionären Militärrats. Hierbei pirschte sich Stalin hemmungslos an die für ihre Promiskuität berüchtigte Schauspielerin Galina Jegorova heran. Sowohl Nadja als auch Galinas Mann mussten zusehen, während die beiden eng miteinander tanzten und Stalin ihr etwas ins Ohr flüsterte. Als Stalin später am Abend betrunken war, »flirtete« er mit Jegorova, indem er kleine Brotstückchen nach ihr warf.[313]

Alle außer Nadja tranken Wodka. Stalin rief ihr zu: »Hallo du, nimm dir einen Schnaps!« Nadja explodierte: »Ich heiße nicht ›Hallo du‹!« Sie stürmte nach draußen. »Was für eine Idiotin«, sagte Stalin. »Ich hätte niemals zugelassen, dass meine Frau so mit mir spricht«, kommentierte einer der Gäste des Abendessens die Szenerie.

Molotows Ehefrau begleitete Nadja ein Stück. Als sich beider Wege trennten, glaubte sie, Nadja hinreichend beruhigt zu haben. Von der Wohnung aus rief Nadja in einer Datsche an, über die Stalin in der Nähe des Kreml verfügte, und erkundigte sich, ob er dort sei. Der Wachmann bestätigte dies. Nadja fragte, wer außer ihm noch dort sei. Der Wachmann antwortete, etwas unüberlegt, dass Stalin mit der Ehefrau des Militäroffiziers Gusev dort sei. Nadja legte auf. Sie schrieb einen langen Brief an Stalin, bevor sie sich mit einer Pistole, die sie von ihrem Bruder Pawel zur Selbstverteidigung bekommen hatte, ins Herz schoss.[314] Da Stalin und Nadja das Schlafzimmer nicht mehr miteinander teilten, bemerkte dieser nichts, als er nach Hause kam und sich hinlegte. Erst am Tag darauf fanden Bedienstete Nadja in einer Blutlache auf dem Boden liegend.

Ihr Abschiedsbrief war eine einzige lange Verurteilung Stalins, sowohl in persönlicher als auch in politischer Hinsicht. Stalin war stark traumatisiert. »Sie hat mich gelähmt!«, rief er neben der Leiche aus. »Oh Nadja, Nadja … wie wir dich brauchen, ich und die Kinder!«[315] Mit einem Mal kam ihm die Erkenntnis: »Ich war ein schlechter Ehemann. Ich hatte keine Zeit, mit ihr ins Kino zu gehen.«[316]

Die tatsächliche Todesursache wurde natürlich geheim gehalten, selbst vor der Parteileitung. Ärzte des Kreml-Krankenhauses unterzeichneten einen Totenschein, demnach eine Frau mit einer Kugel im Herzen an »Blinddarmentzündung« gestorben war.

Nach drei Tagen der Isolation in seinem Büro verließ Stalin selbiges mit einer weitaus weniger versöhnlichen Haltung. »Sie verließ mich als eine Feindin«, sagte er vor Nadjas Sarg. Molotow vernahm aber auch einen bittersüßen Seufzer: »Ich habe dich nicht gerettet.«

Dann küsste Stalin die Leiche »leidenschaftlich«.[317] Stalin war ein gebrochener Mann. Sein Neffe, Leonid Redens, behauptete später, dass Nadjas Selbstmord »die Geschichte geändert hat ... Das machte Terror unvermeidlich.«[318]

Mama

Ein halbes Jahr nach Nadjas Tod gewährte Stalin seiner Mutter einen Brief von nahezu epischer Länge:

> *Sei gegrüßt, liebe Mutter! Ich habe deinen Brief erhalten. Ich habe auch die Marmelade, den Ingwer und die Süßigkeiten bekommen. Die Kinder waren sehr glücklich und senden dir ihre Grüße und ihren Dank. Es ist gut zu hören, dass du gesund und munter bist. Ich bin bei guter Gesundheit, hab keine Angst um mich. Ich halte viel aus. Ich weiß nicht, inwieweit du Geld brauchst. Unabhängig davon schicke ich fünfhundert Rubel. Ich schicke auch Fotos – von mir und den Kindern. Bleib gesund, liebe Mama, verliere nicht deinen guten Mut. Ich küsse dich. Dein Sohn Soso ... Mein Privatleben ist seit Nadjas Tod schwer. Aber wie auch immer, ein starker Mann muss immer stark bleiben.*

Im Juli 1935 schickte Stalin die Kinder nach Tiflis, um die Großmutter zu besuchen. Sie verbrachten eine Woche in der georgischen Hauptstadt, aber nur eine halbe Stunde bei Keke. Sie sprach kein Russisch, weshalb Jakow aus dem Georgischen übersetzen musste. Auch wenn das Schloss, in dem sie wohnte, prächtig war, war Swetlana überrascht, wie arm die alte Frau wirkte und wie entsetzlich hässlich ihr kleines Zimmer war.

Mit ihrer Gesundheit ging es beständig bergab, und im Herbst beschloss Stalin, persönlich vorbeizuschauen. Keke erfuhr von dem Besuch erst eine Stunde vor Stalins Ankunft. Im Anschluss an die

Begegnung wurde sie von der russischsprachigen Tifliser Zeitung *Zarya Vostoka* [»Östliche Morgendämmerung«] interviewt:

Ich hatte ihn sehr lange nicht gesehen. Ich war nicht gesund, fühlte mich schwach. Aber mit ihm zusammen zu sein, hat mich mit einer solchen Freude erfüllt, es war, als hätte ich Flügel. Meine Krankheit und Schwäche waren plötzlich verschwunden ... Ich fragte nach meinen Enkelkindern. Ich liebe sie mehr als irgendetwas anderes auf der ganzen Welt, meine Swetlana, Jakow und Wassili ... Die Zeit verging, ohne dass wir es bemerkten. Wir redeten über alte Zeiten, über Freunde und die Familie. Er scherzte viel, wir lachten. Wir haben sehr lange zusammengesessen, und ich war so froh, meinen eigenen Soso bei mir zu haben.

Auch wenn es Keke sicher schön fand, den Sohn wiederzusehen, war das Verhältnis zwischen Mutter und Sohn wohl etwas angestrengter, als es aus der von der Partei kontrollierten Zeitung hervorgeht. Wenn georgische Parteiführer Keke jedes Jahr zu Stalins Geburtstag gratulierten, merkte sie mitunter an, dass ihr Erstgeborener, Mikhail, sowohl hübscher als auch »geschickter« gewesen sei. (Mikhail war bereits im Säuglingsalter gestorben.) Die Mutter wusste nicht einmal, was für einen Job Stalin eigentlich hatte.

»Generalsekretär des Zentralkomitees der Kommunistischen Partei«, antwortete der Sohn.

»Was ist das?«

»Erinnerst du dich an den Zaren?«

»Selbstverständlich tue ich das.«

»Nun, ich bin so etwas wie der Zar.«

»Nun, schade, dass du nicht Priester geworden bist.«

Allerdings ist das nicht die Geschichte eines erwachsenen Kindes, das die Welt erobert, um die eigene Mutter zu beeindrucken, nur um letztendlich erschüttert festzustellen, dass sie sich noch immer nicht darum schert. Ihre Unwissenheit war vor allem Stalin selbst geschuldet und bedeutete nicht zwangsläufig, dass sie uninteressiert war. Stalin aber hatte die Kindheit noch immer nicht ganz hinter sich gelassen; er fragte die Mutter, warum sie ihn so oft geschlagen habe, als er klein war. »Du siehst aus, als hättest du es gut verkraftet«, antwortete sie, was belegt, wie wenig sie faktisch wusste.[319]

Als sie schließlich starb, untersagte Stalin alle Bekanntmachungen und Nachrufe, und auch wenn Swetlana versicherte, dass er »sehr trauere«[320], erschien er nicht zur Beerdigung. Er sorgte jedoch dafür, dass der Sarg der streng gläubigen Frau zu den Klängen der »Internationalen« in die Erde gelassen wurde.

Herrschaft und Diener

Nadjas Bruder Pawel Allilujewa war mit einer Frau namens Jevgenija (kurz: Zjenja) verheiratet. Anfang der Dreißigerjahre, als die Ehe mit dem wohl leicht schwachsinnigen Pawel schlecht lief, ließ sie sich auf ein Verhältnis mit Stalin ein.

Zjenja hatte bei Stalin eine Sonderstellung inne, weshalb sie mit Sachen durchkam, die anderen das Leben gekostet hätten. Einmal kam sie früher als Stalin zu dessen Datsche, wo das Abendessen auf dem Tisch bereitstand. Sie aß alles auf. Als Stalin hereinkam, fragte er, wo denn seine Zwiebelsuppe sei? Zjenja räumte ein, sie gegessen zu haben. Stalin lächelte nur und sagte: »Beim nächsten Mal stellen sie am besten zwei Teller hin.« Als sie sich im Dezember 1936 zu einer von Stalin arrangierten Feier anlässlich des neuen Grundgesetzes verspätete, ließ Stalin sie wissen: »Du bist die Einzige, die es wagen kann, zu spät zu sein.«

Zjenja war »eine prächtige Gestalt, blaue Augen, helle, gewellte Haare, Lachgrübchen, Stupsnase und ein breiter, strahlender Mund«. Sie hatte ein gutes Gespür für Mode, wofür Stalin sie lobte:

»Du kleidest dich so schön. Du solltest professionelle Modezeichnerin werden!«

»Was? Ich kann nicht einmal einen Knopf annähen. Meine Tochter näht alle Knöpfe für mich an.«

»Oh? Du solltest die Sowjetfrauen lehren, wie sie sich kleiden sollen!«

Aber Zjenja war kein schmächtiges Zierpüppchen. Sie hackte im achten Monat schwanger Holz, trieb mit den anderen Frauen deftige Späße und unterhielt Stalin mit groben Witzen. Zjenja war auch eine der wenigen, gegenüber denen Stalin es wagte, ehrlich zu sein. Während die sowjetische Propaganda behauptete, die Rote Armee mache kurzen Prozess mit den ins Land einfallenden Deutschen, gestand ein »bedrückter« Stalin Zjenja: »Der Krieg wird lange andauern. Er wird Unmengen an Blut kosten ... Sei so nett, nimm Swetlana mit in den Süden.«[321]

Stalin beriet sich oft mit Zjenja, wie er mit Swetlana umgehen solle, die schnell erwachsen wurde:

»Darf ein Mädchen einen solchen Rock tragen? Ich will nicht, dass sie ihre Knie zeigt.«

»Das ist nur natürlich«, sagte Zjenja.

»Sie bittet um mehr Geld ...«

»Das ist dann wohl in Ordnung?«

»Was soll sie mit Geld? Ein Mensch kann gut von zehn Kopeken leben!«

»Jetzt hör aber auf, Josef. Das war vor der Revolution!«

»Ich dachte, man kann von zehn Kopeken leben ...«

»Was tun sie? Drucken sie spezielle Zeitungen für dich?«

Zjenja war so gut wie die Einzige, die sich traute, so mit Stalin zu sprechen. Allerdings konnte sie nicht damit rechnen, bis in alle Ewigkeit sicher zu sein.

Ihr Mann Pawel war Kommissar für die Panzertruppen. Eines Tages im November 1938 stellte er fest, dass Stalin fast alle seine Kollegen hatte verhaften lassen. Zu einem späteren Zeitpunkt dieses Tages fiel er tot um.[322] Den Ärzten zufolge starb er an Herzversagen, verursacht durch »Stress« (er war gerade erst aus dem Urlaub zurückgekehrt). Zjenja hatte Stalin im Verdacht, ihren Ehemann ermordet zu haben, und wurde unruhig, was weiterhin geschehen würde.

Lawrenti Beria war Henker und Zuhälter, Stalins »Himmler«, eine der dunkelsten Gestalten im inneren Kreis des Kreml. Mehrfach hatte er direkt vor Stalins Nase versucht, Zjenja anzubaggern. (»Wenn dieser Drecksack mich nicht in Frieden lässt, zermalme ich sein Lorgnon.«[323]) Jetzt, nach Pawels Tod, kam Beria mit einer Anfrage zu ihr: »Sie sind ein so feiner Mensch und arbeiten so gut, haben Sie nicht Lust, in Stalins Haus zu ziehen und Haushälterin zu werden?«[324]

»Haushälterin« bedeutete feste Geliebte. »Haushälterinnen« konnten plötzlich spurlos verschwinden. Um dem zu entgehen, heiratete sie in aller Eile einen alten Freund. Stalin wurde natürlich wütend und verbannte sie aus dem Kreml, auch wenn er weiterhin eine Schwäche für sie hatte. 1949 wurde Zjenja zusammen mit ihrer Tochter Kira im Sog von Stalins Abrechnung mit einer »zionistischen« Konspiration gefangen genommen und kam ins Gefängnis. Sie unternahm einen Selbstmordversuch, indem sie Steine schluckte. Erst nach Stalins Tod 1953 kam sie frei.

Als wäre es nicht schon schwer genug gewesen, die Kontrolle über alle Kreml-Euphemismen zu behalten, war eine von Stalins »Haushälterinnen« tatsächlich seine Haushälterin. Valentina Istomina konnte kaum lesen und schreiben und sie mischte sich nicht in Stalins Angelegenheiten ein. Frauen mit »Ideen« gegenüber war Stalin skeptisch, seiner Meinung nach konnte man ebenso gut von »Heringen mit Ideen« sprechen.[325] Daher passte es ausgezeichnet, dass eines von Valentinas größten Talenten das Zusammenlegen von Unterhosen war. Und sie hatte eine Stupsnase.

Valentina begleitete Stalin in den Urlaub. Während der Konferenz von Jalta 1945 servierte sie Kuchen. Stalins Adoptivsohn Artem erinnerte sich an eine lächelnde, einfache, energische Frau, »weder dick noch dünn«. Swetlana sagte: »Sie war sehr jung und hatte hellrote Wangen, und alle mochten sie. Sie war eine nette Person, typisch russisch.« Ab Ende der Dreißigerjahre war sie Stalins heimliche Ehefrau. Die Beziehung zu Valentina war die längste in Stalins Leben, mehr als fünfzehn Jahre. Nach den »Dramen« mit Nadja und Zjenja hatte Stalin jetzt »eine muntere, ruhige und tüchtige Krankenschwester«, die Politik nur dann erwähnte, wenn es darum ging, ihre Einigkeit mit ihm zu zeigen.[326] Während des Krieges, als sich die Nazis Moskau näherten, diskutierten die Mitglieder des Politbüros über eine Evakuierung. Stalin drehte sich jäh zu Valentina um und fragte sie:

»Bist du bereit, Moskau zu verlassen?«

»Genosse Stalin«, sagte sie. »Moskau ist unsere Mutter, unser Zuhause. Das muss verteidigt werden.«

»So reden die Moskauer!«, sagte Stalin.[327]

Und so wurde es gemacht. Keiner hatte Lust, feiger als die Haushälterin zu sein.

Unsere schlimmsten Jahre

Das Wort ist überstrapaziert und nicht hilfreich, aber Josef Stalin war »verrückt«. Diese Diagnose stellte ihm bereits 1927 der berühmte Psychiater und Neurologe Wladimir Bechterew. Stalin ließ nach Bechterew rufen, als er anfing, unter Schlaflosigkeit und Schmerzen in seinem verkrüppelten linken Arm zu leiden. Die Konsultation dauerte länger, als Bechterew angenommen hatte, weshalb er zu spät zu einer Konferenz kam. Schließlich entschuldigte er sich bei allen Anwesenden mit den Worten, dass er »einen kurzarmigen Paranoiden [habe] untersuchen« müssen. Kollegen gegenüber schmückte er das späterhin weiter aus und teilte mit, dass Stalin unter einer »gespaltenen Persönlichkeit, Paranoia und Schizophrenie« leide. Selbst in diesem Umfeld war das ein grober Verstoß gegen die Schweigepflicht. Selbstverständlich erfuhr Stalin davon. Einen Tag später war Bechterew tot.[328]

Vor Stalins rabiater mörderischer Personalpolitik war niemand sicher. Er hätte lieber einhundert Menschen zu viel getötet, als einen Verräter frei herumlaufen zu lassen. Möglicherweise war es nur eine rein biologische Sperre, die ihn daran hinderte, auch seine engste Familie einer »Säuberung« zu unterziehen. Tochter Swetlana gehörte definitiv zu jenen, die »zu viel wussten«. Aber sie war auch das, was Stalin in seinen letzten Jahren, die er einsam und isoliert verbrachte, am ehesten als eine enge Freundin bezeichnen konnte.

1967, lange nach Stalins Tod, ging sie in die USA, verurteilte das Regime ihres Vaters und veröffentlichte Bücher über ihr Leben, die zu Bestsellern wurden. Im Alter von sechzehn Jahren war Swetlana dem Menschen begegnet, »der für immer« ihr »Verhältnis zu[m] Vater zerstörte«, Alexei »Ljusia« Kapler.

»Wir waren im Winter 1942/43 nur wenige Male zusammen, und ein paar wenige Stunden zwölf Jahre später, 1955 – das ist alles. Einige kurze Begegnungen zwischen einem vierzigjährigen Mann und einer Gymnasiastin sowie eine flüchtige Fortsetzung später – ist das überhaupt etwas, worüber man reden und sich sorgen sollte?«[329] Stalins Ansicht nach ja.

Der jüdische Drehbuchautor war von Stalin angeheuert worden, ein Manuskript für einen Film über die Oktoberrevolution zu schreiben. Es »passierte« nicht sonderlich viel zwischen ihnen – Kapler zufolge »ein Kuss, das war alles«[330] –, Swetlana jedoch war Hals über Kopf verliebt. Ihrer Meinung nach war Kapler »der klügste, freundlichste und wundervollste Mensch der Welt«.

Kapler reiste als Journalist nach Stalingrad. In der *Prawda* publizierte er das, was als Brief eines anonymen Leutnants an seine Liebste gedacht war, was aber in Wirklichkeit ein Brief von Kapler an Swetlana war. Die romantische Geste war leicht zu durchschauen, da Kapler den Brief mit den Worten beendete: »Jetzt fällt in Moskau vermutlich Schnee. Von deinem Fenster aus siehst du die gezackte Mauer des Kremls.« Diese Aussicht teilte Swetlana nicht mit sehr vielen und sie machte sich Sorgen: »Herrgott, wie soll das gehen?«[331] Es ging so: Stalin fand es heraus – nicht wegen Kaplers fehlender Diskretion, sondern weil er Swetlanas Telefon abhören ließ. Stalin »kam unerwartet« nach Hause und konfrontierte Swetlana, die mit dem Kindermädchen zusammen war und sich für die Schule fertig machte:

Nie zuvor hatte ich Vater so gesehen. Im Allgemeinen verstand er es, seine Worte und Gefühle zu beherrschen, jetzt aber wurde er von Wut förmlich gequält und brachte nur mit knapper Not ein Wort hervor. »Wo? Wo ist es, alles?«, kam es letztendlich aus ihm heraus, »wo sind all diese Briefe von deinem Schriftsteller?«

Es ist unmöglich zu versuchen, die Verachtung wiederzugeben, die er in das Wort »Schriftsteller« legte. »Ich weiß alles! All deine Telefongespräche – hier sind sie!« Er klopfte sich auf die Tasche. »Nun? Her damit! Dein Kapler ist ein englischer Spion! Er ist verhaftet!«

Vom Schreibtisch holte ich alle Notizen und Fotos, die Ljusia mit seinen Grüßen aus Stalingrad geschickt hatte. Hier waren auch seine Notizbücher, mehrere Entwürfe für Kurzgeschichten sowie ein neues Drehbuch für einen Film über Schostakowitsch. Und hier war Ljusias langer Abschiedsbrief, den er mir an meinem Geburtstag gegeben hatte – als Erinnerung an ihn.

»Aber ich liebe ihn!«, sagte ich endlich, als ich die Sprache wiedergefunden hatte. »Liebe!« brüllte Vater, wegen dieses einen Wortes vor Wut schäumend, und ich bekam zwei Ohrfeigen, die ersten, die ich jemals bekommen habe. »Es tobt ein Krieg, und sie interessiert sich fürs Vögeln! [...] Du solltest dich selbst ein bisschen genauer ansehen – wer braucht dich wohl?! Er hat genug Frauenvolk um sich herum – du Dummkopf!« Dann ging er hinaus. Hinaus ins Esszimmer, um mit eigenen Augen alles zu lesen, was er mitgenommen hatte. Mein Inneres lag in Trümmern.[332]

Kapler wurde ins Exil geschickt, wo er »am Theater arbeitete«. Als er fünf Jahre später freigelassen wurde, brach er die an die Freilassung geknüpften Bedingungen, indem er direkt nach Moskau reiste. Er wurde festgenommen und für fünf Jahre ins Arbeitslager gesteckt. Erst als Stalin starb, kam er frei.

Stalins wachsender Hass auf die Juden fiel mit der Vorliebe der Tochter für sie zusammen; als Swetlana später Grigori Morosow heiratete, weigerte sich Stalin, dem Schwiegersohn zu begegnen. Als sie im Registrierungsbüro heirateten, fragte ein nervöser Funktionär Swetlana: »Weiß Ihr Vater davon?« Stalin hatte jedoch seinen Segen gegeben – in gewisser Hinsicht: »Es ist Frühling ... Du willst heiraten. Zur Hölle mit dir. Mach, was du willst.«[333]

Stalin blieb überzeugt, dass eine zionistische Verschwörung gegen das Regime und seine engste Familie existierte. 1948 ließ er den jüdischen Theaterregisseur Solomon Michoels ermorden. Swetlana war im Zimmer, als jemand Stalin anrief, um zu fragen, wie die offizielle Todesursache lauten sollte. »Also Autounfall«, flüsterte er. Dann teilte er der Tochter mit: »Michoels ist bei einem Autounfall ums Leben gekommen.«[334]

Nach vier Jahren ließ sich Swetlana von Morosow scheiden. Ihr nächster Ehemann war der Sohn von Andrei Schdanow, Sekretär im Zentralkomitee mit der Verantwortung für ideologische Fragen und einer von Stalins engsten Mitarbeitern. Bei einem Abendessen, bei dem das frisch vermählte Paar anwesend war, drehte sich Stalin plötzlich zu Schdanow um und sagte: »Sieh, wie er dasitzt, wie Christus, so als würde ihm nichts etwas bedeuten! Da – er sieht mich an, als sei er Christus!« Es wurde still. Schdanow begann zu schwitzen.[335] Der unmotivierte Ausbruch war vermutlich dazu angedacht, Grauen zu verbreiten. Schdanow war lange als Stalins Erbe angesehen worden. Aber jetzt ...

Niemand war sicher

Ein Jahr später starb Schdanow. Hat Stalin ihn ermorden lassen? Das ist selbstverständlich nicht unmöglich. Aber mitunter ist ein Spaten einfach nur ein Spaten, und mitunter trinken sich sowjetische Politiker einfach zu Tode.

Auch Stalin mochte Wodka. Regierungsbesprechungen arteten oft genug in Saufgelage und Kinoabende mit importierten amerikanischen Cowboyfilmen aus. Stalins Laune war so unvorhersehbar, dass sich niemand wagte, als Erster Feierabend zu machen, aus Angst, ihn zu beleidigen. An einem dieser langen Abende wurde Chruschtschow, übergewichtig und mittleren Alters, von Stalin gezwungen, *gopak* zu tanzen, den berühmten ukrainischen Volkstanz, bei dem man in der Hocke herumhüpft und mit den Beinen um sich tritt. Chruschtschow merkte später an: »Ein kluger Mann tanzt, wenn Stalin sagt: Tanz.«[336] In seinen Memoiren erinnerte sich Chruschtschow auch daran, wie Swetlana tanzen musste, Neujahr 1952: »Ich sah ihr an, dass sie müde war. Sie rührte sich kaum vom Fleck. Als sie eine Weile getanzt hatte, versuchte sie, dem Ganzen zu entkommen, aber ihr Vater ließ nicht locker ... Sie sagte: ›Ich habe getanzt, Papa, aber ich bin müde.‹ Daraufhin packte Stalin sie am Pony und zog kräftig daran. Ihr Gesicht lief rot an, und ich sah, dass ihr die Tränen in die Augen stiegen. Sie tat mir aufrichtig leid. Er zog nur noch heftiger an den Haaren und zerrte sie wieder auf die Tanzfläche ... Dass er sich so rüpelhaft aufführte, zielte nicht darauf ab, böse zu Swetlanka [sic] zu sein. Nein, sein Benehmen war in Wirklichkeit eine Art Liebeserklärung, jedoch in einer brutalen, ich hätte beinahe gesagt perversen Form, die typisch für ihn war.«[337]

Stalin ließ seine Krankenakten verbrennen, weshalb die Details rund um seinen Gesundheitszustand nicht bekannt sind, jedoch reichen fünfzig Jahre Pfeiferauchen für die meisten aus, um das Leben zu verkürzen. Er starb am 5. März 1953 im Alter von vierundsiebzig

Jahren. Er hatte die Familie um sich, jedoch war es eine unwürdige, chaotische Szenerie. Sohn Wassili war »voll wie üblich« und überzeugt, dass jemand Dreck am Stecken hatte. »Schurken, ihr habt meinen Vater ermordet!«, schrie er die Parteileitung an, während er aus dem Zimmer geworfen wurde.[338] Beria, zu dieser Zeit Chef der Geheimpolizei, wechselte zwischen unterwürfigem Anbeten Stalins, wenn dieser bei Bewusstsein war, und rabiater Verbannung, wenn er eingenickt war. Swetlana schrieb, dass Stalin in seiner letzten Minute den anwesenden Personen »einen fürchterlichen Blick [zuteilwerden ließ], teils wahnsinnig, teils erfüllt von Zorn und Angst vor dem Tod ... dann hob er plötzlich die linke Hand (die er bewegen konnte) und zeigte auf etwas über uns und drohte gleichzeitig uns allen. Die Bewegung war unverständlich, aber Unheil verkündend, und keiner wusste, wem sie galt. Einen Augenblick später unternahm die Seele eine letzte Anstrengung und riss sich vom Körper los.«

Valentina Istomina kam, um sich zu verabschieden. »Sie fiel beim Sofa auf die Knie, ließ den Kopf auf die Brust des Toten sinken und brach in lautstarkes Weinen aus, genau wie jede erdenkliche Ehefrau. Sie weinte lange, ohne aufhören zu können, aber niemand störte sie.«[339]

Teufel im Federkleid
Nicolae Ceaușescu
(1918–1989)

»Sie war eine quengelnde Hexe. Sie war durch und durch negativ. Sie war böse; sie musste immer ihren Willen kriegen. Sie war Ceaușescus Teufel. Wie alle psychisch instabilen Personen war sie eine, der man aus dem Weg ging, eine, die man zu meiden versuchte. Mit ihm konnte man reden, er hatte menschliche Züge, sie aber war die reine Bosheit. Sie war äußerst eitel und nahezu Analphabetin. Ich betrachtete sie als eine Mischung aus Imelda Marcos, Evita Perón und Jiang Qing. Man kann sich fragen, wie in aller Welt diese beiden es geschafft haben, so weit nach oben zu gelangen. Sie hatten Ausdauer und Stärke. Sie wussten, wie man Leute auswählt und im System manövriert.«[340]

EUGEN PROCA, RUMÄNIENS EHEMALIGER
GESUNDHEITSMINISTER

Elenas Freunde nannten sie *pasăre mică* – »kleiner Vogel«. Als Kind war sie Vogelenthusiastin und trieb sich tagelang allein im Wald herum. »Pasăre mică« ähnelt dem Wort »Păsărica«, einem rumänischen Slangausdruck für das weibliche Geschlechtsorgan. Nach dem Sturz des Kommunismus erinnerten sich die Dorfbewohner daran, wie Klein Elena ohne Schlüpfer herumgelaufen war und man ihre »Păsărica« sehen konnte.

Als First Lady war sie angeblich eine der besten Akademikerinnen Rumäniens, in Wahrheit jedoch war sie in der Schule in Rumänisch, Mathematik, Geschichte, Geografie und so weiter durchgefallen. Einzig in Musik, Sport und Handarbeit hatte sie bestanden. Eigentlich hätte sie die siebente Klasse wiederholen sollen, beendete aber lieber die Schule und reiste, nachdem die Ernte eingebracht war, nach Bukarest, das war um 1930.

Sie und Nicolae Ceaușescu passten perfekt zueinander, wenn auch nur aus dem Grund, dass auch er strohdumm war. Seine Freunde nannten ihn *Cap de Lemn* – »Holzkopf«. Ein Bekannter beschrieb ihn als schlichtweg »unfassbar dumm«.[341] Sie lernten sich 1939 bei einer Feier zum 1. Mai kennen. Um großzügig zu erscheinen, hatte König Carol II. eine öffentliche Feier gestattet. Das kam regelrecht einer Bitte um Ärger gleich: Arbeiter und Kommunisten tauchten selbstverständlich in großen Scharen auf und sorgten für Radau. Ganz vorn im Tross ging Elena und schrie die Forderungen heraus: »Brot und Gerechtigkeit!« Da fiel sie Nicolae ins Auge. *Wer ist diese Frau?*

Später behauptete Ceaușescu, er hätte den legendären 1.-Mai-Zug arrangiert, einer der Jugendleiter der Kommunisten erklärte jedoch, er habe Ceaușescu bei den Vorbereitungstreffen kein einziges Mal gesehen.

Das Umschreiben der Geschichte wurde ein fester Bestandteil im Mythenaufbau des Ceaușescu-Regimes. Kein Ereignis war zu trivial, um nicht aufgebauscht zu werden. Im August 1939 soll Elena während eines riesigen Massenappells zu »Fräulein Arbeiterklasse« gekürt worden sein. Die Wahrheit war, dass sie bei einem kleinen Picknick lediglich »Ballkönigin« wurde, und das auch nur, weil Nicolae Freunde und Bekannte regelrecht gezwungen hatte, für sie zu stimmen.[342]

Deutschenflittchen

Während des Zweiten Weltkrieges war Rumänien bis August 1944 mit Nazideutschland liiert, als König Mihai I. in letzter Sekunde »heldenhaft« auf die Seite der Sieger überwechselte. Die Kommunistische Partei hatte gegen die Deutschen kaum sinnvollen Widerstand geleistet und trug nur minimal zum Putsch bei. Besonders Ceaușescu zeichnete sich in dieser Zeit allem Anschein nach als Feigling aus. Als neu ernannter Erster Sekretär der kommunistischen Jugendbewegung Rumäniens blieb er, aus Angst vor deutschen Bomben, seinen eigenen Demonstrationen oft fern.

Offiziell wurde behauptet, dass Elena während des Krieges fromm auf die Rückkehr ihres tapferen Mannes gewartet hätte. Nach dem Niedergang des Kommunismus behaupteten ihre (und Nicolaes) Verwandte, dass sie in Bukarest unzählige sexuelle Verhältnisse zu deutschen Soldaten gehabt hatte. In dem Maße, wie sich Historiker für so etwas interessieren, besteht Konsens, dass Elena sexuell weitaus erfahrener war als Nicolae. Für ihn war Elena die Erste und Einzige.[343] Sie heirateten 1946, schnell, bürgerlich und bürokratisch, nicht einmal ihre Eltern waren anwesend. (Elena änderte ihr Geburtsdatum um ein paar Jahre, um nicht älter als Nicholae zu erscheinen.) Kurz hintereinander bekamen sie drei Kinder und hatten danach offenbar nie wieder Sex.[344]

Ab 1947 wurde Rumänien von einem Mann namens Gheorghe Gheorghiu-Dej regiert. Nicolae saß zu dieser Zeit im Zentralkomitee der Partei und befand sich innerhalb des Systems auf dem Weg nach oben. Elena ihrerseits war so unfähig, dass ihr der Job als Sekretärin im Außenministerium gekündigt wurde. Ab 1955 besuchte sie Abendkurse in Chemie. Der steigende Stern des Ehemannes innerhalb der Partei erklärt, wie diese Vorlesungen, die sie häufig schwänzte, blitzartig in einem Doktortitel resultieren konnten.[345] Elenas Disputation fand hinter verschlossenen Türen statt, zur Enttäuschung der anderen Studenten – sie hatten sich darauf gefreut zu sehen, wie sie sich blamiert. Der Prüfer war unbedacht genug, der inkompetenten Frau den Doktorgrad zu verweigern und wurde folglich gefeuert. Als Elena zum zweiten Mal antrat, wurde sie als Genie gefeiert. Der taktisch weitaus klügere Professor sah sich zum Rektor befördert.[346] 1960 nahm Elena ihre Arbeit als Forscherin am Chemieinstitut in Bukarest auf.

Über Chemie wusste sie kaum mehr als der Autor dieses Buches; von anderen verfasste wissenschaftliche Artikel wurden unter ihrem Namen veröffentlicht. Einer Wissenschaftlerin des Instituts zufolge kannte Elena nicht einmal die einfachsten Formeln. Sie weigerte sich, den Einkauf von Alkohol zu genehmigen, weil sie glaubte, die Angestellten würden ihn nutzen, um sich zu betrinken.[347]

Elenas Kollegen rächten sich mit fachspezifischem, internem Humor. Sie mogelten vollkommen sinnlose Formeln in ihre Unterlagen, um herauszufinden, ob sie es bemerkte. Das tat sie nicht. Elena war so dumm, dass sie CO_2 als ein Wort aussprach, »co-zwei«. Auf Rumänisch lautet es *codoi*, was so viel wie »Schwanz« oder »Hintern« bedeutet und zu Elenas Spitzname wurde. Elenas Doktorarbeit handelte von Polymeren (»synthetischen oder natürlichen Verbindungen, die aus kettenförmigen Molekülen bestehen«). *Mere* ist Rumänisch für »Äpfel«. Daher sprachen sie über die Arbeit als polyparies – »viele Birnen«.[348] *Don't quit your dayjob.*

Als Gheorghiu-Dej im Sterben lag, waren als Nachfolger Nicolae Ceaușescu und ein paar andere im Gespräch. Hinter den Kulissen kam es zum Tauziehen. Elena schmeichelte sich unterdessen bei den anderen Führungskräften und deren Ehefrauen ein. Am 22. März 1965 ernannte das Zentralkomitee tatsächlich Nicolae Ceaușescu zum neuen Generalsekretär. Kurz darauf wurde Elena Direktorin des Chemieinstituts.

Ceaușescus einziger, wirklich großer Augenblick kam 1968, als er alle überraschte, indem er Abstand von der Sowjetunion nahm. Vor Zehntausenden von Zuhörern bezeichnete er die Invasion der Tschechoslowakei durch die Warschauer-Pakt-Staaten als einen »großen Irrtum« und eine »ernsthafte Bedrohung des Friedens in Europa, der Zukunft des Sozialismus in der Welt und einen schändlichen Augenblick in der Geschichte der revolutionären Bewegung«.[349]

Ceaușescu war lange Zeit als Nickemännchen für ältere Parteimitglieder und die Sowjets betrachtet worden. Jetzt war er plötzlich sein eigener Herr. Das war sein Triumph und so gut wie der einzige Grund, warum ihn die Rumänen so lange unterstützt haben. »Ceaușescu gab uns das Gefühl, nicht mehr länger Moskaus Sklaven zu sein«, sagte der Autor Dan Zamfirescu. »Er machte uns glauben, dass wir in der Welt etwas bedeuten.«[350] Regierungschefs standen umgehend Schlange, um Ceaușescus Freund zu sein: In kurzer Zeit statteten Richard Nixon, Charles de Gaulle und auch Willy Brandt Rumänien einen Besuch ab.

Jedermanns Liebling

Die Ceaușescus entschlossen sich, ihren Lebensstil politischen Superstars entsprechend aufzumöbeln. Zum Teil inspiriert von seinem großen Macho-Dandy-Idol, Josip Tito in Jugoslawien, wurde Nicolae jetzt zu einem Modelöwen in weißem Anzug. Elena, früher eine graue Maus, trug nunmehr Designerkleider, Pelz und Goldschmuck. (Weil sie das Rampenlicht für sich allein haben wollte, verbot sie ihren Schwestern, sich ebenso schick zu kleiden.)

Bei einem Besuch in China 1971 war sie beeindruckt davon, wie Maos Frau Jiang Qing (siehe «Nora, meine Nora: Mao Zedong«) sich in der offiziellen Propaganda selbst inszenierte. Als sie nach Hause zurückkehrte, bemerkten die Rumänen den Unterschied sofort: Elena wurde nicht mehr als »Ceaușescus Ehefrau«, sondern als »Genossin Elena, Wissenschaftlerin« bezeichnet. Eine rumänische wissenschaftliche Studie zum Personenkult um Elena stellte fest, wie sie jetzt »jedes Mal zur Stelle war, wenn Nicolae Ceaușescu sich in der Öffentlichkeit zeigte: bei diplomatischen Empfängen, auf den sagenumwobenen Auslandsreisen oder bei den ständig mehr werdenden Arbeitsplatzbesuchen ... Zwischen der kantigen Ehefrau von Chruschtschow und der eleganten Raissa Gorbatschowa schien Ceaușescus Frau einen neuen politischen Stil anzukündigen, entspannter und mit größerem Augenmerk auf individuelle Werte.«[351] Und megalomaner Exzentrik: Als sie und Nicolae die USA besuchten, bat sie darum, dass alle Speisekarten in Französisch gedruckt wurden. Es scheint beinahe überflüssig zu erwähnen, dass weder sie noch Nicolae Französisch konnten. Vermutlich wollten sie als raffiniert erscheinen. Während des gleichen Aufenthalts weigerte sich Elena, Detroit zu besuchen, wenn sie nicht Gold geschenkt bekam.

Im Juni 1975 besuchten sie den jordanischen König Hussein auf dessen Jacht im Roten Meer. Elena war nie zuvor auf einem so luxuriösen Schiff gewesen. Während eines Spaziergangs nach dem Abendessen weinte sie sich bei ihrem Mann aus: »Ich will diese Jacht haben. Ohne sie reise ich nicht von hier ab.« Nicolai brachte einen Geheimdienstoffizier dazu, den König regelrecht zu fragen, ob sie das Schiff *bekommen* könnten. Hussein war verwirrt und wurde verlegen. »Sie müssen verstehen, dass genau diese Jacht ein persönliches Geschenk an [meine Tochter, Prinzessin] Alia war«, sagte er. »Der Kompromiss« bestand darin, dass er in den USA eine zweite Jacht für sie bestellte. Der stets liebenswürdige König schlug vor, das Schiff »Friendship« zu taufen.[352] Trotzdem war Elena nicht sonderlich dankbar; etwas später grummelte sie über die Reise wie folgt: »Und dieser Idiot Hussein, mein Lieber! Erinnerst du dich daran, wie das mit der Jacht war?«[353] (Die Jacht befindet sich heute im Schwarzen Meer; ein Touristikunternehmen, das auf Dracula-Touren spezialisiert ist, bietet die »Friendship« als Übernachtungsmöglichkeit für VIP-Gäste an.)

Elena zögerte nicht, sich Regierungschefs zum Feind zu machen. Als sie und Nicolae während der Amtszeit Jimmy Carters die USA besuchten, wurde ihr die Ehrenmitgliedschaft an der Wissenschaftsakademie der Universität Illinois verliehen. Elena sah sich bis aufs Blut beleidigt: »Illi-was? Was glauben die, wer ich bin? Mutter Teresa? Ich will einen Doktorgrad von Washington. Oder New York.« Den Präsidenten bezeichnete sie als »Herrn Peanut«, weil Carter eine Zeit lang die familiäre Erdnussfarm in seinem Heimatstaat Georgia geleitet hatte. »Sie machen mir nicht weis, dass mir Herr Peanut einen Titel von Illi-wasimmeresist verschaffen kann, nicht aber von Washington. Ich weigere mich, nach Illi-wasimmeresist zu reisen. Ich weigere mich!«

Empfänger dieses Schwalls an Vorwürfen war Ion Mihai Pacepa, Generalleutnant des Geheimdienstes Securitate. Er erklärte Elena geduldig, dass der amerikanische Präsident nicht die gleichen umfassenden Vollmachten hatte wie der rumänische. Weiterhin versuchte er ihr die Pille zu versüßen, indem er sagte, der Titel würde ihr von einem Professor Merdinger, einem Rumänen, überreicht. Elena reagierte jedoch auf den jüdisch klingenden Namen: »Wir haben keine jüdischen Freunde. Mein Doktorgrad soll nicht von jüdischen Fingern beschmutzt werden.«[354]

Sie brachte auch Carters Ehefrau Rosalyn gegen sich auf. Elena hatte laut geäußert, wie sehr sie amerikanischen Nerz liebe. Sie hatte die Hoffnung, sich Unmengen an Nerz als offizielle Geschenke zu sichern. Entweder aufgrund von Begriffsstutzigkeit oder aus reinem Trotz schenkten ihr die Carters stattdessen ein Exemplar von Jimmys Buch *Why not the best?* sowie eine Sammlung von Satellitenbildern von Rumänien. Elena schnaubte: »Frau Peanut weiß nicht einmal, was sie mit einem Nerz anfangen soll. Von ihr kann ich wohl nicht mehr als Erdnüsse erwarten.«[355]

Während eines Staatsbesuchs in der Türkei verwechselte der türkische Präsident Elena und die weitaus glamourösere Ehefrau des Außenministers Mănescu. Das ist selbstverständlich ein Missverständnis, das normale Menschen weggelacht hätten, Elenas Reaktion hingegen war cholerisch. Zurück in Rumänien bekam Mănescu so viel Schelte, dass ihm die Ohren flatterten. Anschließend wurde ihm untersagt, seine Ehefrau ausländischen Regierungschefs »vorzuzeigen«.[356]

Auch Mănescus Nachfolger Ştefan Andrei hatte eine hübsche Frau, eine Schauspielerin namens Violeta. Sie hatte viele junge Liebhaber, in der Regel Studenten oder Sportler. »Diese Hure!« Elena war vollkommen außer sich vor schadenfroher Aufregung, als sie es herausfand. »Die Partei hat ihr einen ihrer besten Männer gegeben, sie aber hebt jedes Mal den Rock, wenn irgendein Tarzan sie anlächelt.« Elena brachte die Securitate dazu, ihr Telefon abzuhören. Jeden Freitag lieferte Pacepa Kassetten in Elenas Büro ab. Elena ergötzte sich köstlich. »Hör sie dir an«, keuchte sie. »Wenn sie hierherkommt, verhaspelt sie sich und lispelt mit der Zungenspitze, auf Band aber heult und schreit sie so viel, dass einem das Trommelfell platzt.«[357]

Sie ließ auch das Haus von Arbeitsminister Gheorghe Pană abhören. Zu ihrer großen Enttäuschung war Frau Pană treu wie »Jungfrau Maria«. Sie bat Pacepa, jemanden dazu zu bringen, die Universitätsdozentin zu verführen. »Sie haben drei Monate«, sagte sie. »Ich will Fotos, Ton- und Filmaufnahmen ... Ich will sie nackt unter einem Agenten liegen sehen, während sie ihren prächtigen Hintern zum Orgasmus verrenkt.«[358] Aufträge wie dieser ließen Pacepa letztendlich in die USA überlaufen. Von all dem berichtet er in dem Buch *Red horizons*, woraus diese Schilderungen stammen.

Auch Norwegen entging dem Ceaușescu-Zirkus nicht. Für einen Besuch in Oslo 1980 wurde Nicolae das Großkreuz des St. Olavs Ordens versprochen. Er verlangte, dass auch Elena einen Orden bekam, ansonsten würde er den Besuch absagen. Elena bekam ihr Großkreuz; als Dank erhielt König Olav den Orden Stern von Rumänien. Nicolae und Elena übernachteten im Schloss. Sie empfanden den Verkehrslärm als lästig und forderten, dass etwas dagegen unternommen wurde. Die norwegische Tageszeitung *VG* schrieb, dass »das Paar höflich darauf aufmerksam gemacht wurde, dass es nicht möglich sei, den Straßenbahnverkehr einzustellen«.[359]

Das geistesschwache Geschlecht

In China wurde Ceaușescu von Maos Familienpolitik inspiriert. Auch wenn Rumänien das gegenteilige Problem hatte – es wurden zu wenige Kinder geboren –, sah Ceaușescu ein, dass der Staat in die Intimsphäre der Landsleute eingreifen müsse, um die Gesellschaft zu formen.

Rumänien hatte Abtreibung bereits als »einen ernsthaften Eingriff in die Gesundheit der Frau, mit negativen Auswirkungen auf das Bevölkerungswachstum« definiert. Jetzt erklärte Ceaușescu dem Zentralkomitee, dass es »die größte Ehre einer Frau [sei], zu gebären, Leben zu geben und Kinder aufzuziehen. Frauen sollten kein anderes Ziel haben, als Mütter zu werden.«[360] Elena war eine enthusiastische Fürsprecherin dieser Babykampagne:

»Wie viel Kinder haben Sie, Genosse?«, fragte sie einen jungen Kommunisten.

»Eins, Genossin Elena«, antwortete dieser.

»Von so etwas wächst die Bevölkerung nicht«, sagte sie. »Sie sollten der Partei mindestens vier Soldaten schenken, lieber Genosse.«[361]

Die Behörden veröffentlichten Richtlinien zum korrekten Zusammenleben: Nach der Hochzeit könne man sich ein paar Monate mit »Ausschweifungen« erlauben, bevor sich die Frequenz des Geschlechtsverkehrs auf drei bis vier Mal pro Woche stabilisiere. Es florierte nur so an offiziellen, puritanischen Frauenratschlägen: Die Unterbrechung von Geschlechtsverkehr (»in der Kurve abspringen«) könne Impotenz verursachen. »Hurerei« könne in Schlaflosigkeit und Nervenzusammenbrüchen enden.[362] Unverheiratete über fünfundzwanzig Jahre und kinderlose Paare mussten einen Steuerzuschlag zahlen. Abtreibung konnte mit bis zu zehn Jahren Gefängnis bestraft werden, es sei denn, es handelte sich um eine Vergewaltigung. Gynäkologische Untersuchungen wurden obligatorisch, um zu überprüfen, ob die Frauen unrechtmäßig abgetrieben hatten. (Für einen Einblick in die Probleme, mit denen unverheiratete schwangere Frauen unter diesem Regime zu kämpfen hatten, empfiehlt sich der mit der Goldenen Palme ausgezeichnete Spielfilm des Rumänen Cristian Mungius *4 Monate, 3 Wochen, 2 Tage*.)

Diese Politik endete selbstverständlich in einer Katastrophe, genauso wie all die anderen politischen Maßnahmen. Rumäniens Kinderheime füllten sich in Rekordzeit. Nur wenige Ärzte trauten sich, Abtreibungen vorzunehmen, weshalb es viele Frauen zu Hause mit der Hilfe von

Freunden versuchten. Ging es schief, wurde ihnen ärztliche Hilfe verweigert, es sei denn, sie gaben ihre Helfer preis. Der Plan ging auch hinsichtlich der eigenen Ambitionen schief. Das Ziel bestand in einem Bevölkerungswachstum von zehn bis fünfzehn Prozent, und bis 1984 sollte die Bevölkerungszahl die dreißig Millionen erreichen. Gegenwärtig zählt Rumänien knapp zwanzig Millionen Einwohner (Stand 2016). Weil auch Verhütung verboten war, traf die Aids-Epidemie Rumänien hart. Einen Großteil der Schuld schoben die Rumänen auf die »Wissenschaftlerin« Elena. Ein beliebter Witz lautete: »Wofür steht Aids?« Antwort: »Akademiker, Ingenieur, Doktor, Smart.«[363]

Auch über das Liebesleben ihrer einzigen Tochter führte Elena streng Kontrolle. Als Zoia Ceauşescu anfing, mit einem Journalisten auszugehen, legte Elena eine Mappe über ihn an. Den Geheimdiensten gelang es nicht, sonderlich mehr aufzudecken, als dass der junge Mann aus ärmlichen Verhältnissen stammte. Die Eltern waren weder fein noch hatten sie eine höhere Bildung. Elena ließ sie filmen und machte sich über ihren Gang lustig, »o-beinig und bedächtig, mit kleinen Taubenfüßen«. (Elena selbst hatte einen Plattfuß und einen Watschelgang, den ihre Kollegen hinter ihrem Rücken nachäfften.) Weil sie sich an vollkommen sinnlosen Dingen festbeißen konnte, war es schwierig, sicher durch ihre Launen zu navigieren. Nachdem sie den Verehrer der Tochter auf einem Foto in einer »widerlichen« Jeans gesehen hatte, hasste sie ihn *wirklich*. »Ich will diesen Drecksack keinen Tag länger an der Seite meiner Tochter sehen«, fauchte sie die Sicherheitsdienste an. »Ich sollte ihn wie eine Mücke töten. Ein Autounfall oder so was. Aber meine Tochter würde auf die Barrikaden gehen. Begreife das, wer kann ...« Sie schlug vor, den Jungen nach Guinea zu schicken, wo es Insekten geben soll, die Eier in die Köpfe der Menschen legten, sodass diese »wie Melonen« zerplatzten – hatte zumindest Elena gehört.[364]

Der Freund der Tochter entging diesem albtraumartigen Schicksal; Zoia zog es schließlich vor, einen Professor der Polytechnischen Universität von Bukarest zu heiraten. Der trug keine Jeans.

Karriere

Offenbar wurde Elena Ceaușescu mehr gehasst als ihr Mann, und sie erwiderte den Hass der Welt gebührend. Die Einzigen, für die sie anscheinend warme Gefühle hegte, waren Corbu und Sharuna, ihre beiden Labradore. »Sie vertraute niemandem, sie hasste alle«, sagte ein Untertan. Wenn Nicolae seine Frau auch nicht direkt hasste, so hatte er zumindest Angst vor ihr. Der Historiker Ion Ardeleanu erzählte dem Journalisten Edward Behr: »Wenn Ceaușescu spät abends zu einem Essen oder einer Besprechung mit ihr unterwegs war, fing er irgendwann an, auf die Uhr zu schauen, zu schwitzen und zu stottern.« »Ohne mich bist du nichts«, konnte Elena zu Nicolae sagen. »Ich bin die Einzige, der du vertrauen kannst.«

Sie war zu allen eklig. »Warum haben Sie meine Nase so groß gemacht?«, beschwerte sie sich bei einem offiziellen Fotografen. »Wir haben Ihnen die ganze teure Ausrüstung gegeben, und sehen Sie, wie Sie damit herumhantieren.« Die Bediensteten wurden unangekündigt von ihr inspiziert, um herauszufinden, ob sie etwas stahlen. Um zu überprüfen, ob das Stubenmädchen gründlich genug war, legte sie Haarnadeln unter die Teppiche. Zudem beschwerte sie sich über das Essen: »Als ich den Spinat für meinen Mann selbst zubereitet habe, hat er besser geschmeckt.« Nicolae, der große Beschützer der Arbeiter, klopfte ihr auf die Hand und sagte: »Vergiss es, meine Liebe, vergiss es.« Versuchte sie ein seltenes Mal großzügig zu sein, gelang auch das nicht. »Als sie einmal aus Griechenland zurückkam, gab sie mir eine kleine Dose mit zehn Bonbons darin«, erinnerte sich der einstige Oberkellner des Paares. »Mir wurde gesagt, dies sei eine große Ehre. Ich solle sie nicht meiner Familie geben. Sie sollten wie ein heiliges Souvenir aufbewahrt werden.«[365]

Das Schönste für Elena war, wenn man ihr mit Pomp und Pracht die Aufwartung machte. Als 1978 eine Reise nach Großbritannien anstand, drängte Nicolae auf einen Vollblut-Staatsbesuch, mit Pferdekutsche zum Buckingham Palace, Ehrendoktorgraden für Elena, das volle Paket. Großbritanniens Botschafter in Rumänien, Reginald Secondé, riet von einem solchen Empfang für den seiner Meinung nach »schlimmsten Diktator der Welt« ab. Elena Ceaușescu bezeichnete er als eine »Giftschlange«. Am 12. Juni, kurz vor Ankunft des Paares, sandte Außenminister David Owen ein Schreiben aus: »Wer hat seinem Besuch zugestimmt? War ich das? In diesem Fall bereue ich es.«[366]

Der internationalen Presse war mittlerweile der prominente Platz Elenas an der Seite ihres Mannes aufgefallen. Während einer Pressekonferenz fragte ein ausländischer Journalist Ceaușescu, welche Rolle Elena in Staatsangelegenheiten eigentlich innehätte. Aus Solidarität und Mitgefühl mit allen, die via Dolmetscher zuhören mussten, müssen wir die Antwort ertragen – auch, wenn wir sie nur lesen:

Ich beabsichtige, Ihnen zu antworten, und ich beginne mit einer eher generellen Präsentation der Mechanismen einer Gesellschaftsregierung. Die rumänische sozialistische Gesellschaft operiert unter einem Prinzip der kollektiven Führung. In den deliberativen Organen, in Kadern, in Partei und Staat nehmen Aktivisten zusammen mit der großen Masse der Arbeiter an den Beschlussprozessen teil, weil dies eines der vordergründigsten Kennzeichen rumänischer sozialistischer Demokratie ist. Diese Organe stammen aus der Wirtschaft, sind ökonomische und soziale Einheiten, in denen das ganze Volk, vom Arbeiterstand an aufwärts, operiert. Alle zusammen arbeiten in kollektiver Weise und fassen, alle Probleme betreffend, kollektive Beschlüsse. Die Regierung operiert nach dem Prinzip der kollektiven Führung, und in der Partei, in der Zeit zwischen den Parteikongressen, sind das Zentralkomitee und das Exekutivkomitee die Organe, die Beschlüsse hinsichtlich aller Probleme fassen, sowohl die Innenpolitik des Landes als auch dessen Außenpolitik betreffend. Innerhalb dieses Rahmenwerks trägt Elena Ceaușescu, ebenso wie die anderen Regierungsmitglieder, dazu bei, die Fragen rund um die Entwicklung unserer Gesellschaft zu lösen.[367]

Elena konnte auch sprechen. Anlässlich ihres Geburtstages leierte sie Folgendes herunter: »Mein Geburtstag fällt mit dem Jubiläum der mehr als vier Jahrzehnte andauernden Aktivität innerhalb der revolutionären Bewegung der Rumänischen Kommunistischen Partei zusammen ... In diesen Momenten kann ich es nicht vermeiden, an die Tatsache zu erinnern, dass ich die große Freude hatte – bereits seit der Zeit, als die Partei illegal war –, in direkter Nähe meines Lebenskameraden zu arbeiten, der für mich ein leuchtendes Beispiel für Mut und totale Hingabe für den revolutionären Kampf war, mit dem unerschütterlichen Vertrauen in den Sieg der gerechten Sache der Arbeiterklasse, unserer Partei.«[368]

Der rumänische Hofdichter Corneliu Vadim Tudor schrieb ein Geburtstagsgedicht für Elena:

Dieser Tag der Sehnsucht und der Ehre ist in den Kalender eingetragen
In Buchstaben aus Gold gegossen und mit Lavendel geschmückt
Denn das ist der Tag, an dem Rumänien eine Frau geboren hat
Die, wie wir alle wissen, auf der Welt ohne ihresgleichen ist[369]

Ein speziell geschriebenes Lied lobte auch Elenas Leistungen als Wissenschaftlerin:

Eine würdige Patriotin, in Geist, Tat und Traum
Ein kühnes Gemüt und eine eminente Forscherin
Eine Seele in der Brust des Landes, mit dem Land in ihrer Brust
In der Welt verleiht sie ihm Diamantenglanz
Mit ihrer Arbeit, ihrem Denken und ihren Träumen für die Partei
und das Land[370]

Allein auf weiter Flur

Im März 1977 wurde Bukarest von einem Erdbeben erschüttert, das tausendvierhundert Menschen das Leben kostete. Nachdem er die Rettungsarbeiten vollkommen falsch gehandhabt hatte, ergriff Ceaușescu die Chance zu einer kleinen »Stadterneuerung«.[371] Vierzigtausend Menschen wurden zwangsumgesiedelt und dreißig Kirchen wurden abgerissen, um Platz zu schaffen für Ceaușescus enormen, berüchtigten Palast. Das grauenvoll hässliche Bauwerk ist nach dem Pentagon in den USA noch immer das zweitgrößte Areal der Welt und hat rund 2,6 Milliarden Euro gekostet, eine perverse Summe in einem so armen Land wie Rumänien. Das Projekt wurde im Ausland immerhin wahrgenommen, jedoch war die üppige Verschwendung für viele Rumänen der Tropfen, der das Fass zum Überlaufen brachte.

An jedem 23. August feierten die Behörden die Befreiung von den Nazis. Ceaușescu selbst hatte sich 1944 wie ein Angsthase versteckt, hatte jedoch keinerlei Skrupel, das Datum später für Propagandazwecke zu nutzen.[372] Das Erscheinen war obligatorisch und Drückebergerei wurde mit einer Geldbuße belegt. Über die Jahre hinweg hatten die Rumänen mit echtem Enthusiasmus gesungen, gejubelt und geklatscht. Ende der Achtziger waren sie dem jedoch überdrüssig geworden; über Lautsprecher mussten der Jubel und Applaus früherer Jahre abgespielt werden. »Wir waren bis tief in die Seele wütend«, sagte der Choreograf Cornel Patrichi, der für viele pompöse Tanzvorstellungen zu Ehren Ceaușescus verantwortlich war. »Den ganzen Abend lang standen wir in der Schlange, um Fleisch zu bekommen, am Tag darauf mussten wir ›die großen Führer‹ anbeten.«[373] Sogar in ihrer trockenen (und ausgezeichneten) wissenschaftlichen Studie ärgert sich Politikwissenschaftlerin Cristina Liana Olteanu über alle Maßen über »von der unendlichen Wiederholung abgenutzte Phrasen, vollkommen geschmacklos für ein Publikum, das von der Vulgarität der verwendeten Sprache strapaziert und angeekelt war.«[374]

Als das Ende kam, war es grob und brutal. 1989 war generell ein schlechtes Jahr für den europäischen Kommunismus, in Rumänien jedoch trug die Revolution Siebenmeilenstiefel. Das Ganze begann in der transsilvanischen Stadt Timișoara, wo der Ceaușescu-feindliche Pfarrer László Tőkés dem Regime lange ein Dorn im Auge gewesen war. Die Sicherheitsdienste hatten es schließlich geschafft, die Kirche zu überreden, Tőkés in ein kleines Dorf zu versetzen, wo er weniger Schaden anrichten konnte. Als die Polizei jedoch an seine Tür klopfte, um ihn abzuholen, eilten die Nachbarn zu Hilfe. Das war am 17. November. Einen Monat später waren die Demonstranten noch immer da. Es ging nicht mehr um den Pfarrer. Sie riefen: »Nieder mit Ceaușescu! Nieder mit dem Kommunismus! Wir wollen Demokratie!« Die Polizei eröffnete das Feuer und tötete mehrere Personen. In Bukarest machten später (vollkommen unwahre) Gerüchte von über vierzigtausend Toten die Runde. Die Behörden waren ohne Zweifel unbeholfen mit der Situation umgegangen. Elena zufolge hätten die Demonstranten viel früher erschossen und »in den Keller geworfen« werden müssen.[375]

Bereits Anfang der Achtzigerjahre hatte die oberste Riege des Militärs einen Plan zum Sturz von Ceaușescu entwickelt. Die Schießerei in Timișoara und der sich anschließende Aufruhr waren eine perfekte Möglichkeit, diesen in die Tat umzusetzen. Am 21. Dezember hielt Ceaușescu eine seiner stinklangweiligen Reden. Nach acht Minuten fing die Volksmenge an zu buhen und zu rufen: »Timișoara! Timișoara! Timișoara!«[376]

Der Gesichtsausdruck Ceaușescus ist einer der legendären cineastischen Augenblicke der europäischen Geschichte: die perplexe Fratze eines Mannes, der absolut überhaupt nichts versteht. Hinter den Augen ist niemand zu Hause.

Ein Apparatschik riet dem Präsidenten, wieder ins Büro hineinzugehen. Er weigerte sich. Stattdessen begann das Ehepaar Ceaușescu seine »Kinder« auszuschimpfen. »Seit still!«, schrie Elena. »Hallo!

Genossen!«, brüllte Nicolae. Der Fernsehsender präsentierte dazu Bilder vom Himmel. Elena kam eine geniale Idee: »Versprich ihnen irgendwas!« Nicolae improvisierte:

»Zuerst möchte ich euch über eine wichtige Entscheidung informieren, die das politisch ausübende Komitee heute im Hinblick auf den Lebensstandard der Arbeiter gefasst hat. Heute Morgen haben wir festgelegt, dass der Mindestlohn ab dem 1. Januar im Laufe des Jahres von 2000 Lei auf 2200 Lei erhöht wird.«[377]

Auch Alimente, Renten, Sozialhilfe und Kriegsentschädigungen sollten um einige Hundert Lei erhöht werden. Die Volksmenge jedoch weigerte sich, sich bestechen zu lassen. Letztendlich ging Ceaușescu wieder hinein. Elena und er blieben bis zum nächsten Tag im Gebäude des Zentralkomitees. Auch wenn rumänische Soldaten jetzt massenhaft desertierten, hatte Ceaușescu noch immer rund achtzig loyale Leibwächter. Aber anstatt sich von den Elitekräften durch die geheimen Tunnel, die die Parteibüros mit den Privaträumen der Ceaușescus verbanden, evakuieren zu lassen, flohen sie fast alleine in einem Helikopter. In der Stadt Câmpulung, einhundert Kilometer nordwestlich der Hauptstadt gelegen, mussten sie notlanden. Elena und er wurden vom Militär gefangen genommen.

Der Staatsstreich war im Gange. Die Ratten verließen das sinkende Schiff: Königin Elisabeth II. zog Ceaușescus »Honorary Knight Grand Cross of the Most Honourable Order of the Bath« zurück. Sogar Ostdeutschland entzog ihm seinen Karl-Marx-Orden! Auch Norwegen benahm sich so, als sei Ceaușescu über Nacht zu einem grauenhaften Kerl avanciert – am 23. Dezember, als beide sicher hinter Schloss und Riegel saßen, verlor das rumänische Präsidentenpaar das Großkreuz des St. Olavs Ordens. Der Leiter der Partei Unge Høyre, Børge Brende, blökte mutig: »Das ist ein ordentlicher Sieg. Es war ein schmerzhafter Gedanke, dass Ceaușescu und seine machtgierige Frau Norwegens höchsten Orden behalten sollten.«[378] (Immerhin hatte Ceaușescu nie den Friedensnobelpreis erhalten, wofür er aktiv geworben hatte.)

Kurzer Prozess

Nicolae und Elena wurden auf einer Militärbasis in Târgoviște, unweit von Bukarest, inhaftiert. In der Zelle wurden ihnen Militärrationen serviert – Salami und gesalzener Käse. Elena hatte wieder einmal Anlass, sich über das Essen zu beschweren. »Das ist ungenießbar!«, sagte sie. »Zu Hause hatten wir ordentliches Essen. Wissen Sie nicht, dass der Oberbefehlshaber kein Salz anrührt? Ist in dem Tee Zucker? Mein Mann ist Diabetiker. Wie können Sie ihm Tee mit Zucker geben?«

»Sie klagte die ganze Zeit«, beschwerte sich Kapitän Dabija, einer der Männer, die sie bewachten. »Sie hatte Angst, war gleichzeitig aber durchweg wütend. Das war furchterregend. Sie weigerte sich, auf Toilette zu gehen, weshalb wir ihr einen Topf bringen mussten. Sie klagte nicht nur über das Essen, sondern auch über das Zimmer, das Bett, über das Fehlen sauberer Kleidung. Sie fluchte über uns und versuchte, Informationen aus uns herauszupressen. Sie bat um Insulin für Ceaușescu. Als es am 24. Dezember geliefert wurde, weigerte sie sich, es ihm zu geben.« Nicolae wurde schnell krank und pendelte fortan zwischen Zelle und Toilette.

In den Nächten wachte Major Ion Secu über sie. Sie schliefen im gleichen Bett. »Es war durchaus beschämend, im gleichen Zimmer wie diese beiden alten Menschen zu sein, die sich in den Armen lagen.« Er hörte sie leise darüber streiten, was schiefgelaufen war. Ihre zeitliche Perspektive war nicht sonderlich lang. »Hättest du mir nur gesagt, was vor sich ging, dann hätte ich mich von Iliescu [dem neuen Machthaber] getrennt. Ich hätte ihn im vergangenen Sommer erledigt. Aber du hast es mir nicht gestattet. Du wusstest von dem Komplott, wolltest aber nicht, dass ich sie anrühre.« Elena schoss zurück: »Alles ist dein Fehler. Wir hätten überhaupt nicht herfahren sollen. Das ist deine Verantwortung.«[379]

Der kurze Prozess begann am ersten Weihnachtstag und dauerte anderthalb Stunden. Zu den Anklagepunkten zählte auch Völkermord. Die Protokolle bedürfen keiner großen redaktionellen Bearbeitung, um als fertiges Manuskript für eine Tragödie zu fungieren. Nicolae und Elena Ceaușescu waren ein unsympathisches Zweigespann, aber sie waren nie direkt böswillig. Viel mehr als die »Banalität der Bosheit« symbolisieren sie lediglich die Banalität der Banalität. Es ist unmöglich, sich die körnigen Aufnahmen der beiden alten, unbedeutenden Nieten vor Gericht anzusehen, ohne Mitleid mit ihnen zu haben. Vor allem Elena erreichte in ihren letzten Momenten ein Crescendo aus Pathos, das die wenigsten von uns erleben dürfen.

Letzter Akt

ANKLÄGER Wer hat die Schüsse in die Menge befohlen? Erzählen Sie es uns!

(Elena wendet sich an ihren Mann.)

ELENA Denk nicht an sie. Du siehst doch, dass sie keineswegs beabsichtigen, mit diesen Menschen zu sprechen.

ANKLÄGER Wissen Sie nichts von dem Schießbefehl? Es wird noch immer geschossen. Fanatiker, die auf Ihrer Gehaltsliste stehen. Sie schießen auf Kinder, sie schießen willkürlich in Wohnungen hinein. Wer sind diese Fanatiker?

NICOLAE Ich weigere mich zu antworten. Ich weigere mich, auf irgendwelche Fragen zu antworten. Auf dem Palasthof wurde nicht ein einziger Schuss abgefeuert. Nicht ein einziger Schuss. Niemand wurde erschossen.

ANKLÄGER Bisher wurden vierunddreißig Menschen getötet.

ELENA Soll *das* Völkermord sein?

ANKLÄGER Elena ist immer redselig gewesen, aber sie weiß nicht sonderlich viel. Ich verstehe es so, dass sie nicht einmal in der Lage ist, ordentlich zu lesen, auch wenn sie sich als an der Universität ausgebildet bezeichnet.

ELENA Die Intellektuellen sollten Sie jetzt hören, Sie und Ihre Kollegen.

(Höhnisch liest der Ankläger ihre akademischen Meriten vor.)

ANKLÄGER Wussten Sie von dem Völkermord oder haben Sie, als Chemikerin, sich nur mit Polymeren beschäftigt? Sie, als Wissenschaftlerin, wussten Sie davon?

(Ceaușescu fängt an, seine Frau zu verteidigen.)

NICOLAE Ihre wissenschaftlichen Artikel wurden im Ausland veröffentlicht!

ANKLÄGER Wer hat die Artikel für Sie geschrieben, Elena?

ELENA So etwas Unverschämtes! Ich bin Mitglied und Leiterin der Wissenschaftsakademie. So können Sie nicht mit mir reden!

ANKLÄGER Hatte einer von Ihnen jemals ein psychisches Leiden?

NICOLAE Was für eine groteske Provokation.

ANKLÄGER Denn das hätte Ihrer Verteidigung gedient. Wenn Sie ein psychisches Leiden haben und es eingestehen, wären Sie für Ihre eigenen Handlungen nicht verantwortlich.

ELENA Wie kann uns jemand so etwas sagen? Wie kann jemand so etwas sagen!

ANKLÄGER Sehr geehrter Vorsitzender, als Anwalt bin ich gegen die Todesstrafe, weil sie unmenschlich ist. Aber diese beiden sind keine Menschen.

(Nach kurzer Überlegung wird das Urteil bekannt gegeben: der Tod. Laut Plan sollen sie nach draußen geführt und getrennt voneinander erschossen werden. Elena protestiert.)

ELENA   Wenn Sie uns töten wollen, dann töten Sie uns zusammen. Es ist unser Recht, zusammen zu sterben. Zusammen! Zusammen!

(Die Henker stimmen dem zu. Soldaten fesseln ihnen die Hände auf dem Rücken. Elena schimpft sie aus.)

ELENA   Was soll das? Beleidigen Sie mich nicht! Rühren Sie mich nicht an. Fesseln Sie uns nicht! Nicht ... Schande! Schämen Sie sich! Ich habe Sie wie eine Mutter aufgezogen! Wie eine Mutter – hören Sie auf, Sie brechen mir die Arme! Lassen Sie los! Lassen Sie mich gehen! Warum tun Sie das?

SOLDAT   Niemand kann Sie retten.

ELENA   Wir sind jetzt machtlos.[380]

(Das Urteil wird vollstreckt.)

Der Exekutionstrupp war so eifrig, dass er das Paar erschoss, bevor der Mann mit der Videokamera es schaffte, selbige anzuschalten. Alles, was man sieht, ist Rauch.

Vorhang.

TEIL 3

Vor unserer Zeit

Satyr in Sandalen

Caligula

(12–41)

Das antike Rom anno 13 war eine Männerwelt. Aufgrund »ihrer Herrschsucht und zu einem Mann passenden Gedanken« bekam Agrippina die Ältere, die »die schwachen Seiten einer Frau« gänzlich abgelegt hatte, jedoch Zutritt zu dieser Welt.[381] Agrippina war glücklich zwangsverheiratet mit Germanicus. Sie folgte ihm bis ans Ende des Kaiserreichs, wo der General Krieg gegen die germanischen Stämme führte. Agrippina kam, sah und schätzte es als nicht gefährlich ein, sodass sie auch ihren Sohn hinterherschickte.

Nunmehr ist der Name »Caligula« mit Dekadenz und Wahnsinn, Orgien und Intrigen verbunden, bedeutet jedoch nichts Unheimlicheres als »kleiner Stiefel«. (Das ist vergleichbar mit der Tatsache, dass »Hitler« von »Hüttler«, *Hüttenbewohner*, abstammt.) Und in dem, was über Caligulas Kindheit bekannt ist, findet sich auch keine Spur eines psychotischen Tyrannen: Als Zweijähriger spielte er an den Ufern des Rheins und wurde von einem ganzen Heer innig geliebt. Agrippina kleidete Gaius – wie er eigentlich hieß – nämlich in einer extra angefertigten kleinen Spieluniform. An den Füßen trug er seine *Caligae*, Lederschlaufensandalen, denen er seinen Spitznamen zu verdanken hat. Schnell wurde der Junge zum Maskottchen des gesamten Heeres.

Mehr als ungewöhnlich für eine römische Hausfrau fungierte Agrippina im Feld als Beraterin ihres Mannes. Das Heer befand sich inmitten eines gefährlichen, lang andauernden Feldzuges; einige Jahre zuvor hatten die Germanen in der Schlacht im Teutoburger Wald fast zwanzigtausend Römer niedergemetzelt. Agrippina erkannte als eine der Ersten, wie man die Kernfamilie zur Anhebung der Moral einsetzen konnte. Die Charmeoffensive mit Klein Caligula stärkte Germanicus' bereits solide Position als ein Mann des Volkes. Seine Familie war eine der prominentesten des Römischen Reichs.

Sollte dem Umstand, seinen Sohn als Krieger zu verkleiden und ihn zur Unterhaltung eines ganzes Heeres vor sich her zu schieben, etwas Komisches anhaften, dann war Caligula zu jung, um das zu bemerken. Er muss zufrieden gewesen sein, vor dem Hintergrund eines echten Krieges Soldat zu spielen. Das einzige Trauma war der Name Caligula, der ihm anhaftete. Auch wenn es kaum einer wagte, Gaius, als dieser Kaiser wurde, »Caligula« zu nennen, rächten sich die römischen Historiker auf grausame Weise, indem sie nach seiner Regierungszeit diesen höchst inoffiziellen Spitznamen in Stein meißelten.[382]

Um den Übergang von einer dreigeteilten Republik zu einer dynastischen Aristokratie zu sichern, hatte Roms erster Kaiser, Augustus, einen jahrelangen Bürgerkrieg auskämpfen müssen. Nach seinem Amtsantritt im Jahr 27 v. Chr., wodurch die Macht endgültig in einer Familie konzentriert war, hätte eine vorhersehbare Erbfolge eine relativ klare Angelegenheit sein müssen, was jedoch umgehend durcheinandergebracht wurde. Mit Kaiserin Livia bekam Augustus nämlich keinen Nachwuchs, allerdings hatten beide Kinder aus früheren Ehen. Augustus verheiratete seinen Stiefsohn Drusus mit seiner Nichte Antonia der Jüngeren (die Tochter seines früheren Erzfeindes Marcus Antonius), die zusammen den erwähnten Germanicus und Claudius (der später Kaiser wurde) bekamen. Germanicus' Söhne mit Agrippina hießen Nero (*nicht* jener, der später Kaiser wurde), Drusus und Gaius (Caligula), alle zusammen sowohl Großneffen als auch Urenkel des Kaisers. Auch wenn Tiberius Germanicus adoptierte, musste sein Sohn, der auch Drusus hieß, noch immer Augustus' Großnichte heiraten, um ...

Begnügen wir uns damit festzuhalten, dass es kompliziert war. Als er im Jahr 14 starb, hinterließ Augustus eine einem Spinnweben ähnelnde Stammtafel, die sogar seine Verwandten verwirrt haben muss. Auch wenn nach korrekter Lesart der Erbfolge Tiberius die Stellung zufiel, eröffneten die sich überlappenden Familienverhältnisse ambitionierten Emporkömmlingen einen nahezu unbegrenzten Spielraum. Alle, von den Legionären auf dem Schlachtfeld bis hin zu den Sklaven im Palast, hatten etwas zu gewinnen und zu verlieren, abhängig davon, wer Kaiser wurde.

Einzig aus dem Grund, dass er des Kaisers Stiefsohn war, gehörte Tiberius dem göttlichen julischen Geschlecht an (dessen bekanntestes Mitglied Julius Caesar war). Agrippina und ihre Kinder hingegen waren Augustus' leibliche Nachkommen. Auch wenn sich Germanicus nicht um den Thron bewarb und faktisch einen Aufruhr seiner eigenen Männer niederschlug, als diese wollten, dass er nach Augustus' Tod das Amt übernahm, ließ Tiberius Germanicus im Jahr 19 in Syrien vergiften. Das glaubte zumindest Agrippina. Und ihr Verdacht wurde nicht gerade widerlegt, als sich der des Attentats verdächtigte Piso, den Tiberius als Gouverneur eingesetzt hatte, im Gefängnis das Leben nahm, ohne vorab Mitverschwörer benannt zu haben.

Nachdem der General aus dem Weg geräumt war, war Tiberius' Sohn Drusus Caesar der Nächste in der Erbfolge. Allerdings hatte das Römische Reich die Tendenz, seine Kinder zu fressen; knapp vier Jahre später wurde auch Drusus Caesar Opfer eines Komplotts, als er von seiner Frau und deren Liebhaber vergiftet wurde.

Agrippinas Stern stieg weiter. Während Tiberius die Grabrede für seinen Sohn hielt, weinte das Volk, Tacitus zufolge, Krokodilstränen, während »es sich im Stillen darüber freute, dass Germanicus' Haus wieder in den Vordergrund rückte. Diese aufkommende Volksgunst und Agrippinas schlecht verborgene Hoffnungen beschleunigten jedoch den Untergang der Familie.«[383] Tiberius war erschrocken von der Liebe des Volkes zu Agrippina, »Augustus' einziger Blutsverwandter, ein einzigartiges Beispiel der Moral der guten alten Zeit. Mit den Händen zum Himmel und den Göttern gereckt, beteten sie dafür, dass sie ihre Kinder behalten durfte und dass sie ihre Feinde überleben mochten.«[384]

Agrippina unterschied sich nicht von anderen Frauen, die versuchten, ihre Söhne in Machtpositionen zu bringen, zudem soll sie keinen spezifischen Plan gehabt haben, um Tiberius umzubringen. Auch wenn Tiberius anfangs Caligulas ältere Brüder, Nero und Drusus, als Kandidaten für den Thron anerkannte, verschlechterte sich das Verhältnis zu Agrippina nach und nach ins Unermessliche. Ihre beiderseitigen Verdächtigungen verstärkten sich gegenseitig; als Tiberius sie im Namen der Versöhnung zu einem Bankett einlud, befürchtete Agrippina, vergiftet zu werden. Es entging Tiberius nicht, dass sie das Essen nicht anrührte. Angesäuert reichte er ihr persönlich das Obst. Agrippina lächelte steif und reichte das Essen an einen Sklaven weiter.[385]

Als Großvater baden wollte

Tiberius erweiterte das Gesetz Verrat betreffend erheblich, *lex maiestatis*, und machte es einem jeden möglich (und lohnenswert), einen jeden anzuzeigen. Adlige überstürzten sich, vor Konspirationen zu warnen und auf diese Weise Tiberius' Gunst zu gewinnen. Dem Kaiser persönlich oblag es zu entscheiden, welche »Anzeigen« er weiterverfolgen wollte. Die wenigen, die sich noch immer trauten, Agrippina und ihre Familie zu Hause zu besuchen, wurden angeklagt, Verbrechen gegen den Kaiser zu planen.

Letztendlich glaubte Tiberius den Gerüchten, die er selbst angefeuert hatte, und wurde stark paranoid. Im Jahr 26 zog er sich auf die Insel Capri zurück. Er kehrte nicht mehr nach Rom zurück und regierte das Kaiserreich aus der Ferne. Ein Jahr später machte er kurzen Prozess und ließ sowohl Agrippina als auch ihre beiden ältesten

Söhne verhaften. Den achtzehnjährigen Caligula hingegen holte er nach Capri und nahm ihn unter seine Fittiche.[386]

Will man einen Moment ausmachen, zu dem es für Caligula unwiderruflich bergab ging, dann muss es der Augenblick sein, wo er seiner geliebten Mutter entrissen wurde und fortan bei seinem bösen Adoptivgroßvater leben musste. Möglicherweise mochte Tiberius Caligula, aber es gefiel ihm auch, ihn zu korrumpieren. Auf Capri beteiligte sich Caligula an Orgien und Päderastie, Tortur und politischen Hinrichtungen, der Art von Ausschweifungen, die sein späteres Kaisertum prägen sollten. Wollte Tiberius jemanden loswerden, dann ließ er ihn einen steilen Abhang hinunterwerfen. Jene, die den Aufprall auf das Wasser oder die scharfen Klippen überlebten, wurden von Männern in Booten mit Rudern erschlagen. Wollte Tiberius baden, brachte er speziell trainierte kleine Jungen – seine »kleinen Fischer« – dazu, zwischen seinen Beinen zu schwimmen und ihn sauber zu lecken. Die Jahre auf Capri machten Caligula zu einem verrohten, paranoiden Mann: Abends »schweifte er, verkleidet mit Perücke und langem Mantel, in Völlerei und Hurerei aus«. [387]

Bevor sie letztendlich verhungerte, wurde Agrippina im Gefängnis gefoltert, wobei ihr ein Auge brutal aus dem Schädel geschlagen wurde. Auch Caligulas Brüder starben: Nero verhungerte oder beging Selbstmord, kurz bevor er hingerichtet werden sollte, Drusus verhungerte, als nichts mehr von der Gefängnismatratze übrig war, was er hätte essen können.

Während er eine Todesbotschaft nach der anderen entgegennahm, spielte Caligula den Gleichgültigen. Das Pokerface war unerlässlich, da Tiberius' Spione ständig versuchten, ihn dazu zu bringen, sich zu versprechen und böse Absichten gegenüber dem Kaiser zu verraten. Caligula lernte, sich im wahrsten Sinne des Wortes in den Fluren still zu bewegen: Am 16. März des Jahres 37 schlich er sich in Tiberius' Zimmer und erstickte den Kaiser im Schlaf. Vorab hatte sich Caligula die Loyalität der mächtigen Prätorianergarde gesichert. Sie machte ihn zum *Imperator*, dem Befehlshaber. Der römische Senat rief Caligula zum Kaiser aus. Da war er vierundzwanzig Jahre alt.[388] Somit wurde Agrippinas lebenslange Bestrebung nach ihrem Tod Realität. Eine seiner ersten Handlungen als Kaiser war es, ihre Asche nach Hause zu holen. Eigenhändig platzierte er sie im Familienmausoleum.

Agrippina war endlich gerächt. Die sadistischste Strafe war möglicherweise jedoch kosmisch, ein boshafter Scherz: Tiberius hatte einer Frau, die für ihre Keuschheit und ihre Gerechtigkeit berühmt war, ein Kind genommen und ein sadistisches Monster aus ihm gemacht, einen Hurenbock, der in der Geschichte seinesgleichen sucht.

Geschwisterliebe

Caligulas erste Frau, Junia Claudilla, starb bei der Entbindung auf Capri. Seine zweite Frau, Livia Orestilla, kidnappte er regelrecht bei ihrer Hochzeitszeremonie mit einem anderen Mann. Nach nur wenigen Tagen »schickte er sie weg«.[389] Ehefrau Nummer drei, Lollia Paulina, bekam er als Geschenk von ihrem damaligen Ehemann Regulus, der nichts gegen eine Scheidung hatte, wenn er dadurch dem Kaiser näherkam. Bei Ehen in den höheren Kreisen des Römischen Reichs ging es mehr um politische Allianzen und Macht als um Sex oder Liebe.

Sex soll Caligula mit all seinen Schwestern gehabt haben. Seine Favoritin war Drusilla, die er fast wie eine Ehefrau behandelte, obwohl sie anderweitig verheiratet war. (Das Verhältnis reichte weit zurück; als Teenager waren sie von Großmutter Antonia zusammen im Bett auf frischer Tat ertappt worden.) Den anderen Schwestern, Agrippina die Jüngere und Julia Livilla, maß er keinen höheren Stellenwert bei, als dass er sie Jünglingen, die er in seinem Harem hielt, als Prostituierte auslieh.[390]

Sind all diese Geschichten wahr? Sueton berichtet, lange nach dem Tod des Kaisers, als Erster davon (»Zu all seinen Schwestern stand er in einem unzulässigen Verhältnis.«), vermutlich, um einen bereits angeschlagenen Ruf weiter zu schwärzen. »Römischer Historiker« ist ein Titel, der nach Autorität klingt, jedoch waren sie nicht darüber erhaben, boulevardmäßige Verunglimpfungen ohne Verankerung in der Wirklichkeit zu verfassen.[391] Bis weit in die moderne Zeit hinein haben Autoren der Geschichte über das Geschwisterverhältnis groteske Details hinzugefügt: In Robert Graves' Roman *Ich, Claudius, Kaiser und Gott* wird behauptet, dass Caligula Drusilla ermordet habe. (Dabei räumt der Autor freudig ein, dass es dafür keinerlei Grundlage gibt.) Die Dramatisierung der BBC geht noch einen Schritt weiter: Drusilla stirbt an einem misslungenen Kaiserschnitt, ausgeführt von Caligula, der die Geburt der Göttin Athene nacherschaffen wollte. Anschließend aß er den Fötus, wie einst Zeus. In dem berüchtigten Hollywood-Trash *Caligula* (1979) leckt er in Trauer ihre Leiche ab, bevor er Sex mit ihr hat.

Zweifellos hatte Caligula ein enges Verhältnis zu seinen Schwestern, die auch als seine Beraterinnen fungierten. Bei seinem Amtsantritt ließ er den kaiserlichen Treueeid so umschreiben, dass er auch sie einschloss: »So wahr ich mich selbst und meine Kinder nicht lieber haben will als Gaius und seine Schwestern.«[392] Wenn er zum Abendessen Gäste hatte, ließ er die Schwestern zu seiner Rechten auf dem Diwan liegen, dem Platz, der ursprünglich der Ehefrau und den Kindern vorbehalten war. Wahr ist auch, dass Caligula Drusilla besonders mochte. Als er einmal ernsthaft erkrankt war und glaubte sterben zu müssen, übertrug er ihr per Testament das gesamte Kaiserreich. Jedoch war sie es, die als Erste starb, am 10. Juni 38.

Als seine Mutter und seine Brüder starben, hatte Caligula seine Gefühle zurückgehalten. Jetzt brachen die Dämme und ein Jahrzehnt voller Trauer ergoss sich. Caligula war zu gebrochen, um an Drusillas Beerdigung teilzunehmen. Er reiste aufs Geratewohl durch die Provinzen, ließ Haare und Bart wuchern und war eine Zeit lang spiel-süchtig.[393] Bei seiner Rückkehr nach Rom brachte er den Senat dazu, Drusilla zur Göttin zu erklären. In der Curia, der Ratsversammlung, wurde eine Goldbüste von »Diva Drusilla« aufgestellt, und im Tempel der Venus wurde eine Statue ebenso groß wie die der Venus errichtet. Später bekam Drusilla ihren eigenen Tempel mitsamt einem zwan-zigköpfigen Priesterkollegium. Alle Festspiele und Feierlichkeiten wurden abgesagt, und den Römern wurde verboten, öffentlich Freude zu zeigen, mit der Familie gemeinsam zu baden oder zu essen. Einen Mann, der in der Trauerzeit warmes Wasser verkaufte, hat Caligula angeblich hinrichten lassen. Man kann verstehen, dass Historiker später der Versuchung erlagen, Caligulas wahnsinnige Hingabe mit einer Form von perverser Sexualität in Verbindung zu bringen.

Römische Zustände

Nach Drusillas Tod wurde Caligulas Verhalten impulsiver und saty-rischer; ohne »Rücksicht auf sich selbst oder andere« machte er alle zu seinen Geliebten, vom Pantomimespieler bis hin zum Kriegsge-fangenen. Er hatte eine »wohlbekannte Leidenschaft für die Dirne Pyrallis«. Der junge Sohn eines Konsuls prahlte in den Straßen damit, »den Kaiser auf eine perverse Art missbraucht zu haben, wovon er selbst ganz erschöpft sei«. (»Gegenseitige Unzucht« ist ein weiterer Euphemismus Suetons für Homosex.) Es gab »kaum eine gefeierte Schönheit, auf die er es nicht abgesehen hatte«. Bei kaiserlichen Ban-ketten konnte es ihm in den Sinn kommen, zwischen Hauptgang und Dessert mit den Frauen der Senatoren zu verschwinden, ein weitaus ernsthafterer Verstoß gegen die Etikette als der Tausch von Sitzplät-zen. War der Sex schlecht, bekamen die Ehemänner detaillierte Kritik zu hören. War er sehr gut, wurden ihnen mitunter fertig ausgefüllte Scheidungspapiere in die Hände gedrückt.[394]

Caligula erhöhte die Steuern für Prostitution und eröffnete auf dem Palatin schließlich sein eigenes Bordell, dem sowohl verheiratete Frauen als auch Jünglinge angehörten, vermutlich unter Zwang. Er schickte seine Ausrufer auf die Straßen hinaus, um Werbung für das Hurenhaus zu machen und den Römern, die nicht genug Geld hatten, Kredit anzubieten – Zuhälter und Kredithai in einem.[395]

Er ließ sich von Lollia Paulina scheiden, der er überdrüssig geworden war, und heiratete Milonia Caesonia, eine dreifache Mutter, »die weder jung noch besonders hübsch war«, aber »unglaublich verschwenderisch und leichtfertig«.[396] Dennoch hat es den Anschein, als sei sie die einzige seiner Frauen gewesen, in die Caligula leidenschaftlich verliebt war, und er stellte sie stolz vor seinen Soldaten zur Schau. Gute Freunde durften sie nackt sehen. Sie gebar Caligula eine Tochter, mit der er sehr zufrieden war, weil das Mädchen den anderen Kindern, mit denen es spielte, die Augen auskratzte. Er taufte sie auf den Namen Julia Drusilla, nach seiner Schwester. Nach einer ungewissen Anzahl unehelicher Kinder war dies Caligulas erstes legitimes Kind, wodurch die noch lebenden Geschwister in der Erbfolge nach hinten rückten. Vor allem Agrippina die Jüngere zeigte kaiserliche Ambitionen. Als sie im Jahr 37 einen Sohn gebar, bat sie Caligula, den Jungen zu taufen. Sie hoffte, er würde ihn nach sich benennen, »Gaius«. Das wäre ein Zeichen gewesen, dass der Sohn für die Übernahme des Postens zumindest potenziell infrage gekommen wäre. Caligula schlug stattdessen »Claudius« vor, nach dem hinkenden und fast tauben Onkel, der weithin als »ein Clown«[397] angesehen wurde und sich bei Caligulas Banketten einen Sitzplatz erkämpfen musste.

Caligulas paranoides Verhalten zeigt, dass er, ebenso wie einst Tiberius, Attentate und Verschwörungen fürchtete, und er war bereit, weit zu gehen, um seine Position zu schützen. Einige Jahre zuvor hatte er seinen Adoptivsohn Gemellus ermorden lassen, nur weil er einen zukünftigen Erbkonflikt vermeiden wollte, nachdem er Drusilla als Erbin ins Testament eingesetzt hatte. Jedoch erwartete er kaum, dass seine Schwestern versuchen würden, ihn ermorden zu lassen. In der Tat kann es angemessen erscheinen, von ihnen Loyalität zu erwarten: Er hatte sie vor Tiberius gerettet, dem Mann, der ihre Mutter und ihre Brüder ermordet hatte, er hatte sein Leben riskiert, um das Amt des Kaisers zu übernehmen, sowie den Schwestern Einfluss und Privilegien gesichert, die bisher für Frauen als unerhört galten. Der Römische Hof jedoch war ein Malstrom aus Intrigen, in dem nur der kälteste Fisch überlebte, und das wussten Caligulas Schwestern.

Da Caligula noch immer keinen Sohn oder männlichen Erben hatte, waren die Nachkommen von Agrippina der Jüngeren keineswegs permanent von der Macht abgeschnitten. Jedoch darauf zu warten, dass der Kaiser an Altersschwäche starb, kann keinesfalls verlockend gewirkt haben. Es war mehr als wahrscheinlich, dass sich vorab jemand Caligulas entledigen würde, und wenn das Attentat »in der Familie« blieb, konnte die Blutlinie womöglich besser gewahrt werden. Mit dem Tod seiner Frau hatte auch Drusillas Witwer Lepidus seine Sonderrechte verloren. Er und seine Ex-Schwägerin Agrippina fanden in einer Affäre zusammen und brüteten den Plan aus. Sowohl Senatoren, Konsuln, Kommandanten des Militärs als auch die Familie des Kaisers waren mit an Bord. Allerdings erfuhr Caligula von der Verschwörung, bevor sie umgesetzt werden konnte (wie, wissen die Historiker nicht genau). Er verbannte Agrippina und Julia Livilla auf die Pontinischen Inseln, Agrippina mit der Urne ihres hingerichteten Liebhabers Lepidus in den Händen. Er sah sie nie wieder.

Dass er die Schwestern trotz dieses totalen Verrats nicht töten ließ – eine Reaktion, die sowohl mit Caligulas früherem rohen Verhalten als auch mit Roms allgemeiner Rechtsauffassung konform gewesen wäre –, sagt etwas über die starke Bindung zwischen den Geschwistern aus.

Zerbrochenes Herz auf leeren Magen

Caligula blieb zurück, ohne jemanden, dem er vertrauen konnte, und Sueton, Tacitus und vielen anderen zufolge drehte er in dieser Zeit wirklich durch. Erneut muss vieles mit einer gewissen Vorsicht betrachtet werden: In einer gründlichen, redlichen, von Fachkollegen geschätzten Biografie nimmt sich der deutsche Althistoriker Aloys Winterling die vielen Anklagen gegen Caligula vor und hält nahezu alle für grob übertrieben. So ernannte Caligula beispielsweise sein Pferd niemals zum Konsul;[398] dabei handelte es sich wahrscheinlich nur um einen sarkastischen Scherz, einen Kommentar bezüglich der Unfähigkeit seines tatsächlichen Konsuls. Er bildete sich niemals ein, ein Gott zu sein;[399] Senatoren sprachen über den Kaiser für gewöhnlich in göttlicher Metaphorik, und Caligula tat nur so, als würde er das wortwörtlich nehmen, um sie zum Narren zu halten. Sueton behauptet, Caligula habe geglaubt, mit dem Gott Jupiter sprechen zu können, weshalb er eine Brücke hinauf zum Kapitolinischen Hügel bauen ließ, um die Gespräche zu erleichtern. Tatsächlich hatte Caligula Jupiter einmal aus Spaß gebeten, die Klappe zu halten, als ein Gewitter ein von ihm arrangiertes Abendessen störte.[400] (Damals wie heute war Ironie ein gefährliches Hilfsmittel.) Als er Caesonia auf den Hals küsste und sagte: »Dieser hübsche Kopf fällt ab, wenn ich es sage. Wenn nur Rom lediglich einen Hals hätte«,[401] kann es sich dabei ebenso gut um leere Prahlerei wie um eine tatsächliche Drohung gehandelt haben.

Einige der Geschichten sind jedoch wahr: Caligula ließ sich enorme, schwimmende Villen bauen, Luxusschiffe mit Juwelenbug, Seilen aus Seide und Bädern aus Alabaster und Bronze.[402] Trockenen Fußes kreuzte er das Meer im Streitwagen, bekleidet mit dem Brustpanzer Alexander des Großen. Möglich wurde das, indem er die Baia-Bucht nahe Neapel mit Schiffen zustopfen ließ, was die Kornlieferungen nach Rom blockierte.[403] Das war nicht das erste Mal, dass das Volk wegen Caligula hungerte; als er einen Krieg in Gallien mittels

Konfiszierung und Versteigerung der Besitztümer des Adels finanzierte, ließ er die Sachen mit den Wagen befördern, die für den Transport von Lebensmitteln vorgesehen waren, und so fehlte es in Rom für eine Weile an Brot. Diesem Treiben wurde der Senat irgendwann überdrüssig. Sie brachten Caligulas Leibwächter dazu, ihn zu töten. Die Prätorianergarde gibt und die Prätorianergarde nimmt. Auch seine Frau Caesonia wurde ermordet. Ihre Tochter Drusilla wurde an den Fußknöcheln festgehalten und gegen eine Wand geschleudert, bis ihr Schädel zerbarst. Das Massaker war eine derart heftige Kost, dass zu seiner Rechtfertigung die bereits ziemlich schockierenden Berichte über Caligulas Exzentrik und Exzesse übertrieben werden mussten.

Die Geschichtsschreibung setzte sich dafür ein, Caligula als böse und geisteskrank darzustellen, als eine Bedrohung für die Grundfeste des gesamten Kaiserreichs, ein Krebsgeschwür, das entfernt werden musste. Möglicherweise war Caligula verrückt, aber er war auch ein gebrochener und betrogener Mann. Die empathischste literarische Schilderung Caligulas bietet das Theaterstück *Caligula* von Albert Camus. Auch wenn der französische Existenzialist den Kaiser zu Caesonias Mörder macht, hat es dennoch den Anschein, als betrachte er den verrückten, verhassten Herrscher als eine tragische Gestalt, zerstört von der Liebe der Frauen:

CALIGULA   Wer sagt dir, dass ich nicht glücklich bin?
CAESONIA   Das Glück ist großzügig. Es lebt nicht von Zerstörungen.
CALIGULA   Dann gibt es eben zweierlei Glück, und ich habe das der Mörder gewählt. Denn ich bin glücklich. Es gab eine Zeit, da glaubte ich die äußerste Grenze des Schmerzes erreicht zu haben. Doch nein, man kann noch weitergehen. Am Ende dieser Landschaft gibt es ein empfindungsloses, prächtiges Glück. Sieh mich an.

(Sie wendet sich ihm zu.)

Ich muss lachen, Caesonia, wenn ich daran denke, dass ganz Rom es jahrelang vermieden hat, den Namen Drusilla auszusprechen. Rom hat sich nämlich jahrelang geirrt. Die Liebe genügt mir nicht, das ist mir damals klargeworden. Das wird mir auch heute wieder klar, wenn ich dich ansehe. Einen Menschen lieben, heißt bereit sein, mit ihm alt zu werden. Zu dieser Liebe bin ich nicht fähig. Eine alte Drusilla, das war viel schlimmer als eine tote Drusilla. Man glaubt, ein Mensch leide, weil der andere, den er liebt, innerhalb eines Tages stirbt. Aber sein wahres Leid ist weniger oberflächlich: Es ist die Feststellung, dass auch der Kummer nicht anhält. Selbst der Schmerz ist ohne Sinn. Du siehst, ich hatte keine Entschuldigung, weder den bloßen Schatten einer Liebe noch die Bitterkeit der Melancholie. Ich hatte keinen Vorwand. Aber heute bin ich noch freier als vor Jahren, denn ich bin befreit von der Erinnerung und der Illusion.

(Er lacht leidenschaftlich.)

Ich weiß, dass nichts von Dauer ist! Das zu wissen! Wir sind zwei oder drei in der Geschichte, die diese Erfahrung wirklich gemacht und dieses wahnsinnige Gefühl erlangt haben. Caesonia, du hast eine sehr seltsame Tragödie bis zum Ende mit angesehen. Es ist Zeit, dass für dich der Vorhang fällt.

(Er tritt hinter Caesonia und legt seinen Unterarm um ihren Hals.)[404]

Nach ihm wurde Caligulas Onkel Claudius zum Kaiser ausgerufen. Caligulas Schwestern durften nach Rom zurückkehren. Agrippina heiratete späterhin Claudius, und fünf Jahre später konnte sie endlich sehen, wie ihr Sohn die Macht in Rom übernahm. Darauf hatte sie eine Ewigkeit lang hingearbeitet und so manche Intrige gesponnen. Deshalb liegt eine gewisse poetische Gerechtigkeit darin, dass ihr Sohn nicht nur ihr Ende werden sollte, sondern auch das von nahezu ganz Rom, ein Tyrann, neben dem Caligula als ausgeglichen und gut erscheint.

Die Liebe einer Mutter

Nero

(37–68)

Die dritte Frau des neuen Kaisers Claudius, Messalina, war für ihre Lasterhaftigkeit bekannt. Einmal konkurrierte sie in einem Bordell mit einer Hure, wer mit den meisten Männern schlafen konnte. Messalina gewann mit ihren fünfundzwanzig Geschlechtsakten (was ganz ehrlich etwas zu wenig erscheint, wenn man bedenkt, dass der Wettbewerb »Tag und Nacht« andauerte). Als sie ihren Liebhaber, Senator Gaius Silius, zu ihrem Ehemann Nummer zwei machte, war dies eine Demütigung, die nicht einmal ein historischer Pantoffel wie Claudius hinnehmen konnte. Er ließ sie hinrichten, ihr Name wurde von allen öffentlichen Plaketten entfernt, und alle Statuen von ihr wurden niedergerissen. Er versprach, nie wieder zu heiraten. Die Prätorianergarde ließ er wissen, dass sie ihn »eigenhändig stürzen« könne, im Falle, er sollte gegen diesen Vorsatz verstoßen. Wie aber Sueton trocken bemerkte: »Das konnte er jedoch nicht einhalten.« Kurze Zeit später wurde Agrippina die Jüngere Claudius' vierte Ehefrau.[405]

Agrippina brachte Würde ins Amt zurück. Ihre Zeit war frei von Skandalen, und ihre Kontrolle über die Staatsfinanzen schaffte es weitestgehend, die Flecken zu entfernen, die Caligula auf dem Ruf der Familie hinterlassen hatte.[406] Um nicht als eine weitere opportunistische Thronräuberin dazustehen, verheiratete sie ihren Sohn Nero mit Claudius' Tochter Octavia. Somit war die Kaiserfamilie nunmehr direkt mit der Blutlinie des Augustus verbunden, zu dessen direkten Nachkommen Agrippina gehörte. Zusammen müssen sie wie die perfekte aristokratische Familie gewirkt haben.[407]

Agrippinas größtes Bestreben bestand selbstverständlich immer darin, dass Nero Kaiser wurde. Tacitus zufolge befragte sie sogar Astrologen. Diese teilten ihr mit, dass Kaiser Nero seine eigene Mutter töten würde. Darauf reagierte Agrippina mit den Worten: »Lasst ihn nur töten, solange er Kaiser wird.«[408]

Durch seinen etwas zu frühen Tod zerstörte Claudius beinahe alles. Die Historiker der Antike waren der Ansicht, Agrippina hätte ihn vergiftet,[409] stattdessen kam der wahrscheinlich natürliche Tod im Jahr 54 höchst überraschend und für sie ungelegen. Nero war zu diesem Zeitpunkt erst siebzehn Jahre alt, zu jung, um mit einer automatischen Amtsübernahme rechnen zu können. Stundenlang hielt Agrippina Claudius' Tod geheim, um hinter den Kulissen in aller Eile alles dafür zu tun, um ihrem Sohn den Thron zu sichern. Die Prätorianergarde, die Augustus' Familie gegenüber loyal war, erkannte Nero als neues Oberhaupt des Heeres an, wie sie es zuvor mit Caligula getan hatten. Auch wenn Nero alles andere als ideal war, muss der Senat den Siebzehnjährigen seinem Stiefbruder Britannicus vorgezogen haben, der gerade mal dreizehn Jahre alt war.[410]

Ein so junger Kaiser teilt den Thron unausweichlich mit seiner Mutter. Sie überredete Nero, dem Senat sehr viel Macht zu übertragen. Das war ein meisterlicher politischer Schachzug, der Neros prekäre Stellung sicherte: Der Senat erhielt zivile, juristische und administrative Verantwortungsbereiche zurück, während Nero »nur« die Kontrolle über das Militär oblag. In der Praxis war dies eine Wiedererrichtung der Republik, die Augustus aufgelöst hatte, und der Senat betrachtete Nero jetzt mit weitaus milderen Augen.

Ein Teenager im Haus

Selbst eingeschränkte diktatorische Macht kann einem jungen Mann zu Kopf steigen, und Nero verlor in aller Öffentlichkeit schrittweise den Verstand, zum Entsetzen seiner Mutter.

In seiner Kindheit hatte er Interesse und Talent für Dichtung, Musik und Schauspiel gezeigt, unwürdige Hobbys, die er nach Ansicht vieler mit der Zeit ablegen würde. Als er jedoch Kaiser wurde, bestand er darauf, im Theater aufzutreten. Das mag unschuldig klingen, ist aber ein bisschen so, als würde sich Königin Elisabeth plötzlich entschließen, Pin-up-Modell zu werden. Mit einem charakteristischen Mangel an Demut ging Nero seine neue Karriere an. Erscheinen war für die Römer Pflicht. Wenn er auf der Bühne stand, durfte niemand den Saal verlassen, egal aus welchem Grund. Schwangere mussten zwischen den Publikumsbänken gebären, mitunter stellten sich die Leute tot, um nach draußen befördert zu werden. Zu den Tragödien, die er mit Masken verkleidet vorführte, gehörten auch, Unheil verkündend, Oden an Ödipus und Orestes.

Nero versuchte sich auch im Spitzensport und nahm in der Disziplin Wagenrennen an den Olympischen Spielen teil. Dabei verschaffte er sich eine Ausnahmebewilligung, um mehr Pferde als seine Gegner einsetzen zu können. Er wurde zum Sieger gekürt, obwohl er aus dem Wagen geworfen wurde und das Rennen nicht beendete.[411]

Ein solches Benehmen muss Caligulas Schwester nur allzu bekannt vorgekommen sein. Trotz der üppigen Kulissen und der kaiserlichen Titel bekam das Verhältnis zwischen Agrippina und Nero hier eine zeitlose Mutter-Sohn-Dynamik: Agrippina reagierte mit Wut, Schimpfen machte es aber nur noch schlimmer. Nero entzog sich der Mutter und gewann neue Freunde, die schlechten Einfluss auf ihn hatten ... Verkleidet zog er durch die Straßen und schlug zufällig Vorbeipassierende zusammen, raubte Kaufleute aus und versteigerte das Diebesgut.[412] Agrippina ihrerseits versuchte sich einzuschmeicheln und den Jungen mit Geld und Luxuswaren zum Gehorsam zu bestechen, ohne Erfolg. Später war sie derart verzweifelt darauf aus, Skandale zu vermeiden, dass sie Nero bat, seine Orgien in ihrem eigenem Schlafzimmer zu veranstalten, um nicht öffentlich gesehen zu werden.[413] Nero schlief mit allen, von Jünglingen bis hin zu verheirateten Frauen.

Sueton schreibt: »Mit dem Pelz eines Raubtiers bekleidet wurde er aus einem Käfig entlassen und machte sich über die Geschlechtsteile von Männern und Frauen her, die an Pfähle gebunden waren, und wenn er sich hinreichend ausgelebt hatte, setzte sein freigelassener Doryphoros dem Werk die Krone auf, während er selbst schrie und kreischte wie eine Jungfrau, die vergewaltigt wurde.« Nero vergewaltigte auch die Vestalin Rubria[414], ein Verbrechen, das mit Begraben bei lebendigem Leib bestraft wurde – wobei Rubria die Strafe ereilte.

Ursprünglich hatte Agrippina die Ehe zwischen Nero und Octavia wegen der Tugendhaftigkeit und Bildung des Mädchens arrangiert. Aus genau den gleichen Gründen wurde Nero ihr schnell überdrüssig. (In einem drolligen Beispiel von vor Andeutungen strotzendem Klatsch behauptet Sueton, dass Nero »mehrere vergebliche Versuche unternahm, sie zu erwürgen«.[415] Wie schwer kann das sein?) Kurze Zeit nach Amtsantritt verliebte er sich in Acte, eine ehemalige Sklavin.

Agrippina war mittlerweile derart zermürbt, dass sie ihren Stiefsohn Britannicus als möglichen Kandidaten für den Thron in Betracht zog. Respektables Verhalten war gegebenenfalls wichtiger als Blutsbande, und Britannicus zeigte trotz seines jungen Alters weitaus mehr Würde als Nero. Am Tag vor seinem vierzehnten Geburtstag fiel er bei einem Abendessen, bei dem auch Nero anwesend war, jedoch tot um. Wurde er vom Kaiser vergiftet, wie Sueton, Dio und Tacitus behaupten? Höchstwahrscheinlich – man stirbt schließlich nicht einfach ohne Weiteres beim Abendessen.

Nero hatte jetzt keine Rivalen mehr. Agrippina hatte es geschafft, sich selbst aus der guten Gesellschaft hinauszumanövrieren. Tacitus, der vielleicht zu feige ist, für seine Geschichte einzustehen, verweist auf andere Historiker (und nutzt »in seiner Darstellung vielmehr das allgemeine Gerücht«), wenn er berichtet, dass Agrippina in ihrer Verzweiflung, die Gunst Neros zurückzugewinnen, versuchte, ihren Sohn zu verführen, als »er vom Wein entflammt war, den er während der Mahlzeit genossen hatte«. Der Skandal wurde nur abgewehrt, da

Acte sie während des Vorspiels erwischte.⁴¹⁶ Auch Sueton vermutet eine inzestuöse Faszination für seine Mutter, sagt jedoch, er habe sie ausgelebt, indem er eine Imitatorin anheuerte.⁴¹⁷

Eine griechische Tragödie in Rom

Im Jahr 58 wurde Agrippinas Einfluss der Todesstoß versetzt, als Nero Acte zugunsten von Poppaea Sabina fallen ließ, einer hübschen, verwöhnten, gewissenlosen Adeligen. Sie war bereits mit Neros Freund Otho verheiratet, betrachtete den Kaiser jedoch als eine weitaus größere Prämie. Tacitus schreibt, dass sie »alles hatte, abgesehen von einem anständigen Charakter«, und dass sie, nachdem sie sich erst eine Audienz bei Nero erschlichen hatte, mit »listigen Schmeicheleien [aufwartete], indem sie so tat, als wäre sie derart entzückt von Neros Schönheit, dass sie ihr Begehren nicht steuern könne. Später jedoch, als der Kaiser in Sachen körperlicher Liebe draufgängerischer wurde, schlug es um und sie spielte die Abweisende und berief sich darauf, eine verheiratete Frau zu sein und ihre Ehe nicht aufgeben zu wollen, wenn er sie länger als eine oder zwei Nächte bei sich haben wollte, und dass sie an Otho durch eine Lebensweise gebunden sei, die ihr kein anderer bieten könne: ›Er leuchtet von Geist und Bildung, Nero hingegen, der durch seinen Umgang mit Acte an eine Mätresse gekettet war, ein Dienstmädchen, hatte von diesem Zusammenleben mit einer Sklavin nur etwas Einfaches und Schmutziges mitgenommen.‹«⁴¹⁸

Letztendlich ließ sich Poppaea von Otho scheiden. (Als Pflaster auf die Wunde bekam er einen Gouverneursposten in Portugal.) Nero jedoch wagte es nicht, sich von Octavia scheiden zu lassen – dafür fürchtete er den Zorn der Mutter noch immer zu sehr. Poppaea sah ein, dass Agrippina eliminiert werden musste, wenn sie irgendwann einmal Kaiserin werden wollte. Nach ein wenig Quengelei ließ sich Nero auf die Idee ein. Aber es musste wie ein Unfall aussehen; das

Volk verdächtigte ihn bereits, sowohl Claudius als auch Britannicus vergiftet zu haben, und sollte ihre geliebte Agrippina ohne Vorankündigung auf mysteriöse Weise erkranken und sterben, konnte es zu einem Aufstand kommen.

Nero lud die Mutter ein, gemeinsam mit ihm in Baia Quinquatrus zu feiern, ein Volksfest zu Ehren der Göttin Minerva. Während des Aufenthalts bat er sie um Verzeihung, dass er sie so schlecht behandelt hatte. Als sie sich anscheinend wieder versöhnt hatten, begleitete Nero seine Mutter zu dem Schiff, das sie zurück nach Antium bringen sollte, und umarmte sie zum Abschied, zum letzten Mal, wie er hoffte. Mithilfe einer »Einrichtung«, konstruiert vom Flottenkommandanten Anicetus, der Agrippina hasste, sollte nämlich der Boden aus Agrippinas Kabine geschlagen werden, sodass sie ins Wasser fiel und ertrank. Das Schiff würde zwar sinken, aber so langsam, dass alle anderen an Bord ihr Leben retten könnten.

Ein derart kompliziert angelegter und idiotischer Plan schreit förmlich danach zu misslingen, und das tat er auch. Anicetus' geniale »Einrichtung« erwies sich lediglich als eine Palette Blei, die durch das Dach der Kabine geworfen wurde. Ein Dienstmädchen, Creperius, wurde zermalmt, aber sowohl Agrippina als auch das zweite Dienstmädchen, Acerronia, entkamen dem Ganzen unbeschadet, da sie beide auf einem Diwan lagen, der robust genug war, um der Belastung standzuhalten. Das Schiff begann folglich zu sinken. Da der Rest der Mannschaft an Bord nicht in den Plan eingeweiht war, mussten die Verschwörer den Rumpf des Schiffes in aller Heimlichkeit sabotieren, mit dem Ergebnis, dass das Schiff so langsam sank, dass Agrippina ausreichend Zeit blieb, um sich schwimmend in Sicherheit zu bringen. Als sie Acerronia im Wasser sahen, verwechselten sie sie mit Agrippina. Sie erschlugen das Dienstmädchen mit Rudern und glaubten, der Auftrag sei ausgeführt.

Agrippina wurde von einem vorbeikommenden Schiff aufgegriffen und an Land gebracht. Durchnässt und unterkühlt in einer ihrer

Villen entlang der Küste angekommen, begriff sie, was geschehen war, und versuchte verzweifelt, sich selbst zu retten. Sie schickte einen weiteren unglückseligen Diener zu Nero mit der Nachricht, sie habe überlebt und alles sei gut. Damit gab sie unterschwellig zu verstehen: Wenn sie leben dürfte, würde sie Nero in Frieden lassen.

Als er Agrippinas Brief erhielt, befand sich Nero inmitten der Feier zum geglückten Muttermord. Die Nachricht, dass sie doch überlebt hatte, regte ihn derart auf, dass er die Friedensanfrage zwischen den Zeilen nicht bemerkte. Er war überzeugt, dass Agrippina ihn jetzt anzeigen würde. Bereits als sie losgesegelt war, hatte sich eine große Menschenmenge am Strand versammelt, ihre Gebete für Agrippinas Wohlergehen hatten die ganze Küste vor Gejammer und Beschwörungen erschallen lassen.

Agrippinas Diener wurde verhaftet und des Meuchelmordes angeklagt. (Nero stattete den Mann in aller Eile mit einem Schwert aus.) Nachdem der ganze Plan auf einer undurchdachten Idee von Anicetus beruht hatte, wurde dieser losgeschickt, um den Auftrag zu vollenden. Die Männer marschierten Richtung Nordwesten und stürmten Agrippinas Villa. Als sie in ihrer Kammer Männer mit Schwertern sah, sagte sie: »Wenn Sie gekommen sind, um mich zu besuchen, können Sie melden, dass ich mich erholt habe. Wenn Sie aber eine Untat ausüben wollen, glaube ich nicht, dass mein Sohn dahintersteckt; er hat nicht den Befehl zum Muttermord erteilt.«[419]

Ein Knüppelschlag von Anicetus' Kapitän machte deutlich, worum es ging.

Als Orestes das Schwert zog, hatte Klytaimnestra gesagt: »Kind, du willst deine Mutter töten.« Abgespeist mit simplen Killern zog Agrippina jedoch ihre Kleider nach oben und sagte: »Schlagt mir in den Schoß.«[420] In dieser trotzigen letzten Handlung liegt vermutlich der Ursprung des Mythos, dass Nero seine Mutter anschließend hat sezieren lassen, um die Gebärmutter zu sehen, die ihn getragen hatte.

Die offizielle Erklärung lautete, dass sich Agrippina von einem Diener habe töten lassen, nachdem ihr Plan, den Kaiser abzusetzen, aufgedeckt worden war. Das Heer, der Senat und das Volk gratulierten Nero dazu, einer solch großen Gefahr entgangen zu sein. Der Adel ging in den Tempel, um seine Dankbarkeit zu äußern. Agrippinas Geburtstag wurde zu einem Unglückstag erklärt, und der Tag der Aufdeckung ihres großen Komplotts sollte jedes Jahr mit Festspielen und Vergnügungen gefeiert werden.[421] Auch wenn Nero damit, formal betrachtet, davonkam, hatte er sich noch immer des denkbar schlimmsten Verbrechens schuldig gemacht. War Vergebung möglich? In Aischylos' Tragödienzyklus *Die Orestie* wird Orestes der Muttermord von Apollon befohlen, der während des Prozesses seine Mitwirkung gegenüber Athene einräumt. Und da Orestes zudem aufrichtig Reue zeigte, wurde er begnadigt. Die wütenden Erinnyen verwandelten sich in wohlwollende Eumeniden, die Beschützer aller Flehenden. Orestes war frei, und die Verbannung, die so lange wie ein Damoklesschwert über seinem Haus gehangen hatte, war aufgehoben.

Dieses Rezept der Erlösung angewandt auf Nero löst einen endlosen, bösen Kreislauf aus. Einem Apollon am nächsten kommt in seinem Fall Caligula, der sich in seinem Wahnsinn in einer höhnischen Maskerade als der Gott verkleiden und die Senatoren dazu zwingen konnte, ihn anzubeten, zum Spott des Gottes des Lichts und der Sonne, der Wahrheit und Weissagung, der Medizin und Heilung. Rächte sich Caligulas Geist in Form ererbter Geisteskrankheit des Neffen Nero an seiner hinterlistigen Schwester? In diesem Fall währte der Familienfluch ewig, und Nero war verdammt, den Rest seiner Tage mit den Furien auf den Fersen zu verbringen. Seinem engsten Personenkreis vertraute er an, dass der Geist seiner Mutter ihn heimsuche. Der Autor Seymour Van Santvoord bezeichnet die Tendenz, einander in rauen Mengen umzubringen, als »die kaiserliche Krankheit«, »eine Art schrittweise moralisches Fieber, das mit seiner alles verschlingenden Natur nach und nach Körper, Seele und Geist überwandt«.[422]

Weiter bergab

Selbst als die Mutter von der Bildfläche verschwunden war, schaffte Nero es nicht, sich hinreichend zu ermannen und von Octavia scheiden zu lassen. Letztendlich war es an Poppaea, eine weitere Intrige zu spinnen. Sie brachte eine von Octavias Dienerinnen dazu, sie der Hurerei mit einem ägyptischen Flötenspieler zu beschuldigen. Eine inoffizielle »Ermittlung« folgte, wobei Octavias übrige Dienstmädchen auf der Jagd nach weiteren Verleumdungen aufs Gröbste gefoltert wurden. Eine nach der anderen unterwarfen sie sich und bestätigten die nichtswürdigen Behauptungen, mit denen man sie gefüttert hatte. Die Einzige, die durchhielt, war Pythias; sie spuckte dem Folterer ins Gesicht und brachte eine Replik hervor, die jeden Drehbuchautor Hollywoods stolz gemacht hätte: »Die edlen Teile meiner Frau sind reiner als dein Mund!«[423]

Nero bekam schließlich seine Scheidung. Octavia wurde verbannt, was von der Bevölkerung nicht gnädig aufgenommen wurde. Ausgestattet mit Statuen von ihr gingen sie auf die Straße. Der wenig tapfere Nero war kurz davor, Octavia als Ehefrau zurückzunehmen. Poppaea, mit der man trotz allem langsam ein wenig Mitleid bekommt, flehte ihn an, es sein zu lassen. Zwölf Tage nach der Scheidung heiratete er Poppaea.

Um sich von Octavia abzuwenden, brauchte das Volk eine ernsthaftere Anklage als Hurerei. Nero bezahlte Anicetus, den Mörder seiner Mutter, reichlich, damit dieser ein falsches Geständnis ablegte: Er und Octavia hätten ein Attentat auf Nero geplant. Anicetus wurde sogleich nach Sardinien verbannt, wo er bis zu seinem natürlichen Tod zufrieden von seinen dreißig Silbermünzen lebte. Octavia hingegen wurde gefesselt und ihr wurden die Pulsadern aufgeschnitten. Da es zu lange dauerte, bis sie starb, wurde sie getötet, indem ihr warmer Dampf direkt ins Gesicht geblasen wurde. Ihr Kopf wurde abgetrennt und zu Poppaea nach Rom gebracht.[424]

Eunuch und Ende

Es ist unklar, wie die römischen Historiker wissen konnten, was sich hinter geschlossenen Türen abspielte, dennoch sind sich Sueton, Tacitus und Dio einig, was geschah, wobei Poppaea Sabinas Tod ein realistischer Aspekt von zufälliger, sinnloser, plumper Gewalt anhaftet.

Eines Tages kehrte Nero von einem Wagenrennen zurück, das nicht so gut gelaufen war. Poppaea war schwanger und voller Hormone. Sie machte ihm Vorwürfe, Nero verlor die Besinnung und versetzte ihr einen tödlichen Tritt.[425]

Anschließend bereute er es. Nichts drückt die Aussage, »es tut mir leid«, in gleicher Weise aus wie ein richtig teures Begräbnis. Eine Jahresproduktion Weihrauch kribbelte den Römern in den Nasen, während Nero vor der balsamierten Leiche Poppaeas (römischer Brauch war die Einäscherung) eine sentimentale (und schuldbeladene) Gedenkrede hielt.

Nach Poppaea heiratete Nero seine Geliebte Statilia Messalina (nachdem er ihren Ehemann zum Selbstmord gezwungen hatte). Sie machte den Verlust vergessen, bis Nero ein Auge auf Sporus warf, der Poppaea sehr ähnlich war. Dass Sporus ein Mann war, entsprach einer Formalität, die Nero geraderückte, indem er ihn kastrieren und aushöhlen ließ, bevor die beiden in einer öffentlichen Zeremonie heirateten.[426]

Der Mann war offensichtlich verrückt geworden. Aber ebenso wie Marie Antoinette faktisch nie gesagt hat, »sollen sie doch Kuchen essen«, tat Nero niemals diese eine Sache, für die sich alle an ihn erinnern – zu singen und Geige zu spielen, während Rom brannte. Zum einen war die »Geige« im Jahr 64 noch nicht erfunden, zum anderen war Nero bei Ausbruch des Brandes nicht einmal in der Stadt.[427] Als er von der Katastrophe erfuhr, beeilte er sich, aus Antium zurückzukehren, und sorgte für Essen und Unterkunft für jene, die ihre Häuser verloren hatten. Und auch wenn der Brand beinahe eine Woche

wütete und die halbe Stadt zerstörte, hätte es noch schlimmer enden
können, wären da nicht die Säulengänge gewesen, die Nero einige
Jahre zuvor in der ganzen Stadt hatte bauen lassen, eben gerade aus
dem Grund, um das Löschen von Bränden zu erleichtern.[428]

Nachdem er während des *Magnum Incendium Romae*, des Großen Brandes von Rom, spontan Tatkraft und eine nahezu väterliche
Führung bewiesen hatte, rief Nero ein kostspieliges Wiederaufbau-
projekt ins Leben, das das Kaiserreich schnell ruinierte. Der Plan,
die Finanzierung dadurch zu sichern, dass der Adel der Majestäts-
beleidigung beschuldigt wurde und seine Besitztümer und Vermögen
beschlagnahmt wurden, stieß auf ein äußerst negatives Echo. Als die
Provinzen Gallien und Hispanien letztendlich den Aufruhr probten,
war Nero so überrascht, dass er in Ohnmacht fiel. Als er wieder aufwachte, lief er herum, schlug sich selbst gegen den Kopf und schrie:
»Es ist aus mit mir!«[429] Nachdem er sich wieder gefasst hatte, erstellte
er einen Plan, um die Meuterei niederzuschlagen: Er wollte sich selbst
unbewaffnet zum Feind hinaus begeben und schlichtweg weinen, ein
Gefühlsausbruch, von dem er glaubte, er würde die Soldaten zur Vernunft bringen und sie aufgeben lassen.

Der Senat erklärte Nero zum Geächteten. Zusammen mit vier Dienern floh er aus Rom. Sporus war einer von ihnen. Nero wusste, dass
er Selbstmord begehen sollte, jedoch fehlte es ihm an der Motivation.
Er bat Sporus vorab zu weinen und zu trauern, um zu sehen, ob das
half. Einen anderen Diener bat er, sich das Leben zu nehmen, um
»mit gutem Beispiel voranzugehen«.[430] Die Motivation kam letztendlich in Form des Klackens von Pferdehufen einer ganzen Zenturie.
Nero führte ein Messer in seinen Hals. Mit ihm starb das julische
Geschlecht aus.

Es ist ungerecht, die Schuld auf die Frauen zu schieben. Nahezu
ausnahmslos lag alle Macht in den Händen der Männer. Die Frauen
waren in den Hintergrund verwiesen: Hinter Wandteppichen, an Stra-
ßenecken und in Himmelbetten mussten sie indirektere Arten der

Machtausübung finden. Und deshalb ging das, was Roms einendes Haus sein sollte, im Laufe weniger Generationen in einem Nebel aus Blut und Brunst unter. *Finita la commedia*.

Die Weltgeschichte einer Entführung

Dschingis Khan

(ca. 1163–1227)

>*»Zu Carev im Tatarenland regierte ein König, der oft Krieg mit Russland führte, wobei manch braver Mann sein Ende fand. Der König war Cambiuscan [Dschingis Khan] genannt.«*[431]
>
> GEOFFREY CHAUCER, DER KNAPPE
> CANTERBURY-ERZÄHLUNGEN

Dschingis Khans Mutter Hoelun wurde jahrelang umworben. Ihr Freier, Chiledu, musste gratis als Bursche für ihre Eltern arbeiten und ihnen Geschenke machen, die ein Vermögen wert waren, bevor sie sich endlich darauf einließen, ihre Tochter mit ihm zu verheiraten. Die Frustration muss daher groß gewesen sein, als Hoelun auf der Hochzeitsreise nach Hause zu Chiledus Stamm schlicht und einfach geraubt wurde. Nicht immer lohnt es sich, ein netter Kerl zu sein; Entführung war eine weitaus billigere und schnellere Methode, um in den mongolischen Steppen eine Braut zu finden.

Häuptling Yesugei war auf Falkenjagd, als die Frischvermählten in einem Kamelwagen vorbeifuhren. Er erhaschte einen Blick auf die sechzehnjährige Hoelun, und was er sah, gefiel ihm. Yesugei ritt nach Hause, holte seine Brüder herbei und griff an. Chiledu stand verständlicherweise wenig der Sinn danach, Yesugei seine Frau kampflos zu überlassen. Hoelun jedoch flehte ihn an, sich von dannen zu machen und so zu überleben. Der Chronik *Die geheime Geschichte der Mongolen* zufolge sagte Hoelun mit edler Selbstaufopferung: »Solltest du am

Leben bleiben, dann gibt es noch Mädchen bei den ›Kutschbockkar-
ren‹ und Frauen bei den ›Schwarzkarren‹. Solltest du am Leben bleiben, dann kannst du noch ein Mädchen oder eine Frau finden. Wenn
sie einen anderen Namen hat, kannst du sie wieder Hoelun nennen.«
Nach Ansicht mongolischer Steppennomaden befinden sich Teile der
menschlichen Seele im Körpergeruch, weshalb Hoelun dem Mann
ihr Hemd ins Gesicht drückte und sagte: »Mach dich davon und hier
kannst du meinen Geruch in dich aufnehmen!«[432]

Chiledu floh. Hoelun wurde von Yesugei und seinen Brüdern eingeholt und in die entgegengesetzte Richtung entführt. Sie heulte und
schrie so laut, dass »der Onan-Strom Wellen schlug und der Ufern-
wald rauschte«. Ihr neuer Schwager verhöhnte sie:

> *Der, den du umarmen möchtest,*
> *Hat schon viele Pässe überschritten.*
> *Der, der von dir beweint wird,*
> *Hat schon viele Wasser durchritten.*
> *Wenn du weinst und er sich umblickt,*
> *Wird er dich nicht sehen.*

Solche Zufälle erschaffen Geschichte. Hoeluns Entführer sollte sie
mit Dschingis Khan schwängern.[433]

Das Leben in den Steppen

Hoelun hatte nicht einmal das Glück, von einem einflussreichen
Mann entführt zu werden. Yesugei gehörte einer unbedeutenden
Bande an, die weitaus mächtigeren Verwandten unterworfen war.
Zudem hatte er bereits Frau und Kinder. Ihre Rettung sollte ein Sohn
werden. Der Mann, den wir als Dschingis Kahn kennen, wurde im
Frühjahr 1162 in einem *ger* (einem Filzzelt) geboren. Eine Schamanin

fungierte als Hebamme. Der Legende zufolge (man sollte dem also nur bedingt Glauben schenken) kam das Baby mit einem Klumpen geronnenen Blutes, fest geklemmt in seiner Faust, aus dem Mutterleib. Man braucht keine Schamanin zu sein, um dies als ein Zeichen zu verstehen. (Aber *wofür*, ist ein wenig unklar.) Der Vater nannte den Jungen *Temujin*, nach einem Tatarenkrieger, den er selbst, kurz nach der Entführung Hoeluns, getötet hatte.[434]

Als Temujin gerade mal acht Jahre alt war, nahm der Vater ihn mit hinaus in die Welt, um eine Frau für ihn zu suchen. Die Mutter wollte ihn mit jemandem aus ihrer ursprünglichen Familie verheiraten. Das passte gut zu Yesugeis Wunsch, Temujin loszuwerden, der sich als möglicher Rivale eines anderen Sohnes erwiesen hatte, den er lieber mochte. Auf der Reise begegneten sie jemandem von Hoeluns Clan, den Ongirat. Sie hatten eine neunjährige Tochter, Börte, die sie schnellstmöglich verheiraten wollten. Yesugei war zufrieden, ließ Temujin bei der Familie zurück und ritt nach Hause.

Es ist gut möglich, dass Temujins Verlobte hübsch war, »Börte« jedoch ist vermutlich der hässlichste Mädchenname der Geschichte. Natürlich war es eine arrangierte Ehe, jedoch kamen die beiden Kinder gut miteinander aus, und Börte sollte sich als eine der bedeutendsten Gestalten im Leben des zukünftigen Eroberers erweisen.

Dem Brauch entsprechend arbeitete Temujin bei den Ongirat, wenig später (im Jahr 1171) erhielt er jedoch die Nachricht, dass sein Vater im Sterben lag, und eilte zur Familie zurück.

Auf dem Heimweg war Yesugei dumm genug gewesen, bei einer Gruppe Tataren anzuhalten, die ein Gelage veranstalteten. Er hatte einen erfundenen Namen angegeben, trotzdem hatten ihn die Tataren als Feind erkannt und ihn vergiftet. Er starb, bevor Temujin das Lager erreichte. Keiner war bereit, Hoelun als Ehefrau zu »übernehmen«, woraufhin sie zusammen mit ihren fünf Kindern aus dem Clan ausgestoßen wurde. Ebenso Sülchigei, Yesugeis erste Frau und ihre zwei Kinder. Das war der Startschuss zu einem beinharten Daseinskampf.

Die Mutter sammelte kleine Früchte und Wurzeln. Temujin jagte Ratten mit Pfeilen, die er aus angespitzten Knochen herstellte. Die Haarnadeln seiner Mutter bog er zu Angelhaken. In *Die geheime Geschichte der Mongolen* heißt es:

> *Der Mutter Ujin mit*
> *Lauch und Zwiebeln aufgezogene Kinder*
> *Wuchsen auf wie zu Königen bestimmt.*
> *Die von der schicklichen Mutter Ujin mit*
> *Lebenskrautwurzeln aufgezogenen Kinder*
> *Wurden ordentliche und kluge Menschen.*

Das war eine Art von Kindheit, bei der man schnell erwachsen wurde. Allerdings versuchte Hoelun auch, Temujin und den anderen Kindern beizubringen, nett zueinander zu sein. Als Temujin dreizehn Jahre alt war, stritt er sich häufig mit seinem älteren Halbbruder Bekter. Die Mutter bat sie, friedlich zu sein. »Warum seid ihr Brüder so zueinander? Wo ihr außer dem Schatten keinen Gefährten habt und außer dem Schweif keine Peitsche.« Die Worte berührten Temujin nicht. Das war mehr als kleinliche Zänkereien zwischen Jungs: Da Bekter der Älteste und nur ein Halbbruder war, hatte er das Recht, Hoelun zur Frau zu nehmen! Temujin überredete seinen zwei Jahre jüngeren Bruder Hasar, mit ihm zusammen Bekter mit Pfeil und Bogen zu jagen und zu töten. Hoelun war schockiert und wütend. »Ihr Mörder!«, schrie sie Temujin und Hasar an, die sie nunmehr als verdammt betrachtete: »Der eine ist geboren mit einem schwarzen Blutklumpen in der Hand, als er aus meinem heißen Schoß herauskam!« An Hasar gewandt sagte sie: »Der andere hier gleicht einem Hasar-Hund, der nach der eigenen Nachgeburt schnappt!«[435]
Die mongolischen Steppen waren nicht vollkommen gesetzlos. Temujin war nun ein Mörder. Der mächtige Taijut-Stamm nahm ihn gefangen. Erst nach sieben Jahren Sklavendasein gelang ihm die

Flucht. 1178 war er sechzehn Jahre alt. Er kehrte zu Börte zurück, die all die Jahre treu auf ihn gewartet hatte.[436]

Bei der Hochzeit wurden beider Stammtafeln feierlich verlesen. Zu Abend aßen sie ein Stück Lammfleisch, extra zäh, ein Symbol für die Stärke der Ehe. Dann, getreu der Tradition, folgte ein reizendes kleines Schauspiel: Temujin tat so, als wolle er mit seiner Frau im *ger* der Schwiegerfamilie wohnen, wie ein Schmarotzer, bis er »weggejagt« wurde. Anstelle von Reis warfen die Gäste getrockneten Kuhmist auf das Brautpaar, bevor die beiden davonritten.[437]

Der erste Geschmack von Eroberung

Ein Jahr später wurde auch Börte entführt. Eines frühen Morgens vernahm die Familie das Rumpeln unzähliger Pferdehufe. Temujin begriff, dass sie zu wenige waren, um sich dem Angriff zu widersetzen, also machte er sich mit den Brüdern und zwei Dienern davon. Wie die Mutter zwanzig Jahre zuvor ihren Mann gebeten hatte, zu fliehen und dem Tod zu entkommen, war die Flucht ein rein pragmatischer Beschluss. Temujin wusste, dass die Frauen nur entführt würden. Es diente niemandem, wenn die Männer zudem ermordet würden.

Das Zeltlager der Familie wurde von den Merkiten überfallen, dem ursprünglichen Stamm von Temujins Mutter. Sie wollten nicht Hoelun zurückhaben, sondern als Rache eine jüngere Frau entführen.[438]

Fast wäre Börte entkommen. Ihr Dienstmädchen versteckte sie in einem Pferdewagen und versuchte sich davonzuschleichen. Als es von der Bande angehalten wurde, stellte es sich dumm: »Ich war bei der Hauptjurte zur Schafschur und bin jetzt auf dem Heimweg zu meiner Jurte.«[439] Die Männer aber entdeckten Börte und nahmen sie mit.

Börtes Entführung war das entscheidende Ereignis, damit aus Temujin letztendlich Dschingis Khan wurde. Anstatt die Jagd aufzunehmen, wurde vielmehr erwartet, dass Temujin sie ziehen lassen und für sich eine andere Frau entführen würde. Zudem waren die Merkiten weitaus mächtiger als Temujin und sein Stamm.

Das Gewicht in der Waagschale hieß Liebe. Temujin vermisste Börte. Mit einer Aufrichtigkeit, die für die Zeit und den Ort uncharakteristisch war, ließ er verlauten, dass die Merkiten nicht nur sein Bett ausgeräumt hatten, sondern auch seine Brust aufgerissen und sein Herz gebrochen.

Bei der Heirat mit Börte hatte Temujin Tooril Khan, einem alten Freund seines Vaters und mächtigen Anführer der Keraiten, einer christlichen Sekte, das Hochzeitsgeschenk, einen schwarzen Zobelmantel, überreicht. Ein solches Geschenk bedeutete, dass Temujin ihn als seinen neuen Vater anerkannte. Diese politische Allianz erwies sich nunmehr als besonders nützlich. »Zum Dank für den Zobelpelz«, sagte Tooril Khan. »Wenn ich auch die ganzen Merkit vernichte, will ich dir deine Borte ujin wieder verschaffen!«[440]

Was folgte, war Temujins Feuertaufe als Militärplaner. Der Angriff selbst scheint keine extreme Herausforderung gewesen zu sein; die Mongolen griffen die Merkiten des Nachts mit überlegener Stärke an, die Merkiten gerieten in Panik und flohen. Börte war kurz davor, evakuiert zu werden, als sie jemanden ihren Namen rufen hörte. Sie stürzte aus dem Wagen und lief der bekannten Stimme entgegen. Es war dunkel, und es war nur gut, dass Temujin Börte nicht niederstreckte, bevor er sie erkannte. »Was mir fehlte und was ich suchte, habe ich gefunden«, sagte Temujin zu seinen Männern.[441] Die Merkiten hatten ihre Damen selbstverständlich im Stich gelassen, als sie sich um ihrer Leben willen aus dem Staub gemacht hatten; Temujin nahm sie zu Sklavinnen.

Börte war in der Gefangenschaft schwanger geworden. Es wurde nie aufgezeichnet, wer tatsächlich der Vater war. Einzig sicher war, dass Temujin es nicht war. Als der Junge 1179 geboren wurde, gab Temujin ihm den Namen »Jochi«, was »Besuchender« oder »Gast«

bedeutet.[442] Trotz der kleinen Kerbe in der Freude hatte das Plündern und Morden Temujin Appetit auf mehr gemacht.

Rivalität

Als Temujin Börte retten wollte, bekam er neben Tooril Khan auch Hilfe von Jamuha, einem Freund aus Kindertagen, und dessen Clan. Als sie klein waren, hatten sich Temujin und Jamuha Treue geschworen, indem sie das Blut des jeweils anderen getrunken hatten. Dieses Ritual bedeutete, dass beide ein Stück der Seele des jeweils anderen teilten.

Nach dem Überfall auf die Merkiten ritt Temujin zusammen mit Jamuha, hatte jedoch das Gefühl, weniger wie ein Blutsbruder, sondern mehr wie ein kleiner Bruder behandelt zu werden. Das gipfelte darin, dass Jamuha Temujin beinahe zu einem Hirten degradierte. *Diese mongolische Steppe ist nicht groß genug für uns beide.* Um herauszufinden, was er tun sollte, konsultierte Temujin die beiden Frauen in seinem Leben: seine Mutter und seine Ehefrau. Börte wurde wütend und sagte, Temujin müsse Jamuha fallen lassen und auf eigene Faust agieren. Die Frauen hatten gesprochen. Temujin machte sich davon und mehrere von Jamuhas Männern folgten ihm. Die *Bruderromantik* war vorüber. Das war der Beginn eines fünfundzwanzig Jahre andauernden Konflikts von niedriger Intensität, bei dem die beiden Lager einander immer mal wieder Frauen und Vieh entführten.

Der Name Dschingis Khan ist in der Gegenwart nahezu gleichbedeutend mit Blutdurst und Krieg. Jedoch war es Jamuha, der mit so großer Brutalität und Sadismus vorging, dass er die Unterstützung des Volkes verlor. Als er einmal Temujins Männer im Kampf besiegte, ließ er siebzig von ihnen bei lebendigem Leib kochen, was laut mongolischem Glauben bedeutete, dass die Seelen der Männer vollkommen ausgelöscht wurden. Temujin verlor diese Schlacht, sollte letzten Endes aber den Krieg gewinnen, indem er weitaus mehr guten Willen und Großmut zeigte als sein Rivale. Wenn Temujin feindliche Stämme eroberte, machte er die Überlebenden nicht zu Sklaven, sondern nahm sie als Mitglieder in den eigenen Clan auf. Von jedem Stamm übergab er Hoelun ein elternloses Kind, damit diese es als ihr eigenes aufziehen konnte.

Der Einfluss der Mutter war noch immer bedeutend; Temujin sollte nie vergessen, wie sie nach dem Tod des Vaters aus der Schwiegerfamilie ausgeschlossen worden war. Jetzt versprach er seinen Männern, sollten sie im Kampf sterben, würde er gut auf ihre Hinterbliebenen achtgeben. Um weitere Verbindungen über die Stammesgrenzen hinaus zu knüpfen, nahm sich Temujin weitere Frauen, darunter ein aristokratisches Schwesternpaar, Yesugen und Yesui. Die Historiker wissen nicht, was Börte von dieser Regelung hielt oder inwieweit Temujins Motive für die Polygamie ausschließlich politischer Natur waren. Unabhängig davon muss der Verweis auf diplomatische Absichten eine nützliche Entschuldigung gewesen sein.

Seit dem Bruch zwischen Temujin und Jamuha hatte der erwähnte Tooril Khan zwischen zwei Stühlen gesessen. Temujin versuchte, ihn auf seine Seite zu ziehen, indem er eine Heirat zwischen seinem Sohn Jochi und Tooril Khans Tochter in Aussicht stellte. Tooril Khan gab sich dem Boten gegenüber jedoch abweisend: »Schämt [Temujin] sich nicht, um die Hand meiner Tochter zu bitten? Weiß er nicht, dass er mein Vasall und mein Sklave ist? Fahr zurück und sag ihm, dass ich meine Tochter lieber ins Feuer werfe, als sie [Jochi] zur Frau zu geben.«[443] Erneut gerieten zwei Stämme wegen einer Frau aneinander. Temujin zerstörte Tooril Khans Lager. Tooril gelang die Flucht nach Westen zum Stamm der Naimanen, einem der letzten großen, den Temujin nicht besiegt hatte. Noch nicht.

Begegnungen mit Dschingis Khan

Temujin war ein früher Meister der Propaganda. Er begriff, wie nützlich es war, den Feind lächerlich zu machen, indem man Lügen über ihn verbreitet. Der effektivste Weg bestand darin, die Frauen des Feindes sowie dessen feminine Züge zu verhöhnen. Die Geschichte, die über Tooril Khan im Umlauf war, behauptete, dass er von einem Wachmann der Naimanen, der ihn nicht erkannt hatte, getötet worden war. Als die Königinmutter herausfand, was geschehen war, ließ sie Tooril Khans Kopf zu sich bringen und versuchte, Buße zu tun, indem sie zu dem Kopf betete und ihm ein Trankopfer anbot. Sie ließ einen Musiker Geige spielen und ihre Schwiegertöchter singen und tanzen. Während der törichten Zeremonie bildete sich ihr Kronprinz Tayang plötzlich ein, der tote Tooril Khan würde ihn anlächeln. Entsetzt sprang Tayang nach vorn und trat nach dem Kopf des Alten, bis von diesem nur noch blutiger Brei auf dem Filzteppich übrig war.

Tayang wurde als eine »Schwangere [bezeichnet], die nie weiter als bis zu ihrer Pissstelle geht«. Einer von Tayangs Generälen soll gesagt haben: »Hätten wir gewusst, dass du so feige sein würdest, hätten wir einen Boten zu deiner Mutter geschickt, du kleiner Scheißkerl.«[444] Temujin behauptete, die Naimanen-Königin hätte gesagt, Mongolen seien dreckig und würden übel riechen. Die Stimmung war aufgepeitscht, und als Temujins Männer letztendlich zum Angriff schritten, hatten sie in ihren Köpfen bereits gewonnen. Tayang wurde ermordet und Temujin gab die Königin einem seiner Männer.

Die Naimanen waren die letzten mächtigen Feinde der Mongolen gewesen. Nun waren sie Staub. Jamuhas Männer verstanden, wohin dies führen würde. Sie nahmen Jamuha gefangen und übergaben ihn Temujin, in der Hoffnung, seine Gunst zu gewinnen. Temujin aber, mit seiner mafia-artigen Haltung der Loyalität gegenüber, ließ die Männer hinrichten, weil sie ihren Häuptling verraten hatten. Jamuha, seinem alten Blutsbruder, bot er eine Erneuerung der Partnerschaft an. Jamuha sagte, er sei dem nicht würdig; er hatte beide Eltern verloren, hatte keine Geschwister oder Gefährten, und seine Frau war »eine Schlampe«. Er bat darum, getötet zu werden, ein Wunsch, dem Temujin nachkam.[445]

Die Mongolei war nun ein Land. Eine Nationalversammlung erklärte Temujin zum Staatsoberhaupt und verlieh ihm den Titel Dschingis Khan. »Khan« steht für Stammeshäuptling. Was »Dschingis« bedeutet, weiß niemand mit Sicherheit zu sagen.

Nächster Stopp: die Welt. Dschingis Khan führte seine Horden nach Peking und Turkestan, in den Iran und nach Indien, in den Kaukasus und nach Russland. Innerhalb von fünfundzwanzig Jahren eroberten sie mehr Gebiete und Völker, als es den Römern in vier Jahrhunderten gelang.

Ein gängiges Zitat von Dschingis Khan lautet: »Das größte Glück ist es, den Feind zu besiegen, ihn vor mir her zu treiben, seine Städte in Asche zu legen, die, die ihn lieben, in Tränen aufgelöst zu sehen und seine Frauen und Töchter zu besitzen.«[446] Forscher veranschlagen, dass heute etwa siebzehn Millionen Menschen mit dem mongolischen Eroberer verwandt sind. Für ein paar Tausender bietet die Universität Oxford den »Dschingis Khan«-Test an. »Es gibt wissenschaftliche Beweise dafür, dass bei Vorhandensein eines besonderen Y-Chromosoms eine sehr große Möglichkeit besteht, von Dschingis Khan abzustammen«, sagte einer der Forscher gegenüber BBC.[447]

Nicht ganz sicher ist, wie der große Vater dieser Millionen starb. Wahrscheinlich schlief er als alter Mann in einem Bett ein, umringt von Frauen, Kindern, Freunden und loyalen Soldaten. Aber wie gewöhnlich ist die Legende besser als die Wahrheit, und da war selbstverständlich eine Frau beteiligt. Wie von dem legendären Mongolisten Owen Lattimore erzählt:

Wo ist Dschingis Khan? Er ist nicht tot. Was geschah, war Folgendes: Dschingis Khan träumte einen Traum von rotem Blut auf

weißem Schnee, dem rotesten Rot und dem weißesten Weiß. Er rief
seine weisen Männer herbei und fragte sie, was der Traum bedeuten
könne. Sie sagten, er bedeute die schönste aller Jungfrauen. Also rief
er alle seine untergeordneten Nationen herbei und fragte sie, wo sich
die schönste aller Jungfrauen befand. Sie sagten: »Es gibt eine solche
Jungfrau. Sie ist Tochter der Stadt mit der roten Mauer im Land
Tangut.« Also sandte Dschingis einen Boten aus und bat darum, die
Jungfrau zu bekommen. Der König der Stadt mit der roten Mauer
sagte zu dem Boten: »Sei gewiss, wenn der Heilige Dschingis um
meine Tochter bittet, werde ich sie ihm geben.« In aller Heimlich-
keit aber sagte er zu seiner Tochter: »Hier hast du ein Messer, sehr
klein und sehr scharf. Verstecke es in deinen Kleidern, und wenn
die Zeit reif ist, weißt du, was du zu tun hast.« So brachten sie das
Mädchen zu Dschingis, und er ging zu ihr, um bei ihr zu schlafen,
als er aber da mit ihr lag, holte sie das Messer heraus und kastrierte
ihn. Dschingis schrie, als er den Schnitt spürte, Menschen kamen
herbei, er aber sagte zu ihnen nur: »Nehmt dieses Mädchen von mir.
Ich will schlafen.« Er schlief, und von diesem Schlaf ist er niemals
erwacht – aber das war vor sechshundert oder siebenhundert Jahren,
und würde sich der Heilige Dschingis nicht selbst heilen? Wenn er
geheilt ist, wird er erwachen und sein Volk erlösen.[448]

Eine andere, eindeutig überlegene Version dieser Geschichte besagt,
dass sich das Mädchen eine Art Falle in die Vagina schob, die Dschingis Khan die Geschlechtsorgane abtrennte, als er es vergewaltigen
wollte. In dieser Version ertrug er die Verstümmelung mit weitaus
weniger stoischer Ruhe; er schrie, während er verblutete.[449]

Blaubart mit blauem Blut
Heinrich VIII.
(1491–1547)

Als William Shakespeare das Drama *König Heinrich VIII.* schrieb, nahm er Anne Boleyns Aufstieg darin auf, achtete jedoch darauf, ihren skandalösen Abstieg wegzulassen. Auch wenn es dem Skalden in den Fingern gekribbelt haben muss, die Geschichte aufzugreifen, war sie politisch noch immer zu heikel, um Theater daraus zu machen.

Zu Lebzeiten wurde sie vom Volk gehasst, das sie als Luder und Glücksritterin betrachtete. Aber bereits wenige Wochen nach Annes Enthauptung sang man in London Lieder über sie und bedauerte ihre ungerechte Behandlung. Als Heinrich einige Jahre später eine weitere Ehefrau hinrichten ließ, kam dem Volk vermutlich der Verdacht, dass *er* es war, mit dem etwas nicht stimmte, und nicht die Frauen. Als ihre Tochter Elisabeth 1558 schließlich Königin wurde, war Anne Boleyn voll und ganz rehabilitiert als eine anglikanische Märtyrerin und eine wahre englische Heldin. Noch immer weiß man zu wenig über sie, weshalb Historiker, Schriftsteller, Dramatiker und Filmschaffende mit Spekulationen und künstlerischer Freiheit Amok laufen können. Zum Beispiel ist ungewiss, wann sich Anne und Heinrich zum ersten Mal begegnet sind.

In ihrem fiktiven *Leksikon om lengsel* [dt.: »Lexikon der Sehnsucht«] führt Hilde Østby die Romanze auf ein chemisches Missverständnis zurück: Bei ihrer ersten Begegnung serviert Anne Boleyn dem König eine Tasse Kaffee, ein Getränk, das zu diesem Zeitpunkt in England noch nicht bekannt war. Dass er kurz darauf aufgedreht ist, schwitzt und Harndrang verspürt, deutet Heinrich fälschlicherweise als Verliebtheit.[450] Shakespeare ist da traditioneller: Der König begegnet Anne zum ersten Mal auf einem Ball und fordert sie mit folgender Replik zum Tanz auf: »Niemals habe ich eine so schöne Hand berührt; oh Schönheit, nie zuvor habe ich dich gekannt.«[451]

Anne wurde in eine adelige Familie hineingeboren und war gut bewandert, was die Verhältnisse an den europäischen Höfen betraf. Als Kind lebte sie ein Jahr bei Margarete, der Erzherzogin von Österreich, bevor ihr Vater Thomas sie nach Frankreich schickte, wo sie sieben Jahre in der Obhut von Königin Claude, Gemahlin von König Franz I., verbrachte. Hier wurde Anne auf die Kirchenreform aufmerksam. Claudes Schwester Renée, eine der frühen Protestantinnen und spätere Calvinistin, wurde zu einer guten Freundin Annes. Ein wichtiger Einfluss war auch Margarete von Navarra, die Schwester von Franz I.

Als sie Heinrich 1525, in einem Alter zwischen achtzehn und vierundzwanzig Jahren (ihr Geburtsjahr ist nicht genau bekannt) begegnete, war sie bereits sehr gebildet: Sie sprach Französisch, konnte gut tanzen und singen, sticken und nähen, zudem konnte sie reiten, mit Pfeil und Bogen schießen und mit dem Falken jagen. Was Anne an klassischer Schönheit fehlte, machte sie dadurch wett, dass sie offenbar eine beachtliche Persönlichkeit war, ein Leuchtturm von einer Frau, eine Herausforderung und ein Rätsel. Die Historikerin Karen Lindsey fasst zusammen: »Selbst jene, die sie nicht mochten, räumten ein, dass sie einen dramatischen Charme und Anziehungskraft besaß.«[452]

Unabhängig davon, *wie* sie sich begegneten, wissen wir, dass Heinrich für sich entschied, dass er Anne Boleyn einfach haben *musste*. Er bat sie, seine Mätresse zu werden. Anne war zweifellos geschmeichelt, behielt jedoch die Fassung und entgegnete:

»Ich habe den Verdacht, dass Seine Majestät aus Spaß so reden, um mich auf die Probe zu stellen, um sein fürstliches Selbst nicht erniedrigen zu müssen. Um der Mühe zu entgehen, mir solche Fragen zu stellen, bitte ich Eure Hoheit inständig, es hiernach zu unterlassen und meine Antwort anzunehmen. Ich verliere lieber mein Leben als meine Ehrlichkeit, die der größte und schönste Teil der Mitgift sein wird, die ich meinem Ehemann darbringe.«[453] Mit anderen Worten: Alles oder nichts. Sie wollte sich nicht damit begnügen, Mätresse zu sein, sie wollte Königin werden.

Heinrich hatte bereits eine Königin: die Spanierin Katharina von Aragon. Ihre Ehe war allerdings nicht gesegnet, was einen männlichen Erben anbelangt. Nach einer Fehlgeburt hatte Katharina Heinrich einen Sohn geschenkt, Heinrich. Er wurde mit Pomp und Pracht getauft und zum Herzog von Cornwall ernannt, starb jedoch nach weniger als zwei Monaten. Die beiden folgenden Heinriche lebten jeweils nur wenige Stunden. 1516 kam Tochter Maria zur Welt, das einzige überlebende Kind des Paares. Mittlerweile befand sich Katharina in den Wechseljahren und es würde keine weiteren Schwangerschaften geben. Heinrich blieb ohne Sohn und Erben. Sein Vorgänger, Heinrichs Vater Heinrich, war siegreich aus den über dreißig Jahre andauernden Rosenkriegen hervorgegangen, in denen rivalisierende Fürstenhäuser um die Macht gekämpft hatten. Der Schlüssel, um Ähnliches zu vermeiden, lag in der Sicherung der Blutlinie und des Throns durch einen männlichen Erben.

Heinrich wollte jetzt mit Anne Boleyn neu anfangen und die Ehe mit Katharina annullieren lassen. Selbiges sollte sich zu einem sechsjährigen Kampf auswachsen. Der Vatikan musste hinzugezogen werden. Das war nicht das erste Mal. Heinrichs und Katharinas Ehe unterlag bereits einer päpstlichen Ausnahmegenehmigung – Katharina war zuvor nämlich mit Heinrichs jüngerem Bruder Arthur verheiratet gewesen. Eine eventuelle Heirat mit Heinrich widersprach dem 3. Buch Mose 20:21: »Wenn jemand seines Bruders Weib nimmt, das ist eine schändliche Tat; sie sollen ohne Kinder sein, darum dass er seines Bruders Blöße aufgedeckt hat.« Papst Julius II. hatte die Ehe zwischen Katharina und Arthur jedoch für ungültig erklärt, da sie niemals »vollzogen« worden war. (Das Paar hatte mit anderen Worten niemals Sex. Arthur war gerade mal fünfzehn Jahre alt, als er starb.) Somit konnten Katharina und Heinrich heiraten. Als Heinrich achtzehn Jahre (und drei Päpste) später Katharina loswerden wollte, nahm er schamlos den gleichen Bibelvers zum Ausgangspunkt. Nunmehr lautete sein Argument, dass der damalige Papst schlichtweg falsch gelegen hatte und dass er und Katharina all die Jahre in Sünde gelebt hatten. Katharina weigerte sich, diese Neuauslegung anzuerkennen, Heinrich aber schickte sowohl Sekretäre, Diplomaten als auch Anwälte in den Vatikan, um formell um die Annullierung der Ehe zu bitten.[454] Ein draufgängerisches Spiel der großen Politik erschwerte die religiöse Sachbearbeitung: Nachdem der neue Papst, Clemens VII., die Liga von Cognac gegen das Heilige Römische Reich unterstützt hatte, hielt ihn Kaiser Karl V. im Castel Sant'Angelo gefangen. Und weil Katharina Karls Tante war, wagte Clemens nicht, einer Annullierung zuzustimmen. Aber auch wenn sich Karl im Klaren darüber war, wie das Ergebnis lautete, ließ er Heinrichs Gesandte ihre Zeit verschwenden und sie wieder und wieder fragen.

Im Juni 1528 erkrankten zwei von Anne Boleyns Dienstmädchen an der Pest. Heinrich geriet in Todesangst und schickte Anne weg. Die Unritterlichkeit erwies sich als cleverer Schachzug: Anne lag bald im Sterben, jedoch nicht wegen der Pest, sondern aufgrund der sogenannten »Schweißkrankheit«. Heinrichs Kardinal Thomas Wolsey befürchtete, dies sei ein Zeichen Gottes, und er bat Heinrich, die ganze Kampagne, seine »große Sache«, fallen zu lassen, woraufhin der König wütend wurde. Als Anne überlebte, trug auch sie dem Kardinal das nach. Eifrig darauf bedacht, sich mit Heinrich wieder gut zu stellen, arrangierte Wolsey einen kleinen diplomatischen Putsch. Kardinal Lorenzo Campeggio reiste von Rom nach England, um Klarheit in den Annullierungsprozess zu bringen. Dort wussten sie wohl kaum etwas davon, dass der Sondergesandte des Papstes den expliziten Befehl erhalten hatte zu versuchen, Heinrich und Katharina zu versöhnen, und sollte dies nicht möglich sein, das Ganze zeitlich hinauszuziehen. Einem Durchbruch am nächsten kamen die Verhandlungen, als der Papst sich darauf einließ, die Ehe aufzulösen, insofern Katharina Nonne wurde, verständlicherweise aber weigerte sich die Königin, ins Kloster zu gehen, nur damit sich Heinrich eine neue Frau nehmen konnte.

Heinrichs und Annes Verhältnis war noch nicht vollzogen worden. In seinen berühmten Liebesbriefen flehte er sie mit großer Inständigkeit nach Sex an, wie hätte er ahnen können, dass diese fünfhundert Jahre später im Internet veröffentlicht werden sollten:

»Wenn Ihr mir aber eine wirklich getreue Gebieterin und Freundin sein und Euch mit Leib und Seele mir schenken wolltet, der ich Euer sehr getreuer Diener gewesen bin und sein werde, wenn es Eure Hartherzigkeit nicht verbietet, so verspreche ich Euch, dass Ihr nicht nur dem Namen nach eine Herrin sein sollt, sondern dass ich Euch zu meiner einzigen Herrin nehmen und alle anderen, die Euch diesen Titel streitig machen wollten, aus meinen Gedanken und meiner Zuneigung verbannen werde, um nur Euch allein zu dienen. ...«[455]

Heinrich schreibt wie ein verliebter Teenager, er versucht sich ein wenig im Französischen und schreibt Annes Initialen in ein kleines Herz hinein. Er versuchte auch sie zu beeindrucken, indem er ihr per Post tote Tiere schickte: »Und damit Ihr Euch öfter an mich erinnert, sende ich Euch mit diesem Boten einen Hirsch, den ich am späten gestrigen Abend selbst erlegt habe, in der Hoffnung, dass Ihr an den Jäger denkt, wenn Ihr davon esst. Wegen Platzmangel muss ich meinen Brief beenden, von Hand geschrieben von Eurem Diener, der sich sehr oft nach Euch anstatt nach Eurem Bruder sehnt.«[456] (Annes Bruder George war derjenige, der Anne für gewöhnlich die Briefe überbrachte, deshalb diese auf den ersten Blick seltsame Anmerkung.) Das war nicht der einzige Hirsch, der mit dem Leben büßen musste; ein Brief etwas später, ist »geschrieben, nachdem ich einen Hirsch erlegt habe, elf Uhr, in der Hoffnung, dass ich, mit Gottes Gnade, morgen noch einen töten werde, mit der Hand, die, wie ich hoffe, bald Eure wird«.[457]

Hals über Kopf

Nachdem Campeggio die Sache monatelang hinausgezögert hatte, wurde im Juni 1529 im Londoner Dominikanerkloster endlich eine kirchliche Anhörung einberufen. Heinrich und Anne waren hinsichtlich des Ergebnisses derart optimistisch, dass sie anfingen, die königliche Brautausstattung vorzubereiten. Während der Anhörung jedoch stahl ihnen Königin Katharina die Show. Vor den Augen aller flehte sie den König auf Knien um Gerechtigkeit und Mitgefühl an:

»Sire, ich flehe Euch an, für all die Liebe, die zwischen uns gewesen ist, und um der Liebe Gottes willen, lasst mir Recht und Gerechtigkeit widerfahren, seid barmherzig und habt Mitleid mit mir, denn ich bin eine arme Frau und eine Fremde hier in Eurem Reich ... In diesen zwanzig Jahren bin ich Euch eine treue Ehefrau gewesen und mehr als das, und Ihr hattet viele Kinder mit mir, obwohl es Gott gefallen hat, sie von dieser Welt abzuberufen, was nicht mir zur Last gelegt werden kann ...«[458]

Ihre Würde stand in starkem Kontrast zu der armseligen Unterstellung der anderen Seite, Katharina habe gelogen, als sie schwor, nie mit Prinz Arthur geschlafen zu haben. Das Gericht bekam Aussagen von Männern zu hören, die angaben, selbst in einem noch jüngeren Alter als fünfzehn sexuell aktiv gewesen zu sein, so als ob jemand bestritten hätte, dass dies physisch möglich sei. Auch Geschwätz wurde als Beweis präsentiert: Am Tag nach der Hochzeitsnacht soll Arthur mit seinen »Leistungen« geprahlt haben, aber Informationen aus zweiter Hand über einen Teenager, der, was Sex betrifft, log, hatten, damals wie heute, juristisch wenig Gewicht.

Warum ließ Katharina Heinrich nicht einfach seinen Willen? Er hatte, sowohl privat als auch öffentlich, demütigend deutlich gemacht, dass er sich eine andere zur Ehefrau wünschte. Katharina war vermutlich geneigt, die Ehe aufzugeben, die Annullierung einer katholischen Ehe hätte sie jedoch zu einer Sünderin und ihre

Tochter Marie zu einem Bastard gemacht. Um diesem Schicksal zu entgehen, war sie bereit, alle Demütigungen der Welt auf sich zu nehmen.

Nach einem Monat wurde die Angelegenheit ohne Ergebnis wieder an Rom übertragen. Wolsey bekam die ganze Schuld für das Fiasko, und Anne hatte den Verdacht, der Kardinal sei dem Papst gegenüber loyaler als dem König. Heinrich ließ Wolsey verhaften, und wäre er 1530 nicht eines natürlichen Todes gestorben, wäre er wahrscheinlich hingerichtet worden.

Ungeheuer frustriert fand Heinrich Inspiration in der illegalen Reformliteratur, die Anne Boleyn ihm präsentiert hatte, vor allem in dem Buch mit dem eingängigen Titel *The Obedience of a Christen man, and how Christen rulers ought to govern, wherein also (if thou mark diligently) thou shalt find eyes to perceive the crafty convience of all iugglers* [sic].[459] Der Verfasser, William Tyndale, der später wegen Ketzerei verbrannt wurde, behauptete, die Autorität über die Kirche obliege dem König, nicht dem Papst.

Letztendlich kappte Heinrich den Gordischen Knoten. Am 7. Februar 1531 drängte er den Erzbischof von Canterbury, William Warham, den König, und nicht den Papst, zum Oberhaupt der englischen Kirche zu ernennen. Der Papst wurde nunmehr als »Bischof von Rom« bezeichnet.[460] Die Kirche war noch immer katholisch, wurde jetzt aber vom König geleitet, unabhängig vom Vatikan. Dieses theologische Schisma machte die englische Reformation aus.

Für die Auflösung der Ehe mit Katharina brauchte Heinrich noch immer die Genehmigung des Erzbischofs, Warham aber weigerte sich. Sicher überlegte Heinrich, ihn ermorden oder entfernen zu lassen, da der Mann jedoch achtzig Jahre alt und krank war, entschied sich der König, einfach abzuwarten. Der Botschafter von Kaiser Karl V., Eustace Chapuys, schreibt, dass Anne Boleyn die Reformation mit »Demonstrationen der Freude [feierte], so als wäre sie ins Paradies gekommen«. Niemand durfte sich dem Glück in den Weg stellen;

als der Bischof von Rochester protestierte, ließ Annes Vater dessen komplette Familie vergiften.[461]

Heinrich setzte Königin Katharina jetzt unwiderruflich vor die Tür. Anne bekam all ihre Zimmer. Beim Abendessen durfte nun sie auf dem Stuhl der Königin sitzen. Neben (Katharinas) Schmuck und Juwelen wurde sie auch mit diplomatischen Vollmachten überladen. Als Heinrich zum offiziellen Besuch nach Frankreich reiste, durfte Anne ihn begleiten.

Auch für Familienmitglieder von Anne fielen Privilegien ab: Ihr Bruder arbeitete als einer von Heinrichs Hofmännern, ihr Vater Thomas Boleyn wurde 1. Earl of Wiltshire und »Wächter des Geheimsiegels«, ein rein zeremonielles Reichsamt, und ihr Onkel Thomas Howard, der bereits der 3. Herzog von Norfolk war, wurde Reichsschatzmeister. Anne selbst wurde zur 1. Marquise von Pembroke ernannt.

Beim Volk war Anne Boleyn äußerst unbeliebt – nicht nur, weil es Königin Katharina bevorzugte, sondern auch, weil Anne als eine lutherische Ketzerin angesehen wurde. Nach einem Abendessen wurde sie einmal fast von einem Mob aus mehreren Tausend wütenden Frauen gelyncht. Sie entkam gerade so mit einem Boot über die Themse. Nicht nur die gemeine Menge probte den Aufstand; der Abt von Whitby wurde vor Gericht gestellt, weil er Anne als ein »einfaches Labskausluder« (common stew whore) bezeichnet hatte. In seiner Osterpredigt, die er vor Heinrich und Anne hielt, warnte der Mönch William Peto den König, wenn dieser »gesetzeswidrig« heirate, würde Gott ihn verurteilen, wie er Ahab verurteilt hatte, und dass »Hunde sein Blut auflecken würden«.[462]

Am 22. August 1532 starb schließlich der Erzbischof von Canterbury. Heinrich achtete darauf, dass das Amt nunmehr an den Jasager Thomas Cranmer überging. Sein Vorgänger hatte sich theologische Rückendeckung gesichert, indem er Heinrich zum »Oberhaupt der englischen Kirche auf Erden soweit Christi Gesetz dies zulässt«

ernannt hatte. Das Parlament änderte diesen letzten Teil jetzt in: »mit Befugnis direkt von Gott«.

Nachdem sie die Annäherungen des Königs sechs Jahre lang zurückgewiesen hatte, barst Anne direkt an der Ziellinie. Sie schliefen vor der Hochzeit miteinander. Der Sex stellte sich als gut heraus, in der Tat ein bisschen *zu* gut; Anne verfügte offensichtlich bereits über sexuelle Erfahrungen. Laut jenen aber, die ihn kannten, war Heinrich alles in allem überglücklich und verliebter als je zuvor. Als sie und Heinrich am 25. Januar 1533 in London heirateten, war Anne bereits schwanger. Dennoch wurde sie erst offiziell Königin, nachdem Cranmer am 28. Mai endlich, endlich, endlich die vorhergehende Ehe des Königs annulliert hatte.

Das Glück wendet sich ab

Das spärliche Erscheinen bei der Krönungsfahrt durch London erinnerte Anne an ihre fehlende Beliebtheit. Der Konflikt zwischen England und Rom spitzte sich zu. Heinrich und der Erzbischof von Canterbury wurden vom Papst verbannt, dessen Ansicht nach die Ehe mit Katharina noch immer gültig war, weshalb er den König aufforderte, zu seiner rechtmäßigen Königin zurückzukehren.

Der spanische Botschafter Diego Hurtado de Mendoza, der Anne mit Agrippina der Jüngeren verglich (siehe Kapitel über Caligula und Nero), wurde so wütend, dass er Karl V. bat, in England einzufallen, um »die christliche Religion zu retten« und die Ehre der Königin zu rächen.[463] Katharina musste persönlich intervenieren, um einen großangelegten heiligen Krieg in ihrem Namen zu verhindern.

Anne klagte darüber, dass die Schwangerschaft ihre Figur ruiniere. Heinrich stimmte dem offenbar zu; in dieser Zeit war er ihr zum ersten Mal untreu. Als Anne dahinterkam, wurde sie wütend. Heinrich sah langsam ein, dass der feurige Blitz, der bei einer Mätresse so angenehm war, nicht unbedingt etwas war, wonach man bei einer Königin trachten sollte.

Am 7. Dezember 1533 brachte Anne eine Tochter zur Welt – die spätere Königin Elisabeth I. Heinrich und sie hatten einen Jungen erwartet. Alle Erklärungen über die Ankunft von einem »Prinz« waren bereits fertig kalligrafiert, und nun musste »-essin« dazwischengequetscht werden.[464] Um den Vorrang des Neugeborenen vor Katharinas Tochter Maria zu unterstreichen, fiel Elisabeths Taufe besonders üppig aus. Maria verlor zudem ihren Prinzessinnentitel und alle ihre Diener. Jeglicher Schmuck und alle Juwelen wurden an Elisabeth übergeben. Maria ihrerseits musste als Hofjungfrau für ihre neue Halbschwester agieren. Anne verweigerte Heinrich, seinen »Bastard« zu sehen. Auch ihre Mutter durfte Maria nicht sehen.

Gleichzeitig wurde auch die Kampagne gegen die ehemalige Königin mit unverminderter Stärke fortgesetzt. Anne ließ Heinrich wissen, dass Gott ihr im Traum erschienen sei und sie habe wissen lassen, dass sie niemals einen Sohn gebären würde, so lange Katharina und Maria am Leben seien, ein Köder, den der König, zu seiner Ehre, nicht schluckte. Von den feuchten, kalten Räumen im Schloss Buckden, in dem sie einquartiert war, bekam Katharina gesundheitliche Probleme und bat um Erlaubnis, woanders hinziehen zu dürfen. Anne hatte ein noch stärker verpestetes Schloss im Sinne. Als Katharina sich weigerte, wurde die Garde ausgesandt, um sie mit Macht zum Umzug zu bewegen. Lediglich das Eingreifen der Lokalbevölkerung, mit Fackeln und Heugabeln, führte dazu, dass sie bleiben durfte, der Großteil der Möbel und Diener wurde jedoch konfisziert.

Katharina war noch immer weitaus beliebter als Anne, und starke Kräfte wollten, dass Heinrich zu ihr zurückkehrte. Noch immer betrachteten bedeutende Mitglieder des Adels die vorhergehende Ehe als gültig. Anne musste dringend Heinrich einen männlichen Erben schenken. Im Juli 1534 hatte sie ein totes Kind zur Welt gebracht. Im März 1535 war sie erneut schwanger, verlor das Kind jedoch drei

Monate später. Diese Aneinanderreihung von Enttäuschungen trieb Heinrich weiter von ihr weg. Das Aussehen ist nie Annes stärkste Karte gewesen, Heinrich hingegen war – auch wenn er bereits in den Vierzigern war – ein rotwangiger, viriler Draufgänger. Während Anne krank darniederlag, entführte er auf dem Pferderücken schamlos Bauernmädchen.

Wies Annes Charakter irgendwelche mildernden Umstände auf? Ihre guten Seiten entsprangen der Religion. Verfolgten Protestanten bot sie Schutz. Während sie Königin war, wurde niemand wegen Ketzerei verbrannt. Prediger durften aus dem Exil zurückkehren. Einer Reihe von Theologiestudenten bezahlte sie die Ausbildung. Unter ihr wurden englische Bibelübersetzungen üblicher. (Die Kirche sah dies als eine Bedrohung, da das Volk das Buch nunmehr selbst lesen und sich eine eigene Meinung bilden konnte, ohne dass ihm das Christentum von einem Pfarrer ausgelegt und erklärt wurde.) Jede Woche verteilte sie an die Armen Almosen sowie Kleidung, die sie und ihre Dienstmädchen genäht hatten. Auch wenn sie mit Absicht ein öffentliches Bild von sich als fromme Landesmutter schuf, um all das Hässliche, was über sie gesagt wurde, zu widerlegen, deutet nichts darauf hin, dass sie dabei nicht aufrichtig war. Die beschützende Hand, die sie über ihre Verwandten hielt, wurde in der Begegnung mit religiösen Gegnern zu einer Eisenfaust: Im Mai 1535 wurden vier Kartäusermönche und ihr Prior hingerichtet, weil sie sich weigerten, Heinrich als Oberhaupt der Kirche anzuerkennen. Sie wurden an Pferde gebunden durch die Straßen gezerrt und am Hals aufgehängt, bis sie in Ohnmacht fielen. Nachdem sie mit ein bisschen Essig wieder aufgeweckt worden waren, wurden ihnen die Geschlechtsteile abgetrennt, der Bauch aufgeschlitzt, die Gedärme herausgezerrt und verbrannt. Nach der Enthauptung wurden sie »geviertteilt«, mit anderen Worten in vier Teile zerlegt, die gekocht und zur Abschreckung und Warnung ausgestellt wurden. Andere Mönche verhungerten öffentlich ausgestellt.

Am 7. Januar 1536 starb Katharina von Aragon an Herzkrebs, eine der perfektesten Metaphern der Weltgeschichte. Die äußerst seltene Krankheit war zu dieser Zeit unbekannt; die Verfärbung des Herzens ließ das Gerücht aufkommen, dass entweder Heinrich oder Anne sie vergiftet hätten. Auf dem Sterbebett diktierte sie einen letzten Brief an Heinrich:

»Mein allerliebster Herr, König und Ehemann. Nachdem sich nun die Stunde meines Todes nähert, kann ich nicht anders, als Euch aus der Liebe heraus, die ich für Euch hege, zu raten, um die Erlösung Eurer Seele zu ersuchen, was Ihr über alle Rücksicht auf die Welt oder Fleischeslust stellen solltet. Deswegen habt Ihr mich in viele Unglücke gestürzt und Euch selbst in viele Schwierigkeiten gebracht. Aber ich vergebe Euch alles und bitte Gott, das Gleiche zu tun. Im Übrigen vertraue ich Euch Maria, unsere Tochter, an und flehe Euch an, ihr ein guter Vater zu sein, so wie ich auch früher bereits darum gebeten habe. Ich muss Euch auch ersuchen, meine Zofen gut zu behandeln und für ihre Ehen zu sorgen, was nicht so viel bedeutet, da es nur drei sind; und dass Ihr all meinen anderen Dienern einen Jahreslohn gebt, zusätzlich zu dem, was sie noch guthaben, da sie ansonsten hilflos dastehen; zum Schluss schwöre ich, dass meine Augen, vor allen anderen Dingen, Euch begehren. Lebt wohl.«[465] Unterzeichnet hat sie den Brief mit »Königin Katharina«.[466]

Die verschmähte Ex-Königin, diejenige, die am meisten Grund hatte, wütend und verbittert zu sein, war diejenige, die mit wohlbehaltener Würde aus der Angelegenheit herauskam. Heinrich seinerseits feierte ihren Tod. Aber zumindest ließ er sich bei ihrer Beerdigung sehen, in Begleitung von Anne. Einige Tage zuvor hatte Anne einen ordentlichen Schrecken bekommen, als Heinrich während eines Lanzenstechens vom Pferd abgeworfen und beinahe getötet worden war. Wirklich verzweifelt war sie aber erst, als sie Heinrich nach Katharinas Beisetzung mit einer anderen flirten sah. Zu einem späteren Zeitpunkt des gleichen Tages erlitt Anne, in der fünfzehnten Woche schwanger, eine Fehlgeburt – es war ein Junge. »Weil meine Liebe zu dir so viel stärker ist als Katharinas, brach mein Herz, als ich dich mit einer anderen zusammen sah«, erklärte Anne unter Tränen, als Heinrich, der ewige Gentleman, kam und sie wegen des Verlusts des Kindes beschimpfte.[467]

La reine sans tête

Das Mädchen, das Anne auf Heinrichs Schoß gesehen hatte, war ihre eigene Hofdame Jane Seymour. Heinrich fasste schnell den Entschluss, Jane zu einem permanenten Ersatz zu machen; weder er noch Anne wurden mit den Jahren jünger. Die beständig sinkenden Chancen, einen Sohn zu bekommen, bedeuteten, dass er bald wieder bei null anfangen musste. Auch politische Aspekte sprachen für einen Austausch: Heinrich wollte eine Allianz mit Karl V. eingehen, nachdem der Kaiser mit Franz I. von Frankreich gebrochen hatte. Solange die Erzfeindin seiner Tante Königin war, würde Karl ihn abweisen.

Der Gedanke an den langwierigen Prozess beim letzten Mal schloss eine Annullierung aus. Heinrichs Sekretär und Master of the Rolls Thomas Cromwell – ein Anhänger Machiavellis – begann, gegen Anne wegen Hexerei, Hurerei und wegen was auch immer zu ermitteln. Die Historiker sind sich nie darüber einig geworden, ob der Prozess eine Idee Cromwells oder Heinrichs war, unabhängig davon aber bestand der Plan darin, die Königin mittels einer schäbigen kriminellen Anklage abzusetzen.

Als Erstes wurde ein flämischer Musiker, Mark Smeaton, verhaftet, der während einer Veranstaltung bei Hofe mit Anne geflirtet haben soll. Smeaton gestand, Sex mit der Königin gehabt zu haben, möglicherweise nachdem Cromwell ihn hatte foltern lassen. Drei Adlige wurden desgleichen beschuldigt. Bei ihnen handelte es sich um Freunde und Vertraute Heinrichs, die jetzt zynisch dafür eingesetzt wurden, Anne loszuwerden.

Der wirkliche Skandal, der Clou des Ganzen, war die Anklage gegen George Boleyn: Inzest mit der Schwester. Die Anklage basierte ausschließlich auf der Tatsache, dass sich Anne einmal sehr lange alleine im selben Zimmer wie George aufgehalten hatte. (Angeblich mit Plänen, ein männliches Kind zu empfangen, um die eigene Stellung zu wahren.) Am 2. Mai wurde auch Anne verhaftet, der Hurerei, Blutschande und des Verrats angeklagt.

Das Rechtssystem im England des 16. Jahrhunderts wies eine Reihe von Besonderheiten auf. Zum Beispiel wurde Verrat als eine so ernsthafte Anklage betrachtet, dass der Beschuldigte nicht einmal das Recht hatte, sich zu verteidigen. Smeaton und die drei anderen wurden schnell für schuldig befunden. Annes Prozess war reine Formalität; vier Männer waren bereits wegen Untreue mit ihr zum Tode verurteilt worden. Wäre sie jetzt plötzlich freigesprochen worden, hätte das für das Gericht nicht gut ausgesehen! Der Herzog von Norfolk hatte keine andere Wahl, als seine eigene Nichte zum Tod auf dem Scheiterhaufen zu verurteilen.

Vor Gottes Angesicht beteuerte Anne ihre Unschuld. Sie begriff, dass jemand sie eines zynischen Spiels mit ihrer Aussage verdächtigen würde: »Glauben Sie nicht, ich sage dies in der Hoffnung, mein Leben zu verlängern. Gott hat mir zu sterben gezeigt, und Er wird meinen Glauben stärken.« Annes eigene Worte sind faktisch der stärkste Beweis, den wir dafür haben, dass sie unrechtmäßig verurteilt wurde: Das Leben auf Erden war eine Sache, wenn sie aber jetzt log, wäre ihre Seele bis in alle Ewigkeit verdammt. Sie betonte, dass sie Heinrich gegenüber nicht »mit ihrem Körper« gesündigt habe, was andeutet, dass sie vielleicht andere Leichen im Keller hatte. Sie gestand Eifersucht und Arroganz gegenüber Heinrich ein, aber »Gott weiß und ist mein Zeuge, dass ich ihm gegenüber in keiner anderen Weise gesündigt habe«.[468]

George Boleyns Fall wurde zuletzt behandelt. In der Praxis war auch er im Voraus verurteilt, brachte aber dennoch eine leidenschaftliche Verteidigung hervor. Es hätte beinahe funktioniert – bei Londons

Buchmachern standen die Wetten für einen Freispruch eine Zeit lang zu seinen Gunsten –, aber letztendlich wurde auch George für schuldig befunden.

Ursprünglich sollten die Männer zerstückelt werden, jedoch wurden alle Strafen in Enthauptung umgewandelt. Auch Anne entging es, am Pfahl zu Tode gefoltert zu werden – auch sie sollte enthauptet werden. Dort endete die VIP-Behandlung jedoch nicht; allen anderen wurde der Kopf vom Axtmann des Hauses abgetrennt, für Anne aber heuerte Heinrich einen französischen Spezialhenker mit Schwert an.

Annes Abstieg wies eine feine Symmetrie zu ihrem Aufstieg auf. Wie Katharina wurde ihr der Königinnentitel brutal entrissen und sie wurde für eine jüngere und hübschere Frau aufs Abstellgleis geschoben. Als sie im Londoner Tower inhaftiert wurde, war dies in der gleichen Suite, die sie in der Hochzeitsnacht mit dem König geteilt hatte. Der Transport zum Gefängnis folgte der gleichen Strecke wie einst die Krönungsfahrt.

Hier erwächst Anne zu einer tragischen Gestalt. Der Konstabel des Tower of London, William Kingston, von Heinrich dort platziert, um zu spionieren sowie Klatsch und eventuelle Geständnisse weiterzutragen, berichtete, dass Anne, die schon immer religiös gewesen war, gegen Ende des Aufenthalts vollkommen mit ihrem Schicksal versöhnt wirkte, sogar zufrieden: »Ich habe viele Männer und Frauen gesehen, die hingerichtet wurden, und sie alle haben tiefe Trauer gezeigt, diese Frau aber scheint im Tod große Freude und Vergnügen gefunden zu haben.«[469]

Ein sachlicherer Ton findet sich in dem Gedicht, das sie schrieb, während sie auf den Tod wartete:

O Death! rock me asleep;
Bring me to quiet rest;
let pass my weary, guiltless ghost out of my careful breast.
Toll on, the passing-bell;

189

ring out my doleful knell;
let the sound my death tell.
Death does draw nigh; there is no remedy.[470]

Es ist schwierig, diese großmütige Märtyrerin mit der bösen Hexe zusammenzubringen, die Katharina derart schikaniert hatte, sodass diese Herzkrebs bekam. Jedoch hat Anne selbst eingeräumt, dass sie ihr Schicksal verdient habe – sie betrachtete es als eine göttliche Strafe für ihre Sünden.

Es ist unklar, inwieweit jemand die gegen sie erhobenen Anklagen tatsächlich geglaubt hat. Auch wenn sie nachweislich an mehreren der Tage, an denen sie in aller Heimlichkeit Liebhaber getroffen haben soll, entweder verreist oder hochschwanger war, kann doch nicht ganz ausgeschlossen werden, dass sie irgendwann einmal eine Affäre hatte. Smeaton hielt bis zuletzt daran fest, dass er und Anne Geliebte waren.[471] Die Tatsache, dass Anne und George nicht zusammen aufgewachsen waren und deshalb nie irgendein Bruder-Schwester-Verhältnis hatten, brachte die Schriftstellerin Philippa Gregory (*Die Schwester der Königin*) dazu, an die Inzesttheorie zu glauben.

Vor der Hinrichtung empfing sie das Abendmahl und schwor noch zwei Mal, vor und nach dem Sakrament, unschuldig zu sein. Nach all diesem Ernst fiel der berühmte Witz: »Ich habe gehört, dass der Henker sehr gut ist, und ich habe einen kleinen Hals.«

Als Anne aufs Schafott stieg, geschah dies mit einer königlichen Würde, die ihr der Hass des Volkes früher verweigert hatte. Sie bat darum, zu den Anwesenden sprechen zu dürfen. Seine letzten Worte darauf zu verwenden, seine Unschuld zu beteuern, wurde als unpassend betrachtet[472] – erneut, man sollte nicht andeuten, dass das Gericht einen Fehler gemacht hatte –, das Einzige, was sich Anne hier also erlaubte, über das Urteil zu sagen, war: »Und von denen, die sich in meine Sache einmischen wollen, fordere ich, dass sie zum Besten urteilen.« Ansonsten hatte sie nur Gutes über Heinrich zu sagen: »Ich bitte Gott, den König zu behüten und dafür zu sorgen, dass er lange über Euch regiert, denn einen freundlicheren oder barmherzigeren Fürsten hat es nie gegeben, und zu mir ist er nur gut gewesen, ein freundlicher und regierender Herr.«

Das Schafott war mit Stroh bedeckt. Der französische Henker kniete neben Anne nieder und bat vorab um Vergebung und um Bezahlung im Voraus. Anne gab ihm das Geld, das sie von Kingston bekommen hatte.

Um die Aufgabe zu erleichtern, steckte sie ihre Haare hoch. Nachdem sie gefesselt, ihr eine Binde vor die Augen gelegt und ihr Kopf auf dem Hackklotz platziert worden war, sagte sie wieder und wieder:

»Oh Gott, sei barmherzig zu meiner Seele – Oh Gott, sei barmherzig zu meiner Seele – Oh Gott, sei barmherz...«.[473] *Schnitt.*

Heinrich war bei der Hinrichtung nicht anwesend. Als er Kanonenschüsse vernahm, wusste er, dass das Ganze vorüber war, und er machte mit dem weiter, womit er soeben beschäftigt war. Seine Frauengeschichten setzten sich fort, aber im Vergleich zu Anne Boleyn sind sie alle von einer ziemlichen Antiklimax bestimmt. Der Reihenfolge nach: Elf Tage nach der Hinrichtung heiratete Heinrich VIII. Jane Seymour. Die Ehe dauerte anderthalb Jahre, bevor Jane bei einer Entbindung starb. Das Kind, ein Sohn, endlich, überlebte. Ein paar Jahre später heiratete Heinrich Anna von Kleve. Nach einem halben Jahr bereute es der König und ließ auch diese Ehe annullieren. Die nächste Frau wurde Catherine Howard. Sie wurde wegen Untreue enthauptet. Ehefrau Nummer sechs – Catherine Parr – überlebte Heinrich. Im Alter von neun Jahren wurde sein Sohn Eduard König, mit fünfzehn starb er an Tuberkulose. Gute oder Grausame, Hübsche oder Hässliche, Reiche oder Arme, sind sie nunmehr alle ebenbürtig.

Das Theater des Schreckens
Iwan IV.
(1530–1584)

Seine erste Liebe fand Iwan der Schreckliche unter jenen, die er am meisten hasste – den Bojaren.

Rund zweihundert Familien zählten zur Aristokratie Russlands, darunter die Schuiski, die Iwan aufzogen, als er in jungen Jahren Waise wurde. Sie regierten auch stellvertretend für ihn, bis er volljährig wurde. Es war eine unglückliche Kindheit. Iwan wurde von seinen Vormündern vernachlässigt, die nur an der Macht interessiert waren, mit der der Junge geboren worden war. Am 16. Januar 1547 ließ sich Iwan schließlich von Makarius, Metropolit von Moskau, zum Zaren krönen. Seit seinem dritten Lebensjahr war er Großfürst von Moskau. Jetzt rief sich Iwan selbst zum »Zaren«, dem von Gott gekröntem Kaiser, aus, durchaus eine Herausforderung für den damals noch Sechzehnjährigen (er wurde erst im August siebzehn). Makarius erinnerte Iwan an seine Verpflichtung, der Kirche zu folgen und »tüchtig in seinen Handlungen« zu sein. Zu diesem Zweck wollte Makarius ihm eine Frau verschaffen. Sie musste Russin sein – Iwan hatte in Russland keine Familie, und eine Ausländerin wollte er nicht riskieren. Es wurden Brautschauen arrangiert – in sage und schreibe achtundzwanzig Städten erhielt der Adel folgendes Schreiben: »Wenn Ihr mit Töchtern, die Jungfrauen sind, diesen Brief erhaltet, begebt Euch unverzüglich zu unseren Stellvertretern in Nowgorod zur Inspektion, und versteckt Eure jungfräulichen Töchter unter keinen Umständen zu Hause. Wer seine jungfräuliche Tochter zu Hause versteckt und sie nicht zu unserem Vertreter bringt, soll entehrt und bestraft werden.

Leiten Sie diesen Brief unverzüglich weiter.« Den Drohungen zum Trotz waren die Reaktionen bescheiden, und letztendlich fand Iwan in heimatlichen Gefilden eine Ehefrau[474]: Anastassija Romanowna Sacharjina-Jurjewa, die tiefreligiöse Tochter eines Bojaren. Nicht einmal drei Wochen nach Iwans Krönung heirateten sie in der Uspenski-Kathedrale (Mariä-Entschlafens-Kathedrale) in Moskau. Makarius nahm die Trauung vor. Er gab dem Brautpaar ein Glas Wein. Nachdem er getrunken hatte, warf Iwan das Glas auf den Boden und zertrat es in Stücke. Nach einem Frühstück ritt Iwan los, um den Klöstern in der Umgebung einen Besuch abzustatten. *Dann* ging es ins Bett. Der Raum war mit religiösen Ikonen und Fruchtbarkeitssymbolen gefüllt. In der Nacht kam Anastassijas kleiner Bruder ins Zimmer und schlief neben dem Bett. Vor dem Fenster ritt Iwans Hofmeister mit gezogenem Schwert auf und ab. Am Morgen nach der Hochzeitsnacht gingen Iwan und Anastassija getrennt zu ihrem jeweiligen Badehaus, bevor sie ins Schlafzimmer zurückkehrten und Grütze aßen. All das entsprach dem Brauch; russische Hochzeiten dauerten zu dieser Zeit drei Tage.[475]

Englands diplomatischer Gesandter in Russland, Sir Jerome Horsey, notierte sich, dass Anastassija »weise, heilig und tugendhaft, von ihrem Volk geehrt, geliebt und gefürchtet wurde. Der Kaiser war jung und aufsässig und seine Frau leitete ihn mit bewundernswerter Freundlichkeit und Weisheit.«[476] Man hoffte anscheinend, dass die Heirat den launenhaften Teenager-Zaren besänftigen würde. Dies erwies sich als ein wenig zu optimistisch. Als kurz nach der Hochzeit ein siebzig Mann starker Ältestenrat aus Pskow um Audienz und Hilfe ersuchte, um einen korrupten Gouverneur loszuwerden, lief Iwan Amok. Er fluchte und schrie, übergoss die Männer mit glühend heißem Punsch, zündete ihre Bärte an und befahl ihnen, sich komplett auszuziehen und sich nackt in den Schnee zu legen.[477]

Süßigkeiten

Zeitzeugen beschreiben Anastassijas Rolle vor allem als die einer Art Puppe in einer endlosen Aneinanderreihung von Zeremonien, Ritualen und Feierlichkeiten. Sie und ihre Hofdamen durften in der Regel nur in Verbindung mit Hochzeiten oder Taufen auswärts essen. Sie mussten den Zaren auf seinen vielen Pilgerreisen begleiten, oft zu Fuß. Am 10. August 1549 gebar Anastassija Tochter Anna. Im Wochenbett empfing sie einen Strom an Gratulanten: den Metropoliten, zahlreiche Geistliche, die bedeutendsten Bojaren samt ihren Ehefrauen. An alle verteilte sie Süßigkeiten. Am Tag darauf: mehr davon. Unmengen an Leuten kamen und plagten die frischgebackene Mutter. Es gab noch mehr Süßigkeiten. Später gelang es Anastassija, ein wenig auszuruhen, während Iwan im Nebenzimmer ein Bankett abhielt. Als das Abendessen jedoch vorüber war, stürmten die Betrunkenen in ihr Schlafzimmer, um ihr erneut zu gratulieren, noch mehr zu trinken und noch mehr Süßigkeiten zu essen. Ein ähnliches Karussell setzte sich in Bewegung, als Anna ein paar Tage später getauft wurde. Im Alter von nur elf Monaten starb das Mädchen. 1551 bekamen Anastassija und Iwan eine weitere Tochter, Maria. Auch sie starb jung.

Als Iwan zu einem späteren Zeitpunkt des Jahres in den Krieg ziehen sollte, wurde Anastassija auf höchst feierliche Art darüber informiert. Iwan führte eine Prozession aus Verwandten und Adeligen an, die sich von der Kathedrale aus in den Palast bewegte. Vor ihr stehend erklärte er:

»Frau, ich wünsche, Krieg gegen die Ungläubigen zu führen, mit Vertrauen zum allmächtigen Gott, der die Menschheit liebt. Ich wünsche, Krieg zu führen im Auftrag des orthodoxen Glaubens und der heiligen Kirchen, nicht nur bis zum Bluterguss, sondern bis zum Tod, denn es ist eine gute Sache, für den orthodoxen Glauben zu sterben, und um Jesus willen den Tod zu ertragen, bedeutet, in das ewige

Leben einzugehen ... Deshalb, Frau, bitte ich Euch: Weint nicht, wenn ich fort bin. Ich bitte Euch, zu fasten, zu beten und häufig Gottes heilige Kirche zu besuchen und für mich und Euch selbst zu beten. Gebt den Notleidenden reichlich Almosen.«

Anastassija fiel beinahe in Ohnmacht, sie musste gestützt werden. Nachdem sie einige Tränen vergossen hatte, wünschte sie ihm Glück und klagte ihr Leid: »Wie soll ich die Abwesenheit meines Herrn aushalten?«[478]

Der Krieg richtete sich gegen das Khanat (Fürstentum) Kasan. Iwan wurde nicht getötet. Im Gegensatz zu hunderttausend Tataren, die ihr Leben ließen, als das russische Heer die Stadt verwüstete. Zur Feier der Eingliederung Kasans in das Territorium des Zaren ließ Iwan die berühmte farbenfrohe Basilius-Kathedrale auf dem Roten Platz – das Symbol Moskaus – errichten. Dass Russland heute so enorm groß ist, hat viel mit Iwan zu tun; nach Kasan fielen das Khanat Astrachan und Sibirien.

Nach der Eroberung von Kasan gebar Anastassija endlich einen männlichen Erben. Iwan befand sich auf dem Rückweg von der Front (sein letzter Befehl lautete, alle Leichen von den Straßen Kasans zu entfernen), als ihm ein Bote mit der Nachricht entgegenkam. Iwan sprang von seinem Pferd, umarmte den Boten, dankte Gott und »hüpfte wie ein Irrer herum«. Dem Boten schenkte er sowohl seinen Mantel als auch sein Pferd.[479] (Anschließend fragte er vermutlich, ob er auf dem Weg nach Moskau aufsitzen durfte.)

In der Kammer lobpriesten Mann und Frau einander: Er sie, weil sie einen Sohn geboren hatte, sie ihn, weil er den Krieg gewonnen hatte. Dann warfen sie die Hofdiener hinaus und schlossen die Türen hinter sich.

Vom Krankenbett ins Feuer

»Der Schreckliche« ist eine etwas ungerechte Übersetzung von Iwans inoffiziellem Namen. Auf Russisch heißt es Iwan »Groznyj«, genauso wie die Hauptstadt Tschetscheniens, und bedeutet in etwa »furchteinflößend« oder »mit Autorität«. Und Iwan war auch nicht nur mit Töten und Erobern beschäftigt. Seine ersten Jahre als Alleinherrscher waren nahezu progressiv. Er reformierte das Finanzwesen und die Lokalverwaltungen. Er öffnete Russland für den europäischen Handel. Erst im März 1553 fing Iwan an, schrecklich zu werden, zu dieser Zeit war er todkrank, litt wahrscheinlich an einer Lungenentzündung. Da es lange Zeit so aussah, als würde er nicht überleben, begann der Adel Pläne zu machen, was anschließend geschehen solle. Iwan hatte den Wunsch, dass sie seinem Sohn und Erben die Treue schworen, da Dimitri aber noch immer nicht mehr als ein Säugling war, waren die Bojaren skeptisch. Sollte ein Baby Zar werden, bedeutete das in der Praxis, dass Anastassija und ihre Familie Russland regierten. Die Bojaren hielten nach anderen Kandidaten Ausschau. Iwan war seit jeher ein bisschen paranoid gewesen, aber halbtot und im Delirium fasste er diese voll und ganz nachvollziehbare Reaktion als Hochverrat auf. Er fürchtete um das Leben von Dimitri und Anastassija, rief die Schwiegerfamilie zu sich und forderte Loyalität: »Und Ihr, Sacharjiner, warum seid Ihr so ängstlich? Glaubt Ihr, dass die Bojaren Euch schonen werden? Nein, Ihr werdet ihre ersten Opfer! Ihr solltet Euer Leben für meinen Sohn und seine Mutter opfern, und Ihr solltet meine Ehefrau in den Händen der Bojaren keine Schande erleiden lassen!« All das war große Aufregung um nichts, denn nur eine Woche später war Iwan wieder gesund. Den eingebildeten Verrat sollte er jedoch niemals vergessen.[480] Die Krankheit führte bei ihm zu einer dauerhaften Persönlichkeitsveränderung. Er wurde noch instabiler und konnte wegen nichts in die Luft gehen.

Kurze Zeit später wurde die Familie von einer Tragödie heimgesucht. Während einer Pilgerreise ins Kirillo-Beloserski-Kloster starb Dimitri, weil eine Amme ihn im Fluss Scheksna schlicht und einfach verlor. Iwan spürte, dass Gott ihn strafte. Aber Gott war launisch: Bereits im März 1554 brachte Anastassija einen neuen männlichen Erben zur Welt, der den Namen Iwan bekam. Ganz Russland jubelte. In Scharen strömten die Menschen zum Kreml, um zu gratulieren, zu essen und zu trinken. Iwan ließ Gefangene aus den Gefängnissen frei. Als sich Anastassija ausreichend erholt hatte, gingen sie und Iwan zu Fuß zu den umliegenden Kirchen, Kapellen und Klöstern, wo sie den Armen Almosen gaben und ihre Dankesworte an Gott richteten, der sie mit einem Sohn gesegnet hatte.

Iwan war ein Kind mit großen Kräften. Den Behauptungen einer Amme zufolge begann einmal, als sie Iwan auf dem Schoß hatte, hinter ihnen im Regal ein Krug Weihwasser zu blubbern und zu zischen. Die Amme entleerte das Wasser über dem Jungen und sagte: »Möge Gottes Gnade langes Leben und großes Glück über Eure vornehmen Eltern und Euch, mein Herr, sowie das ganze Reich bringen.« Als Anastassija von dem Wunder hörte, kam sie herbeigelaufen und übergoss auch sich mit dem Wasser.[481]

Das verhinderte jedoch nicht, dass Anastassija 1560 starb, langsam, an Schwindsucht. Die Ärzte waren unfähig, weshalb Iwan eine alte Heilerin herbeirief. Er versprach der Witwe Katrina Schilling ein Vermögen, wenn sie helfen könnte, Anastassija aber ging es immer schlechter. In diesem Sommer wüteten in Moskau zahlreiche Brände. (Die Hauptstadt war großteils aus Holz errichtet und ging häufig in Flammen auf, 1547 waren dabei Tausende ums Leben gekommen.) Iwan ließ Anastassija in sein Schloss in Kolomenskoje bringen, in ruhiger Lage, umgeben von schöner Natur. Um sich abzulenken, leitete Iwan in Moskau Feuerwehrmannschaften im Kampf gegen die Flammen an. Zudem litt er unter starken Depressionen und suchte Trost bei anderen Frauen, was nicht sonderlich zum Dämpfen seiner religiösen Schuldgefühle beigetragen haben kann, als Anastassija am 7. August starb. Sie wurde vor dem Kreml beerdigt. Iwan war ein gebrochener Mann und nicht in der Lage, während der Zeremonie aufrecht zu stehen. Tausende kamen vorbei, aufgewühlt vor Trauer – und möglicherweise Angst vor dem, was jetzt passieren würde, wo Iwan den einzigen beruhigenden Einfluss in seinem Leben verloren hatte. Wie der russische Historiker Nikolai Karamsin schreibt: »Das war das Ende der heiteren Tage von Iwan und Russland, denn er verlor nicht nur seine Ehefrau, sondern auch seine *dobrodetel* (Tugend).«[482]

Das Mittelalter wird gern als »das dunkle Zeitalter« bezeichnet. In Russland hatte es gerade begonnen.

Die Wilde aus dem Kaukasus

Nach Anastassijas Tod gestattete sich Iwan ein weitaus frivoleres Leben. Im Hinblick auf einige tote Kinder und eine tote Ehefrau hatte sich die Frömmigkeit nicht sonderlich ausgezahlt. Dem Historiker S. B. Veselovskij zufolge war Makarius so entsetzt über Iwans ausschweifendes Benehmen als Witwer – Orgien voller »Verschwendung, Trinkerei, Hurerei und Sodomie« –, dass er mit den Bojaren und anderen Geistlichen vor den Zaren trat, um ihn zu bitten, sich lieber eine neue Ehefrau zu suchen.

Zuvor hatte er den Gedanken von sich gewiesen, eine Ausländerin zu heiraten, dieses Mal aber wollte er in die Fußstapfen russischer Großfürsten treten und aus der Ehe Außenpolitik machen. Verhandlungen bezüglich einer romantischen Allianz mit Polen-Litauen wurden unter anderem deswegen abgebrochen, weil König Sigismund II. August nicht wollte, dass seine Tochter zum russisch-orthodoxen Glauben konvertierte. Der plötzliche Tod von König Gustav I. Wasa verhinderte eine mögliche Ehe mit der schwedischen Prinzessin.[483]

Die Wahl fiel letztendlich auf Marija Temrjukowna. Die hübsche tscherkessische Prinzessin hatte wenig von Anastassijas Tugend. Bereits anhand von Gemälden hatte Iwan an ihr Gefallen gefunden, möglicherweise befördert durch ihre beiden Brüder, die am Hofe arbeiteten. Als die Prinzessin im Juni 1561 in Moskau ankam, bestätigte sich Iwans Verliebtheit. Er sorgte dafür, dass Marija im Eilverfahren die orthodoxen Dogmen beigebracht wurden und sie getauft wurde, damit sie im August rechtmäßig in der Mariä-Verkündigungs-Kathedrale heiraten konnten. Bei der Hochzeitsfeier wurden die Gäste mit spektakulären kaukasischen Vorführungen unterhalten, die der entrüstete englische Botschafter Sir Jerome Horsey als »heidnisch« empfand.

Das Bild von Zarin Marija ist äußerst unvollständig. Unmengen an historischen Dokumenten sind in den bereits erwähnten Moskauer Bränden verloren gegangen, und das, was noch vorhanden ist, liefert äußerst widersprüchliche Fetzen an Informationen. Einer Version der Geschichte zufolge beeindruckte Marija mit ihrer Bescheidenheit, Religiosität und Intelligenz sogar die Mönche. Einer anderen zufolge war sie »eine Wilde«, von Iwans Männern gefürchtet. Ihre Extraversion verbarg eine Depression mit sadistischen Zügen. Sie soll Gefallen an öffentlichen Hinrichtungen und Bärenfolter gehabt haben, einem Unterhaltungssport, bei dem wilde Hunde einen Bären angriffen. Einer Version (faktisch den meisten) zufolge hatte sie keinen Einfluss auf Iwan. Laut einer anderen war sie das Genie hinter den berüchtigten *Opritschniki* (mehr dazu später).[484] Diese Vorstellungen von einer verrückten Lady-Macbeth-Figur rühren möglicherweise von der Antipathie russischer und sowjetischer Historiker gegenüber »barbarischen« Tataren.[485]

Was wir mit Sicherheit sagen können, ist, dass 1563 ein weiteres *annus horribilis* für Iwan war. Am 4. Mai starb im Alter von nur zwei Monaten der erste Sohn von ihm und Marija, im November desselben Jahres Iwans Bruder Jurij im Alter von einunddreißig Jahren. Seine Witwe Juliana wurde Nonne, wie es Brauch war für Prinzessinnen-Witwen. Iwan, Marija sowie andere Verehrer begleiteten sie vom Kreml zum Nowodewitschi-Kloster, wo sie ihren Namen und ihren Titel in »Schwester Aleksandra« änderte. Ihr ursprünglich spartanisches Zimmer ließ Iwan als Luxussuite herrichten.

Ein Omen

Iwan spürte, dass selbst die wenigen demokratischen Mechanismen, über die Russland in den Sechzigerjahren des 16. Jahrhunderts verfügte, ihn bremsten. Er betrachtete sich selbst als einen von Gott ernannten Anführer, dessen Wort Gesetz war. Endlose Studien des Alten Testaments trugen wenig dazu bei, diese Auffassung zu ändern. Er hasste es, die Macht mit den Bojaren teilen zu müssen. Auch hatte er nie die Theorie fallen lassen, dass seine geliebte Anastassija ermordet wurde, möglicherweise mit Gift, das ursprünglich für ihn bestimmt war. Unter Verdacht hatte er die Bojaren. Iwan beschloss, ihnen die Macht zu entreißen.

Mitte November 1564 fuhr er mit dem Schlitten durch Moskau und entwendete Ikonen und Banner aus den Kirchen. Dann verließ er die Hauptstadt mit allen Heiligtümern, der ganzen Familie, der Staatskasse und seinen engsten Mitarbeitern, ohne jemanden über das Ziel der Reise in Kenntnis zu setzen. Nach einer Weile der Verwirrung gab Iwan bekannt, dass er sich im Palastkomplex in Alexandrowa Sloboda aufhielt, einhundert Kilometer nordöstlich von Moskau. Er gab an, »im Protest gegen Bojaren und Amtsträger« abgedankt zu haben.

Die Russen hätten freudvoll die Chance ergreifen sollen, um den Irren loszuwerden, eine solche Situation war jedoch vollkommen ohne Präzedenzfall, sodass eine Delegation kopfloser Untergebener zu Iwan reiste und ihn anflehte zurückzukehren. Iwan hatte eine Bedingung: freie Hand, sich der »verräterischen« Bojaren anzunehmen. Die bekam er. Als er nach Moskau zurückkehrte, geschah dies mit totaler, unbegrenzter Macht, die er gebrauchte, um sich seinen eingebildeten Feinden zu widmen und Anastassija zu »rächen«.

Iwan nahm mit mittelalterlicher Grausamkeit die Säuberungen der Stalin-Ära vorweg. Die Glücklicheren wurden verhaftet, die etwas weniger Glücklichen hingerichtet. Die wirklich Unglücklichen wurden zu Tode gefoltert, wie Fürst Boris Telupa, aufgespießt auf einem Pfahl, wo er nach fünfzehn Stunden verblutete. Seine Mutter wurde von einer Gruppe Männer vergewaltigt, bis sie starb.

Die Landgebiete, die er Stück für Stück von den Bojaren konfiszierte, wurden als »Opritschnina« (»getrennt von«) bekannt. Eine eigene Einheit schwarz gekleideter *Opritschniki* schlug, brannte und vergewaltigte sich durch die neu erworbenen Gebiete. Das Ganze kulminierte um den Jahreswechsel 1569/70 in den Massakern in Twer und Nowgorod. Iwan befahl den Truppen, *sinodiki* zu führen, Listen darüber, wie viele getötet wurden und wie. »Auf Befehl aus Moskau, sechs Menschen ... Männer aus Pskow mit ihren Frauen und Kindern, insgesamt dreißig Personen.«[486] Pro Stadt wurden bis zu dreißigtausend Männer, Frauen und Kinder, allesamt »Verräter«, ermordet. Sir Jerome zufolge erlitt der Erzbischof von Nowgorod das grausamste Schicksal: in ein Bärenfell eingenäht wurde er von Hunden zerfetzt.

Letztgenanntes war eine groteske Huldigung an Marijas Lieblingssport. Sie war im September des Vorjahres verstorben. Auch wenn er Staatstrauer anordnete, ist ungewiss, ob Iwan selbst das so sehr bedauerte; Marija und er sollen seit Langem Feinde gewesen und getrennt voneinander gewohnt haben. Jetzt aber nutzte er den Todesfall politisch aus und behauptete, dass auch Marija von den Feinden des Zaren ermordet worden war. Etwas später entschied er, wer genau die Schuldigen waren: die Familie seines Vetters, Fürst Wladimir. Iwan hatte Wladimir nicht mehr richtig vertraut, seit die Bojaren ihn als einen möglichen Thronerben in Erwägung gezogen hatten, als Iwan sechzehn Jahre zuvor schwer krank gewesen war. Wladimir samt Frau und Tochter wurde zum Zaren gebracht, der ihnen befahl,

Gift zu nehmen. Iwans Opfer starben mit trotziger Würde. Wladimir weigerte sich zuerst zu sündigen, indem er Selbstmord beging, seine Frau sagte ihm jedoch: »Lieber Ehemann, indem du das Gift trinkst, wirst du von dem Mann hingerichtet, der dir das Gift anbietet. Der Zar ist dein Mörder. Gott ist gerecht, und beim Jüngsten Gericht ist es der Zar, der sich für dein unschuldiges Blut verantworten muss.« Den Hofdamen der Fürstin wurde mitgeteilt, sie würden verschont, wenn sie nur um Gnade flehten. Sie weigerten sich: »Wir möchten Eure Gnade nicht! Wir wollen lieber bei Gott im Himmel sein und Euch bis zum Jüngsten Gericht verfluchen, anstatt unter Eurer tyrannischen Führung zu leben. Macht mit uns, was Ihr wollt!« Iwan ließ ihnen die Kleider abnehmen und sie nackt von Hunden angreifen. Ihre Leichen überließ er Aasfressern. Wladimirs Mutter, eine Nonne, wurde zusammen mit ihren Hofdamen und Dienern ertränkt oder mit Rauch erstickt.[487]

Der Fürstenfrauenclub

Iwan beschloss, sich eine neue Frau zu suchen. Im ganzen Land hielt er erneut eine Brautschau ab. Taube und Kruse, zwei Adelige aus Livland, beschreiben den Prozess wie folgt:

> ... als alle Mädchen zusammengesammelt waren, schaute er sie sich an und brauchte beinahe ein Jahr dafür. Er ließ jedes Mädchen in ein Haus bringen, wo ihm die schönsten Kleider angezogen wurden. Anschließend betrat er zusammen mit zwei oder drei Vertrauten, die ebenso elegant gekleidet waren, den Raum, verbeugte sich vor den Mädchen, wechselte ein paar Worte mit ihnen, sah sie an und verabschiedete sich ... diejenigen, die ihm nicht behagten, gebrauchte er zur schändlichen Befriedigung des Geschlechts, gab ihnen einen Groschen und verheiratete sie mit seinen Henkern oder jagte sie gnadenlos von

dannen. Vierundzwanzig verblieben, und nachdem er eine nach der anderen von ihnen erneut eine Weile behalten hatte, wählte er zwölf von ihnen aus, und als wir am 26. Juni 1571 nach Alexandrow kamen, traf er wie folgt seine endgültige Wahl, für sich selbst und seinen Sohn: Sie mussten jeglichen Schmuck und alle Kleider ablegen und sich ohne Widerstand oder Schwierigkeiten nackt anschauen lassen.[488]

Zur Beurteilung ihrer Gesundheit nahm Iwans Leibarzt Bomelius von allen Mädchen Urinproben. Er muss einen schlechten Job gemacht haben, denn von rund zweitausend Kandidatinnen (Taube und Kruses wahrscheinlich äußerst übertriebene Schätzung) entschied sich Iwan für Marta Sobakina, die nur wenige Tage nach der Hochzeit starb. Als er sie heiratete, wusste Iwan, dass sie krank war, dachte aber, er könne sie »mit Gottes Hilfe« heilen. Nach dem Todesfall war Iwan außer sich vor Paranoia – trotz verschärfter Sicherheit am Hofe glaubte er, das Gift habe ihm noch eine Ehefrau genommen. Wenn Marta wirklich vergiftet wurde, dann wahrscheinlich von dem fruchtbarkeitsfördernden »Zaubertrank«, den ihre Mutter ihr vor der Hochzeit gegeben hatte.

Im Jahr 920 hatte der Kirchenrat entschieden, dass kein Christ vier Mal heiraten dürfe. Den Geistlichen gegenüber behauptete Iwan, dass die Ehe nicht gültig sei, da Marta als Jungfrau gestorben sei. Im Mai 1572 heiratete er eine Frau aus dem niederen Adel namens Anna Koltowskaja. Im Oktober desselben Jahres ließ er sich von ihr scheiden und befahl, sie auf Lebenszeit in ein Kloster zu stecken. Der Grund ist nicht bekannt.

Im Januar 1575 heiratete er, ohne Genehmigung der Kirche, Ehefrau Nummer fünf, Anna Wassiltschikowa. Wir wissen nicht viel mehr über sie, als dass sie entweder 1576 oder 1577 starb, möglicherweise auf Iwans Befehl hin zu Tode gefoltert. 1578/79 verliebte er sich in Wassilissa Melentjewa, die hübsche Witwe eines Fürsten, der im Livländischen Krieg gegen Dänemark, Polen, Schweden und Litauen gefallen war. Es sieht nicht danach aus, als hätte es für sie eine formelle Hochzeitszeremonie gegeben. Vielleicht dachte Wassilissa deshalb, es sei in Ordnung, mit einem anderen zu schlafen. Iwan war da anderer Ansicht: Als er von der Affäre erfuhr, ließ er ihren Liebhaber pfählen und schickte Wassilissa in ein Kloster.[489] Dies ist die interessantere Version; die langweiligere, jedoch wahrscheinlichere lautet, dass die Ehe endete, als Wassilissa ein Jahr nach der Hochzeit plötzlich starb, möglicherweise bei der Entbindung eines Kindes.[490] Nach so vielen Reinfällen wartete Iwan bis zum Sommer 1580 damit, Ehefrau Nummer sieben zu heiraten, Maria Nagaja.

Allem Anschein nach war diese Ehe ausschließlich politisch motiviert. Mit Iwans Russland ging es nämlich bergab. Der Terror der *Opritschniki* hatte große Teile des Landes in den wirtschaftlichen Ruin geführt. Die Tataren von der Krim wüteten bis nach Moskau hinein, als Rache für alle Khanate, die Iwan zerstört hatte. Der erwähnte Livländische Krieg lief schlecht, und das seit mehr als zwanzig Jahren. Es waren Gerüchte im Umlauf, dass Iwan flüchten und das sinkende Schiff verlassen wollte, um in England Asyl zu suchen. Die Ehe mit Maria Nagaja sollte das Volk von seiner Absicht zu bleiben überzeugen. Im Verborgenen jedoch versuchte Iwan, der Kriecher, sich eine andere Frau zu organisieren, und das in England. Einige »obskure Referenzen«, darunter Horsey, erwähnen, dass Iwan den Wunsch hatte, Elisabeth zu ehelichen, vermutlich aber war das anvisierte Opfer nur eine Nichte der Königin: Lady Mary Hastings.

Russlands Botschafter wurde eine Audienz bei der Königin gewährt: Die Verhandlungen begannen. Er erzählte ihr, dass der Zar sie mehr als irgendeinen anderen europäischen Königlichen »liebe«. Die Königin antwortete diplomatisch: »Ich liebe ihn nicht weniger und hoffe aufrichtig, ihn eines Tages mit meinen eigenen Augen sehen zu dürfen.« (Sie sind einander nie begegnet.)

Mary Hastings betreffend sagte die Königin, durchaus Aufsehen erweckend, dass sie daran zweifle, dass die Nichte hübsch genug sei für Iwan. Zudem war Mary gerade erst an den Pocken erkrankt, weshalb ihr Gesicht von hässlichen Narben bedeckt war. Der Botschafter bat, sie dennoch sehen zu dürfen. Mary wurde wie eine Puppe ausgestellt. Iwans Gesandter fiel auf die Knie und sagte, sie sähe aus wie ein Engel, im Brief an den Zaren war er in seiner Beschreibung jedoch ausweichender: »Sie ist groß, wohlproportioniert, schlank, weiß im Gesicht, mit dunkelblonden Haaren, ihre Nase ist gerade und ihre Finger sind lang und elegant.«

Elisabeth war nicht überzeugt: »Ich glaube nicht, dass Euer König meine Nichte mögen wird. Auch glaube ich nicht, dass Ihr sie mögt.« Der Botschafter wählte seine Worte mit Sorgfalt: »Es schien mir, als sei Eure Nichte sehr hübsch. Jetzt liegt die Sache in Gottes Händen.« Letztendlich entschied es nicht Gott, sondern Mary Hastings selbst. Der Gedanke, Zarin zu werden, gefiel ihr durchaus. Dann hörte sie sich ein wenig um und fand heraus, was für ein Kerl dieser »Iwan der Schreckliche« war. Sie flehte die Königin an, die Verhandlungen abzubrechen. Viel mehr gab es nicht zu tun. Die offizielle Erklärung lautete, dass Marys Verwandte sie nicht gehen lassen wollten. Mary kam mit dem Schrecken davon, ihre Freundinnen nannten sie jedoch fortan für den Rest ihres Lebens neckisch »die Zarin von Moskau«.[491]

Mord

Der letzte Akt in der Geschichte von Iwan dem Schrecklichen hätte von Shakespeare stammen können.

Für seinen Sohn Iwan hatte der Zar zwei Ehen arrangiert, war jedoch mit keiner der Schwiegertöchter zufrieden, weshalb er sie beide wegschickte, um Nonne zu werden. Der Zarewitsch brachte nicht die Kraft auf, das Gleiche noch einmal durchzumachen und wählte seine dritte Ehefrau, Elena, selbst aus. Iwan war ihr deswegen von Beginn an wenig freundlich gesinnt. Eines Tages war er der

Meinung, sie würde zu leicht bekleidet herumlaufen, und schlug mit seinem Zepter auf das schwangere Mädchen ein. Der Sohn hörte die Schreie und kam herbeigeeilt. Er rief dem Vater zu: »Du hast meine erste Frau ohne Grund ins Kloster geschickt, das Gleiche hast du mit der zweiten gemacht, jetzt schlägst du die dritte!« Iwan verlor die Beherrschung und schlug seinen aufsässigen Sohn tot.[492] Elena verlor das Kind, ebenso sehr vor Schock wie auch wegen der Schläge des Schwiegervaters. Wie ihre Vorgängerinnen landete auch sie im Kloster, wo sie für den Rest ihres Lebens blieb.

An diesem Tag starb auch Iwan der Schreckliche, auch wenn sein Körper noch etwas mehr als zwei Jahre umherging, bevor er ein oder mehreren unspezifischen Krankheiten erlag.

In seinen letzten Wochen soll er von einer weiteren Engländerin besessen gewesen sein.

Über sie wissen wir schlichtweg nichts.

TEIL 4

Östlich von Eden

Nora, meine Nora

Mao Zedong

(1893–1976)

»Sex ist bei den ersten Malen interessant, was das Interesse jedoch auf lange Sicht aufrechterhält, ist Macht.«[493]

JIANG QING

Jiang Qing ist eine der mächtigsten Frauen in der mehrere tausend Jahre langen Geschichte Chinas gewesen. Nachdem sie von einer sich prostituierenden, alleinerziehenden Mutter in Armut hineingeboren worden war, räumte sie sich den Weg frei, um in Shanghai Filmstar zu werden, bevor sie alles stehen und liegen ließ, um zusammen mit Kommunistenguerillas in einer Höhle zu wohnen, wo sie dessen Anführer Mao Zedong kennenlernte. Von der Schülerin wurde sie zur Konkubine, dann zur Ehefrau und zur Partnerin. Allem Anschein nach hatte sie keine wirklich großen ideologischen Überzeugungen, sondern verwendete Politik vielmehr als Waffe, um sich an denen zu rächen, die sie schlecht behandelt hatten oder frech zu ihr waren. Lange hatte sie es darauf angelegt, nach Mao die Macht zu übernehmen, vermasselte es jedoch im Endspurt. Als der Anführer starb, stand sie alleine da, mit weitaus mehr Feinden als Freunden. Ihr Sturz war schwer und schallend. Dennoch war das keine Tragödie – dafür ist die Geschichte viel zu unterhaltsam und Jiang Qing viel zu sehr ein Reibeisen.

Liebes Kind

Als sie geboren wurde, bekam sie den Namen *Li Shumeng*, was in etwa
»rein und einfach« bedeutet. Das war ihr *xiao ming*, ihr informeller
»kleiner Name«, den chinesische Kinder in dieser Zeit hatten, bis sie
auf die Amtsschule kamen. Ihr Vater Li Dewen war ein Trunkenbold.
Ihre Mutter, deren Name nicht bekannt ist, war Lis dreißig Jahre jüngere Konkubine. In der häuslichen Hierarchie befand sie sich in etwa
gleich unter der Amöbe auf dem Rücken der Laus auf dem Rücken
des Hundes. Als Li die Mutter einmal mit einem Spaten attackierte,
ging Shumeng dazwischen, wobei ihr ein Zahn ausgeschlagen wurde.
Mit ihrer Tochter auf dem Rücken lief die Mutter von zu Hause weg.

Sie hatten kaum Geld. Shumeng musste die abgelegten Sachen
ihrer Halbbrüder tragen. Die Mutter arbeitete erneut als Wäscherin
und »Gesellschaftsmädchen«.

Shumeng hasste die Schule. Von den anderen Kindern wurde sie
gemobbt, von den Lehrern geschlagen und letztendlich der Schule
verwiesen. Im Laufe ihrer Kindheit war sie ständig Zeugin von Hinrichtungen. Wenn Reisdiebe enthauptet wurden, sah sie die Reichen
der Stadt enthusiastisch Beifall klatschen, was sich tief in ihrem Inneren festsetzte.

Das Fußbinden ist ein alter chinesischer Brauch, wobei junge Mädchen gezwungen werden, äußerst kleine spitze Schuhe zu tragen, die
das Fußwachstum schmerzhaft hemmen. Zu Shumengs erstem feministischen Aufruhr kam es, als sie die Fußbänder abstrampelte und sich
weigerte, sie wieder anzulegen.[494] Ihre Zehen waren jedoch bereits defor-
miert, weshalb sie für den Rest ihres Lebens einen seltsamen Gang hatte.

1929, mit fünfzehn Jahren, zogen Shumeng und ihre Mutter zur
Tante in die weit entfernt gelegene Stadt Jinan. Die neue Epoche wurde
mit einem neuen Namen markiert: sie hieß nun *Li Yunhe*, »Kranich
in den Wolken«.[495] In Jinan entdeckte sie ihr Interesse für Kultur und
Theater. Sie besuchte die Kunstschule und übernahm kleine Rollen

in Stücken von Untergrundtheatern. Auf der Bühne hatte sie einen wirklich großen Augenblick: Als eines Tages die feste Rolleninhaberin nicht konnte, durfte Yunhe in dem Stück *Tragödie auf einem Binnensee* die Hauptrolle übernehmen. Sie glänzte in der experimentellen Inszenierung und brachte alle im Saal zum Grinsen.

Ein Klassenkamerad erinnerte sich an sie als das hübscheste aller Mädchen, daher war sie bei den Jungs äußerst beliebt.[496] In Jinan las sie auch zum ersten Mal *Nora oder Ein Puppenheim*, und Ibsens Stück hatte großen Einfluss auf sie.[497] Im Jahr darauf wurde ihre Schule geschlossen. Yunhe war mittellos und musste einen Bewunderer heiraten, um klarzukommen. Es bleibt jedem Leser selbst überlassen einzuschätzen, inwieweit sie der traditionellen Frauenrolle mutig trotzte oder einfach nur eine schlechte Ehefrau war: Yunhe schlief bis weit in den Tag hinein, packte zu Hause nicht mit an, war frech zur Schwiegermutter und trieb sich bis spät in die Nacht hinein mit »zweifelhaften Freunden« herum. Die Ehe hielt nur ein paar Monate.

Mit der ersten Scheidung im Gepäck schloss sich Yunhe einer Theatertruppe an, die aus ihren ehemaligen Lehrern und Mitschülern bestand. Gemeinsam reisten sie in die Hauptstadt. »Das Leben in Peking war sehr schwer«, erzählte sie später ihrer Biografin Roxane Witke. »Ich war so schlecht ausgestattet, dass ich nicht einmal Unterwäsche hatte … Zu dieser Jahreszeit gab es in Peking heftige Sandstürme und die Abende waren langweilig. Über Politik wusste ich noch nichts.« Nächster Stopp: Qingdao, wo sie an der Universität zu studieren begann und sich einer weiteren Theatergruppe anschloss. »Die Theatergesellschaft der Künste« sollte Kunst in die Provinzen bringen. Das klappte nicht sonderlich gut. Im ersten Dorf, in dem sie auftraten, waren die Einwohner zuerst schockiert darüber, wie sich die Schauspieler kleideten, und anschließend beleidigt, weil sie kein »seriöses Theater« spielten.[498]

1931, neuer Ehemann: Yu Qiwei. Yu war Propagandachef der Kommunistengruppe der Universität, eine Stellung, die er vor Yunhe lange verborgen hielt. Da er so oft weg war, verdächtigte sie ihn der Untreue.

Nachdem er ihr die Wahrheit erzählt hatte, schulte Yu sie in Politik. Nach der Besetzung der Mandschurei durch Japan war Yunhe bereits eine engagierte Patriotin, hatte bisher jedoch kein ideologisches Gerüst. Im Februar 1933 wurde sie in die Kommunistische Partei aufgenommen. Sie warf nie einen Blick zurück.

Blauer Apfel, grüner Fluss

»Der Lange Marsch« war der Name des ein Jahr andauernden Rückzugs der kommunistischen Streitkräfte während des Bürgerkriegs gegen die Nationalisten. Von neunzigtausend erreichten lediglich siebentausend das Endziel Yan'an. Allen voran Mao Zedong, der unterwegs zum Anführer wurde.

Fünf Jahre, zwei Scheidungen und eine Schauspielkarriere später kam die Frau mit dem Bühnennamen *Lan Ping* [dt.: »blauer Apfel«] nach Yan'an, dem Hauptsitz der Kommunisten. Instinktiv pirschte sich Lan an den großen Fisch heran. Nachdem sie Mao in einer Vorlesung an der Parteischule erlebt hatte, schrieb sie ihm einen Brief, in dem sie ihm mitteilte, dass ihre ideologischen Kenntnisse »mehrere Lücken« aufwiesen und dass nur eine persönliche Audienz bei Mao dies korrigieren könne.

Mao war bereits drei Mal verheiratet gewesen. Seine erste Ehe ist es kaum wert, erwähnt zu werden. Er war vierzehn Jahre alt, als er 1908 mit einer Achtzehnjährigen namens Luo Yixiu verheiratet wurde. Mao weigerte sich, mit ihr zu schlafen, und haute kurz nach der Hochzeit von zu Hause ab. Luo starb 1910 an Dysenterie.

Mit Ehe Nummer zwei, 1920, lief es besser. Yang Kaihui war die Tochter von Maos Ethiklehrer. Das Motiv für die Heirat war gute, altmodische Liebe. Sie bekamen zusammen drei Kinder. Politik und andere Frauen kamen ihnen jedoch in die Quere, und 1927 verließ Mao Yang. Sie war gebrochen, was ihre Gedichte widerspiegeln:

Hätte ich Flügel gehabt, wäre ich zu dir geflogen/
darf ich dich nicht sehen, werden die Stunden der Trauer
und die Gesellschaft des Schwermuts niemals enden.[499]

Sie gab die Hoffnung, Mao zurückzugewinnen, nie auf und wartete drei Jahre getreu. Die Enttäuschung war groß, als Mao im Januar 1930 vorbeikam und fragte, ob sie die Scheidung freundlichst beschleunigen könnten, er hatte nämlich eine junge Frau kennengelernt und diese bereits geheiratet. Und außerdem, sagte er: »Im Hinblick auf eure Sicherheit bleibst du mit den Kindern am besten hier.«

In Changsha zu bleiben, war das Dümmste, was Yang tun konnte. Im September kehrte Mao mit einem Heer zurück und griff seine ehemalige Studienstadt an. Gouverneur war der nationalistische Generel Ho Chien. Bis dahin hatte man Yang in Ruhe gelassen, weil sie als Zivilistin betrachtet wurde, die an den Aktivitäten ihres Mannes nicht beteiligt war. Jetzt aber wurde sie verhaftet, zusammen mit ihrem achtjährigen Sohn Anying. Aufgrund ihrer mutigen letzten Handlung auf Erden hielt Mao das Andenken an sie immer hoch: Sie wurde gebeten, Mao und die Kommunistische Partei zu verurteilen, verweigerte dies jedoch. Am 14. November wurde sie aus der Stadt hinausgebracht, bis auf die Unterwäsche entkleidet, in der Kälte enthauptet und in ein anonymes Grab geworfen. Bis zuletzt hatte sie ihre Loyalität Mao gegenüber stets bekräftigt.

Mao war außer sich vor Trauer: »Auch wenn ich hundert Mal sterbe, wird es das für Kaihui nie wiedergutmachen!« Fast dreißig Jahre später schrieb er ein Gedicht über sie, als Antwort auf das Gedicht einer Kameradin, deren Mann im Kampf getötet wurde. (»Kaihui« bedeutet Pappel.)

Ich verlor meine stolze Pappel, du verlorst deine Weide,
Pappel und Weide schweben leicht zum Himmel des Himmels.
Als sie Wu Kang fragen, was er zu bieten hat,
gibt er ihnen ehrerbietig Kassia-Wein.

215

Die einsame Göttin des Mondes breitet ihre weiten Arme aus
um im endlosen Himmel für diese beiden treuen Seelen zu tanzen.
Plötzlich kommt die Botschaft über den Untergang des Tigers auf
Erden,
und sie brechen in Tränen aus strömendem Regen aus.[500]

Ehefrau Nummer drei war He Zizhen. Als sie sich Mao 1928 anschloss, war sie ein achtzehnjähriges, überschäumendes Fräulein. Zehn Jahre später war sie fünffache Mutter und ein nervliches Wrack, sowohl vom Krieg als auch von der Liebe in den Wahnsinn getrieben.

Lediglich dreißig Frauen hatten sich an dem Langen Marsch beteiligt. Das Verhältnis Männer zu Frauen lag in Yan'an bei achtzehn zu eins. Die Frauen erkannten, dass sie Sex als Waffe einsetzen konnten – indem sie ihn ihren Männern verweigerten. Und da die Männer keine Alternativen hatten, denen sie sich zuwenden konnten, kümmerten sich die Frauen auch nicht sonderlich um ihr Aussehen. Sie schminkten sich nicht. Wurden die Haare zu lang, schnitten sie sie einfach mit einem Messer ab. Das sollten sie jedoch bereuen, als die kommunistische Sache immer mehr weibliche Revolutionäre aus ganz China anzog. Lily Wu, ein Mädchen aus Shanghai, großäugig und großbrüstig, mit Lippenstift und lockigem Haar, bezauberte Mao in Grund und Boden. Seine Ehefrau ertappte die beiden in Maos Höhle auf frischer Tat und es kam zu einem äußerst denkwürdigen Streit.

»Du Sohn eines Schweins!«, schrie sie Mao an. »Schildkrötenei! Faultier, du denkst nur an deine Huren! Dir werde ich es zeigen! Heimlich hierherkommen und mit dieser bürgerlichen Hure schlafen!«[501]

Sie schlug mit einer Taschenlampe auf Mao ein. Sein Leibwächter unternahm nichts. Mao nahm die Schläge einfach nur entgegen, bis He vor Erschöpfung aufhörte.

»Schluss jetzt, Zizhen«, sagte er. »Ganz ruhig. Du machst dich selbst kaputt. Du entehrst dich selbst als Kommunistin. Geh nach Hause, bevor deine Kameraden es herausfinden.«

He griff Lily Wu an, die bis dahin nur erschrocken zugeschaut hatte. Sie kratzte sie, zog sie an den Haaren und schlug sie mit der Taschenlampe. »Tanzendes Luder! Wie kannst du es wagen, deine schmutzigen Tricks bei unserem Anführer anzuwenden?«

Lily arbeitete in Yan'an als Dolmetscherin für eine amerikanische Journalistin. Agnes Smedley hörte den Krach und stürmte herein. Lily versteckte sich hinter ihr. Jetzt waren die Amerikaner an der Reihe.

»Dreckige Imperialistin! Alles ist deine Schuld, hau ab!«

He gab ihr eine Ohrfeige. Smedley ließ sich nicht abschrecken, sondern schlug zurück. He fiel hin. Mao schaute nur zu. He schrie:

»Was für ein Mann bist du? Was für ein Kommunist? Lässt du zu, dass mich eine imperialistische Schlampe vor deinen Augen schlägt?«

»Du hast sie angegriffen, ohne dass sie etwas getan hat. Sie hat das Recht, sich zu verteidigen«, sagte Mao. Dann kam der Gnadenstoß: »Du benimmst dich wie eine reiche Frau in einem amerikanischen Film!«

Mao bat seinen Leibwächter, sie vom Boden aufzuheben. Um diese possenartige Szene komplett zu machen, stellte He dem jungen Mann ein Bein, sodass er auf den Hintern plumpste.[502]

He fuhr in ein Sanatorium in die Sowjetunion, Lily ging mit einer Theatertruppe an die Front. Lan fand ideal vorbereiteten Boden vor.

Über Maos und Lans Privatleben ist nicht viel bekannt. In dem biografischen Roman *Madame Mao* nimmt sich Anchee Min kreative Freiheiten heraus, mit hinlänglich wundersamen Sexszenen:

Die Mondstrahlen schießen durch das rissige Dach. Das erdige Bett ist mit Schmutz bedeckt. Seine Hand kommt, um sie zu entkleiden. Sie schiebt sie weg, aber das hält ihn nicht auf.

»Du bist ein Teufel, glühende Kohlen zu sammeln«, sagt sie.

Ihre Glieder wickeln sich ineinander. Sie spürt seine Begierde und sein Fordern.

Wie eine trockene Chrysantheme in einem Becher warmen Tees
spürt sie, dass sie mit jeder Sekunde mehr anschwillt.
»Ich bin ein mythologischer Löwe, der geboren wurde, um den Him-
mel oben zu halten«, brüllt er. »Aber ohne dich bin ich nur ein Ess-
stäbchen.«[503]

In Yan'an sorgte Lan Ping für einen Skandal. Sie war nicht nur eine
vorübergehende Flamme, sondern eine feste Geliebte, stets an Maos
Seite. Die Sympathien der übrigen Führungskräfte lagen bei der
verschmähten He Zizhen. »Mao ist sexverrückt«, sagte einer seiner
obersten Militärkommandanten. »Man denke nur, eine Frau und eine
Kameradin von hohem Ansehen zu verlassen, um eine abscheuli-
che Schauspielerin zu heiraten.« Nicht nur in den Höhlen in Yan'an
schnalzten die Leute missbilligend mit den Zungen. In einer Schule
in Shaanxi, etwa zweihundert Kilometer entfernt, streikten die Schü-
ler aus Protest, dass Mao jetzt mit Lan Ping zusammenlebte. Mao
kümmerte das nicht. Beamte, die zu viel Lärm machten, ließ er in
andere Teile Chinas versetzen. Maos Leute waren nicht unbedingt
prüde, aber sie waren traditionell.[504] Was Lan betraf, rochen sie Ärger.
Zudem stellten sie ihre ideologische Zuverlässigkeit infrage.

Lan hatte höllische Angst, dass jemand ihr schmutziges Geheimnis aus der Vergangenheit ausgraben würde. Im Oktober 1934 war sie
in Shanghai von der Polizei festgenommen und drei Monate inhaftiert worden. Sie kam frei, weil sie andere Kommunisten verriet, die
daraufhin verhaftet wurden. Sie war neu und naiv, jung und unsicher,
und von den Polizisten wurde sie entweder geschlagen oder man versuchte, sich bei ihr einzuschmeicheln, aber es war nicht wegzureden:
Sie hatte Leute verraten. Als im Sommer 1939 bekannt wurde, dass
Lan schwanger war, wurde das Verhältnis endgültig zu einer offiziellen Parteiangelegenheit, und sie brauchte Rückendeckung.

Das gewiefte Parteimitglied Kang Sheng kannte Lan aus ihrer Heimatstadt Shandong, wo sie Gerüchten zufolge ein Paar waren. Kang

war nunmehr eine mächtige Gestalt in Maos innerem Kreis und er sprach gut über Lans Vergangenheit. Er lobte ihre künstlerischen Talente und ging einmal mit Lan zusammen auf die Bühne, wo er Trommel spielte, während sie sang. Er überredete Anying, Maos Sohn aus der Ehe mit Yang Kaihui, warmherzig über seine neue Stiefmutter zu sprechen. Mao selbst sagte: »Ohne Lan Pings Liebe kann ich die Revolution nicht fortsetzen.« Er drohte, in seinen Heimatort zurückzukehren und zusammen mit Lan Ping Bauer zu werden, wenn sie nicht ihren Willen bekämen. Letztendlich schickte er ein Telegramm nach Moskau, in dem er Stalin um eine Äußerung bat.

Einige Quellen meinen, die Kompromisslösung stamme offenkundig von Stalin. Mao wurde die Scheidung von He bewilligt. Lan durfte Maos Frau werden und mit ihm zusammenwohnen, aber – ein großes Aber – sie musste sich dreißig (!) Jahre lang von der Politik fernhalten. Sie wurde zu einem Hausfrauendasein verurteilt. Bis hierher, aber nicht weiter. Das war ein bitterer Schlag, den sie niemals vergessen oder vergeben sollte.[505]

Der Anlass wurde mit einem neuen Namen markiert: *Jiang Qing* (»grüner Fluss«). Dieser Name und dieser Mann sollten ein Leben lang bleiben. Ein Kind, ihr erstes, Maos neuntes, besiegelte den Pakt.

Von sechs möglichen Punkten erreichte Punktzahl: einer

Am 31. Januar 1949 nahmen die Kommunisten Peking ein.
Am 1. Oktober wurde die Volksrepublik ausgerufen.

Jiang Qings politische Quarantäne war und blieb erniedrigend. Nach der Revolution wurde der Singvogel jedoch langsam aus seinem Käfig entlassen. Ihr Hintergrund in Sachen Film und Bühne führte dazu, dass sie beim staatlichen Filmkomitee einen Fuß in die Tür bekam.

Auch wenn sie nur Beraterin war, schaffte sie es, in dem Versuch, als Ideologin ernst genommen zu werden, eine Reihe absurder Maßnahmen durchzudrücken. Sie hasste den beliebten historischen Abenteuerfilm *Hinter den Kulissen des Ching-Hofes*. Die Hongkong-Produktion war vom chinesischen Presseverband zum besten Film des Jahres gekürt worden, und das Publikum kam in Scharen, um ihn zu sehen. Weil der Film jedoch vor der Revolution entstanden war, betrachtete Jiang ihn als einen lebensgefährlichen kapitalistischen Anachronismus, von allen Klassenanalysen chemisch gereinigt. Sie organisierte ein Treffen im Propagandaministerium, um ein Verbot des Films zu erreichen. Die einbestellten Historiker, Künstler und Bürokraten zeigten keinen Teamgeist. Jiang war wütend, begriff aber, dass die Schlacht verloren war, als sogar Liu Shaoqi, Maos Nummer zwei, meinte, der Film sei im Großen und Ganzen patriotisch. Als ihr das nächste Mal ein Film ins Visier geriet, sorgte sie dafür, dass Mao an Bord war, bevor sie zum Schuss ansetzte.

Die Geschichte von Wu Xun (1950) basiert auf einer wahren Geschichte über einen Bettler, der sein Geld investierte und sparte, bis er genug hatte, um Schulen für arme Kinder zu bauen. Jiang *hasste* den Film. Er richtete den Fokus auf Almosen und die guten Taten des Einzelnen anstatt auf reale strukturelle Veränderungen im Namen des Kollektivismus. Auch wenn er in Hongkong gedreht worden war, das von den Briten regiert wurde, waren die Zensoren am Schnitt beteiligt gewesen, und das Endprodukt war erneut ein von Kritikern gelobter Kassenschlager. Jiang hatte mit anderen Worten einen großen Kampf vor sich. Sie ließ kritische Artikel in den Zeitungen platzieren. Mao gegenüber wies sie darauf hin, dass die Rollenfigur des Wu Xun den Lehrsätzen des Anführers widersprach. Mao fühlte sich sowohl geschmeichelt als auch in die Ecke gedrängt und ergriff schließlich die Partei seiner Frau.

Mit Blut an den Zähnen reiste sie in die Heimatstadt des wirklichen Wu Xun, um »Untersuchungen« anzustellen. Während der Reise wurde sie krank und bestand auf Selbstmedikation. Konfus im

Kopf und mit tränenden Augen erklärte sie den perplexen Ortsbe-
wohnern, dass ihr großer Sohn »die Partei und die Nation zerstöre«,
wenn sie nicht Abstand von ihm nähmen.[506] Auch wenn es nicht so
aussieht, als sei der Film direkt verboten worden, veröffentlichte das
Parteiorgan der Kommunisten, *Renmin Ribao, Tageszeitung des Volkes*,
Kritik um Kritik, und prominente Parteimitglieder nahmen öffentlich
Abstand von dem Film und seiner Botschaft.

Nach diesem Erfolg wurde Jiang übermütig und erlebte eine böse
Überraschung. Sie akzeptierte die Stelle als »Sekretariatschefin im
Generalbüro des Zentralkomitees der Kommunistischen Partei«.
Hier hatte sie Zugang zu allen geheimen Dokumenten Chinas und
konnte direkt an Mao berichten. Es dauerte nur ein paar Wochen, bis
sie gefeuert wurde. Der Job hatte überhaupt nicht zu ihr gepasst; sie
liebte es, umherzureisen und für Schlamassel zu sorgen, anstatt an
einem Pult zu sitzen und Dokumente zu lesen.[507] Als Intrigantin sollte
sie sich später einen Namen machen.

Die Kulturrevolution

*»Der große Sprung nach vorn«, die schnelle Industrialisierung Chi-
nas, war eine Katastrophe enormen Ausmaßes, wobei viele Millionen Menschen an Hunger starben. Anfang der Sechzigerjahre war
Maos Position innerhalb der Kommunistischen Partei ernsthaft geschwächt.*

Nach einer längeren Krankheitsphase war Jiang bereit für ein Come-
back auf der nationalen Bühne. Der romantische Teil der Ehe war
definitiv vorüber. Mao hatte unzählige Geliebte, junge Mädchen, die
den Anführer als lebenden Gott betrachteten. Und das, obwohl er sich
fast nie die Zähne putzte oder sich wusch. Er war der Ansicht, dies
sei Zeitverschwendung, außerdem rechtfertigte er sich mit dem Satz:

»Ich wasche mich mit Frauenkörpern.«[508] Sein Verbrauch an Frauen drohte ihn impotent zu machen, weshalb er Injektionen aus Geweih-pulver und »Vitamin H3« (die Erfindung eines rumänischen Quack-salbers) bekam.[509]

Obwohl Jiang sich zu Beginn der Ehe selbst versprochen hatte, nie so zu werden wie He Zizhen, bekam sie nun am eigenen Leib zu spü-ren, wie demütigend Untreue in Wirklichkeit war. Allerdings fanden Mao und sie in dem jahrelangen Säuberungsfestival wieder zusam-men, das als »Kulturrevolution« bekannt wurde.

Jiangs Charaktermord an einer Frau namens Wang Guangmei entsprach der Kulturrevolution in einer Nussschale. Wang war die Ehefrau des chinesischen Präsidenten Liu Shaoqi (1959–1968). Auch wenn die beiden rivalisierenden First Ladys einander mit kühlem Res-pekt behandelten, war Jiang immer neidisch auf Lius reichen Fami-lienhintergrund und guten Geschmack gewesen. Zudem hatte Jiang Liu nie vergeben, dass er und seine Frau sich gegen ihre Ehe mit Mao ausgesprochen hatten. Jetzt, wo sich ein Konflikt zwischen Mao und Liu anbahnte, entschied Jiang, Rache zu nehmen.

1963 sollte das Präsidentenpaar auf Staatsbesuch in eine Reihe südasiatischer Länder reisen. Wang erkundigte sich bei Jiang, was für Kleidung sie einpacken solle. Jiang gab ihr einige Empfehlungen. Abschließend teilte sie Wang mit, sie solle »Schmuck vermeiden«.

Einige Tage später sah Jiang zu Hause im Fernsehen die Nachrich-ten. In einer Reportage war Wang bei einem Galadinner beim indone-sischen Präsidentenpaar zu sehen.

Um den Hals trug sie Perlen.

Den Schmuck hatte sie vom Präsidenten von Burma bekommen, und sie trug ihn, um zu zeigen, dass sie das Geschenk schätzte. Jiang aber wurde wütend.

»Ich habe ihr gesagt«, polterte Jiang vor einer Massenmusterung von Rotgardisten, »dass sie als Mitglied der Kommunistischen Partei Chinas Halsketten vermeiden soll!«

Sie präsentierte die Aufnahme von dem Abendessen in Jakarta. »Herrgott, die Frau *trug* eine Halskette! Sie hat mich hintergangen!«

Eines Abends erhielt Wang die Nachricht, dass ihre Tochter Liu Pingping einen Unfall erlitten habe. Sie und ihr Mann eilten ins Krankenhaus. Das Ganze erwies sich als Bluff. Rotgardisten nahmen Wang fest. In der Zelle zwangen sie sie, ein viel zu enges Seidenkleid sowie hochhackige Schuhe anzuziehen und einen breiten Strohhut aufzusetzen, eine Parodie des Aufzugs, den sie getragen hatte, als sie mit dem Präsidenten Indonesiens »geflirtet« hatte. Um den Hals hängten sie ihr eine aus Tischtennisbällen gefertigte Kette. Später wurde sie geknebelt und vornübergebeugt einer jubelnden Volksmenge vorgeführt. Eine Reihe von Parteifreunden, in Todesangst vor Jiang Qings Zorn, traten vor, um Wang als bürgerliche Kapitalistin zu verurteilen. Liu Shaoqis Tochter brachte sie dazu, ihren Vater als »den vordersten Mann der Partei, der auf dem Weg des Kapitalismus wandert«, zu bezeichnen. In ganz China tauchten grotesk verdrehte, sexuell geladene Cartoons über Wang auf. Letztendlich wurde Wang wegen Spionage für Japan und die USA – eine komplette Erfindung – zu zwölf Jahren Gefängnis verurteilt. Sie wäre garantiert hingerichtet worden, hätte Mao nicht persönlich auf das Urteil gekritzelt: »Erspart ihr das Messer.« Wang musste die kompletten zwölf Jahre verbüßen. Ihr Mann starb 1969 im Gefängnis, er war brutal zusammengeschlagen worden und man hatte ihm lebenswichtige Medikamente verweigert.[510]

Das war ein rauer, zynischer Machtkampf, bei dem Mao seine Frau dazu brachte, Lügen über die Gegner zu verbreiten, damit diese aus dem Weg geräumt werden konnten. Allein in Peking wurden vierundsechzig Personen wegen »Verbindungen« zu Wang und Liu verhaftet. Unter ihnen war der Koch Hao Miao. Die Anklage lautete, er habe dem Präsidentenpaar viel zu luxuriöses Essen serviert, was sie in Richtung des Kapitalismus korrumpiert hätte. Lius Sohn aus vierter Ehe, Liu Yunzhen, wurde wegen »unerlaubten Kontakts mit einem anderen Land« ins Gefängnis geworfen – er hatte einen Liebesbrief an eine russische Schauspielerin geschrieben, in die er verliebt war. Er saß acht Jahre im Gefängnis und verlor den Verstand, 1977 starb er an einer Lungenkrankheit.[511]

Andere Opfer der Hexenjagd waren Jiangs alte Feinde aus ihrer Zeit in Shanghai.

Die Anklagen der Reihe nach:

Der Theaterkritiker Zhang Geng hatte versucht, sie zur Ehe zu drängen, und als sie sich weigerte, hatte er ihre Auslegung der Nora in einer Aufführung von *Nora oder Ein Puppenheim* niedergemacht.

Tian Han, Autor der erwähnten *Tragödie auf einem Binnensee*, hatte sie, nach Ansicht Jiangs, »übersehen«.

Der Theaterregisseur Xia Yan hatte Jiangs Traumrolle einer Schauspielerin gegeben, die hübscher war als sie.

Der stellvertretende Kulturminister Zhou Yang hatte einmal ihren Arbeitseinsatz kritisiert, indem er sagte: »Wenn Jiang Qing anwesend ist, ist es schwer zu arbeiten.«

Alle diese Menschen verloren ihre Arbeit und wurden als Ungeheuer angeprangert. Sie mussten mit Narrenkappe durch die Straßen laufen, wo sie von Jiang Qings fanatischen Anhängern verhöhnt und gehetzt wurden.[512]

Alles in allem traf die Kulturrevolution in etwa einhundert Millionen Menschen.

Jiang Qing positionierte sich als Maos Erbin. Mao seinerseits erteilte ihr in einem Gedicht, das er im Frühjahr 1976 schrieb, seinen Segen:

Du bist schlecht behandelt worden.
Heute teilen wir uns in zwei Welten, Friede herrsche in beiden.
Durch den Kampf der letzten zehn Jahre haben wir versucht, den Gipfel der Revolution zu erreichen, mir aber ist es nicht gelungen.
Du aber kannst es noch immer schaffen.[513]

Der im Sterben liegende Mao war offenbar der Meinung, dass Jiang die Kulturrevolution weiter vorantreiben solle. Diejenigen, die das für eine gute Idee hielten, waren jetzt auf die Mitglieder von Jiang Qings berüchtigter »Viererbande« reduziert.

Ein letzter Auftritt

Am 9. September 1976 stirbt Mao. Jiang versucht, sich mit Hua Guofeng zu verbinden, dem von der Partei bevorzugten Kandidaten für den Vorsitz. Hua weigert sich und tut sich vielmehr mit Deng Xiaoping zusammen, der große Unterstützung im Militär genießt. Jiang Qing wird ausmanövriert und am 6. Oktober verhaftet.

Sie war nicht aus Stein. Es gab Momente, in denen sie am Boden lag. Ende 1977, nach über einem Jahr in der totalen Isolation, versuchte sie, sich das Leben zu nehmen, indem sie ihren Kopf mehrfach fest gegen eine Wand schlug. Daraufhin bedeckten die Gefängniswärter die Mauerwände mit Gummi, versahen die Tür mit einem Guckloch und ließen sie machen. Als sie das dreibändige Werk *Die Verbrechen der Viererbande* las, flammten der Hass und der Lebenswille wieder auf. Im Februar 1978 schrieb sie an das Zentralkomitee und bezeichnete alle Anschuldigungen als Lügen. Sie bereitete jedoch keine juristische Verteidigung vor, weil sie überzeugt war, dass man sie eines Tages einfach abholen und erschießen würde. »Ich habe versucht, gesund und stark zu bleiben, um eines Tages mit Würde zum Hinrichtungsplatz schreiten zu können«, sagte sie.[514] Erst nach vier Jahren im Gefängnis erfuhr sie, dass ihr der Prozess gemacht werden sollte. Die Reihenfolge der Anklage war: Wang Hongwen zuerst, dann Zhang Chunqiao, anschließend sie. »Warum bin nicht ich die Nummer eins?«, rief sie.[515]

Der Prozess begann am 26. November 1980. Selten war der Begriff Schauprozess treffender. Die Medien nannten sie einen »weißkno-

chigen Teufel«.[516] Das Parteiorgan *Renmin Ribao* schrieb: »Die führende konterrevolutionäre Angeklagte Jiang Qing ist ein böser Stern,
der Unglück über das Land und das Volk gebracht hat.«[517] Jiang Qing
schminkte Alter und Müdigkeit weg und machte den Prozess zu einem
festlichen Durcheinander, das seinesgleichen sucht. Sie war bereits verurteilt, weshalb sie sich entschloss, Spaß zu haben und so viele wie möglich mit sich in den Abgrund zu reißen. Sie unterbrach das Geschehen
so oft, dass die Richter im Chor schreien mussten: »Halt die Klappe,
Jiang Qing!«[518] Als Maos Englisch-Dolmetscherin Nancy Tang und die
stellvertretende Außenministerin Wang Hairong als Zeugen gegen sie
aussagten, schnaubte Jiang Qing theatralisch. »Sie sind zwei kleine
Ratten, die zwischen zwei Booten hin und her flitzen.« Den Richtern
gegenüber begnügte sie sich damit, sarkastisch und herablassend zu
sein: »Wenn ich von keiner Besprechung weiß, wie kann ich dann wissen, was dabei gesagt wurde?«[519] Einmal nahm sie die Kopfhörer ab und
sagte zum Richter: »Ich habe keine Lust, mit Ihnen zu sprechen.«[520]

In dem Grad, wie sie sich überhaupt selbst verteidigte, geschah
dies, indem sie unterstrich, dass sie bei allem, was sie getan hatte,
Maos Segen besaß – was der Wahrheit entsprach. »Ich war Maos
Hund. Ich biss die, die er mir anwies zu beißen.« Und: »Ja, ich habe
einige dieser Dokumente unterzeichnet, die letzte Genehmigung aber
erteilten Vorsitzender Mao und Staatsminister Zhou. Warum versuchen Sie, sie zu decken?«[521] Eine Antwort darauf blieb ihr der Staatsanwalt schuldig – Mao war noch immer unantastbar. Deshalb versuchten die Richter, Jiang jedes Mal zu stoppen, wenn sie Mao erwähnte.

»Da Sie mich nicht reden lassen wollen, warum setzen Sie nicht
einfach einen Keramik-Buddha auf meinen Stuhl und prozessieren
stattdessen gegen ihn? Ich war achtunddreißig Jahre lang die Ehefrau des Vorsitzenden Mao. Ich war die einzige Frau, die ihm aufs
Schlachtfeld hinaus gefolgt ist.« Als das Publikum anfing zu lachen,
drehte sich Jiang um und rief: »Mit wem seid *Ihr* zu dieser Zeit ins
Bett gegangen?«[522]

Die chinesische Führung war gezwungen einzuräumen, dass Mao für die Überschreitungen der Kulturrevolution zum Teil mitverantwortlich war. Sie drängte jedoch darauf, dass Jiang Qing den Vorsitzenden hinters Licht geführt hatte. Jiang verlor die Nerven:

»Ihr seid Faschisten! Ihr seid Chiang-Kai-shek-Nationalisten! Ihr bezeichnet schwarz als weiß! Ihr findet in Eiern Knochen!« Sie wandte sich an den Staatsanwalt: »Ich verachte Sie, Jiang Wen. Sie verkaufen Ihre Kraft verzweifelt an Deng Xiaoping. Ah, er befördert Sie sicher, er wird Ihnen eine Belohnung von 200 Yuan geben, Jiang Wen.«

Eine Anwältin der Staatsanwaltschaft unterbrach sie. Das hätte sie nicht tun sollen.

»Herrgott, Sie sind weit entfernt von hübsch«, sagte Jiang Qing. »In der Tat sind Sie hässlich wie ein Schwein!«

Im Gerichtssaal brach die Hölle los. Jiang Qing trug den Klimax der Szene vor: »Ich bin ohne Himmel und ohne Recht!«

Währenddessen sie aus dem Raum entfernt wurde, schrie sie: »Es ist richtig, sich zu erheben! Nieder mit den von Deng Xiaoping angeführten Revisionisten! Ich habe keine Angst zu sterben.«[523]

Zu einer weiteren dramatischen Konfrontation kam es zwischen Jiang Qing und dem Schriftsteller Liao Mosha, der während der Kulturrevolution acht Jahre im Gefängnis gesessen hatte.

»Sie und die Ihrigen haben unzählige Verbrechen jeglicher Art begangen«, sagte Liao unter Tränen.

»Spion«, schrie Jiang Qing.

»Sie sind zahlreicher als Haare auf einem menschlichen Kopf.«

»Revisionist!«

»Das Volk von Peking hasst Sie bis auf die Knochen.«

Letztendlich sprang Jiang Qing auf: »Keine weiteren Lügen von Ihnen!«

»Schluss!«, schrie ein Richter. »Die Angeklagte soll aufhören! Ich protestiere.«

»Protestieren Sie, so viel Sie wollen«, entgegnete Jiang. »Ich rede.

Was können Sie dagegen tun?« Sie warf den Kopf nach hinten und lachte wie ein James-Bond-Schurke.

»Sie begehen neue Verbrechen!« Weitere Richter stimmten ein: »Sie begeht neue Verbrechen!«

»Unsinn. Sie bringen diese Verräter und schlechten Elemente hier herein, Sie behaupten dies und speien jenes aus.« Jiang hielt sich die Ohren zu. »Ich will Ihnen nicht zuhören! Ich habe selbst Fragen zu stellen!«

»Sie begeht neue Verbrechen!«

»Was zur Hölle meinen Sie mit ›Verbrechen‹? Sie Schlampe.«[524]

Unter dem Applaus des Publikums wurde Jiang wegen Geringschätzung aus dem Gerichtssaal geworfen. Zurück in der Gefängniszelle fragte sie die Wachmänner: »Wie habe ich im Fernsehen ausgesehen?«[525]

Mit ihrer aufsässigen Wut und ihrem Talent zur Dramatik gelang es Jiang Qing, den Fokus auf die Heuchelei im chinesischen System zu richten. Selbst Chinesen, die sie früher gehasst hatten, bewunderten sie jetzt. Nach Meinung des Sinologen Ross Terrill, aus dessen Biografie *The life of Madame Mao* diese Schilderungen stammen, hat das alte feudale System ein Urteil über Jiang Qing gefällt. Als Frau hatte sie sich – gegen den Willen der Elite – über ihre Grenzen hinaus bewegt. »Prostituierte können in die Flure der Macht vordringen – innerhalb der chinesischen Geschichte gibt es dafür viele Beispiele – und dort große Dinge tun, jedoch vergessen die offiziellen Geschichtsschreiber nie die Art und Weise, wie sie dort hingekommen sind. Während des Prozesses, jetzt, wo sie ihre Macht verloren hatte, saß Jiang Qing als Prostituierte in der Anklagebox.«[526]

Das Gericht hatte fünfunddreißig Richter, das Urteil sollte jedoch das Politbüro verkünden. Während des gesamten Prozesses hatte Jiang gepokert, dass niemand es wagen würde, Maos Ehefrau zu töten. Und es funktionierte, gerade so. Nach einem Monat der Überlegungen fiel das Urteil: Todesstrafe, ausgesetzt zur Bewährung auf zwei Jahre. Wenn sie sich benahm.

Jiang durchschaute den Bluff und sorgte während des Strafvollzugs weiterhin für Ärger. Sie weigerte sich, die obligatorische, monatliche »Selbstkritik« zu verfassen. Sie schrieb lieber wütende Proteste an die Zellenwände. Wurden diese abgewaschen, schrieb sie einfach neue. Sie stickte ihren Namen in die Puppen, die sie angehalten war zu nähen. Sie ließ Pamphlete aus dem Gefängnis schmuggeln. Sie drückte ihre Unterstützung für die Kulturrevolution und für Mao aus. Sie forderte Deng Xiaoping zur Debatte heraus: »Tritt er nicht an, dann ist er ein Feigling und ein Revisionist.«

Die Todesstrafe wurde trotzdem in Haft auf Lebenszeit umgewandelt. Um nicht das Gesicht zu verlieren und einzuräumen, dass sie feige waren, drängte die Kommunistische Partei darauf, dass Jiang, auch wenn sie sich in der Probezeit unmöglich aufgeführt hatte, »Reformen auch nicht offensichtlich entgegengestanden« hatte.[527]

Daher wurde ihr »das Messer erspart«.

Die letzten Tage

Auch wenn es eine gelungene Vorstellung war, senkte sich nunmehr der Vorhang für Jiang Qing. Sie hatte heldenhaft Widerstand geleistet. Jetzt war sie nur noch alt und krank und saß im Gefängnis. »Du hast jetzt zwei Identitäten«, ließ sie ihrer Tochter gegenüber verlauten. »Du bist die Tochter von Mao Zedong, dem großen revolutionären Lehrer, und du bist die Tochter von Jiang Qing, der großen Konterrevolutionärin.«[528]

Außerhalb des Rampenlichts erstickte sie schnell. Sie war verzweifelt. 1984 begann sie, sich bei ihrem früheren Erzfeind Deng anzubiedern. Sie fragte, ob sie vom Gefängnis in den Hausarrest überführt werden könne. Die Anfrage wurde abgelehnt. Jiang reagierte, indem sie versuchte, sich mit einem Seil, gefertigt aus zusammengeknoteten

Strümpfen, zu erhängen. Schlechte Nachrichten wie diese nahm sie üblicherweise sehr schwer. Als ihr 1986 verweigert wurde, Maos Mausoleum zu besuchen, schob sie sich ein Essstäbchen in den Hals. Als sie nicht an der Feier anlässlich Maos fünfundneunzigsten Geburtstages teilnehmen durfte, schluckte sie fünfzig Schlaftabletten.

In den Achtzigerjahren durfte Jiang dennoch sporadisch das Gefängnis verlassen, um ihre Familie zu treffen oder ärztliche Behandlung in Anspruch zu nehmen. Sie litt nunmehr an Kehlkopfkrebs. Aber es waren ebenso sehr Einsamkeit und Richtungslosigkeit, die ihr letztendlich das Leben nahmen. Sie war eine Blume (eine fleischfressende Pflanze, wenn man so will), die viele Jahre zum Verwelken brauchte. Als es auf das Ende zuging, zog es sie näher zu ihrem und Chinas großem Gott hin: Mao. An all ihren Kleidungsstücken hatte sie Mao-Anstecker befestigt. Sie plante, ihre Memoiren zu schreiben – für den Titel standen *Der loyale Soldat des Vorsitzenden Mao* oder *Ein Leben geweiht dem Denken von Mao Zedong* zur Auswahl.

Am 14. Mai 1991 gelang es ihr endlich, sich das Leben zu nehmen. Sie befand sich im Krankenhaus, und als er annahm, sie würde schlafen, verließ der Pfleger ihr Zimmer. Jiang schlich sich nach draußen, fand jede Menge Handtücher und erhängte sich. Sie war 77 Jahre alt und wog 47,5 Kilo. Sie hinterließ einen Brief, in dem sie Deng und die »Revisionisten-Clique« anklagte, die Revolution gestohlen zu haben. Ganz zum Schluss schrieb sie:

»Vorsitzender – deine Schülerin und Mitstreiterin kommt jetzt, um bei dir zu sein.«[529]

Totale Diktatur
Ferdinand Marcos
(1917–1989)

»Junge Mädchen sollten immer ältere Männer heiraten, damit sie richtig geformt werden können.«[530]

IMELDA MARCOS

Ferdinand Marcos, aufstrebendes philippinisches Kongressmitglied, kannte Imelda Romuáldez erst wenige Minuten, als er um ihre Hand anhielt. Imelda lachte nur. Sie glaubte, er mache einen Scherz. Sie befanden sich in der Kantine, Imelda trug ein einfaches Kleid und Pantoffeln, ihre Haare lagen kreuz und quer. Marcos aber meinte es vollkommen ernst. Am nächsten Tag schickte er ihr Blumen. Imelda kommentierte das später: »Ich hatte viele Freier, aber keiner war verliebter in mich als er. Er konnte die Augen nicht von mir lassen. Er konnte nicht essen, nicht trinken, nicht schlafen.«[531] Zehn Tage später waren sie verheiratet. Die Hochzeitsreise dauerte vier Monate.

Auch wenn sie voneinander äußerst entzückt waren, heiratete Marcos wohl nicht ausschließlich aus Liebe. Wie der philippinische Journalist Conrado de Quiros anmerkte: »Marcos' Entscheidungen wohnte immer eine politische Abwägung inne. Er wusste, dass es sein Image in der Öffentlichkeit verbessern würde, wenn er diese auffallend hübsche Frau an seiner Seite hätte.«[532]

Das erste Jahr war schwierig für Imelda. Die anderen Politikerfrauen mochten sie nicht, vermutlich aus Neid. Ihr Vater starb plötzlich und unerwartet. Zwei Monate später gebar sie Marcos' erstes

Kind. Zudem war das Tempo hoch, die Arbeitsmenge enorm und nicht ohne unangenehme Überraschungen, zum Beispiel, als ihr während einer politischen Veranstaltung eine arme Frau ein totes Baby in die Arme legte. Kurz nachdem Marcos 1957 zum dritten Mal in den Kongress gewählt worden war, erlitt Imelda einen nervösen Zusammenbruch. Sie wurde zur Behandlung nach New York geschickt. Ihr wurde ein Psychiater zugeteilt, der sie nicht bat, mehr Ruhe walten zu lassen, sondern ihr im Gegenteil die Rückkehr in den Dienst befahl. Sie erhielt die Aufgabe, »das Leben des Ehemannes ohne Vorbehalt zu umarmen«.[533]

Imelda raffte sich auf und kehrte gestärkt zurück. 1959 half sie Marcos bei der Wahl in den philippinischen Senat. Der Schlüssel zum Wahlerfolg lag darin, hinaus aufs Land zu fahren und so viele Menschen wie möglich mit Handschlag zu begrüßen. Das Volk mit Geld und Essen zu bestechen, funktionierte nur bis zu einem gewissen Grad. »Nur dreißig Prozent der Stimmen können gekauft werden«, sagte Imelda. »Den Rest musst du gewinnen.«[534] Also reiste sie durchs Land, sang Lieder und plauderte mit den lokalen Anführern.

1965 stellte sich Marcos zur Präsidentenwahl. Als Marcos' Wunschkandidat für den Posten des Vizepräsidenten ablehnte, hetzte er ihm Imelda auf den Hals. Sie suchte Senator Ferdinand Lopez in seinem Hotelzimmer auf, wo sie vor ihm auf die Knie ging, weinte und ihn anflehte. Der einundsechzigjährige Lopez war so verlegen, dass er Brustschmerzen bekam und seine Herzmedizin nehmen musste. »Sie können unmöglich ein Herz haben«, konterte Imelda, »denn ein Herz hätte Mitleid empfunden, während Sie keines für mich haben«. Lopez stimmte letztendlich zu, sich als Marcos' Nummer zwei zur Wahl zu stellen.[535] Sie gewannen die Wahl mit rund siebenhunderttausend Stimmen Vorsprung vor dem amtierenden Präsidenten, nach einem Wahlkampf, der nach philippinischen Standards als fair betrachtet wurde.

Sommervogel aus Eisen

Ein frühes Beispiel für Imeldas einzigartige Mischung aus Ambition und Standhaftigkeit gab es im März 1953, als Imelda bei einem Schönheitswettbewerb in Manila auf dem zweiten Platz landete. Anstatt zufrieden zu sein und der Gewinnerin zu gratulieren, sprach sie die Sache beim Bürgermeister an. Er ließ sich darauf ein, ein Komitee einzuberufen, das letztendlich die Entscheidung der Jury aufhob und Imelda zur Siegerin erklärte. Als sie zwölf Jahre später First Lady wurde, war sie entschlossen, dass Glamour und Prominenz die »neuen« Philippinen prägen sollten.

1966 kamen die Beatles nach Manila. Imelda nahm es als Selbstverständlichkeit, dass die Band für sie und Ferdinand ein Privatkonzert spielte und schickte die Polizei los, um die vier Musiker zu holen. Die Beatles weigerten sich mitzugehen. Einer von ihnen scherzte frech: »Wenn die First Lady so eine Lust hat, uns zu sehen, kann sie für eine Sondervorstellung in unser Schlafzimmer kommen.« Willie Jurado, einer von Marcos' Assistenten, war derart beleidigt, dass er am Tag der Abreise der Briten mit einer Gang auf dem Flughafen auftauchte, um sie zusammenzuschlagen. Zu diesem Zeitpunkt hatte bereits das ganze Land von der Beleidigung erfahren, und John, Paul, George und Ringo mussten um ihr Leben Richtung Flugzeug rennen, vorbei an Leuten, die schrien: »Fahrt zur Hölle, Beatles!« Die britische Botschaft musste wegen der Geschehnisse um Entschuldigung bitten. Lennon sagte später, sollten sie jemals wieder auf die Philippinen zurückkehren, dann mit »einer Atombombe«[536] – ein typischer Lennon-Spruch.

Als Papst Paul VI. die Philippinen besuchte, war dies ein PR-Coup der besonderen Art. Marcos und Imelda nahmen ihn auf dem Flughafen in Empfang. Das Präsidentenpaar führte ihn in die Volksmenge hinein. Innerhab dieser Menge befand sich ein verrückter bolivianischer Künstler mit einem großen Messer. Er drängelte sich nach vorn zum Papst, verfehlte jedoch sein Ziel und schlitzte einem südkoreanischen Kardinal den Arm auf. Dem Papst gelang es zu entkommen, und der Mann wurde zu Boden gedrückt. Das Ganze ging so schnell vonstatten, dass nur wenige Menschen begriffen, dass etwas Ungewöhnliches geschehen war. Der Papst setzte seinen Besuch fort und der Kardinal erholte sich wieder.

In seinem Tagebuch notierte Marcos eine eigene Version der Geschehnisse: »Heute war ein ereignisreicher Tag. Heute Morgen habe ich Papst Paul VI. wahrscheinlich das Leben gerettet, fünf bis zehn Minuten, nachdem er gelandet war.« Bisher unbekannte Kampfsportfähigkeiten hatten Wunder bewirkt: »Mein Karateschlag haute ihm den Dolch aus der Hand. Ich schubste den Papst (zwei Mal) zu Imelda, die hinter ihm stand, sodass er das Gleichgewicht verlor, sie fing ihn auf, wenn nicht, wäre er auf den Boden gefallen.« Marcos verband sich zum Schein die Hand und brachte philippinische Zeitungen dazu, die Geschichte zu drucken.[537]

Auf der internationalen Bühne erlangte Imelda große Popularität. Im September 1966 besuchten sie und Marcos Washington. Der amerikanische Kongress gewährte ihr drei Minuten lang Standing Ovations. Während des Abendessens im Weißen Haus war eines der Desserts nach ihr benannt. Lyndon B. Johnson kapitulierte vor Imelda völlig. Die beiden tanzten zu *Hello Dolly*. Er mochte ihr Kleid und gab an, Gelb sei seine Lieblingsfarbe. »Meine auch!«, entgegnete Imelda. (Eigentlich war es Rosa, aber sie erlaubte sich eine kleine unschuldige Lüge – »schließlich war er der Präsident!«) Mit Rehäuglein präsentierte Imelda LBJ ihr Standardlied *Dahil so iyo* [dt.: »Wegen dir«].[538]

Wegen dir erlangte ich Glück
Ich biete dir meine Liebe
Wenn es stimmt, dass du mich unterwerfen wirst
All dies ist wegen dir

Die amerikanische Sonntagszeitung *Parade* beschrieb Imelda als »die schönste Frau des Orients«.[539] Private Umstände führten dazu, dass Johnson sich darauf beschränkte, sie als die »zweitschönste« zu bezeichnen.[540] »Schön« war im Allgemeinen das Wort, das Regierungschefs über die Lippen kam, wenn sie Imelda begegneten, von Gaddafi über Mao bis hin zu Nixon und Castro. Aber die Schönheit hatte ihren Preis. Imelda nahm Schlankheitspillen, die eine Mischung aus Amphetamin und Abführmittel waren. Als Peeling verwendete sie Chemikalien, die das Gesicht wie ein geklopftes rohes Stück Fleisch aussehen ließen, bevor es die gewünschte weiße Glätte erhielt.[541]

Imelda wurde wegen Korruption, ihrer mehr als eintausend Paar Schuhe, ihres teuren Schmucks und ihrer grandiosen Bauprojekte berühmt-berüchtigt. Sie selbst fand, es sei nur natürlich, dass sie gut aussähe und das Volk an ihrem guten Geschmack teilhaben ließe. Als ein Journalist sie auf all den Luxus ansprach, hatte sie einen herrlichen Marie-Antoinette-Moment: »Sie ahnen nicht, wie es mir geht. Jeden Tag wünsche ich, ich wäre zurück in den Provinzen. Ich würde lieber in einem Schuppen wohnen.« Sie zeigte nach oben an die Decke. »Sehen Sie ein, dass mir dieser Kronleuchter während eines Erdbebens auf den Kopf fallen könnte?«[542]

Sie fand auch nichts Falsches daran, in ihren schönsten Sachen gekleidet hinaus in die Slums zu fahren. Viele Jahre später erklärte sie: »Als First Lady, als ich Könige und Königinnen traf, wendete ich für gewöhnlich eine Stunde für meine Garderobe auf. Wenn ich aber hinaus in die Provinzen reiste, konnte ich bis zu zwei Stunden darauf verwenden. Doppelt so viel Zeit. Denn sie brauchen einen Standard. Sie brauchen ein Vorbild. Sie brauchen einen Leitstern. Vor allem, wenn die Nacht am dunkelsten ist.« Imelda sagte, als First Lady war sie »sowohl Star als auch Sklave. Ich musste für diese armen Menschen Star sein, und gleichzeitig musste ich mich unterjochen, sodass alle Stars werden konnten.«[543]

Imelda war besessen von Schönheit. Das Äußere war alles. Als Manila 1966 Gastgeber des SEATO-Gipfels war, ließ sie die Stadt schmücken und von Taschendieben und Homosexuellen räumen. (Sie wurden alle auf einem Schiff untergebracht, das draußen auf dem Meer lag, bis das Treffen vorüber war.)

Ihre Projekte waren häufig gut gemeint, aber völlig unüberlegt durchgeführt. Als Geburtstagsgeschenk für Imelda ließ Marcos zwischen der Insel Samar und Imeldas Geburtsort Leyte die längste Brücke des Landes bauen – beide Orte verfügten nicht einmal über asphaltierte Straßen. Die Medien bezeichneten dieses teure Projekt als »die Liebesbrücke«.

Ein riesengroßes »Kulturzentrum«, inspiriert von der Carnegie Hall in New York, wurde auf vier Millionen Dollar veranschlagt, kostete letztendlich aber fast zehn Millionen. Imelda bildete sich etwas darauf ein, als Ronald Reagan, zu diesem Zeitpunkt Gouverneur von Kalifornien, Glanz über die Eröffnung brachte. Ein hochtechnologisches »Herzzentrum für Asien« kostete ein Vermögen und hatte nur einhundert Bettenplätze, ganz klar eine falsche Gewichtung in einem Land, dessen größtes Gesundheitsproblem das Fehlen an Essen war. Ein »Ernährungszentrum« in Manila verwendete Unmengen an Zeit und Geld auf Multimediapräsentationen seiner Produkte, während die tatsächliche Verteilung der »Nutrinudeln« mittels »Nutribussen« in den Dörfern nur halbherzig umgesetzt wurde. »Die Universität des Lebens« war ein riesengroßer Vierzig-Millionen-Campus, den kaum einer nutzte, weil »keine Zeit war«, um ordentliche Studienprogramme zu entwickeln. Das »Kokosnussschloss« war ein aus hunderttausend Kokosnüssen gebautes Herrschaftshaus. Während seines Besuchs auf den Philippinen 1981 weigerte sich Papst Johannes Paul II. dort zu wohnen, weil er den Luxus in einem so armen Land geschmacklos fand. Stattdessen brachte Imelda die Schauspielerin Brooke Shields dazu, das Gebäude einzuweihen.

Imelda entschied auch, dass Manila ein Filmfestival brauchte, das in Sachen Prestige Cannes, Berlin und Venedig Konkurrenz machen konnte. Sie ließ in der Hauptstadt ein riesengroßes Filmzentrum errichten. Um es rechtzeitig fertigzustellen, mussten die Arbeiter rund um die Uhr malochen. Während der Bauarbeiten stürzten Teile des Gebäudes ein, wobei vierundsechzig Menschen ums Leben kamen. Fünfzehn Minuten vor der Eröffnung des Festivals wurde das Gebäude fertig. Als der Ticketverkauf schleppend verlief, ließ Imelda vorübergehend die Zensurgesetze der Philippinen aufheben, sodass das Filmzentrum ungeschwärzt Pornografie zeigen konnte.

Senator und Oppositionsführer Sergio Osmeña III. schätzt, dass bis zu sechsunddreißig Leichen liegen blieben und noch immer im Beton des Gebäudes begraben sind. Imelda ihrerseits leugnete die Anschuldigungen, heuerte aber dennoch einen Priester an, um in dem Zentrum einen Exorzismus durchführen zu lassen. Heute steht das Gebäude leer.

Die Engelschule

Der Aberglaube seiner Ehefrau inspirierte Marcos. Wenn es um wichtige Entscheidungen ging, konsultierte er Wahrsager und Heiler. In sein Tagebuch schrieb er, dass er hoffe, die Medien würden es »nicht zu einer Geschichte aufbauschen, dass ich mit Astrologen und Horoskop-Erstellern Rücksprache halte, bevor ich Regierungsbeschlüsse fasse«.[544] Seit er die Nominierung zum Präsidentschaftskandidaten der Nacionalista Party mit siebenhundertsiebenundsiebzig Stimmen gewann, war er besessen von der Sieben als Glückszahl. Er taufte seine Jacht The 777. Das Nummernschild von Imeldas Limousine lautete IM777. Als ein Mystiker im Palast böse Geister ausmachte, ging Imelda auf die Einrichtung los: sieben Kronleuchter anstatt drei. Obwohl sie Katholiken waren, füllten sie ihre Kapelle mit Ikonen und Objekten nahezu aller Religionen der Welt, um auf der sicheren Seite zu sein.

Imelda machte aus schrullenhafter Neureligiosität ein Nebenge-schäft. Sie schrieb das Selbsthilfebuch *Die Kreise des Lebens*, in dem unter anderem zu lesen ist: »Alles um dich herum stellt Elemente dei-ner Infrastruktur dar. Aber sie sind nur gut, wenn sie auch schön sind und wenn sich in der Landschaft deines Herzens Schönheit findet. Lass sie nicht dort drinnen liegen. Miss sie, beuge sie, baue sie, lass sie von innen heraus in alles fließen, was du tust oder berührst. Es ist leicht, schön zu sein, denn das ist natürlich.«

Ihrer Theorie über »die menschliche Ordnung« zufolge besteht der Mensch aus drei Teilen: Körper, Geist und Seele. Der Körper braucht das »Gute«, damit er »gesund« ist. Der Geist braucht »Wahr-heit«, damit er »kundig« wird. Die Seele braucht »Schönheit«, um »Würde« zu empfinden. Nur wenn alle diese drei Dinge geregelt sind, ist ein Mensch komplett. Das Ganze illustriert sie mit einem Kreis bestehend aus drei gleich großen Teilen. Nimmt man nur einen der Teile heraus, sehen die beiden übrig gebliebenen wie ein Pac-Man aus, der nur frisst und verdaut, ohne jemals satt oder zufrieden zu werden.

Carmen Nakpil, eine von Imeldas ehemaligen Assistentinnen, verteidigt diese Theorien damit, dass »alle philosophischen Systeme geisteskrank wirken«, wenn man Zeichnungen davon anfertigt. Ihre Nichte Bernice Ocampo sagte hingegen, sie wünschte, Imeldas Freunde hätten ihr öfter widersprochen, als sie anfing, Unsinn zu faseln, dass sie »ehrlich« gewesen wären, anstatt »sie die ganze Zeit zu feiern. Das zog sie in mehrfacher Hinsicht nach unten.«[545]

Die Diktatur nimmt ihren Anfang

Als Marcos in den Präsidentenpalast einzog, surfte er auf einer Welle der nationalen Begeisterung dorthin, gut unterstützt von Imeldas Gla-mour. Auch wenn seine Popularität in den folgenden Jahren abnahm, gewann er seine zweite Präsidentschaftsrunde mit so großem Vorsprung, dass selbst in einem System, in dem ein gewisser Grad an Korruption als notwendiges Übel betrachtet wird, dies offensichtlich Betrug auf bislang unerhörtem Niveau war. Nachdem der Gegner extrem unbeholfen war, hätte Marcos die Wahl aller Wahrscheinlichkeit nach auch auf ehrliche Weise gewonnen, ein realer Erdrutschsieg war jedoch zu verlockend. Das sollte sich rächen. Am Tag des Amtsantritts, am 30. Dezember 1969, warf jemand eine Bombe auf das Auto des amerikanischen Vizepräsidenten Spiro Agnew. Niemand kam zu Schaden, jedoch legte das Ereignis für die kommenden Jahre den Ton fest. Nachdem Marcos seine jährliche Rede an den Kongress gehalten hatte, wurde er auf dem Weg nach Hause gesteinigt. Die Polizei schlug die Demonstrationen mit aller Gewalt nieder, mit dem Ergebnis, dass diese sich über das ganze Land ausweiteten. Studenten versuchten, die Präsidentenwohnung zu besetzen. Marcos begriff, dass seine Karriere in Gefahr war. Er hatte bereits in die Wege geleitet, die im Grundgesetz festgelegte Obergrenze für die Anzahl an Amtszeiten entfernen zu lassen. Jetzt sah er sich gezwungen, zu stärkeren Maßnahmen zu greifen, um seine Macht zu festigen. Ein Bombenattentat auf eine Wahlversammlung der Liberalen Partei kam als Entschuldigung gelegen, um Oppositionsführer auf unbestimmte Zeit verhaften zu lassen. Am 22. September 1972 brachte er Verteidigungsminister Juan Ponce Enrile dazu, sein eigenes Auto kurz und klein zu schießen und Selbiges als einen Attentatsversuch zu bezeichnen.[546]

Jetzt konnte Marcos den Ausnahmezustand ausrufen. Über Nacht wurden die Philippinen zu einer Diktatur. Eine generelle Ausgangssperre trat in Kraft. Meinungs- und Versammlungsfreiheit wurden aufs Abstellgleis geschoben. Es folgten Massenverhaftungen von »Gerüchteverbreitern«. Mit dem Militär in den Straßen und allen Widersachern Marcos' in den Gefängnissen war es plötzlich zum ersten Mal seit Langem still und ruhig, was die Bevölkerung in den entscheidenden ersten Wochen der Diktatur befriedete. Marcos' Geschäftskontakt Rodolfo Cuenca sagte, »das war die schönste Zeit, an die ich mich in diesem Land erinnere. Alle hatten Disziplin, alle taten, wie ihnen geheißen wurde.«[547] Marcos selbst war auch zufrieden. »Ich bin eine Art Held!«[548], schrieb er in sein Tagebuch. Imelda bezeichnete das Ganze als »Ausnahmezustand mit einem Lächeln«.[549]

Der Ausnahmezustand trat offiziell am 23. September 1972 in Kraft, späterhin änderte Marcos das Datum in den Protokollen jedoch auf den 21., damit es durch sieben teilbar war. Am 7. Dezember wurde die glücksbringende Kraft der Zahl ernsthaft auf die Probe gestellt. Nach sieben Jahren unter Marcos' Führung, siebenundsiebzig Tage nach der Erklärung des Ausnahmezustandes, wurde Imelda im Fernsehen live beinahe massakriert. Auf einer Bühne stehend dankte sie jenen, die an einer ihrer »Verschönerungskampagnen« teilgenommen hatten, als ein Mann mit einem Bolo (einer Art Machete) auf sie zustürzte.

Als Imelda ihn sah, dachte sie: »Warum ein hässliches Bolo? Er hätte wenigstens ein gelbes Band darum wickeln können.«

Dem Mann gelang es, *elf Mal* auf sie einzuhauen, bevor ihn die Polizei erschoss. Die ganze Zeit über wehrte Imelda den Angriff mit den Armen ab, in den Handgelenken wurden Sehnen durchtrennt, und sie war nicht weit davon entfernt, Finger zu verlieren. Sie musste mit fünfundsiebzig Stichen genäht werden, kam unglaublicherweise aber ohne dauerhafte Schäden davon. Vom Krankenbett aus bezeichnete sie das als »Glück«.[550]

Das Gerücht machte die Runde, Marcos selbst habe jemanden dafür bezahlt, seine Ehefrau zu töten.[551] Das entspricht wohl kaum der Wahrheit, allerdings hielt sich der Präsident zu dieser Zeit aus Sicherheitsgründen in der Öffentlichkeit sehr zurück, zögerte aber nicht, Imelda hinauszuschicken. Für unruhige Attentäter stellte sie eine gute Alternative dar. Imelda legte den Angriff nicht als Ausdruck von Unzufriedenheit mit dem Regime aus, sondern betrachtete ihr eigenes Überleben vielmehr als ein Zeichen Gottes, dass sie wie zuvor weitermachen solle.

Hie und da gelang Imelda auch Positives. Um die potenziell katastrophal hohen Geburtsraten zu reduzieren, förderte sie den Einsatz von Verhütungsmitteln, zum Missmut der katholischen Kirche. Sie spielte eine zentrale Rolle im Ausbau des Stromnetzes in den Randregionen und förderte den Tourismus, der in den Jahren zuvor mit Zunahme der Gewalt rückläufig gewesen war. Das alles wurde jedoch von der sinnlosen Verschwendung und dem regelrechten Diebstahl öffentlicher Mittel überschattet. Mit Verhängung des Ausnahmezustandes stand zwischen ihr und dem Abgrund kein Hindernis mehr.

Imelda wurde zur Gouverneurin von Manila ernannt. Sie wurde Ministerin für »menschliche Ansiedlungen«. Das Motto »Der Mensch – das Zentrum der Dinge« repräsentierte Imeldas New-Age-Ideologie. Sie sollte sich um die »elf Bedürfnisse« der Philippiner kümmern, darunter »ökologisches Gleichgewicht«. Dem Ministerium standen Milliarden Dollar zur Verfügung. Es wurden zwar Schulen und Straßen gebaut[552], aber auch Luxushotels und Golfplätze.[553]

Dovie Beams

Der eindeutig unterhaltsamste Skandal des Ehepaars Marcos war die Affäre mit der amerikanischen Schauspielerin Dovie Beams.

Maharlika war als Film über den Kriegshelden Ferdinand Marcos angedacht. Die Veröffentlichung sollte planmäßig mit der Präsidentenwahl 1969 zusammenfallen. Marcos selbst fungierte als Produzent. Es war nicht der erste Film, den er über sich drehen ließ. Während der Kampagne zur ersten Präsidentenwahl war die Film-Biografie *Vom Schicksal bestimmt* ein großer Erfolg gewesen.

Die Hollywood-Behandlung passte, zumal Marcos' militärische Laufbahn von jeher vor allem fiktionaler Art war. Er behauptete, ein Guerillakämpfer gewesen zu sein, der von den Japanern unzählige Male angeschossen, gefangen genommen und gefoltert worden war.

Er erlog sich fast fünfzig Medaillen sowie eine Nominierung für die amerikanische Ehrenmedaille. Er war beim Todesmarsch von Bataan dabei gewesen, er gab an, geflohen zu sein, indem er in einen Fluss gesprungen und sich »unter einem Alligator« versteckt habe, während er durch einen Strohhalm geatmet habe.[554] Mit diesen Geschichten konnte er sich in heimatlichen Gefilden als Hartgesottener präsentieren, von den USA Kriegsentschädigung fordern sowie enorme Budgets für einen Actionfilm über sich aufbieten.

Die amerikanische C-Filmschauspielerin Dovie Beams bekam die Rolle der »Evelyn«, Ferdinands Freundin während des Krieges. Als sich die beiden trafen, um über den Film zu sprechen, stellte sich Marcos als Produzent »Fred« vor.

»Sie haben die hübschesten Beine, die ich jemals gesehen habe«, ließ er Dovie wissen.

»Danke«, entgegnete Dovie.

»Mit welcher Art von Männern gehen Sie gern aus?«

»Ich meide Anwälte, Ärzte und Minister.«

»Dann werden Sie meine Arbeit vermutlich nicht mögen.«

»Sind Sie Anwalt?«

»Ich habe ein bisschen mit Rechtswissenschaften zu tun. Ich bin der Präsident der Philippinen.«

»...«

Marcos küsste Dovies Nacken. »Ich bin verliebt in Sie«, sagte er. Und ging.

Zu einem späteren Zeitpunkt desselben Monats wurden die beiden Geliebte. Marcos gab an, in Bezug auf Imelda nunmehr impotent zu sein. Er versuchte, Dovie dazu zu überreden, mit ihm zusammen ein Kind zu bekommen. Marcos wünschte sich einen neuen Sohn und erwähnte faktisch die Idee eines Ersatzes für Imelda. In seinem Tagebuch heißt es dazu:

»Sie sagte: Ich liebe dich so sehr, dass ich dich Kinder mit einer anderen Frau bekommen lassen würde, wenn es das ist, was du willst ... Aber ich muss dabei sein, und du darfst es nicht tun, weil du die Frau liebst. Selbstverständlich lachten wir den Gedanken mit einstimmigen Versicherungen hinsichtlich unserer Liebe weg.«

Möglicherweise um die Filmrolle nicht zu verlieren, ließ sich Dovie darauf ein. Während Marcos mit der üblichen Gründlichkeit ein Logbuch über ihren Fruchtbarkeitszyklus führte, nahm Dovie trotzdem weiterhin die Pille. Auf dem Nachttisch ihres Liebesnests platzierte Marcos ein Foto von einem philippinisch-amerikanischen »Mischlingskind«, von dem er hoffte, ihr Kind würde ihm ähneln.

Das Verhältnis hielt etwa zwei Jahre an.[555] Marcos ging vollkommen idiotische Risiken ein. Er flirtete mit Dovie in aller Öffentlichkeit. Er nahm sie mit zu einem Gedenken an den Todesmarsch von Bataan. Weil Imelda auch anwesend war, mussten sie per Handzeichen kommunizieren – eine Hand zur Wange bedeutete »Ich liebe dich«. Während Imelda verreist war, kamen Dovies Mutter und eine Tochter aus einer früheren Beziehung zu Besuch. Gegen Ende des Aufenthalts nannte das Mädchen Marcos »Papa Fred«.

Als Dovie nach Abschluss der Filmaufnahmen in die USA zurückkehren sollte, bestand Marcos darauf, Nacktfotos von ihr zu machen. Sie tauschten Locken ihrer Schambehaarung aus.[556]

Auch wenn er Dovie den Himmel auf Erden versprochen hatte, betrog er sie kleinlich um ihre Gage. Selbst als Dovie die Filmgesellschaft warnte, sie würde »den Präsidenten durch die Scheiße ziehen«, läuteten bei keinem die Alarmglocken. Als die Affäre letztendlich öffentlich bekannt wurde, war es jedoch faktisch Imeldas »Verdienst«.

Sie hatte einige Zeit zuvor von dem Verhältnis erfahren und war vollkommen gebrochen. Nachdem sie sich selbst gequält hatte, indem sie sich »Maharlika« drei Mal hintereinander angesehen hatte, während sie weinte, weinte und weinte, ließ Imelda den Film auf den Philippinen verbieten. Als eine leicht bekleidete Dovie in Verbindung mit einer gänzlich anderen Sache auf der Titelseite einer Zeitung in Manila landete, rief Imelda wütend den Redakteur an und fragte, wie die Zeitung es wagen konnte, Bilder der Geliebten des Präsidenten abzudrucken. Die Medien hatten von der Affäre nichts gewusst, bis die First Lady ihnen durch ein Missgeschick den Tipp gegeben hatte.[557]

Marcos leugnete alles. Auch Dovie hielt für eine Weile an der offiziellen Version fest, dass sie nur Kontakt zu einem Mann Namens »Fred« gehabt hatte. Marcos leugnete das Verhältnis sogar in seinem eigenen Tagebuch, das er offensichtlich als eine Art offizielles Geschichtsbuch über das Regime bewahren wollte. Er bestand darauf, Dovies Nachnamen falsch zu buchstabieren, so als sollte das die Lüge glaubhafter machen:

»Ich werde von einer Dovie Boehms, die zur Pressekonferenz einberufen hat und sagt, sie sei meine Geliebte gewesen, um Geld erpresst. Eine verdammte Lüge! Vor Kurzem hat sie damit gedroht, mich zu skandalisieren und alle möglichen Lügen über mich zu verbreiten, wenn ich ihr nicht eine große Summe Geld bezahlen würde. Ein teuflischer Plan. Aber gut vorbereitet ist er … Ich habe die Redakteure gebeten, die Geschichte zu überprüfen und sie nicht zu verwenden.«[558] Später schrieb Marcos, dass er die CIA oder die amerikanische Botschaft verdächtige, hinter der Verleumdungskampagne zu stehen; Imelda schloss sich dem an, um nach außen hin das Gesicht zu wahren.

Marcos sollte bereuen, dass er nicht einfach bezahlt hatte. Der Grund, warum wir so viele Details über die Affäre zwischen ihm und Dovie kennen, ist, dass sie große Teile davon auf Band aufgenommen hat. Bei der Pressekonferenz am 11. November 1970 holte sie einen Kassettenrekorder hervor und drückte auf Play.

Ein möglicher Höhepunkt der Aufnahmen ist, als ein Oberst Marcos mitten im Geschlechtsverkehr unterbricht, weil eine gewalttätige Demonstration vonstattengeht. Marcos verzweifelt: »Sie greifen an und bomben, und ich liege hier und ficke umher.« Er springt aus dem Bett und zieht sich an. »Ich glaube, ich ziehe das an. Das wird so aussehen, als sei ich nur beim Golf gewesen.«[559] (Golf war Marocs' ständiges Alibi.)

Andere Leckerbissen: Marcos fleht Dovie um Oralsex an. Marcos bittet sie, sein Kind zu bekommen. Marcos singt mürrisch Liebeslieder. Nachdem eine Raubkopie der Lieder in die Hände einiger flegelhafter Studenten gelangte, spielten sie diese drei Tage am Stück über die Lautsprecher der Universität von Manila ab, bis sie von Soldaten gestoppt wurden, die sich das Lachen kaum verkneifen konnten.

Nach der Pressekonferenz fuhr Dovie direkt zum Flughafen. Sie fürchtete um ihr Leben. (Nicht ohne Grund: Einer von Imeldas Leibwächtern hatte sich angeboten, Dovie für sie umzubringen.) Als sie an Bord des Flugzeugs ging, stellte sie fest, dass ihre Sitzplatznummer geändert worden war. Sie saß nun neben einem Mann, der vorgab, Fred zu heißen und sich so benahm, als würde er sie kennen. Das war Marcos' letzte krampfhafte Intrige. In seinem Tagebuch heißt es:

»Es gibt Hinweise darauf, dass dieser Fred, von dem sie spricht, Federico Delfin Cueto ist. Er ist auch dafür bekannt, sich als Präsident Marcos auszugeben. Und das Gleiche kann er gegenüber Boehms getan haben. Er wohnt in Hongkong im gleichen Ambassador Hotel wie diese Frau Boehms.«[560]

Keiner auf den Philippinen kaufte ihm diese Geschichte von »Fred« ab. Fred-Witze wurden populär. Personen, die wirklich Fred hießen, waren beschämt. Bei Demonstrationen wurde Marcos mit Fred-Plakaten verhöhnt. (»Fred« Cueto seinerseits wurde zwei Jahre später erschossen.)

Bei seinen Versuchen, mit dem Skandal umzugehen, unternahm Marcos nicht einen einzigen richtigen Schritt. Die CIA-Theorie wurde bis in jeden nur erdenklichen Winkel ausgereizt. Marcos drohte damit, die amerikanische Marine und Luftwaffe aus dem Land zu werfen, zog sich damit aber einzig und allein den Zorn der amerikanischen Botschaft zu. »Mein Telefon wurde abgehört«, sagte US-Botschafter Henry Byroade. »Und Marcos wusste, dass ich es wusste, also nutzte ich diesen Umstand gelegentlich, um ihm eine Botschaft zu übermitteln. Ich war so verflucht wütend, dass ich sechs Mal hintereinander anrief und vollkommen den Verstand verlor. Ich beendete jedes Gespräch mit dem Satz: ›Ich wurde von Imelda in den Arsch gefickt und hatte dabei nicht einmal guten Sex.‹ Und ich konnte es nicht unterlassen hinzuzufügen: ›Hallo Imelda.‹«[561]

Um Dovie lächerlich zu machen, ließ Marcos ihre Nacktfotos in einer von ihm kontrollierten Wochenzeitung drucken. Imeldas Bruder Kokoy (ihr »Rasputin«) brachte er dazu, einen psychiatrischen Bericht auszugraben, in dem behauptet wurde, dass Dovie »schizophrene Züge« aufweise. Dovie wurde nur noch wütender und spielte der Presse weitere Tonaufnahmen zu. Sie ließ der Presse auch ein paar von Marcos' Schamhaaren zukommen. Zudem verkaufte sie ihre Geschichte der philippinischen Journalistin Hermie Rotea. Das daraus entstandene Buch wurde Kult, nicht zuletzt wegen seiner unerotischen Schilderungen: »Dovie schrie vor Freude. Dann bekam sie Kopfschmerzen.«[562]

Imelda war offensichtlich gedemütigt von dem sich hinziehenden öffentlichen Schmutzige-Wäsche-Waschen. Marcos mühte sich damit ab, alles wiedergutzumachen. Er kaufte ihr teure Geschenke und schrieb ihr das nachfolgende Gedicht, in einer Handschrift, die darauf hindeutet, dass er vollkommen außer sich war (Marcos trank nie):

An meine liebste Imelda
Meine Seele kriecht entlang meiner langen Nächte Albtraum
Es ist dunkel, wenn du weg bist
Sei so nett und gib meinem Leben die Sonne zurück.
Andy[563]

Direkter bestach er Imelda, indem er ihrer Familie Anteile an Bergbauunternehmen vermachte. Der Skandal stellte auch für Imelda einen Wendepunkt dar. Sie beschäftigte sich nun weniger damit, eine hübsche und ordentliche First Lady zu sein, sondern interessierte sich vielmehr dafür, Macht an sich zu reißen. Sie entstaubte frühere lockere

Pläne, selbst in die Politik zu gehen. Ferdinand übertrug Imelda offizielle Pflichten und schickte sie in die Welt hinaus, um sich auf eigene Faust einen Namen und eine Karriere zu verschaffen. Sie traf den Papst im Vatikan, US-Präsident Nixon und Außenminister Kissinger im Weißen Haus, UN-Generalsekretär U Thant in New York, Königin Elisabeth II. im Buckingham Palast und Aristoteles Onassis in London. Das war nicht nur eine PR-Kampagne; so kehrte sie zum Beispiel mit dem Versprechen Amerikas zurück, den (in hohem Maße erfundenen) philippinischen Kampf gegen den Kommunismus finanziell zu unterstützen.

Abstieg und Exil

Ferdinand Marcos war ein Hypochonder. Eines Tages nach dem Frühsport setzte er sich hin, um sich einen Pornofilm anzusehen (wie man es halt so tut). »Die Mädchen waren komplett nackt«, schrieb er in sein Tagebuch, »mit Schamhaaren und allem, was ich abscheulich fand und was mir faktisch Bauchschmerzen verursachte.«[564] Als er Imelda erzählte, was geschehen war, riet sie ihm zu einem EKG, das allerdings keine Unregelmäßigkeiten aufwies.

Aber auch Hypochonder können mal krank werden. Ende der Siebzigerjahre wurde beim Präsidenten Lupus diagnostiziert, eine chronische Entzündung des Bindegewebes. Die Krankheit würde über Jahre hinweg zu einem langsamen, aber sicheren Abbau führen. Imelda übernahm einen Teil seiner Pflichten, beim Militär protestierte man jedoch gegen eine formale Beförderung; viele Offiziere waren nicht gut auf Imelda zu sprechen, weil sie sie einige Jahre zuvor gezwungen hatte, bei einer Modenschau Damenkleidung zu tragen.

In Manila machte ein nicht sonderlich lustiger Witz die Runde: Marcos und sein Armeechef, General Ver, treffen sich in der Hölle. Ver steht bis zum Hals in kochendem Teer. Marcos geht es nur bis zu den Knien. Ver sagt: »Ich war deine rechte Hand. Ich habe fürchterliche Dinge getan, aber das ist nichts im Vergleich zu dem, was du getan hast! Warum steht dir der Teer nur bis zu den Knien?« Marcos antwortet: »Weil ich auf Imeldas Schultern stehe.«[565]

1979 feierten Marcos und Imelda Silberhochzeit. Sie hatten groß angelegte Pläne gemacht. Auf einem Bergrücken außerhalb von Manila wollten sie »Die Basilika der heiligen Kinder« bauen, mit vierzehn Kapellen, einer neun Meter hohen Statue des Jesuskindes und einem Mausoleum für ihre späterhin toten Leiber. Sie ließen die Pläne fallen, als der Priester, den sie sich für die Erneuerungszeremonie wünschten – der Papst –, ablehnte.

Seit Mitte der Siebzigerjahre war es mit der philippinischen Wirtschaft abwärts gegangen. 1983 erreichten die Auslandsschulden schwindelerregende fünfundzwanzig Milliarden Dollar. Hohe Zinsen, Arbeitslosigkeit, Inflation, Zwangsumsiedlungen, Polizeigewalt – das ganze Land litt unter einer Regierungsform, die nur den Reichen nutzte.

Auf internationalen Druck hin genehmigte Marcos Parlamentswahlen. Um daran teilzunehmen, kehrte Oppositionsführer Benigno Aquino aus dem Exil zurück. Unmittelbar nachdem er aus dem Flugzeug gestiegen war, wurde er erschossen.

Der spätere US-Botschafter Stephen Bosworth (1984–1987) war überzeugt davon, dass Marcos vorab von dem Attentat wusste. Vielleicht wäre Marcos auch damit durchgekommen, wenn er nur ein paar Tage mit dem Mord an Aquino gewartet hätte. Das schamlose Timing jedoch – Aquinos schaffte es kaum, die Treppe des Flugzeugs herunterzukommen, bevor er in den Nacken geschossen wurde – schockierte die Philippiner.

Das war der Anfang vom Ende.

Marcos' Unterstützer wandten sich von ihm ab. Ausländische Banken verlangten plötzlich die Rückzahlung ihrer Kredite. Ronald Reagan sagte einen Staatsbesuch ab. Bei der Wahl im Mai erlitt Marcos' Partei eine heftige Niederlage. Bis Juni waren fünfzehn große philippinische Unternehmen Konkurs gegangen. Die USA hielten Wirtschaftshilfe zurück. Bei der Präsidentenwahl 1986 gewann Aquinos Witwe Corazón. Trotzdem rief sich Marcos selbst zum Sieger aus. Millionen demonstrierten in Manila. Führungskräfte des Militärs sprangen ab, darunter der Verteidigungsminister.

»Wir wurden von Regierungen geschwächt, die ein hohes Ansehen bei uns genossen, von Freunden, die wir respektierten und einst liebten«, sagte Imelda traurig.[566] »Wir, das Paar Marcos, Ferdinand und Imelda, waren letztendlich die größten Opfer des Mordes an Aquino.«[567]

Auch wenn er begriff, dass alles verloren war, bestand Marcos trotzig auf einer Einsetzungszeremonie. Er sprach zu dreitausend Menschen, die für ihre Teilnahme bezahlt worden waren. Imelda sang zum x-ten Mal in ihrem Leben *Dahil sa iyo*. Anschließend flüsterte ihr Marcos ins Ohr: »Alles ist deine Schuld.«[568] Dann flohen sie. Ein amerikanischer Soldat trug Marcos wie »einen Sack Reis« unter dem Arm und setzte ihn in einen Hubschrauber, der sie in Sicherheit brachte.

Epilog

Ferdinand Marcos starb am 28. September 1989. Imelda wurde in New York wegen Betrugs angeklagt. Ihren eigenen Worten zufolge war dies »der Prozess des Jahrhunderts«. Sie erzählte, wie die »Neger« auf den Straßen New Yorks sie grüßten: »Yo, Mama!« Sie fand es süß, »dass die Leute *the underdog* wirklich unterstützten«. An ihrem einundsechzigsten Geburtstag wurde sie in allen Punkten freigesprochen. Zum Dank schickte sie allen Jurymitgliedern ein signiertes Foto von sich.[569] Im November 1991 reiste sie auf die Philippinen zurück. 1992 und 1998 stellte sie sich zur Präsidentenwahl, verlor aber beide Male, Gott sei Dank.

»Mein Leben wurde von allen verkompliziert«, sagte sie. »Inklusive meiner Familie und meinen sogenannten Freunden. Das ist so lustig und lächerlich, weil ich sehr einfach bin. Ich verstehe nicht, warum sie mir Probleme bereiten. Ich habe keine Probleme.«[570] Ihr persönliches Vermögen wird auf fünf Milliarden Dollar geschätzt. Als »Kriegswitwe« erhält sie monatlich noch immer eine Rente von neunzig Dollar.

Die großen Kleinen
Die Kim-Familie

Korea war sehr lange eine zusammenhängende, homogene Nation, Sitz jahrhundertelanger Königtümer. Jetzt ist die Halbinsel eines der am bittersten gespaltenen Konfliktgebiete der Welt, ein Beispiel des Schreckens dafür, wie schief in kurzer Zeit alles gehen kann.

Nach dem Zweiten Weltkrieg teilten die Sowjetunion und die USA Korea unter sich auf, die Trennung erfolgte in etwa in der Mitte der Halbinsel. Aus den geplanten freien Wahlen zur Wiedervereinigung ist nie etwas geworden. Unter Führung des Kommunisten Kim Il-sung, unterstützt von China und der Sowjetunion, fiel der Norden in den Süden ein. Eine Koalition der Vereinten Nationen mit Soldaten aus den USA, Australien und den Niederlanden drängte die Kommunisten innerhalb weniger Monate zurück. Dann wurden sie übereifrig und folgten ihnen bis weit in den Norden Richtung China, wo sie dann selbst zurückgedrängt wurden. So ging es weiter, hin und her, bis Ende Juli 1953 eine Waffenruhe unterzeichnet wurde. Das war der Koreakrieg, das Ergebnis: drei Millionen Tote und nichts erreicht. Die willkürlich gezogene Teilungslinie entlang des achtunddreißigsten Breitengrades verfestigte sich zu einer permanenten Grenze.

Näher als diesen beiden Staaten, Seite an Seite, kommen wir einem Laborexperiment nicht, um die Meriten von Kapitalismus beziehungsweise Kommunismus zu messen. Südkoreas elfter demokratisch gewählter Präsident ist eine Frau. In Nordkorea ist Kim Il-sung formal betrachtet noch immer Staatsoberhaupt, obwohl er 1994 gestorben ist. Südkorea ist eines der reichsten Länder der Welt, Nordkorea eines der ärmsten, fast gänzlich ohne Industrie. Seit dem Fall der Sowjetunion leidet das Land unter einem nahezu permanenten Strommangel. Die

Menschen müssen gegen neunzehn Uhr ins Bett gehen, weil es zu dunkel ist, um etwas zu tun. Das liegt zum Großteil in den UN-Sanktionen begründet, die es allerdings nicht ohne Grund gibt. In den Neunzigern starben bis zu zwei Millionen Menschen aufgrund einer Hungerkatastrophe; wegen Unterernährung ist der durchschnittliche Nordkoreaner einen halben Kopf kleiner als sein Nachbar im Süden. Das Regime ist eines der exzentrischsten und verschrobensten der Welt; es ist leicht, sich über die wilden Stunts der Kim-Familie zu amüsieren. (So hat die nordkoreanische Botschaft in London formell gegen einen Friseur geklagt, der sich in seiner Werbung über die Frisur von Kim Jong-un lustig gemacht hat.[571]) Die groben Züge erinnern jedoch in deprimierender Weise an andere Diktaturen: Während die meisten Menschen in einem für uns kaum vorstellbaren Elend leben, schwelgt die Führung in wahnsinnigem Luxus, mit Weibern, Wein und Gesang. Das wirklich Traurige ist, dass sie nicht einmal den Anschein erwecken, Spaß zu haben.

Die Genussschwadron

Mi-hyangs erste Begegnung mit Nordkoreas Diktator war nicht so, wie sie es erwartet hatte.

»Als ich Kim Jong-il zum ersten Mal begegnet bin, wirkte er ganz normal. Er sah aus wie ein Nachbar. Er hatte Unmengen an braunen Flecken im Gesicht. Seine Zähne waren gelb. Meine großartige Vorstellung von dem Großen Führer wurde von einem auf den anderen Moment zerstört.«

Mi-hyang (wir kennen nur ihren Vornamen) hat lange in Kim Jong-ils »Genussschwadron« gearbeitet, bevor sie nach Südkorea floh und ihre Geschichte erzählte:

Die Mädchen wurden im Alter von fünfzehn Jahren rekrutiert. 2008 kamen irgendwann zwei Offiziere in Mi-hyangs Schule. Eilig suchten sie die hübschesten Schülerinnen aus und befragten sie bezüglich Noten, Familiengeschichte und eventueller sexueller Erfahrung. Das war lediglich der erste Teil eines langen Auswahlprozesses. Mi-hyang gehörte zu den wenigen, die eine Runde weiterkamen, zu einem Schönheitswettbewerb, bei dem die Gewinner letztendlich bestraft wurden. Nach sechs Monaten Schulung in Gesang, Tanz, Massage und anderem durften die rund fünfzig Finalistinnen Marschall Kim treffen, der in der Angelegenheit selbstverständlich immer das letzte Wort hatte. Die Mädchen, die nicht seinem Geschmack entsprachen, wurden als Ehefrauen an Armeeoffiziere und Diplomaten weitergereicht. Diejenigen, an denen er Gefallen fand, behielt er für sich selbst. Nachdem der Große Anführer Mi-hyang gutgeheißen hatte, musste sie mit ihrem Blut eine Loyalitätserklärung unterzeichnen.

Jedes Jahr kommen rund fünfundzwanzig neue Mädchen zu einem Stab dazu, der stets rund zweitausend Mitglieder zählt und über das ganze Land verteilt ist. Die Mädchen sind dafür gedacht, die komplette Parteielite zu bedienen; selbst die Bedürfnisse der Kim-Familie haben ihre Grenzen.

Die Genussschwadron gehört zur fünften Sektion des Organisationsministeriums, offiziell ein Teil des Militärs. (Mädchen, die ihren »Dienst« fertig absolviert haben, verlassen es als Kapitän oder Oberleutnant zur See.) Diese traf Kim Jong-il immer wieder. Mi-hyang besteht jedoch darauf, dass sie sich nie direkt prostituieren musste: Kim »wies einen grundlegenden moralischen Sinn auf. Er berührte ab und an meinen Kopf und hielt mich an den Händen, aber er rief mich nie für intime Augenblicke zu sich, weil ich noch immer Schülerin und jünger als zwanzig war. Wäre ich länger dort geblieben, hätte er es wohl getan.«

Kims bevorzugte Geliebte hieß Mi-ok, die auch als seine Sekretärin gearbeitet hat. Sie wohnte lange in einem riesigen Haus, das sie von Kim bekommen hatte. Als Mi-hyang angelernt werden sollte, musste sie jedoch zusammen mit ihr in ein möbliertes Zimmer ziehen.

(Mi-hyang stattdessen in die Villa einziehen zu lassen, scheint niemandem in den Sinn gekommen zu sein.) Die beiden wurden enge Freundinnen und nannten einander unter sich »Schwester« anstatt »Genossin«. Nach Aussage von Mi-hyang genoss Mi-ok eine nahezu unerhörte Freiheit: Sie durfte trinken und spät unterwegs sein und sie hatte ihren eigenen Mercedes. Kim Jong-il überhäufte Mi-ok mit Geschenken, trotzdem war sie nicht besonders glücklich. »Du und ich, wir werden einsame Leben führen«, seufzte sie einmal gegenüber Mi-hyang.

Auch wenn Mi-ok seine Favoritin war, konnte sich Kim mitunter derart betrinken, dass er keinen Unterschied zwischen den beiden Mädchen sah – »Wer von euch beiden ist nun wieder Mi-ok?« –, ohne dass das Missverständnis jemals zu weit ging.

Das koreanische Wort *mi* kann »Schönheit« bedeuten. Alle Mädchen Kims hießen »Mi«-irgendwas. Mi-hyang bekam ihren Namen, weil Kim der Meinung war, ihr bisheriger sei »zu bäuerlich«.

Der Geschmack des Diktators

Kim Jong-il, geboren 1941 (offiziell 1942), hatte eine sehr spezielle Auffassung vom Aussehen der idealen Frau. Die Augen waren das Wichtigste. Die Augen und die Haare mussten zueinander passen. Ebenso entscheidend war der Mund: »Es hat nichts zu sagen, wie hübsch ein Mädchen ist, wenn es dünne Lippen hat«, erklärte Mi-hyang. Die Nase musste »scharf« sein. Und nicht zu viel Schminke, danke. Auch kein Chanel: »Mi-so verwendete einmal zu viel Parfüm, woraufhin Kim sagte, sie solle es in die Luft sprühen und durch den Sprühnebel gehen.« Die Damen sollten auch nicht größer als Kim mit seinen rund 1,65 Meter sein. Mi-hyang zufolge kommt von den südkoreanischen Schauspielerinnen der Filmstar Han Ji-min Kims Präferenzen am nächsten. (Vermutlich geriet Han Ji-min in Ekstase, als sie das hörte.)

Die Genussschwadron war in drei Gruppen unterteilt:

Manjokjo – ein »Befriedigungsteam« für Sex.

Haengbokjo – ein »Glücksteam« für Massage.

Gamujo – ein Gesangs-und-Tanz-Team.

Allem nach zu urteilen, gehörte Mi-hyang der letztgenannten Gruppe an. Kim hörte gern japanische und russische Lieder, und wenn er betrunken war, konnten sie ihn zu Tränen rühren. Die Sentimentalität schlug jedoch schnell in Wut um. Als ein Assistent ihm eines Abends riet, weniger zu trinken, ließ Kim ihn ins Gefängnis werfen. Als der Große Führer am nächsten Tag aufwachte, hatte er einen Filmriss und fragte, wo sein Assistent abgeblieben sei.

Mi-hyang berichtete, dass die Kim-Familie eine enorme Residenz unter der Erde hat. Um dorthin zu gelangen, musste man vierzig Minuten in einen Tunnel hineinfahren, der in der Breite lediglich Platz für ein Auto bot. Diese Bunker-Villa war riesig, mit einem Computerspielraum, Schlafzimmern, Salons sowie einem fünfzig Meter breitem Swimmingpool mit einem riesigen Kim-Mosaik aus goldenen Fliesen auf dem Boden. »Ich weiß nicht, wie die Südkoreaner das finden würden«, sagte Mi-hyang, »aber für den Norden war das sehr luxuriös.«

Wenn Mi-hyangs Erlebnisse und Beobachtungen repräsentativ sind, war die Sklaverei bei Kim Jong-il keine brutale Hölle wie bei Muammar al-Gaddafi (siehe »Der böse Vergewaltiger: Muammar al-Gaddafi«). Und in einem bettelarmen Land, in dem sich die Ambitionen der meisten darauf beschränken, dem Hungertod zu entgehen, kann das Jetset-Leben mit einem Mann, den man seit seiner Geburt zum Idol erhoben hat, eine Art Segen sein. Nach zehn Jahren Dienst wurde man pensioniert, mit einer wohlhabenden Parteiratte verheiratet und durfte in einer Nachbarschaft mit asphaltierten Straßen wohnen. Mädchen hingegen, die ein intimes Verhältnis zu Kim hatten, mussten für den Rest ihres Lebens Single bleiben. Für den Norden aber war das sehr luxuriös.

Das Schlimmste, was Kim Mi-hyang jemals angetan hat, war eine List, um sie dazu zu bringen, Haipenis zu essen. »Ich habe mich fast übergeben«, sagte sie. Der Wirkstoff der Delikatesse soll, ziemlich unwahrscheinlich, sowohl gut für die Haut der Frau als auch gut für die sexuelle Ausdauer des Mannes sein.

Auch wenn Kim seine Freudenmädchen relativ gut behandelt haben soll, durften sie im Laufe der zehnjährigen Dienstzeit keinen Kontakt zu ihren Familien haben. Nach zwei Jahren fand Mi-hyang heraus, dass ihre Familie des Verrats angeklagt war und hingerichtet werden sollte. Sie hatte Angst um ihre eigene Sicherheit und floh nach Südkorea, wo Überläufer automatisch die Staatsbürgerschaft erhalten. Auch wenn das Regime im Norden Geheimagenten im Süden hat, fühlt Mi-hyang sich sicher: »Mir wurde erzählt, dass Kim den Befehl erlassen hat, dass ich nicht getötet werden soll. Vielleicht ist das der einzige Grund, warum ich noch am Leben bin.« Von ihrer Familie hat sie nie wieder etwas gehört.[572]

Film und Bühne

Kim Jong-il war ein großer Filmfan. Er schrieb das Theoriebuch *Über die Filmkunst*, in dem er erklärte, dass Film ein unentbehrliches Werkzeug sei, »um die Menschen zu inspirieren, für die Sache der Revolution zu arbeiten«. Es ist sein Verdienst, dass alle Städte Nordkoreas, bis hin zur kleinsten Gemeinde, über ein eigenes Kino verfügen.[573] Mit der nationalen Filmproduktion jedoch konnte man nicht groß angeben. Nach Aussagen des Comiczeichners Guy Delisle war das Rebellischste, was er gehört hatte, dass nordkoreanische Filme »langweilig« seien. Dem stimmte selbst Kim zu. Nordkoreanische Filmschaffende »haben keine neuen Ideen«, ließ er verlauten. »Alle unsere Filme sind voller Weinen und Schluchzen.«[574] Kims persönliche Favoriten waren Filmreihen wie *Rambo*, *Freitag der 13.* (eine Horrorfilmreihe) und *James Bond*.[575]

Da es ihm nicht reichte, Filme zu importieren, wurden Filmschaffende »importiert«. Mittels Täuschung lockte er 1978 zwei südkoreanische Stars nach Hongkong. Sie glaubten, sie sollten zu einem Geschäftstermin, wurden aber beide entführt und nach Nordkorea gebracht. Choi Eun-hee war Schauspielerin und Shin Sang-ok ihr Regisseur und seit Kurzem ihr Ex-Mann. Kim gab ihnen Arbeit, indem er in der stalinistischen Diktatur ein kleines Hollywood errichtete. Shin war positiv überrascht darüber, wie relativ liberal die Zensur war. In einem seiner Propagandafilme bekamen nordkoreanische Kinogänger ihren ersten Kuss zu sehen – allerdings hinter einem Sonnenschirm und mit einer Altersbeschränkung ab achtzehn. Dennoch hatte Kim hinsichtlich aller kreativen Beschlüsse das volle Vetorecht und war bei allen Drehbuchbesprechungen anwesend.

Als Shin bei einem Fluchtversuch aus Nordkorea erwischt wurde, kam er für eine Zeit ins Gefängnis. Kim konnte sich auf die eigentliche Prämie konzentrieren: die hübsche Schauspielerin. Wenn man davon absieht, dass er sie entführt hat, versucht hat, sie einer Gehirnwäsche zu unterziehen, und sie gezwungen hat, unter konstanter Angst um ihr Leben in elendigen Filmen mitzuwirken, war Kim Choi gegenüber ein richtiger Gentleman. Im Gegensatz zu Gaddafi war er mehr ein Cognacmelancholiker als ein Kokainmonster. Er hat nie eigenmächtig gehandelt, sondern ihr mit üppigen Geschenken, teuren Kleidern und westlicher Schminke vielmehr den Hof gemacht. Er brachte sie in einem riesigen Zimmer in seinem Sommerhaus unter und wartete darauf, dass sie seine Zuneigung erwidern würde. Dazu kam es nie. »Ich war sehr unglücklich«, sagte Choi. »Ich dachte an Selbstmord, dann aber dachte ich an meine Familie und wie sie das verletzt hätte.«[576] Sie zwang sich, das Ganze als lediglich einen weiteren Schauspieljob zu betrachten. In Bezug auf Kim spielte sie die Diva von der Leinwand. In ihren Memoiren schreibt sie: »Ich habe jeden Abend geweint. Ich dachte, dass wäre mir nicht passiert, wenn ich nicht Schauspielerin geworden wäre.«[577]

Als Shin aus der Gefangenschaft entlassen wurde, wo er fünf Jahre lang »von Gras, gesalzenem Reis und Parteiindoktrination«[578] gelebt hatte, brachte Kim die beiden dazu, erneut zu heiraten. Entführt und nach Nordkorea gebracht zu werden, ins Gulag geworfen und dann mit der Ex zwangsverheiratet zu werden, klingt vielleicht wie ein entsetzlicher Albtraum, jedoch scheinen die Erlebnisse Chin und Choi einander näher gebracht zu haben – die zweite Ehe hielt bis zu Chins Tod 2006.

Chois einziger Gedanke war die Flucht. Ein Plan nahm langsam Formen an. Während einer Besprechung nahm sie Kims Stimme auf Band auf. Das Risiko war enorm – auf Bild- und Tonaufnahmen von der Führung stand die Todesstrafe –, sollte aber jemand ihre verrückte Geschichte glauben, brauchte sie Beweise.

Zuvor hatten sich die Auslandsreisen des Paares auf *Location*-Ausspähung in Ostberlin beschränkt. Als ein österreichisches Unternehmen jedoch Interesse zeigte, Shins geplante Biografie über Dschingis Khan zu verbreiten, erhielten sie die Erlaubnis, für eine Besprechung nach Wien zu reisen. Direkt nach der Ankunft fuhren sie zur amerikanischen Botschaft, wo ihnen Schutz bewilligt wurde.

Kim muss am Boden zerstört gewesen sein. Alle verließen ihn, auf irgendeine Weise. Im Alter von vier Jahren musste er zusehen, wie sein Bruder ertrank. Als er sechs war, starb seine Mutter. Die neue Ehefrau des Vaters ekelte Kim und seine Schwester aus dem Haus. Als Erwachsener kapselte er sich in einen undurchdringbaren Kokon ein, bevölkert von Speichelleckern und manisch lächelnden Jasagern. Deshalb ist es traurig zu hören, dass Kim allem Anschein nach seine eigene Propaganda nicht geglaubt hat. In seinen Memoiren berichtet Shin, wie er gesehen hatte, wie Kim von einer Gruppe tanzender junger Mädchen angebetet wurde, die sangen: »Lang lebe der große Führer!« Kim seinerseits merkte Shin gegenüber traurig an: »Das ist alles nur Bluff. Die tun nur so.«[579]

Roher Fisch

Nordkorea ist eines der verschlossensten Länder der Welt. Die wenigen, die rauskommen, können nahezu alles behaupten und kommen damit durch. Klar ist jedoch, dass man einige Räubergeschichten auf Lager hat, wenn man dreizehn Jahre lang der persönliche Sushikoch eines Diktators war.

»Eines Nachts während eines Banketts führte eine Gruppe von fünf Mädchen einen Disko-Tanz auf«, erzählte der Japaner Kenji Fujimoto. »Plötzlich befahl Kim Jong-il: ›Zieht eure Sachen aus!‹ Die Mädchen legten einen Teil ihrer Kleidung ab, woraufhin Kim sagte, sie müssten alles ausziehen. Sie wirkten überrascht und schafften es nicht, ihre Verwirrung zu verbergen, gegen den Befehl des großen Führers konnten sie jedoch nicht protestieren. In beklemmender Peinlichkeit zogen sie ihre Sachen aus und tanzten nackt weiter. Nach einer Weile wandte er sich an seine Beamten und instruierte sie: ›Geht und tanzt mit ihnen.‹ Kurz darauf erhielt auch ich den Bescheid zu tanzen.« Die Feste uferten oft in dieser Weise aus, mit Pistolenschüssen, rüpelhaften Streichen und der Rasur schlafender Menschen. Eine Regel wurde jedoch nie gebrochen: »Er warnte uns: ›Tanzen, aber nicht anfassen. Wenn ihr sie berührt, seid ihr Diebe.‹ Mit anderen Worten glaube ich, dass Kim Jong-il das Gefühl hatte, diese Mädchen seien seine eigenen Töchter.«[580]

Mi-hyang ihrerseits gibt an, so etwas nie gesehen zu haben, solange sie dort war, allerdings kann sie nicht ausschließen, dass es passiert ist, weil Kim »ein bisschen pervers« werden konnte, wenn er trank. In der Anfangszeit seiner Tätigkeit für Kim befriedigten polnische Sexarbeiterinnen Fujimotos »Bedürfnisse«. Als sich der Koch später zur Ruhe setzte, heiratete er eine berühmte nordkoreanische Sängerin. Am Tag nach der Hochzeit rief Kim den verkaterten Koch zu sich. Die beiden hatten folgenden zeitlosen Wortwechsel:

»Sie können wirklich trinken«, sagte Kim.

»Danke«, erwiderte Fujimoto.

»Übrigens, haben Sie Schamhaare?«

»Selbstverständlich habe ich die.«

»Gehen Sie zur Toilette und sehen Sie sich ihre Schamhaare an.«

Fujimoto überprüfte es. Jemand hatte ihn während des Schlafs einer Intimrasur unterzogen.[581]

Kim fragte Fujimoto oft, ob dieser ihn mochte.

»Selbstverständlich«, antwortete der Koch. »Ich mag Sie sehr gern.«

»Wenn Sie mich mögen, warum küssen Sie mich dann nicht auf die Wange?«, fragte Kim. Der Mann, den Fujimoto *Shogun-sama*, »großer Meister«, nannte, konnte eine nahezu kindliche Intimität an den Tag legen: »Ich erinnere mich nicht, wie oft ich ihn geküsst habe. Hundert Mal? Wir pflegten zusammen in die Sauna zu gehen, nackt. Shogun-sama sagte: ›Ah, du hast einen guten Körper, einen maskulinen Körper.‹ Ich sagte: ›Ich bin gut in Sport.‹ Es ist keine Übertreibung zu sagen, dass ich Kim Jong-il ein guter Spielkamerad war. Und jedes Mal, wenn er mich bat, sein Gesicht zu küssen, sagte er: ›Wenn du mich betrügst, wirst du ...‹ Er wurde still und gab vor, mir ein Messer in den Bauch zu rammen.«

2001 floh Fujimoto zurück nach Japan. Er veröffentlichte 2003 das Buch *Kimu Jon'iru no ryōrinin – majika de mita kenryokusha no sugao* [dt. etwa: »Kim Jong-ils Koch – Das ungeschminkte Gesicht eines Machthabers aus der Nähe betrachtet«] und erzählte den Geheimdiensten alles, was er über Nordkorea wusste. Unglaublich aber wahr, traute er sich, 2012 wieder in das Land zu reisen. »Der Verräter ist zurückgekehrt«, sagte Kim Jong-il zu dem Japaner, der in der Kindheit sein Interesse für Basketball geweckt und ihm das Drachensteigen beigebracht hatte. Dann umarmten die beiden einander. Fujimoto weinte heftig. Er lebt noch immer in Nordkorea.[582]

Die Frauen in den Kulissen

Als Kim Jong-il 2011 starb, übernahm sein Sohn Kim Jong-un den Job. Unter seiner Führung droht Nordkorea der Welt noch immer mit einem Atomkrieg, nunmehr aber hat das Land zumindest eine First Lady, die Handtaschen von Christian Dior trägt.

Überhaupt etwas über Ri Sol-ju, die Ehefrau von Klein-Kim herauszufinden, ist, als würde man ein Gespenst jagen. Die sicherste Quelle, die wir dafür haben, dass sie tatsächlich existiert, ist der amerikanische Basketballstar Dennis Rodman, der Nordkorea drei Mal besucht hat. (Dennis Rodman sollte in keiner Weise auch nur für irgendetwas die sicherste Quelle sein.) Er gab an, Ri sei eine elegante Dame und mit »rund 1,65 Meter« für eine Koreanerin groß.[583]

Auch wenn das Regime Gefallen an riesigen öffentlichen Massenveranstaltungen hat, wurde die Hochzeit zwischen Klein-Kim und Ri Sol-ju nicht einmal öffentlich bekannt gemacht. Tratsch und Neugierde sind jedoch universell, und die Nordkoreaner hatten sich wochenlang gefragt, wer das vornehme Mädchen war, das immer öfter mit Klein-Kim zusammen abgebildet wurde. Dass der Junge tatsächlich geheiratet hatte, wurde späterhin beinahe im Vorbeigehen bestätigt. Am 25. Juli 2012 nahmen die beiden an der Eröffnung eines Vergnügungsparks in Pjöngjang teil. Das Ereignis wurde im Fernsehen übertragen, und der Kommentator sagte: »Während ein Begrüßungslied erschallte, traf Marschall Kim Jong-un zusammen mit seiner Frau, Genossin Ri Sol-ju, am Veranstaltungsort ein.«[584]

Erstmals observiert wurde Ri 2005, als sie als Anhängerin eines Laufteams nach Südkorea reiste. Später wurde sie Sängerin beim Unhasu-Orchester in Pjöngjang. Im Internet finden sich Videos von ihr, in denen sie patriotische Lieder singt. Es ist unsicher, wann und wie sie und Klein-Kim sich kennengelernt haben, aber sie sollen bereits 2009 geheiratet haben, als Ri gerade einmal neunzehn oder zwanzig Jahre alt war. Sie ist nunmehr eine der jüngsten First Ladys der Welt. 2011 sang sie bei einem Konzert, bei dem sowohl der Ehemann als auch der Schwiegervater anwesend waren, ein romantisches Lied darüber, sich in einen »breitbrüstigen Kameraden« zu verlieben.

Im Dezember 2012 machten Gerüchte die Runde, Ri sei schwanger; bei einer Zeremonie anlässlich des Jahrestages von Groß-Kims Tod war unter einem lockeren Kleid ein rundes Bäuchlein zu erahnen. Zur Neujahrsfeier zwei Wochen später trug sie jedoch ein enger sitzendes Kleid – ohne sichtbaren Babybauch. Es herrschte Verwirrung, und die Verantwortung, Klarheit in die Sache zu bringen, lag erneut bei Dennis Rodman, der mit Staatsgeheimnissen schon immer freigebig war. »Ich durfte ihr kleines Mädchen, Ju-ae, halten«, sagte er dem *Guardian* gegenüber. »Kim ist ein guter Vater und hat eine tolle Familie.«[585]

Im Februar 2014 verbreiteten sich Gerüchte über eine erneute Schwangerschaft, wieder basierend auf Fotos von Ri in einem weiten Mantel. Ein eventueller männlicher Nachkomme würde vermutlich mit ein bisschen mehr Fanfare bekannt gemacht; bis sie nicht einen männlichen Erben geliefert hat, ist Ris Position nicht richtig gesichert. In Nordkorea wurden Leute schon für weniger schlimme Sünden hingerichtet, als ein Kind mit dem falschen Geschlecht zu gebären. Lange Zeit kursierten Gerüchte, dass Klein-Kims Ex-Freundin Hyon Songwol und elf ihrer Freunde im August 2013 von einem Exekutionstrupp erschossen wurden, zum Tode verurteilt wegen des Besitzes von Bibeln und der Produktion von »Pornografie«. (Man sollte glauben, diese beiden »Verbrechen« würden einander ausschließen.) Einer der »unanständigen« Filme, für die sie angeblich sterben mussten, sickerte später auf YouTube durch – er zeigt drei lächelnde Mädchen, die im Trikot tanzen.

Klein-Kim soll Hyon Song-wol etwa 2001 kennengelernt haben. Die beiden wurden ein Paar. Der große Kim zwang seinen Sohn, Schluss zu machen. Hyon heiratete einen Offizier des Heeres und bekam Kinder, das Verhältnis zwischen ihr und Kim soll aber noch eine Weile angedauert haben. Mit Liedern wie *Ich liebe Pjöngjang, Wir sind die Truppen der Partei* und *Ausgezeichnete, einem Pferd ähnelnde Frau* wurde Hyon ein relativ großer Star. Letztgenanntes klingt auf Koreanisch sicher besser als auf Norwegisch oder Deutsch.

Die Geschichte über Hyons angeblichen blutigen Sturz ging um die Welt. Südkoreas Spionagechef verbürgte sich für die Nachricht. Der Theorie zufolge habe Klein-Kim seine Frau vor peinlichen Enthüllungen über ihre Vergangenheit schützen wollen. Einem Überläufer gemäß hatte das Sicherheitsministerium die Telefonate der Orchestermitglieder abgehört und eines von ihnen sagen hören: »Früher pflegte Ri Sol-ju genauso herumzuspielen wie wir.« Um das schmutzige Geheimnis der First Lady im Verborgenen zu halten, soll Kim seine Ex zusammen mit elf anderen mit einem Maschinengewehr erschießen lassen haben. Der Rest der Truppe musste den Hinrichtungen zuschauen, bevor sie in Arbeitslager deportiert wurden.

Das war durchaus eine Geschichte; die Kim-Familie war dafür bekannt, sowohl Ehefrauen als auch Konkubinen aus den Gesangstruppen zu rekrutieren. Nun war eine der berühmtesten Gruppen aufgelöst und die Mitglieder getötet oder ins Gulag geschickt worden. Es ist, als sei es dem Klimax von *Der Pate* entnommen; während der Taufe des Kindes werden alte Feinde eliminiert. Nordkoreanische Medien tobten angesichts der Unterstellungen: »Das ist eine unverzeihliche, hässliche Provokation, die der Würde der obersten Führung schadet. Diejenigen, die ein so entsetzliches Verbrechen begehen, werden teuer bezahlen.«[586]

Es sollte sich herausstellen, dass der Protest berechtigt war. Mitte Mai 2014 tauchte Hyon nämlich, höchst lebendig, im nordkoreanischen Fernsehen auf. In einem Interview lobte sie Kims Führung und versprach, härter für »Kunst und Kreativität« zu arbeiten. Über das Schicksal ihrer Kollegen hingegen ist noch immer nichts bekannt.

Abgesehen von dem ein oder anderen Überläufer basiert unser Wissen über Nordkorea in der Regel auf dem, was sie uns selbst mitteilen.

Glücklicherweise liefern sie oft ganz freiwillig wertvolle Informationen. Im Dezember 2013 ließ Klein-Kim seinen Onkel Jang Song-thaek während eines Treffens der Kommunistischen Partei verhaften. Fünf Tage später wurde er hingerichtet. Die nordkoreanischen Abendnachrichten begründeten das wie folgt: »Er ist ein Landesverräter und ein grausamer, auf Karriere erpichter Politiker mit schmutzigen Tricks. Er ist abscheulicher menschlicher Abschaum, schlimmer als ein Hund.«[587]

Jang war mit Klein-Kims Tante, Kim Kyong-hui, der Schwester des großen Kim und der einzigen Tochter von Landesvater Kim Il-sung verheiratet. Sie kommt einer First Lady Nordkoreas am nächsten, und auch wenn es sich um ein von Männern dominiertes Regime handelt, wäre ihr Ehemann ohne ihre Zustimmung kaum hingerichtet worden.[588] Posthum beschuldigten die Behörden ihn sowohl der Hurerei, des Drogenmissbrauchs als auch des Planens eines Putsches. Sie waren über vierzig Jahre verheiratet – warum wurde Tante-Kim der Untreue erst jetzt überdrüssig? Das Geschäftsmodell einer Denkfabrik basiert stark auf Spekulationen, eine Analyse Nordkoreas ist jedoch eine Art Feng Shui der Staatswissenschaften. »Die Experten« meinen, Tante-Kim sei machtgierig und wolle die Familiendynastie vor Bedrohungen von außerhalb der Blutlinie beschützen.[589] Einer anderen Theorie zufolge versuchte der Onkel, die Kontrolle über Nordkoreas semi-lukrativen Schalentierexport zu übernehmen.[590] Irgendetwas davon zu bestätigen oder zu entkräften, ist jedoch unmöglich.

Tante-Kim wurde seit Dezember 2013 nicht mehr in der Öffentlichkeit gesehen. Angeblich hat sie große Alkoholprobleme.

Faktisch ist nicht sicher, ob sie überhaupt noch am Leben ist.

Es ist wohl das Beste, wenn wir nicht mehr über sie sprechen.

TEIL 5

Die Problemkinder der Entwicklungsländer

Who's Your Dada?
Idi Amin
(1925[?] –2003)

Das Sexleben von Idi Amin war möglicherweise das Normalste an ihm. Seine Gelüste können auf den ersten Blick charmant gierig wirken. Er war ein Mann, der gute Zigarren, gutes Essen und Frauen mochte. Das Problem war nur, dass er unter einer diagnostizierten Geisteskrankheit litt. Nachdem er 2003 in Saudi-Arabien im Exil gestorben war, trat sein Arzt hervor und teilte mit: Ja, Amin habe antipsychotische Mittel eingenommen.[591] (Die Dosis war anscheinend etwas zu niedrig angesetzt.) Der Grund, warum sich die Weltgemeinschaft einem so brutalen Mann und inkompetenten Politiker gegenüber lange nachsichtig zeigte, kann gerade sein rauer, beinahe sexueller Charme gewesen sein. Idi Amin wurde der stereotypen Auffassung vom virilen, afrikanischen Hünen gerecht, und der Rassismus der geringen Erwartungen führte dazu, dass es viele Jahre brauchte, bis die Regierungschefs der Welt langsam auf die Ausübenden des ugandischen Nationalsports hörten: Abspringen.

Gesundheitsminister in der Hölle

Idi Amin rief häufig den armen Henry Kyemba für einen Plausch zu sich, oft über seine Damenabenteuer; Amin hatte »ein ziemlich ungewöhnliches Sexualleben«. Er kam mitunter auf die Idee, sich vor Kyemba ungeniert nackt auszuziehen, um sich für die Damen bereit zu machen, mit denen seine Leibwächter auf dem Weg zu ihm waren.[592] Kyemba zufolge betrachtete Amin »seine Geschlechtsenergie als ein Zeichen von Macht und Autorität. Er machte nie einen Hehl aus seiner Begierde. Er fraß jede hübsche Frau mit den Augen auf. Sein Renommee der sexuellen Leistungsfähigkeit ist so verblüffend, dass Frauen ihn oft umwarben, und seine Liebesaffären umfassten Frauen aller Hautfarben und vieler Nationen, von Schulmädchen bis zu reifen Frauen, von Straßenhuren bis zu Professorinnen.«[593] Als er absprang, sagte Ugandas Justizminister Godfrey Lule: »Amin ist ein Sexfanatiker – es kommt vor, dass er von nichts anderem redet. Er behauptet, die geistigen Fähigkeiten eines Mannes stünden in direktem Zusammenhang zu seiner sexuellen Kapazität und prahlt: ›Ich kann an einem Abend vier Frauen nehmen.‹ Das nennt er ›Mechanisierung‹.«[594]

Kyemba wurde später Gesundheitsminister, begann seine Laufbahn jedoch als Amins erster Privatsekretär. Anschließend wurde er »permanenter Sekretär im Ministerium für Kultur und Stadtentwicklung«. In dem Buch, das er nach seiner Flucht aus Uganda schrieb, räumt Kyemba ehrlich ein, dass »dieses Ministerium zu den am wenigsten wichtigen gehörte, was mir vortrefflich passte«. Amin sah er nicht mehr so oft wie früher, »aber er bat mich, eine seiner Freundinnen als Sekretärin einzustellen (deren Ehemann, einen Arzt, er ermorden ließ).«[595] Lule konnte bestätigen, dass Amin nicht zögerte, romantische Rivalen aus dem Weg zu räumen:

»Ich erinnere mich noch gut an 1972, als er sich einmal im Torono Rock Hotel an der Grenze zu Kenia aufhielt. Dort begegnete er der hübschen Ehefrau des Hoteldirektors. Amin wollte die Sechsundzwanzigjährige zur Geliebten haben, also ließ er es so arrangieren, dass ihr Ehemann – Nshekamabo – ermordet wurde. Der Präsident ließ die Witwe kurze Zeit trauern, dann schickte er sie zu mir nach Kampala. Er wollte, dass ich eine schnelle Auszahlung der Lebensversicherung des ermordeten Mannes in Höhe von 5000 Pfund regle. Für gewöhnlich nimmt das etwas Zeit in Anspruch. Aber Amin drängte und sagte, es eile, und zwei Tage später bekam die Witwe das Geld. Als sie den Erhalt des Geldes in meinem Büro quittiert hatte, erzählte sie, dass sie ins Kampala International Hotel kommen und dort in Amins Suite auf ihn warten solle ... [Amins] Ehefrauen wussten ganz sicher, wie hübsch sie war, weil er eine Nummer daraus machte, ihnen Bilder aller seiner Geliebten zu zeigen.«

Amin gefiel es nicht, wenn die Leute »Nein« sagten. Im Januar 1976 verkündete er, dass es »Personen aus Mischrassen« nicht mehr erlaubt sei, bei Behörden zu arbeiten. Lule stellte ein paar Untersuchungen an und »bekam zu hören, dass ein hübscher Teenager einer Mischrasse ihn abgewiesen hatte – das war der einzige Grund für die neue Regelung. Letztendlich bekam Amin, was er wollte. Die Eltern des Mädchens überredeten es, nachzugeben und sich auf ihn einzulassen. Am nächsten Tag vermeldete Radio Uganda, dass die Verbannung von Mischrassen aufgehoben sei.«[596]

Entehrt

Elizabeth Bagaya war die Prinzessin von Toro, einem der vier noch immer existierenden Königreiche von Uganda. Ausgebildet in Oxford war sie die erste weibliche Juristin des Landes. Sie arbeitete als Anwältin in London, wo sie auch als Schauspielerin und Modell tätig war. Amin hatte stets ein Auge auf sie, nachdem sie so dumm gewesen war, ihn nach einem Boxkampf in Kampala öffentlich zu küssen. Er ernannte sie zur Botschafterin Ugandas in Frankreich, später zur Ständigen Vertreterin bei den Vereinten Nationen. Bei einer Veranstaltung in der Makerere-Universität in Kampala rief der Präsident Bagaya auf die Bühne und teilte ihr mit, dass sie die neue Außenministerin des Landes sei, Glückwunsch. Das war im Februar 1974. Die Ernennung war eine Neuigkeit für Michael Ondoga, den frischgebackenen Ex-Außenminister, der im Saal saß und zusammen mit allen anderen verdutzt applaudierte. Ondoga wurde später mit zertrümmertem Schädel aus dem Nil gefischt.[597]

Amin umwarb seine einzige Ministerin schamlos. Er lud sie zum Abendessen und zum Schwimmen ein. Einen Laufburschen brachte er dazu, sie zu fragen: »Würdest du Amin heiraten, wenn er dich fragen würde?« Höflich wies Bagaya den Vorstoß des verrückten Mörders zurück, jedoch war Amin nicht der Typ, der schnell aufgab. Zu seiner Verteidigung sei erwähnt, dass er neben ihrem Aussehen auch ihre Intelligenz lobte[598] – seiner Meinung nach war die Außenministerin Ugandas viel cleverer als der Außenminister der USA, Henry Kissinger.[599] Ugandas mächtigste Frau fühlte sich jedoch nicht mehr als zuvor dazu verpflichtet, mit Amin zu schlafen, und versuchte stattdessen, ihre Arbeit zu machen. Amin hatte höllische Angst, dass sie abspringen würde, eine Angst, die verrät, dass selbst er wusste, dass nicht viel mehr als Pflichtgefühl sie in Uganda hielt. Er war auch eifersüchtig auf ihr offensichtliches Talent, das drohte, ihn in den Schatten zu stellen. Nach einer gelungenen Rede vor den Vereinten Nationen erklärte Amin, dass Bagaya mit dem Quellorden des Nils zweiter Klasse geehrt werden solle. Das war nur ein Bluff, um ihre Rückkehr nach Uganda sicherzustellen. Bei der Heimkehr wurde sie unter Hausarrest gestellt. Als dieser nach ein paar Tagen aufgehoben wurde, wurde sie von Amin gefeuert. Die Ursache benannte er in einer Fernsehansprache: »Die Außenministerin hat Schande über unser Land gebracht, indem sie auf einer Toilette des Pariser Flughafens Liebe mit einem weißen Mann gemacht hat. Sie ist entlassen.«

Das war nahezu ganz sicher nur eine Lüge. Bagaya aber hatte keinen Grund, sich noch länger sicher zu fühlen; in der Regel demütigte Amin seine Untertanen öffentlich, bevor er sie töten ließ. Bagaya floh zu Fuß nach Kenia, verkleidet als einfaches Bauernmädchen, was für die glamouröse Anwältin nicht ganz so einfach gewesen sein dürfte. Später übte sie Rache, indem sie Sprecherin einer Amin-feindlichen

Exilgruppe wurde. (Als Amin schließlich abgesetzt wurde, wurde sie unter dem neuen Präsidenten Museveni Botschafterin in den USA.)[600]

Henry Kyemba erscheint weitestgehend als ein sympathischer Mann, was jedoch die Prüfungen betrifft, die Prinzessin Elizabeth auszustehen hatte, empfand er diese lediglich als »ein Stück urkomischen Unsinns. In den heimischen vier Wänden lachten wir über Amins Einfälle derart, dass uns die Tränen kamen.«[601]

Zwischen 1972 und 1974 war Kyemba Kulturminister. Eine seiner Aufgaben bestand darin, sich um »Heartbeat of Africa«, Ugandas nationale Tanzgruppe, zu kümmern. Daraus rekrutierte Amin seine vierte Ehefrau, Madina. Selbst der ansonsten phlegmatische Kyemba fühlte sich dazu genötigt, sie als »dramatisch sexy« zu bezeichnen. »Viele ugandische Frauen haben ziemlich umfangreiche Hinterteile (was traditionell als schön betrachtet wird), nicht so Madina: Sie war schmal um die Hüften, hatte feste, wohlgeformte Brüste und war eine hervorragende Tänzerin. ... Dass [Amin] nicht in der Lage war, den Blick von ihr abzuwenden, als er sie erst entdeckt hatte, kann man sehr gut verstehen.« Madina war auch bei Amins Ministern beliebt. Er bemerkte die »bewundernden Blicke« und sagte seinen Männern, sie sollten sich nur versorgen. Niemand war sich sicher, ob das ernst gemeint war. Als einer von ihnen – »ich werde es ihm ersparen, seinen Namen zu nennen«, schreibt Kyemba – seinen Mut zusammennahm und versuchte, sich an Madina heranzumachen, wurde er gefeuert – eine verhältnismäßig milde Reaktion, was Idi Amin betrifft.

Amin und Madina heirateten im September 1972, im gleichen Monat, als Guerillastreitkräfte des 1971 von Amin abgesetzten Milton Obote von Tansania aus in Uganda einfielen. Während besorgte Ugander auf die aktuellen Neuigkeiten warteten, verkündete der Staatskanal plötzlich, dass Amin zum vierten Mal geheiratet habe, hipp, hipp, hurra!

Der Invasionsversuch war einfältig und scheiterte schnell, Amin nutzte ihn jedoch als Entschuldigung, um das Land von ungeliebten

Gruppen »zu säubern«, inklusive der Bagandar, Madinas Stamm.[602] Insgesamt wurden in dieser Zeit vermutlich Zehntausende ermordet.

Ende März 1974 brach im Heer ein Aufstand aus, und Uganda drohte eine Zeit lang ein Bürgerkrieg, noch eine nationale Krise, die mit Amins Privatleben um Sendezeit in den Nachrichten konkurrierte. Die Hauptnachricht des Abends im Radio war, dass Amin sich von drei seiner Frauen habe scheiden lassen. Wie Kyemba schreibt: »Ich brach in Lachen aus über die ungewollte Komik des Ganzen.«[603] Hintergrund der Scheidungen war, dass sich die Ehefrauen Malyamu, Kay und Nora von Amin übersehen fühlten, nachdem dieser Madina geheiratet hatte. Aus Protest arrangierten sie gemeinsam mit all *ihren* Liebhabern ein Fest. (Es braucht Mut, eine von Idi Amins Ehefrauen zur Geliebten zu haben.) Sie warfen Amins Leibwächter aus dem Haus und baten sie, ihrem Chef auszurichten, er solle »zur Hölle fahren«.

Am Tag darauf bekam jede von ihnen einen Brief, alle mit der gleichen einfachen Nachricht: »Ich lasse mich von dir scheiden.« Der mächtige Amin konnte nicht öffentlich als Hahnrei dastehen, also begründete er die Massenscheidung damit, dass Malyamu und Nora hinter seinem Rücken »Geschäftstätigkeit betrieben« hätten und dass sich Kay als eine zu nahe Verwandte herausgestellt hatte, um noch länger mit ihm verheiratet sein zu können.

Rache

Besonders gedemütigt fühlte sich Amin von Malyamu; ihr Bruder war Außenminister gewesen und kürzlich abgesprungen. Ihr zu vergeben, stand nicht zur Debatte. Eines Tages geriet Malyamu in einen Verkehrsunfall. Kyemba ist der Meinung, Amin habe seine Leibwächter dazu gebracht, in ihr Auto hineinzufahren. Sie landete mit gebrochenen Armen und Beinen im Krankenhaus. Amin hielt *in ihrem Zimmer* eine Pressekonferenz ab und beschimpfte sie nach Strich und Faden. Am Tag darauf zwang er Kyemba, Malyamu aus der Privatabteilung des Krankenhauses hinauszuwerfen, dabei hatte sie selbst dafür bezahlt, um dort behandelt zu werden. Nach drei Monaten wurde sie entlassen. Sie floh nach London, während ihre Kinder bei den anderen Frauen zurückblieben. Amin ließ das Geschäft ihrer Familie von seinen Männern plündern.

Kays Schicksal war besonders dunkel und mystisch. Noch immer ist nicht ganz klar, was genau passiert ist.

Kays Vater war Priester und versuchte, das Ehepaar nach der Scheidung zu versöhnen. Kyemba behauptet, dass Amin für eine Weile weich wurde und ihr in ihrer Heimatstadt Arua ein Haus bauen ließ. Kay zog gehorsam ein (alleine), schien ansonsten aber sehr wütend auf Amin, der den Verdacht hatte, dass noch immer irgendetwas vor sich ging, und ihr deshalb hinterherspionieren ließ. Anfang August 1974 wurde sie wegen Waffenbesitzes verhaftet – eine Pistole, die Amin ihr geschenkt hatte. Er besuchte seine Ex-Frau in der Haft, sie schrien einander an. Sie kam mit einer Verwarnung davon.

Am 14. August erhielt Kyemba einen Anruf, dass sein guter Freund Doktor Peter Mbalu-Mukasa im Sterben läge. Der Arzt hatte vermutlich den Verstand verloren: Er hatte seine Ehefrau und seine fünf Kinder vergiftet und dann selbst eine Überdosis genommen. Die Familie überlebte, Mbalu-Mukasa jedoch starb. Kyemba eilte ins Krankenhaus. Vor der Notaufnahme stieß er auf Kays Vater. Er sagte, seine Tochter sei am Tag zuvor zusammen mit dem Arzt von zu Hause weggefahren. Jetzt war sie verschwunden. Kyemba überkamen böse Vorahnungen.

Am selben Tag wurde eine übel zugerichtete Frauenleiche ins Krankenhaus gebracht. Es war Kay. Persönlich überbrachte Kyemba Amin die Nachricht, der keine Miene verzog, sondern lediglich sagte: »Fahr dorthin und identifiziere die Leiche. Komm dann zurück und erstatte Bericht.«

Was Kyemba im Leichenschauhaus vorfand, war »das Fürchterlichste, was ich jemals gesehen habe, und das verfolgt mich bis heute«. Kays Leiche war zerstückelt, Arme und Beine waren abgetrennt. Kyemba tat, wie ihm geheißen, er fuhr zurück zu Amin und berichtete, was er gesehen hatte. Amin sagte nichts, nickte nur. Als Kyemba nach Hause gefahren war, rief Amin an und bat darum, dass Kay wieder zusammengenäht wurde. Er wollte, dass die Kinder ihre Leiche sahen.

Am Tag darauf kam Amin zusammen mit Kays Vater und ihren drei Kindern ins Krankenhaus. Das älteste war acht. Er nahm auch ein Fernsehteam mit. Er zeigte auf den toten Körper, zusammengeflickt wie Frankensteins Monster, und schrie: »Eure Mutter war eine böse Frau! Seht, was mit ihr geschehen ist!«

Im Stillen nahm Kyemba Untersuchungen auf. Wie sich herausstellte, war Peter Mbalu-Mukasa Kays Liebhaber gewesen. Er hatte sie geschwängert. Kay hatte ihn um eine Abtreibung gebeten. Sie war im vierten Monat, weiter, als dass eine Abtreibung sicher gewesen wäre. Kay war während des Eingriffs verblutet. In seiner Verzweiflung hatte der Arzt die Leiche zerstückelt, um es wie eine Art Raubmord aussehen zu lassen. Als er begriff, dass er damit unmöglich durchkommen würde, hatte er sich entschieden, seine ganze Familie zu ermorden, bevor diese Amin in die Fänge geriet.[604]

Einer anderen Theorie zufolge ließ Amin die Leiche zerstückeln, nur um Kay zu verhöhnen.[605] Das Gerücht, dass er befohlen habe, den Körper vollkommen falsch zusammenzunähen, mit den Armen an den Hüften und den Füßen an den Schultern, ist dagegen nahezu garantiert unwahr.[606] So wird es in dem oscarprämierten Film *Der letzte König von Schottland – In den Fängen der Macht* geschildert, jedoch in dem Buch von Kyemba nirgends erwähnt, der sonst nichts beschönigt.

You Go-go-Girl

Amin konnte ein bisschen Akkordeon spielen – er meisterte zwei »Calypso-ähnliche Melodien« und hatte zu einer davon einen Text geschrieben. In seiner Gänze lautete dieser wie folgt: »Ich liebe dieses schlanke Mädchen aus Kyaggwe«, was in Dauerschleife wiederholt wurde.[607] (Kyaggwe war der Landesteil, aus dem Madina stammte.) Dieses einzeilige Liebeslied ist der einzige Beweis, den wir für glückliche Stunden in ihrer Ehe haben.

Die beiden stritten sich unentwegt. Idi Amin war zu diesem Zeitpunkt extrem paranoid, möglicherweise aufgrund eines syphilitischen Hirnschadens. Nachdem er einen amateurmäßig ausgeführten Mordversuch mit einem Auto überlebt hatte, verdächtigte er Madina, mit den Attentätern zusammengearbeitet zu haben. Er schlug sie so heftig, dass er sich dabei selbst eine Verletzung im Handgelenk zuzog. Dann rief er Gesundheitsminister Kyemba an und bat ihn, einen Arzt herbeizuschaffen.

Idi Amins Wut und Unberechenbarkeit waren in Uganda nunmehr weit und breit bekannt, und die Frauen standen nicht mehr unbedingt Schlange, um die nächste First Lady zu werden. Ehefrau Nummer fünf musste er stehlen. Dem Aussteiger Godfrey Lule zufolge bekam die achtzehnjährige »Selbstmord-Sara« ihren Namen, als sie *Go-go-Girl* in einer Jazzband der ugandischen Militärabteilung namens »Das revolutionäre mechanisierte Selbstmordregime« war.[608] Kyemba bestätigt die Geschichte, fügt jedoch hinzu, dass der Name der Abteilung »nur wegen seines dramatischen Effekts gewählt« worden war. Amin verliebte sich in »die flotte Tänzerin« (Kyembas Worte). Er ließ sie so oft zu sich bringen, dass Saras Freund (und Vater ihres Kindes) letztendlich protestierte. Das hätte er nicht tun sollen – »ein paar Stunden später war er hingerichtet«, berichtet Lule. Einem gänzlich unbestätigtem Gerücht zufolge platzierte Amin den abgetrennten Kopf des Mannes im Gefrierschrank (seinem »botanischen Raum«), zusammen mit dem Kopf einer Ex, die er wegen Untreue hatte töten lassen.

1975 war Kampala Gastgeber der Jahrestagung der Organisation für Afrikanische Einheit und Amin entschied sich, mit einer grandiosen Hochzeit Glanz über den letzten Tag der Veranstaltung zu bringen. Vor den Augen einer Reihe anderer afrikanischer Regierungschefs bekam Idi seine Sara. Amins Hochzeitsgeschenk an sich selbst war eine Beförderung zum Feldmarschall. Am nächsten Tag wurde die Hochzeit wiederholt, dieses Mal für die Fernsehkameras. Sara gelang es nicht, schwanger zu werden. Bei Madina hingegen brauchte es nur ein Wort und sie war schwanger, »und Amin, der das nicht verstand, ließ seine Enttäuschung über Saras Kinderlosigkeit an Madina aus, sogar während diese schwanger war«, schreibt Kyemba. Als Amin sie einmal im dritten Schwangerschaftsmonat mit Schlägen und Tritten drangsalierte, überlebte das Kind gerade so.[609]

Unbedingt erwähnt werden muss die Operation Entebbe. Idi Amin hatte eine Zeit lang engen Kontakt zu Israel gepflegt. Er hatte in Tel Aviv Militärkurse absolviert und war von einem israelischen Arzt wegen seiner Syphilis behandelt worden. 1972 hatte ihn Gaddafi in Libyen jedoch dazu überredet, jeglichen diplomatischen Kontakt zu Israel abzubrechen. Er äußerte sich nunmehr positiv über Hitler.[610] Im Juni 1976 entführten palästinensische und deutsche Terroristen in Tel Aviv eine Air-France-Maschine. Idi Amin ließ sie auf dem Flughafen in Entebbe landen. Die israelischen Geiseln sollten getötet werden, wenn nicht palästinensische Gefangene freigelassen würden. Israelische Kommandosoldaten stürmten den Flughafen und retteten die Geiseln. Sieben Geiselnehmer und fünfundvierzig ugandische Soldaten wurden getötet. Ein israelischer Soldat starb, Jonathan Netanjahu, der Bruder von Benjamin, dem späteren israelischen Ministerpräsidenten. Vor der Rettungsaktion hatte eine Geisel, die fünfundsiebzigjährige israelische Rentnerin Dora Bloch, über Atembeschwerden geklagt und war in ein Krankenhaus eingeliefert worden, wo Kyemba sie besuchte.

»Ihre Milde und ihre Hilflosigkeit rührten mich. Sie erinnerte mich stark an meine eigene Mutter.«[611] Zu Kyembas Entsetzen wurde Bloch nach der Operation von ugandischen Soldaten entführt und ermordet. »An diese Frau von dem Flugplatz brauchst du nicht mehr zu denken«, sagte Amin, der den Befehl dazu erteilt hatte.[612]

Die hellen Seiten des Lebens

Idi Amin schrieb gern Telegramme. Vor allem die Queen, Elisabeth II., empfing häufig verschrobene Nachrichten aus Kampala. Nach einem gelungenen Besuch in England 1971 betrachtete er sich als ein so guter Freund der Königin, dass er sie »Liz« nannte. Prinz Philip hatte ihn weniger beeindruckt und er schlug der Königin vor, nach Uganda zu kommen, um »echte Männer« kennenzulernen. Nachfolgend Amins Telegramm an »Liz« vom Februar 1975:

»Ich beabsichtige, am 4. August dieses Jahres zu einem offiziellen Besuch in London einzutreffen, aber ich schreibe bereits jetzt, um dir ausreichend Zeit zu geben, alle notwendigen Vorbereitungen für meinen Aufenthalt zu treffen, sodass nichts Wichtiges übersehen wird. Besonders Sorgen mache ich mir um das Essen, nachdem ich weiß, dass ihr euch inmitten einer fürchterlichen Wirtschaftskrise befindet. Ich wünsche auch, dass du meinen Besuch in Schottland, Irland und Wales regelst, um die revolutionären Bewegungen zu treffen, die gegen deine imperialistische Unterdrückung kämpfen.«

Als sich das Silberjubiläum der Königin näherte, versprach er eine »nette Überraschung« mit einem Flugzeug, das er sich von Muammar al-Gaddafi ausgeliehen hatte. Die britische Luftwaffe musste die Sicherheit im Londoner Luftraum verschärfen – es gab Gerüchte, Amin wolle mit dem Fallschirm in die Prozession springen.

Inmitten der Watergate-Affäre hat ein Telegramm Idi Amins Richard Nixon garantiert aufgemuntert, wenn auch nur für einen

Moment: »Wenn dich dein Land nicht versteht, komm zu Papa Amin, der dich liebt. Ein Kuss auf beide Wangen.«[613]

Überhaupt war er Männern gegenüber auf eine äußerst charmante Art liebevoll. Amin und Tansanias Präsident Julius Nyerere hatten lange Zeit ein angespanntes Verhältnis zueinander. Amin schickte ein Telegramm, in dem er vorschlug, die Streitaxt zu begraben: »Ich möchte dir versichern, dass ich dich sehr liebe, und würdest du eine Frau sein, hätte ich mir überlegt, dich zu heiraten, obwohl dein Kopf viele graue Haare aufweist. Da du aber ein Mann bist, besteht diese Möglichkeit nicht.«[614]

Das Verhältnis zu Tansania wurde jedoch nie wirklich gut. Das Land war Gastgeber für Amins Erzfeind, Milton Obote. 1978 befahl Amin eine Invasion. Diese wurde schnell zurückgeschlagen. Im Jahr darauf griffen Nyereres Streitkräfte zusammen mit UNLA, einem Heer aus Exil-Ugandern, Uganda an. Amin floh, zuerst nach Libyen, wo er einige Jahre lebte, bis Gaddafi ihn rauswarf. Einem Gerücht zufolge soll er versucht haben, Gaddafis vierzehnjährige Tochter zu vergewaltigen. (Gaddafi war der Einzige, dem es in Libyen erlaubt war, zu vergewaltigen.) Amin floh weiter nach Dschidda in Saudi-Arabien, wo ihn der italienische Journalist Riccardo Orizio fand. Empfand er Schuld? Scham?

»Nein«, antwortete Amin. »Nur Nostalgie.«[615]

Als Amin am 16. August 2003 starb, hatten die meisten Ugander wenig Grund für Nostalgie. Bis zu dreihunderttausend Menschen hatten im Laufe seiner acht Jahre an der Macht ihr Leben verloren. Seit 1972 war Uganda bettelarm, nachdem Amin die fünfzigtausend Asiaten, die im Land lebten, zum Großteil Inder, hinausgeworfen hatte. Sie hatten den Kaufmannsstand ausgemacht und die Wirtschaft war nahezu unmittelbar kollabiert. Amin behauptete, Gott hätte ihm das in einem Traum befohlen.[616] Eine andere Erklärung war simple Rache, nachdem sich eine hübsche, reiche Inderin geweigert hatte, ihn zu heiraten.

Und da haben wir ihn möglicherweise, den Schlüssel für das Verständnis dieser exzentrischen Periode in der Geschichte Ugandas. Wie Kyemba schreibt: »Amins Geschlechtsleben und sein Arbeitsleben sind zwei Seiten derselben Medaille. Eine Energie, die sich in Sex und Politik ausdrückt, füllt alle seine Tage und Nächte. Er geht selten vor vier oder fünf Uhr morgens ins Bett, aus Angst, das Heer könnte sich in den frühen Stunden gegen ihn stellen. Seine Behandlung von Frauen hat ihr Gegenstück in der Behandlung des Landes. Sein Drang, mit Macht zu herrschen, seine Rachsucht, seine pfauenartige Eitelkeit – alles zusammen zeigt, dass er das Land genauso erobert und verwüstet hat, wie er seine unzähligen Frauen bestiegen hat.«[617]

Nicht ohne meinen Hund
Saddam Hussein
(1937–2006)

Saddam Husseins Mutter Subha arbeitete als Wahrsagerin. In Erwartung von Kind Nummer zwei schrie sie: »Ich bin mit dem Teufel schwanger!« und versuchte, sich unter einen Bus zu werfen. Auch wenn der Gedanke unterhaltsam ist, dass Saddam bereits in der Gebärmutter derart böse Pläne ausbrütete, dass die Mutter es spüren konnte, hatte sie wohl vor allem Angst vor dem Dasein als Alleinerziehende. Saddams Vater, Hussein al-Majid, hatte sie gerade verlassen.

Dem gemeinsten Gerücht über Saddams familiären Hintergrund zufolge war Subha Dorfhure und von einem Kunden geschwängert worden. Nachdem Saddam an die Macht gekommen war, prahlte ein irakischer Offizier vor seiner Geliebten, dass er mit Subha geschlafen habe und daher vielleicht der Vater des neuen Präsidenten sei. Sein Schlafzimmer wurde vom Nachrichtendienst *Muchabarat* abgehört – sowohl der Offizier als auch seine Geliebte wurden hingerichtet.

Subha heiratete erneut, einen Taugenichts, der von den Dorfbewohnern »Hassan der Lügner« genannt wurde. Regelmäßig schlug der Stiefvater Saddam und schrie dabei: »Ich will ihn nicht, den Hundesohn!« Auch wenn sich die Nachbarn an Subha als eine unangenehme Schrulle mit den Taschen voller Muscheln erinnerten, idealisierte Saddam seine Mutter immer. Nach ihrem Tod ernannte er sie zur »Mutter der Militanten« und ließ ihr zu Ehren in Tikrit ein riesiges Monument errichten.[618]

Saddams wirkliche Vaterfigur war sein Onkel Khairallah Talfah, ein Nazisympathisant und Verfasser des Pamphlets *Drei Dinge, die Gott nicht hätte erschaffen sollen: Perser, Juden und Fliegen.* 1963 heiratete Saddam Khairallahs Tochter Sajida, mit der zusammen er aufgewachsen war. Auch wenn die Ehe, der Tradition zufolge, geplant war, seit sie klein waren, erwies sie sich auch politisch als ein schlauer Pakt.[619] Khairallah arbeitete nämlich eng mit Ahmed Hassan al-Bakr zusammen, dem Chef der pan-arabischen, sozialistischen Baath-Partei. (Einer von al-Bakrs Söhnen heiratete zudem eine Schwester Sajidas.) Weil in der arabischen Kultur auf eine Hochzeit mit einer älteren Cousine herabgesehen wird, wurde Saddams Geburtsdatum vom 1. Juli 1939 auf den 28. April 1937 geändert. Er und Sajida verlobten sich 1962, als Saddam in Kairo studierte, und heirateten im Jahr darauf in Bagdad. Er schaffte es, sie zu schwängern, bevor er wegen Planung eines Staatsstreiches ins Gefängnis geworfen wurde. 1966 floh er aus dem Gefängnis und schwängerte sie erneut. Auch wenn es schwer zu glauben ist, dass die blutdürstigen Söhne Uday und Qusay nicht einfach als fertige Erwachsene aus dem Boden sprossen, waren sie faktisch einmal Säuglinge, und es oblag Sajida, auf sie aufzupassen, während Saddam mit Politik beschäftigt war. Er wurde gesucht und musste sich von Versteck zu Versteck hangeln, während Sajida bei ihrem Vater wohnte.

Familiäre Vorteile

1968, nach mehreren Versuchen, übernahm die Baath-Partei die Macht im Irak, und Saddam wurde stellvertretender Generalsekretär des Revolutionären Kommandorates sowie Chef des Ministeriums für Staatssicherheit und des Propagandaministeriums. 1969 wurde er Vizepräsident. Früh fing er an, einen Personenkult um sich herum aufzubauen. 1972 hatten er und Sajida neben den Söhnen auch drei Töchter bekommen. Fotos der Familie florierten in den von Saddam kontrollierten Zeitungen, um eine Idylle zu zeigen, nach der sich der gemeine Iraker sehnen konnte. Mit Ausnahme der Momente, wo er

Uday und Qusay das gab, worauf auch immer sie gerade zeigten, scheint Saddam die Kindererziehung komplett Sajida überlassen zu haben. In der Öffentlichkeit war sie kaum zu sehen. Nachdem Saddam 1979 jedoch al-Bakr abgesetzt und das Präsidentenamt übernommen hatte, entdeckte das frühere Schulfräulein das gute Luxusleben, mit Privatflügen nach London, Paris und New York, wo sie Kleidung für mehrere Millionen Dollar kaufte.

Nach der demütigenden Niederlage im Ersten Golfkrieg erlegten die Vereinten Nationen dem Irak gewaltige Sanktionen auf. Während infolge der strengen Einfuhrbeschränkungen unter anderem für Arzneimittel und medizinische Ausrüstung mindestens eine halbe Million Kinder starben, bereicherte sich nach Angaben von Ala Bashir, einem Mitglied aus Saddams Ärzteteam, die Elite mittels »einer vollkommen zynisch, rohen und durchweg barocken Korruption«. Auch Saddams Ehefrau war darüber nicht erhaben. Für die Einfuhr vollkommen überflüssiger MRT-Geräte im Wert von Millionen bestach ein US-Unternehmen Sajida und ihre Schwester. Bashir wurde ein Stück vom Kuchen angeboten, wenn er nur einen Brief an Saddam schriebe, in dem er als Arzt den Handel empfahl. (Eigenen Aussagen zufolge weigerte er sich.)[620]

Während es gewöhnlichen Irakern an Antibiotika und Verbandsmaterial fehlte, bekam Saddams Familie all die Schönheitsoperationen, nach denen sie verlangte. Qusays und Raghads Töchter bekamen ihre Nasenverkleinerungen, ebenso Qusays Cousine.[621] Samira bekam ein Facelifting. Auch vor seiner durch und durch hypochondrischen Tante Hajia Badra [sic] mussten Saddams Ärzte kriechen. Wenn es ihr an einer Körperstelle juckte, befahl sie, die betreffende Haut wegzuoperieren. »Das Glück bestand aus der Vollnarkose«, so Bashir. »Für das eine imaginäre Leiden nach dem anderen schnitten wir sie auf und nähten sie wieder zusammen. Es verging kaum eine Woche, ohne dass sie nach einer Gastroskopie verlangte.« Sie hatten Angst, sie abzuweisen; einem Gerücht zufolge hatte sie zwei Bedienstete wegen des Verdachts des Besteckdiebstahls hinrichten lassen. Als die »Präsidenten-Tante« um die Operation eines vollkommen gesunden Zeigefingers bat, flehte Bashir Sajida an einzugreifen, damit dieser Kelch an ihm vorüberginge.

»Was, wenn es zu Komplikationen kommt?«, sagte er.

»Haben Sie keine Angst. Operieren Sie sie«, erwiderte Sajida.

Glücklicherweise irritierte die Tante mächtigere Männer als Bashir, und die kümmerten sich letztendlich darum. Saddam ließ ihre Telefonleitung kappen und sie hörten nie wieder etwas von ihr.[622]

Samira

Saddam mochte Blondinen und hatte unzählige Affären. In einem beinahe rührend jämmerlichen Versuch, ihren Mann zu halten, blich Sajida sich die Haare. Saddams Untreue war in Bagdad ein schlecht gehütetes Geheimnis, richtig Krach gab es jedoch erst 1989, als er eine seiner Geliebten heiratete.

Die blonde Samira Shahbandar war mit einem leitenden Funktionär der nationalen Fluggesellschaft verheiratet. Für gewöhnlich stellte Saddam verheirateten Frauen nach, um ihre Ehemänner zu demütigen. In der Miniserie *Die Husseins: Im Zentrum der Macht* grapscht Saddam Samira an, während der Ehemann dasitzt und sich nicht traut, etwas zu sagen. Samira ihrerseits gab jedoch an, dass Saddam in Wirklichkeit mit Blumen und Schokolade vor ihrer Tür gestanden hatte. »Er stand dort und war nicht in der Lage zu sprechen. Als ich das sah, dachte ich: ›Das ist ein Mann, der mich wirklich liebt.‹« Nachdem der Ehemann entführt und zur Unterzeichnung der Scheidungspapiere gezwungen wurde, erhielt er ein Pflaster für die Wunde: die Beförderung zum Generaldirektor von Iraqi Airways.

Saddams Familie tolerierte Geliebte. Eine zweite Ehefrau allerdings ging zu weit. Auch wenn bei den Sunniten die Vielehe erlaubt ist, wird sie als etwas Rückschrittliches betrachtet. Saddam befand sich inmitten eines Machtkampfes mit seinen Generälen und konnte nicht riskieren, als Trottel angesehen zu werden.

Sajida nahm die Nichtbeachtung sehr schwer. Eines Tages sollte Doktor Bashir ein Muttermal von ihrem Arm entfernen. Als der Eingriff vorüber war, stellte er fest, dass er vergessen hatte, Sajida eine Betäubung zu geben. Sie hatte nichts gesagt.

»Hat es sehr wehgetan?«, fragte er.

»Ja«, sagte Sajida.

»Warum haben Sie nichts gesagt?«

»Wer es mit Saddam Hussein aushält, der verkraftet auch das.«[623]

Sajida bat letztendlich Uday, »etwas zu unternehmen«, um die Ehre seiner Mutter zu schützen.

Wie die meisten Frauen vor ihr war Samira von Kamel Hanna, Saddams Leibwächter und Vertrauten, »angeschafft« worden. Auf einem Fest konfrontierte Uday Kamel Hanna damit und schlug ihm mit einem Elfenbeinstock den Schädel ein. Zu diesem Zeitpunkt befand sich Ägyptens damalige First Lady, Suzanne Mubarak, auf Staatsbesuch im Irak, sie hatte die Gesellschaft jedoch gerade verlassen und entging es somit, Zeugin des Mordes zu werden.

Das war nicht die erste einflussreiche Person, die Uday im Affekt getötet hatte. Kamel Hanna allerdings war so gut wie der einzige wirkliche Freund Saddams gewesen. Saddam verabreichte dem Sohn eine Tracht Prügel und verkündete im Fernsehen, dass er wegen Mordes vor Gericht kommen würde. Udays Strafe lautete Exil in der Schweiz, von wo er nach einer Messerattacke in Genf nahezu umgehend ausgewiesen wurde.

Wegen des Skandals war Saddam auch wütend auf Sajida und verbot ihr, sich künftig öffentlich zu zeigen. (Sie durfte nicht einmal Suzanne Mubarak zum Flughafen begleiten.) Sajidas Bruder, Adnan Khairallah, war Verteidigungsminister. Er und Saddam lagen seit Langem im Konflikt, der sich jetzt jedoch zuspitzte, als Adnan Partei für Sajida ergriff. Saddam befahl einem Leibwächter, eine Bombe in Adnans Hubschrauber zu platzieren. Damit rächte sich Saddam zum einen an seiner Frau und entledigte sich zum anderen eines immer mächtiger werdenden Rivalen. Verständlicherweise verschlechterte sich nach dem Mord an ihrem Bruder das Verhältnis zwischen Sajida und Saddam dauerhaft. Saddam beförderte Samira offiziell zur »First Lady«, während Sajida auf den Titel »die Frau der Frauen« degradiert wurde.[624]

Nach dem Fall des Regimes 2003 flohen Samira und ihr Teenagersohn Ali mit fünf Millionen Dollar in bar und zehn Kilogramm Gold ins Ausland. In Beirut gab sie der mutigen einäugigen *Sunday Times*-Journalistin Marie Colvin, die 2012 in Syrien ums Leben kam, ein Interview. Samira berichtete, dass Saddam lange aufrichtig davon überzeugt schien, dass er die Amerikaner schlagen würde. Als er letztendlich einsah, dass alles verloren war, *weinte* er. Nach wie vor verteidigte Samira Saddam: »Er hat eine Reihe von Fehlern begangen und wir haben uns gestritten. Was das irakische Volk betraf, sagte er mir von Anfang an: Gibt man ihm einen Apfel, dann kommt es bald und verlangt nach einem Obstkorb.«[625]

Eine andere Welt

1968 lernte Saddam die Griechin Parisoula Lampsos (»Pari«) kennen. Sie war sechzehn, er einunddreißig Jahre alt. Pari hatte noch nie von ihm gehört. Alles was sie sah, war ein Mann mit seltsamen Augen: »Altes Silber, altes Gold – Saddams braune Augen glitzerten wie Metall.«[626] Paris Mutter wusste hingegen durchaus, wer Saddam war, und sagte der Tochter, sie solle sich von ihm fernhalten. Saddam aber hatte sich bereits entschieden. Er rief sie zu Hause an. Als sie hörte, dass er es war, legte sie auf. Später rief er erneut an und sagte:

»Ich möchte dich sehen, Parisoula.«

»Niemals! Mama bringt mich um! Nein!«

»Ich bin Saddam, und das Wort Nein akzeptiere ich nicht. Du bist rein, und du bist mein, Pari, eine reife Frucht, süß zu essen und bereit, gepflückt zu werden ...«

»Ich bin keine Frucht! Mama wird *dich* aufessen, wenn sie dich hört!«

»Freitagabend, acht Uhr, im Club.«

Klick.[627]

Der »Club« war der exklusive Club Alwyia mit drei Swimming-pools. Durch ihren Vater, einen griechischen Geschäftsmann, war Pari bereits Mitglied. Als Pari ankam, stellte sie fest, dass ein Auto auf sie wartete. Sie wurde zu Saddams Palast gefahren. Die beiden waren alleine in einem goldenen Saal. Pari kicherte. Saddam kicherte nicht.

»Leg nie wieder den Hörer auf, wenn ich anrufe.«

»Wer bist du, der es wagt, mir Befehle zu erteilen?«

»Ich bin Saddam.«

So sollte er in Zukunft nahezu alle seine Entscheidungen begründen.

Er nahm ihr Gesicht in seine Hände und küsste sie. Auf die Wange. »Geh jetzt«, sagte er anschließend. »Ich wollte dich nur sehen.«

Pari schreibt: »So lief es ab, als ich mich in Saddam Hussein ver-liebte.«[628]

Saddam war nicht der Typ, der beim ersten Date Sex hatte. Als der große Abend letztendlich kam, war das Ganze beinahe ebenso keusch wie der erste Kuss. Saddam hatte das Schlafzimmer in »europäischem« Stil eingerichtet. »Ich war ein Mädchen, als ich kam, und eine Frau, als ich Saddam verließ, und ich werde es nie vergessen. Es war, als würde man eine Welt verlassen und in eine andere eintreten.«[629]

Kein Kommentar.

Saddam Hussein war bereits verheiratet und konnte unabhängig davon niemals eine Nicht-Muslima zur Ehefrau Nummer zwei nehmen. Auch Pari heiratete, den reichen Armenier Sirop. Ein paar

Jahre hatten sie Ruhe. In dieser Zeit bekam das Paar zwei Töchter. Mitte der Siebzigerjahre jedoch wurde Saddam eifersüchtig und ließ im Rahmen des zweiten sozialistischen »Fünfjahresplans« des Irak große Teile von Sirops Besitz beschlagnahmen. Die Familie wurde aus ihrem Haus geworfen. Sirop wurde vor die Wahl gestellt, das Land zu verlassen oder verhaftet zu werden. »Verhaftung« im Irak war nahezu gleichbedeutend mit dem Foltertod. Sirop floh nach Beirut. Saddam regelte die Sache mit den Scheidungspapieren. Pari erschien in seinem Palast, eingestellt auf eine trotzige Konfrontation, vergaß jedoch, was sie sagen wollte. Denn Saddam war in seiner Uniform so attraktiv.

»Ich weiß, dass du es magst, *shaqra*«, sagte Saddam.

(*Shaqra* bedeutet auf Arabisch »Blondine«.)

»Was zu trinken?«, fragte er.

»Dry Martini, danke«, sagte Pari.[630]

Pari begriff, dass Saddam ein Unglück für sie werden würde. Trotzdem läutete sie Runde zwei des Verhältnisses ein. »Saddam Hussein übernahm bewusst mein Leben. Stück für Stück. Langsam, aber sicher. Beruflich wie privat. Zu dieser Zeit war ich wie besessen von Saddam, bereit, meine Familie für ihn zu opfern, meinen Mann, meine Kinder und mein Leben. Alles an Saddam weckte meine Begierde. Seine starke Persönlichkeit, die Art, wie er mit mir sprach, die Hingabe, die er mir erwies – nicht zuletzt, weil sie in so starkem Kontrast zu der Brutalität stand, die er anderen gegenüber zeigen konnte. Sein Körper, wie er mich berührte. Die Art, wie er mir an den Hals pustete, und unsere Samtnetze im Palast, den er auf dem Grund und Boden errichtet hatte, den er von meinem Mann gestohlen hatte.«[631]

Saddam mochte Pari, weil sie weiß und blond war und sich traute, ihn zu necken und ihm zu widersprechen. Keiner im Regime wagte es, Saddam nicht beizupflichten. Nach der Arbeit jedoch, bei einem Drink, schätzte er einen klaren verbalen Schlagabtausch. Das galt aber nur innerhalb gewisser Grenzen. Wenn sie nicht auf seine Stimmungsschwankungen achtete, konnte Saddam plötzlich genug bekommen und sie unterbrechen, indem er, zur Decke gerichtet, eine Pistole abfeuerte. »Hör auf zu quengeln, *shaqra!*«[632]

Griechenland

Pari lernte, mit Saddams Temperament umzugehen. Sie fand heraus, wie sie ihn dazu bekam, ihr spezielle Wünsche zu erfüllen. Wenn Saddam Nein sagte – und das tat er –, galt es, seinen endgültigen Entschluss demütig anzuerkennen, der ein oder zwei Tage später fast immer zurückgenommen wurde, nachdem er ihn überdacht hatte. So erhielt Pari die Erlaubnis, die Kinder mit nach Beirut zu nehmen, um Sirop zu besuchen. Das wurde eine heftige Begegnung. Auch wenn der Ehemann vielleicht nicht Saddams warme Hände hatte, liebte Pari ihn noch immer. Auf dem Rückweg zum Flughafen in Beirut kam ihr eine idiotische Idee: Bleib im Libanon!

»Drehen Sie um«, sagte sie. »Wir fahren zurück.«

Der Fahrer glaubte, sie müsse zurück, um etwas zu holen. »Wir müssen direkt zum Flughafen fahren, ansonsten kommen Sie zu spät zum Flugzeug.«

Es brauchte nicht mehr als ein solch kleines Missverständnis, um Pari die Fluchtpläne vergessen zu lassen: »Resigniert lehnte ich mich im Sitz zurück. Saddam Hussein war mein Schicksal.«[633]

Kurz nach ihrer Rückkehr nach Bagdad wurde Pari mit Saddams Kind schwanger. Saddam untersagte eine Abtreibung. Er stattete sie vielmehr mit einem »Ehemann« aus, sodass sie nicht in Schande einen Bastard austragen musste. Der Mann begleitete Pari und ihre Töchter nach Griechenland. In Athen brachte sie ihren Sohn Konstantinos zur Welt. Auch wenn sie griechische Staatsbürgerin war, musste sie sich an die irakische Botschaft wenden, um für die Töchter die richtigen Schulunterlagen zu besorgen. Vom Botschaftspersonal erkannte sie niemand und sie konnte einige Jahre ungestört dort leben. Saddam hatte mit dem Krieg gegen den Iran alle Hände voll zu tun. Möglicherweise wäre Pari davongekommen, wäre sie nicht der Versuchung erlegen, zu einer Cocktailgesellschaft zu gehen.

Pari arbeitete beim Bodenpersonal auf dem Flughafen und litt an einem Glamour-Defizit. Als sie zu einem kleinen Fest in die Residenz des irakischen Botschafters eingeladen wurde, sagte sie zu. Als sie eine Weile dort war, merkte sie, dass jemand dem Botschafter etwas ins Ohr flüsterte, der sich Pari gegenüber umgehend supernett zeigte: »Warum haben Sie uns nicht erzählt, wer Sie sind?« Einen Monat später rief er sie an und bat sie, in die Botschaft zu kommen. Sie hatten einen Brief erhalten: »Parisoula Lampsos und ihre drei Kinder müssen nach Bagdad zurückkehren. Das muss innerhalb von drei Tagen, ab dem unten stehenden Datum, erfolgen. Saddam Hussein.«[634] Ihr Pass wurde beschlagnahmt. Sie und die Kinder wurden durch die Sicherheitskontrolle geleitet. In Bagdad bekam sie einen neuen Pass. Name und Geburtsdatum waren falsch geschrieben, aber sie war nun irakische Staatsbürgerin.

Mit ihren Sprachkenntnissen und ihrem gesellschaftlichen Hintergrund arbeitete Pari für eine Unternehmensmesse in Bagdad. Sie organisierte Treffen zwischen ausländischen Geschäftsleuten und irakischen Beamten. Zudem war sie die persönliche Assistentin von Saddams Sohn Uday. Saddam wollte, dass Pari ein Auge auf den legendären Gewalttäter und Hurenbock hatte. Pari selbst bezeichnete Uday als »böse«.[635]

Uday bezahlte Männer dafür, dass sie junge Mädchen für ihn fanden. Diese Männer hingen in Schulen und Clubs herum. Pro Tag mussten sie eine Liste mit zehn Namen abliefern, »ansonsten stirbst du«. Eines Tages fand sich darunter der Name der sechzehnjährigen Liza Lampsos, Paris Tochter. Sie wurde »brutal angegriffen. Sie blutete stark. Sie kam aus dem Krankenhaus nach Hause. Saß still da. Tag für Tag«, schreibt Pari.[636] Uday machte Liza »in der gleichen Weise zu seinem privaten Besitz, wie sein Vater sich entschieden hatte, die Kontrolle über mein Leben zu übernehmen.« Weil sie Repressalien von Uday befürchtete, erzählte sie Saddam nichts von der Vergewaltigung, bis es ein halbes Jahr später herauskam. Saddam ließ den Sohn ins Gefängnis werfen. Als Uday kurze Zeit später wieder auf freiem Fuß war, ließ er Pari von seinen Leibwächtern mit elektrischen Schlagstöcken bis zur Bewusstlosigkeit zusammenschlagen. Als Saddam fragte, was geschehen war, sagte sie, sie hätte einen Autounfall gehabt.[637]

Im Dezember 1996 überlebte Uday verkrüppelt ein Attentat, acht Mal war aus unmittelbarer Nähe auf ihn geschossen worden. Pari hoffte, er würde die Dinge jetzt ruhiger angehen. Sein Benehmen wurde jedoch nur noch schlimmer und sadistischer: Da er nicht mehr vergewaltigen konnte, ermordete er Mädchen, darunter auch Freundinnen von Liza. Pari begriff, dass es an der Zeit war, die Tochter aus dem Irak herauszubringen. Sie verheiratete sie mit einem Kurden. (In Begleitung eines Ehemannes oder männlichen Verwandten durften Frauen die Grenze übertreten.) Uday sagte sie, Liza sei zu ihrer kranken Großmutter gefahren. Paris jüngste Tochter, Aliky, blieb im Irak, aber sie war zu jung, selbst für Uday.

Die beständigen Hinweise, dass Saddam jemanden ermorden »ließ«, kann einen leicht ungerechten Eindruck hinterlassen: Saddam war kein feiger Sofasadist. Es kam vor, dass er Menschen persönlich hinrichtete. Anschließend prahlte er vor Pari damit.

»Ich habe heute jemanden getötet«, sagte er. Oder er weckte sie und erzählte ihr von seinen Mordplänen: »Heute werden wir ihn töten.«

Das ging Pari mitunter auf die Nerven: »Warum musst du mir solche Dinge sagen? Erschieße, wen du willst, aber ich will es nicht wissen ...«[638]

Pari beschäftigte sich mit ihren Horoskopen, während sich Saddam Videoaufnahmen von Folter und Hinrichtungen ansah. Er lachte und amüsierte sich, und er machte sich Notizen, um seinen Henkern anschließend konstruktive Kritik geben zu können. Pari durfte währenddessen das Fernsehzimmer nicht verlassen. Letztendlich verlor sie komplett die Begeisterung für die Astrologie: »Von dem Versuch, die Zeichen der Zukunft zu deuten, kann man vermutlich verrückt werden, vor allem, wenn man ein solches Leben führt, wie ich es getan habe.«[639]

Flucht

2001 machte Saddam Schluss.

»Es ist an der Zeit, dass wir unser Verhältnis beenden, *shaqra*«, sagte er.

»In welcher Weise?«, fragte Pari.

»Ich weiß es nicht. Ich muss erst nachdenken. Eines ist sicher. Kein anderer Mann rührt dich an.«

Nahezu unmittelbar nach diesem Gespräch begann Uday, sich seltsam zu benehmen. Er hatte Pari nie gemocht. Sie hatte Saddam die Vergewaltigung ihrer Tochter verraten. Er hatte sie beim Import von Zigaretten ertappt, was nur Uday gestattet war. Jetzt beschuldigte er sie, die Folter- und Hinrichtungsvideos gestohlen zu haben, die er bei der irakischen Besetzung von Kuwait hatte anfertigen lassen.

Pari begriff, dass ihr Leben in Gefahr war, und plante ihre Flucht aus dem Irak.[640] Ihren Sohn hatte sie schon längst nach Griechenland geschickt. Tochter Aliky dieses Mal mitzunehmen, war zu gefährlich. Sie musste so tun, als wäre nichts. »Noch ein Kind, dem ich zum Abschied winken musste, ohne irgendwelche Gefühle zeigen zu dürfen.« Sie tat so, als wolle sie nur irgendeine Besorgung machen. Nachdem sie sich nonchalant verabschiedet hatte, fügte sie, ohne nachzudenken, hinzu: »Ich liebe dich, *habibi*« (»meine Liebe«). Pari geriet in Todesangst, sich selbst verraten zu haben; das Haus war nämlich tonüberwacht, und »derart starke Worte gehörten nicht zur üblichen morgendlichen Konversation«.[641] Während der ganzen langen Autofahrt in ein Dorf im nördlichen, kurdischen Teil des Iraks plagten Pari Gewissensbisse.

Während sie darauf wartete, über die Grenze nach Syrien geschmuggelt zu werden, lebte sie einen Monat lang bei einer Familie. Bevor ihr der Grenzübertritt gelang, wurde sie von Udays Männern verhaftet. Nach einem ganzen Monat im Gefängnis kam jemand, um sie nach Bagdad zurückzubringen. Pari hatte solche Angst, dass sie eine Ewigkeit brauchte, bis sie bemerkte, dass das Auto überhaupt nicht Richtung Hauptstadt, sondern Richtung Jordanien fuhr. Irgendwann wechselten sie das Fahrzeug. Sie kamen zur Grenzstadt Trebil. Der Fahrer schob sie zum Kontrollposten, wo ein Funktionär ihren Pass überprüfte.

»Ich will dich nur erst ansehen«, sagte er. »Verschwinde. Bevor ich es mir anders überlege.«[642]

Pari blieb lange in Amman, und hier beginnen die Dinge ein wenig durcheinanderzulaufen. Auf der Flucht vor echten und eingebildeten irakischen Agenten wechselte sie unzählige Male ihr Versteck. Eine Zeit lang bereute sie die Fluchtpläne und schüttelte die Männer ab, die sie weiterschmuggeln sollten, letztendlich wurde sie jedoch eingeholt. Nächster Stopp: Beirut, über Syrien.

Auf die Gefahr hin, ihr gegenüber hart zu sein, wirkt es ein bisschen so, als hätte Pari den Verlust des Hundes schwerer genommen als den Verlust der Tochter: »Ich war nicht in der Lage, mit dem Gedanken umzugehen, dass ich Tiger zurücklassen musste. Mein lockiger, treuer Kamerad mit dem kleinen weißen Fleck auf der Brust. Der auf unserer gemeinsamen Flucht geduldig so viel ausgehalten hatte.« Sie fand in Amman schließlich eine Frau, die bereit war, ihn zu nehmen. Sie hatte bereits viele Hunde. Als der Abschied vor der Tür stand, wusste der arme Tiger, was passieren würde. Es war ihm von den Augen abzulesen.

»Du musst wissen, dass diesem Hund ein großes Stück meines Herzens folgt«, sagte Pari.

»Tiger wird mein Lieblingshund werden«, sagte die neue Besitzerin. »Er darf in meinem Bett schlafen.«

Nachdem sie Tiger weggegeben hatte, wurde Pari krank. »Mein Herz schlug zu schnell, und ich bekam hohes Fieber, das über mehrere Tage anhielt. Ich war nicht in der Lage zu essen. Gleichzeitig wusste ich, dass ich das einzig Richtige getan hatte.«

Paris Hintermänner statteten sie mit einer falschen Identität sowie mit einer Familiengeschichte aus, die sie pauken musste. Ein Mann namens Haji begleitete sie zur Grenzstation. Der Wachmann inspizierte ihre Papiere.

»Wie heißt Ihr Vater?«, fragte er.

Pari wurde unsicher. Sie hatte es vergessen. Sie schaute Haji an. »Wie heißt mein Vater nun wieder?«

Kaum zu glauben, aber sie kam trotzdem durch. Sie gelangte in den Libanon. Als der Plan, sie mit einem Fischerboot nach Zypern zu bringen, scheiterte, nahm Haji sie wieder mit zurück nach Jordanien. Die endgültige Flucht erfolgte mittels Flugzeug von Amman nach Bangkok, wo sie auf Mitarbeiter des amerikanischen Nachrichtendienstes traf.

Während der Befragung erzählte Pari den CIA-Agenten alles, was sie wusste.[643]

Saddam schickte nicht selten Doppelgänger zu »öffentlichen Auftritten«, wenn er Attentate befürchtete oder einfach mal keine Lust hatte. Pari erklärte den Amerikanern, wie sie Saddam von seinen vielen Lookalikes unterscheiden konnten. Bart, Sonnenbrille und Uniform übernahmen einen Großteil der Aufgabe, aber Pari konnte berichten, dass der echte Saddam schlaffe Mundwinkel und, nach einem Schlaganfall, einen steifen Arm hatte. Zudem war Saddam an seinem eigenartigen bösen Lächeln zu erkennen.

Pari bestätigte die Geschichte über Abdul Latif, einen jungen Kurden, der als Udays Doppelgänger engagiert worden war. Uday hatte eine alte Knieverletzung, weshalb er Latif ein Bein brach, damit auch dieser humpelte. Pari hatte Latif Orangensaft serviert, während dieser sich nach seinen vielen plastischen Operationen erholte. Später gelang ihm die Flucht. In dem auf seinem Leben basierenden Film *The Devil's Double* ist *er* es, der Uday während des versuchten Attentats 1996 in die Hoden schießt.

Pari konnte auch Angaben zu Saddams Geisteszustand vor und während des Ersten Golfkrieges machen. Nach einer verwirrenden Begegnung mit dem amerikanischen Botschafter im Juli 1990, kurz vor der Invasion, glaubte Saddam, dass »die Amerikaner den Befehl zum Angriff auf Kuwait erteilt hatten«. Pari behauptete, Saddam damit konfrontiert zu haben:

»Nun, wer greift Kuwait an?«

»Ich!«

»Und wer bist du?«

»Ich bin Saddam!«

»Und wer steht hinter Saddam?«

»Amerika!«

»Warum greifst du an?«

Pause.

»Eines Tages werde ich dich töten«, sagte Saddam.

Als späterhin die Niederlage eine Tatsache war, brauchte Saddam Trost. Pari ließ warme Suppe bringen, ließ ein Bad ein und bestellte einen Masseur. Saddam war dankbar:

»Du passt auf mich auf, so als sei ich ein kleines Kind, Pari. Das tut kein anderer.«

»Was weißt du schon über kleine Kinder, *habibi*? Habe ich nicht gesagt, dass du Kuwait in Frieden lassen sollst? Die Iraker sind des Krieges überdrüssig ...«

»Ich habe ihnen vertraut. Mir wurde Unterstützung versprochen von ...«

»Warum hast du diesen Krieg angefangen? Warum machst du so dumme Dinge ...?«

PENG.

Saddam schoss in die Luft.[644]

Wie sich herausstellte, war Paris Flucht vom Irakischen Nationalkongress (INC) organisiert worden, einer mit Unterstützung der USA gegründeten Oppositionsgruppe. Leiter war der auf einen Regimewechsel versessene notorische Lügner Ahmed Chalabi, den Pari in Thailand kennengelernt hatte. Sie gibt zu, dass Chalabi »späterhin umstritten war, sowohl wegen seiner Zusammenarbeit mit der CIA als auch weil zum Schluss keiner mehr wusste, was Wahrheit und was Propaganda war«.[645] Fakt ist, dass unabhängige Analysten seit Langem wussten, dass der INC und Chalabi wie verrückt logen, um Saddams Absetzung zu erreichen und selbst die Macht zu übernehmen. Und Pari ließ sich benutzen, möglicherweise aus Dankbarkeit. In einem Interview mit dem amerikanischen Fernsehsender ABC log sie dahingehend, ob Saddam Hussein al-Qaida Geld gegeben hatte. Sie behauptete sogar, einmal in den Achtzigerjahren Osama bin Laden in Saddams Palast gesehen zu haben. Keine Mittel wurden gescheut, um den Amerikanern zu helfen, einen neuen Superschurken zu erschaffen, einen, der seinem Spiegelbild »Heil Hitler!« zurief. (Als Pari später ein Buch schrieb, ließ sie all diese Behauptungen diskret außen vor.) Das Interview wurde an dem symbolträchtigen Tag, am 12. September 2002 ausgestrahlt (ein Tag und ein Jahr nach den Anschlägen vom 11. September 2001).[646] Am 20. März des Folgejahres fielen die USA und Großbritannien in den Irak ein. Paris Tochter Aliky wurde nach Griechenland gebracht. Im Juli töteten amerikanische Streitkräfte Uday und Qusay Hussein. Saddam Hussein wurde im Dezember gefangen genommen. Drei Jahre später wurde er gehängt. Mit Fotos von einem Mann auf einer Leichenbahre kamen CIA-Agenten zu Pari, der Kopf war fast abgerissen. Sie fragten sie, ob das Saddam sei. (Sie hatten hoffentlich mehrere Quellen.) Pari schreibt: »Ich zweifelte keine Sekunde. Am liebsten hätte ich es vermieden, diese Bilder des Todes in meinem Herzen zu haben – jetzt werde ich sie nicht los. Aber ich hatte den USA versprochen, all ihre Fragen zu beantworten, und meine Antwort war eindeutig: ›Ja, jetzt ist Saddam tot.‹«[647]

Über dreißig Jahre Paranoia hinterlassen jedoch ihre Spuren, und als eine Aussteigerin aus einem Mafiastaat hatte sie die Schweigepflicht, *omertà*, gebrochen. Ihr Schicksal besteht darin, sich für den Rest des Lebens über die Schulter zu schauen. »Auch heute noch wache ich nachts manchmal auf und spüre, wie der Zweifel durch die offenkundige Angst, die für sehr lange Zeit mein Alltag war, hochkocht: ›Ist Saddam wirklich tot?‹«[648]

Die Modelöwin

Baschar al-Assad

(1965–)

»Asma al-Assad ist glamourös, jung und sehr chic – der erfrischendste und anziehendste Typ einer First Lady. Ihr Stil ist nicht das übliche Couture-und-Bling-Feuerwerk, das man für gewöhnlich mit Macht und dem Nahen Osten verbindet, sondern ein bewusstes Fehlen von Zierde. Sie ist eine seltene Mischung: eine schlanke, groß gewachsene Schönheit mit analytischem Sinn, die sich mit diskreter Eleganz kleidet. *Paris Match* hat sie als ›das Licht in einem Land voller Schatten‹ bezeichnet. Sie ist die First Lady Syriens.«[649]

Das Porträt der amerikanischen *Vogue* über Asma ist ein hagiografisches Meisterwerk, auf das die Baath-Parteizeitung stolz sein könnte. Es wurde am 25. Februar 2011 in den USA veröffentlicht, am gleichen Tag, als in Latakia, Homs und Damaskus Zehntausende Syrer protestierten. In Daraa, wo zwei Tage zuvor rund vierzig Menschen von Regierungsstreitkräften getötet worden waren, verbrannten die Demonstranten Fotos von Präsident Baschar al-Assad und stießen eine Statue seines Vaters und Vorgängers Hafez um. Das Haus des Gouverneurs von Daraa wurde in Brand gesteckt. Und es war in Daraa, wo einige Wochen später der Aufstand tatsächlich seinen Anfang nahm.[650]

Die Redakteure der *Vogue* begriffen schließlich, dass das Timing für den Artikel ungünstig war, und entfernten den Artikel von ihrer Internetseite. Die verantwortliche Journalistin, Joan Juliet Buck, gab sich peinlich berührt und behauptete, nicht einmal Lust zu dem Interview gehabt zu haben und dass die Überschrift – »Eine Rose in der

Wüste« – *auf keinen Fall* ihre Idee war. Nunmehr bezeichnete Buck den Präsidenten als »den Teufel« und Asma als »die First Lady der Hölle« und behauptete, allein von dem *Wort* »Syrien« Paranoia zu bekommen, dass es sich anhöre wie *Sssssschlaange* oder *Ssssspritze*.[651]

Auch wenn keiner erwartet, dass Modezeitschriften Diktatoren (oder deren Ehefrauen) sprachlos machen, verfügen Teile des *Vogue*-Artikels über das gewisse Extra. Buck lobt Asmas »beeindruckenden IQ« und ist begeistert davon, wie zu Hause alles nach »hohen demokratischen Prinzipien« gesteuert wird. »›Wir stimmen alle darüber ab, was wir haben wollen und wie‹, sagt [Asma]. Der Kronleuchter über dem Esstisch wurde nach Ausschnitten von Comics angefertigt. ›Dabei haben [die Kinder] gewonnen, mit drei Stimmen gegen zwei.‹« Der Grundton des gesamten Porträts besteht darin, dass jemand mit erlesenem Geschmack unmöglich in etwas Hässliches involviert sein kann.

Das war nicht das erste Mal, dass die in Großbritannien geborene Asma die Titelseiten eines Magazins zierte. 2008 kürte die Modezeitschrift *Elle* sie, vor Michelle Obama und Carla Bruni, zur bestgekleideten First Lady der Welt (»*Du chic, du chic et encore du chic*«, lautete das Urteil).[652] (Bei einer Wahl von *Harper's Bazaar* wurde sie 2011 jedoch von Königin Rania von Jordanien überholt – im Falle, dass Jordanien kollabieren sollte, sollte sich die Redaktion einer kleinen Reflektion unterziehen.[653]) Modejournalisten waren jedoch nicht die Einzigen, die übertrieben optimistisch waren, was das Assad-Regime in Syrien betrifft.

Der böse Augenarzt

Baschar al-Assad hatte nie den Plan, Präsident zu werden. Er lebte lange in London, wo er studierte, um Augenarzt zu werden. Augenheilkunde war sein bevorzugtes Feld, weil »es da nie irgendwelche Notfälle gibt. Es ist sehr genau und es gibt sehr wenig Blut.«[654] Er hatte mit anderen Worten nicht den Magen, um einen Polizeistaat zu leiten.

Der Chefposten war immer seinem Bruder Basil zugedacht gewesen, der aber starb, als er 1994 auf dem Weg zum Flughafen in Damaskus seinen Maserati zerlegte. Baschar wurde nach Hause beordert und in die Militärakademie von Homs aufgenommen, die er als Oberst verließ. 1998 übertrug ihm sein Vater die Verantwortung für die syrische Besetzung des Libanon. Als Hafez 2000 starb, »gewann« Baschar die anschließende Wahl mit siebenundneunzig Prozent der Stimmen.

Die Mehrheit der Syrer sind Sunniten, jedoch leben in dem Land auch eine Reihe von Minderheiten; die Assad-Familie selbst gehört zu den Alawiten, einem mystischen Zweig des Schiitentums. Das Verhältnis zwischen den Volksgruppen ist seit jeher angespannt; die in Machtpositionen überrepräsentierten Alawiten werden von konservativen Sunniten als Ketzer betrachtet. Als die Sunnitin Asma im Dezember 2000 Baschar heiratete, bestand die Hoffnung, sie würde als eine Art Brückenbauerin fungieren, das moderne Gesicht eines modernen Staates.

Mit Baschar am Ruder war Politik als Thema von Plaudereien noch immer tabu, fragte man die Syrer jedoch, wagten sie zu sagen, dass der Sohn weniger streng wirkte als der Vater. Mittlerweile ist es schwer zu verstehen, dass die Erwartungen in Bezug auf eine Liberalisierung und Reformen auf etwas anderem basierten als Baschars Ausbildung im Westen und seinem jugendlichen Alter. (Bei seinem Amtsantritt musste die im Grundgesetz verankerte Altersgrenze für Präsidenten in aller Eile von vierzig auf vierunddreißig Jahre gesenkt werden.) Abgesehen von der Freilassung einiger politischer Gefangener gab es keine großen Veränderungen. Aber die Hoffnung stirbt zuletzt, und 2005 schrieb der Reiseführer *Lonely Planet*, ohne jegliche Grundlage: »Das muss gesagt werden: Baschar tut sein Bestes.«

Westliche Mächte ihrerseits tolerierten Baschar lange, denn wenn es wirklich etwas galt, befolgte er Befehle. Als eine UN-Resolution es forderte, zog er die syrischen Streitkräfte aus dem Libanon ab. Im Auftrag der USA folterte die syrische Sicherheitspolizei Terrorverdächtige.[655] Das Regime wurde auch nicht als Bedrohung für andere, sondern nur als Bedrohung für die eigenen Bürger betrachtet, und unabhängig davon hatte Baschar sich nicht wie sein Vater, der 1982 in der Stadt Hama rund zwanzigtausend Menschen massakriert hatte, irgendwelcher monumentaler Menschenrechtsverstöße schuldig gemacht. All das änderte sich 2011, als friedliche Proteste, inspiriert von den Volksbewegungen in Tunesien und Ägypten, vom Militär brutal niedergeschlagen wurden. Die Aufständischen bewaffneten sich. Nach und nach zogen die Kämpfe Freiwillige aus der ganzen Welt an. Neben einem Kampf Haus um Haus und Straße um Straße ist es auch ein Stellvertreterkrieg für die USA und Saudi-Arabien auf der einen Seite und den Iran und die Hisbollah auf der anderen. Millionen von Menschen sind geflohen. Bis jetzt (2018) wurden schätzungsweise über dreihunderttausend Menschen getötet, mehr als während des gesamten fünfzehnjährigen Krieges im Nachbarland Libanon. Als funktionierender Staat ist Syrien komplett zusammengebrochen, möglicherweise für immer.

Auch wenn er ein Diktator ist, ist Assad nicht allmächtig, und viele der Geschehnisse in Syrien deuten auf interne Spaltungen in der Baath-Partei hin. (Ein Beispiel dafür ist der verdächtige Todesfall des in Großbritannien geborenen Arztes Abbas Khan in einem syrischen Gefängnis, vier Tage bevor er auf persönlichen Befehl Assads an einen britischen Parlamentarier übergeben werden sollte.[656]) Gleichzeitig aber hatte er zehn Jahre Zeit, um einen Bürgerkrieg zu verhindern, zudem ist er der Oberbefehlshaber des Heeres. In Fernsehinterviews mit dem Westen erklärt er nur zu gerne, wie sein Kampf gegen »Terroristen« voll und ganz mit dem hippokratischen Eid vereinbar sei, den er als Arzt abgelegt hat: »Mitunter muss man den Fremdkörper entfernen, der den Patienten töten kann. Man kann ein Auge, ein Bein und so weiter entfernen, man würde deshalb aber nie sagen, dass die Person ein schlechter Arzt ist. Egal, was sie tut, es ist noch immer eine humanitäre Arbeit; für einen Politiker ist es das Gleiche, jedoch auf einer größeren Skala.«[657] Sehr wenig Blut.

Nach dem *Vogue*-Artikel war es von Asmas Seite her ein ganzes Jahr lang still, bevor sie plötzlich Hand in Hand mit Baschar auftauchte und an einer Volksabstimmung für eine rein kosmetische Reform des Grundgesetzes teilnahm. Drei Wochen später begann *The Guardian*, die privaten E-Mails des Paares zu veröffentlichen, die Hackern der syrischen Opposition in die Hände gefallen waren.

Möbel, Schmuck und Harry Potter

Es ist schwer, nicht ein bisschen Mitleid für Asma aufzubringen. Die wenigsten von uns würden gut wegkommen, wenn die ganze Welt alles zu lesen bekäme, was wir in Chats und E-Mails schreiben. Und das Ziel der Hacker lautete allem Anschein nach: Demütigung. Asmas E-Mails verraten nicht viel mehr als die irreversible Beeinträchtigung der Brief-Tradition durch die Internetorthografie. Ein Heinrich VIII. ist sie nicht.

***

Asma ist eine der wenigen Syrerinnen, die sich während des Bürgerkrieges zu Tode langweilen, und sie tröstet sich deshalb mit Online-shopping. Am 17. Juni 2011 wurden bei den bis dato größten Demonstrationen gegen das Regime zwanzig Zivilisten getötet, und Asma (unter dem Alias »aaa«) findet heraus, dass sie eine »Ming-Vase« braucht:*

> *Pls [Please] kann abdulla checken, ob diese bei harrods zur Bestellung zugänglich ist – sie haben im Moment Sale.*
> *Marke: REFLEX*
> *Ware: MING CON LUSE VASE*

---

* Es wurde versucht, die schlechte Ausdrucksweise zu übernehmen, Rechtschreibfehler wurden hingegen weitestgehend berichtigt.

Spezifikationen: Murano weiß Milchglas mit einer 20w dichroischer
Birne 30dia x 109h
Vielen Dank
Aaa

Sechs Stunden später, gute Nachrichten von Abdullas Mann: »Er hat
sie gekauft. Bekam 15% Rabatt. Lieferung in 10 Wochen.«[658]

***

20. November 2011: Aufständische der Freien Syrischen Armee greifen mit Raketen das Hauptquartier der Baath-Partei in Damaskus
an, und Asma schreibt eine E-Mail an Azmi Mikati, einen libanesischen Geschäftsmann und Neffen des Ministerpräsidenten. Sie
hofft, sich eine exklusive Vorpremiere des neuesten *Harry Pot-*
ter-Films zu sichern: »Ansonsten geht es uns gut, kommst du um
den 2. oder vorher? In diesem Fall, kannst du so nett sein und *Harry*
Potter und die Heiligtümer des Todes – Teil 2 mitbringen? ... Kuss«[659]

***

26. Januar 2012: In Syrien sterben zweiundvierzig Zivilisten (zehn von
ihnen sind Kinder), in Hama werden die Leichen von dreiundzwanzig
gefolterten Menschen gefunden, und Asma (»Alia«) beschwert sich
beim englischen Unternehmen Baker furnitures:

Wie bestellt, habe ich zwei Nachttische erhalten, aber sie sehen leider
aus, als hätten sie verschiedenen Lack und verschiedene Farben!? Ich
bin sicher, dass ein Fehler passiert ist. Ich habe die Bestellung über-
prüft und glücklicherweise haben beide Nachttische die gleiche Be-
stellnummer, weshalb ich sicher bin, dass Sie falsch geschickt haben.
Können Sie das bitte für mich überprüfen?

Will auch bestätigen, dass wir noch immer auf Folgendes warten
[XXXXXXXXXXX] Lampe x 3
[XXXXXXXXXXX] Magnolia Tischlampe x 2
Haben Sie eine Ahnung, wann sie fertig sind?
Freue mich, von Ihnen zu hören.
Beste Grüße
Alia.[660]

***

6. Februar 2012: Das syrische Militär schießt dreihundert Raketen in die Stadt Homs, und Asma schreibt an den französischen Designer Hervé Van der Straeten:

Kann ich eine Preisvorstellung bekommen für:
Die Sammlung in der Werkstatt
Fracht in der Kiste zum Flughafen Dubai:
2 bougeoir pistil *Kerzenständer*
2 pots bubbling
1 *gestapelter Konsolentisch*
1 lustre confusion *Kronleuchter*
Freundliche Grüße[661]

***

Im *Vogue*-Artikel war bereits zu erfahren, dass Asma Fondue mag (»al-Assad entleert zum Mittagessen eine Packung Fondue-Mix in einen Kochtopf«). Am 20. Januar 2012 schickt sie Baschar einen Link zu einer Auswahl an Fondue-Sets auf Amazon: »Pls können wir eins kaufen?« Baschar (aka »Sam«) antwortet: »Na klar. Übrigens wurden [die Waren von] Harrods vor ein paar Tagen geliefert.«[662]

Am nächsten Tag werden vierundneunzig Menschen getötet, und die USA geben bekannt, dass sie ihre Botschaft in Damaskus schließen werden.

Freunde, Familie und einfältige Lover

Von seiner Arztpraxis in London aus versucht Asmas Vater Fauaz Akhras, ein Kardiologe, in schwerer Zeit zu helfen. Um die 2011 begonnenen Demonstrationen in den Griff zu bekommen, verspricht Baschar al-Assad Reformen des Grundgesetzes. Der Schwiegervater organisiert einen Besuch des britischen Experten Sir Jeffrey Jowell:[663]

> *Er ist ein sehr anerkannter Experte in Sachen Grundgesetz, und deshalb ist es wichtig, dass der Besuch das richtige Signal liefert. Ich wurde gebeten, ein paar Namen von Experten in Sachen Grundgesetz auf hohem Niveau vorzuschlagen, mit denen er sich treffen kann. Ich habe darüber nachgedacht und mich umgehört. Es sieht so aus, als fehle es uns in Syrien auf diesem Gebiet an HR.[664]*

Der Präsident kündigt Reformen an, scheint aber selbst nicht sonderlich daran zu glauben. Einige Wochen später nimmt er an einer Konferenz für junge Gründer teil und schreibt an Asma: »Das ist die beste Reform, die ein Land haben kann ... *wir setzen darauf, anstatt auf eine Unmenge törichter Gesetze über Parteien, Wahlen, Medien ...*«
Asma schreibt zurück: »Ich bin um fünf Uhr fertig. love u«[665]

***

Asmas Vater ist generell ein Mann der guten Ratschläge. Im Oktober wird Muammar al-Gaddafi ermordet. Im November und Dezember steigt die Anzahl der Angriffe der Aufständischen. Am 20. Dezember werden in der Provinz Idlib einhundertelf Zivilisten getötet. Einen Tag später findet Akhras heraus, dass das Regime auf dem Umayya-den-Platz in Damaskus eine riesige Neujahrsfeier plant. Er schreibt Asma und fragt: »Ist das der richtige Zeitpunkt?«[666]

***

Einen Monat später erhält Asma eine E-Mail von ihrer Freundin Al Mayassa Al Thani, der Tochter des Emirs von Katar. Sie deutet an, dass Asma und ihr Mann zurücktreten und Syrien verlassen sollten:

Wie geht es dir? Lange nichts gehört. Habe die aktuellen Entwick-lungen in Syrien verfolgt – ich finde es toll, dass die Opposition bereit ist, in Russland mit der syrischen Regierung zu sprechen. Ich weiß, dass ihre Bedingungen haarsträubend erscheinen, aber um ehrlich zu sein – wenn wir den Lauf der Geschichte betrachten, und die Eskalation der letzten Ereignisse –, dann haben wir zwei Ergebnisse gesehen: Anführer, die zurücktreten und politisches Asyl bekommen, oder Anführer, die brutal angegriffen werden. Ganz ehrlich glaube ich, dass ist eine gute Möglichkeit zu reisen und neu ein normales Leben zu beginnen – das kann für die Kinder nicht leicht sein, das kann für dich nicht leicht sein!
Ich weiß, dass ich zeitweise schroff bin – aber das liegt daran, dass ich euch mag und dich und deine Familie als Teil unserer eigenen betrachte. Jeden Tag denke ich an die Gedanken, die durch deinen Kopf gehen und an die Sicherheit deiner Kinder – ich hoffe nur, dass du den Präsidenten davon überzeugst, dass er dies als eine Möglich-keit nimmt zurückzutreten, ohne vor Gericht gestellt zu werden. Die Region muss sich stabilisieren, aber allen voran brauchst du Gelas-senheit.
Ich bin sicher, dass du viele Orte hast, an die du gehen kannst, in-klusive [Katars Hauptstadt] Doha.[667]

***

Am 3. Februar 2012 leitet Asma einer anonymisierten Freundin ein Angebot für High Heels von Christian Louboutin weiter, inklusive des Modells Daffodile aus reinem Kristall für 3795 Britische Pfund. Auch wenn diese Freundin nicht ganz so zurechtweisend ist wie Al Thani, deutet sie an, dass sie vorerst über keinen roten Teppich schreiten werde:

Ich LIEBE sie!!! Die sind richtig cool ... aber ich glaube nicht, dass ich sie in nächster Zeit brauchen werde, leider ... Und mein Schuhschrank braucht keine neuen Freunde ... Also widerstehe auch ich ...[668]

Szenen einer Ehe

Sollte der Präsident an Gewissensqualen leiden, dann kommen diese auf merkwürdige Art zum Ausdruck. Am Tag vor einem Großangriff auf Homs packt Baschar den Songtext von Blake Sheltons *God Gave Me You* in eine E-Mail an Asma.[669] Jetzt alle gemeinsam im Chor:

I've been a walking heartache
I've made a mess of me
The person that I've been lately
Ain't who I wanna be

But you stay here right beside me
Watch as the storm goes through
And I need you

For when I think I've lost my way
There are no words here left to say, it's true
God gave me you

***

Eine kurze Nachricht von Ehefrau an Ehemann zu früher Stunde an einem Tag zwischen Weihnachten und Neujahr 2011: »Wenn wir zusammen stark sind, kommen wir zusammen dadurch ... Ich liebe dich ...«[670]

***

Vor Beginn des Aufruhrs legte Baschar eine weitaus ungezwungenere Haltung zur Ehe an den Tag. Er hatte die Angewohnheit, Freunden Witze zu mailen, die er im Internet fand:

Ehefrau: Ich wünschte, ich wäre eine Zeitung, damit ich den ganzen Tag in deinen Händen liegen könnte.
Ehemann: Ich wünschte auch, du wärst eine Zeitung, damit ich jeden Tag eine neue bekommen könnte.

Ehefrau: Was würdest du mir geben, wenn ich den Mount Everest besteige?
Ehemann: Einen liebevollen Schubs ...!

Ich habe keine Angst vor Terrorismus. Ich war zwei Jahre verheiratet.

Ich nehme meine Frau überall mit hin, aber sie findet immer wieder den Weg nach Hause.[671]

Wir halten einander immer an den Händen. Wenn ich loslasse, geht sie shoppen.

Verheiratete Männer leben länger als Single-Männer, allerdings sind verheiratete Männer weitaus bereiter zu sterben.

Und der hier ist einfach nur ordinär:

Eine Nonne geht zur Äbtissin: »Ich bin vergewaltigt worden. Was soll ich tun?«
Die Äbtissin antwortet: »Trink diesen sauren Tee ohne Zucker.«
»Wird das meine Reinheit und Ehre zurückbringen?«
»Nein, aber es wird das Grinsen in deinem Gesicht tilgen.«[672]

***

2009 waren Angelina Jolie und Brad Pitt in Syrien. Als *Goodwill*-Botschafterin des Hochkommissars der Vereinten Nationen für Flüchtlinge besuchte Jolie Iraker, die nach Syrien geflohen waren. Asma wusste den Glamour durchaus zu schätzen, und im *Vogue*-Interview konnte sie eine amüsante Anekdote erzählen:

Mein Mann fuhr uns alle zum Lunch und aus dem Augenwinkel heraus konnte ich sehen, dass Brad Pitt mit den Händen herumfuchtelte. Ich drehte mich um und fragte: »Stimmt etwas nicht?« »Wo sind Ihre Sicherheitsleute?«, fragte Pitt. Also fing ich an, ihn zu necken: »Sehen Sie die alte Dame da auf der Straße? Sie ist eine von ihnen! Und der alte Mann, der dort die Straße überquert? Der gehört auch dazu!« Beide lachten. Der Präsident schloss sich der Geschichte an: »Brad Pitt wollte seine Sicherheitsleute herschicken, damit sie ein bisschen Training bekamen!«[673]

Wenig später hat Angelina ihren Sonderstatus verloren und ist Statistin in einem Witz, den Baschar einem Freund schickt:

George Bush und Barack Obama sitzen in einer Bar. Da kommt ein »Kerl« zu ihnen und fragt, was sie treiben.
Bush: »Wir planen den Dritten Weltkrieg.«

Kerl: »Aha? Was wird passieren?«
Bush: »Nun, dieses Mal werden wir 140 Millionen Menschen und
Angelina Jolie ermorden!«
Kerl: »Angelina Jolie? Warum Angelina Jolie?«
Bush dreht sich zu Obama um und sagt: »Siehst du! Ich habe dir
gesagt, dass sich niemand um 140 Millionen Menschen kümmern
wird!!!!!!!!!«[674]

Gut für meinen Lebenslauf

»Hör zu: Zu Hause bin *ich* der Diktator«, prahlte Asma gegenüber einer Freundin.[675] Da gilt es nur, sich ihre Reaktion vorzustellen, als sie *The Guardian* öffnete und die E-Mails zu lesen bekam, die Baschar von anderen, weitaus jüngeren Frauen erhielt. Es handelt sich nicht gerade um unflätiges Gerede auf Tiger-Woods-Niveau, reicht aber immerhin aus, um einem verheirateten Mann zu Hause Ärger zu bescheren:

Von: Hadeel
Betreff: Ich habe ein Foto von dir von der Universität gefunden
Datum: 20. November 2011 20:30:58 GMT
An: sam@alshahba.com

so süß, ich vermisse diiiiiiiiiiiich
lass mich dich zusammen mit [XXXXXXX] besuchen[676]

»Hadeel« ist Hadeel al-Ali, eine junge, hübsche Syrerin, die in den USA lebt, wo sie Baschar bei der Beobachtung internationaler Nachrichten (»[BBC-Journalist] Paul Wood wurde nach Homs hineingeschmuggelt!!!«[677]) als auch sozialer Medien behilflich ist:

Von: Hadeel Al Ali
Betreff: Der Facebook-Schwindel [sic], von dem ich dir erzählt habe
Datum: 25. November 2011 11:53:14 GMT
An: sam@alshahba.com

Ich habe viele Fotos von der Seite von Hussam Arian gemacht (wenn das wirklich sein Name und sein Konto ist, was geklaut sein könnte) und von dem Artikel, den er über dich geschrieben hat und den Kommentaren, die einige seiner Freunde darunter geschrieben haben. Tut mir leid, dass einige davon sehr frech sind, aber ich dachte, wir könnten die Namen selbst herausfinden, wenn viele von ihnen falsche haben.[678]

Hadeel prügelt sich um Baschars Aufmerksamkeit mit »Sherry« Jaafari, die ein bisschen jünger und ein bisschen hübscher ist und über ein etwas besseres Netzwerk verfügt. Ihr Vater ist Syriens UN-Botschafter und hilft dabei, Landesverräter auszuräuchern, zum Beispiel, wenn ein anonymer »ehemaliger syrischer Diplomat« öffentlich das Regime kritisiert. Papa schreibt: »Ich habe die Stimme meines ›ehemaligen Kollegen‹ überprüft und konnte ihn zweifellos identifizieren.«[679] Er rät der Tochter, diese Angelegenheit auf »höchster Ebene« anzubringen, wo sie »mit dem größten Ernst gehandhabt werden muss«, bevor es der Betreffende schafft, »zu einem weiteren Star in den Satelliten-Kanälen zu werden«.

Die Kommandostruktur ist ein wenig unklar, jedoch scheinen Hadeel und Sherry zu entscheiden, was in Assads Posteingang landet. Sie sind die persönlichen Spamfilter des Präsidenten. Die von ihnen weitergeleiteten Ratschläge sind alles, von Unheil verkündend (»Meiner Meinung nach müssten wir jeden Abend Kontrolle über alle öffentlichen Räume haben, inklusive der Netze …«[680]) bis hin zu verschmitzt (»NUR 5 Minuten nach der Explosion zu sagen, dass al-Qaida hinter der Explosion steckt, ist nicht in unserem Interesse.«[681]). In geradezu rührender Weise versucht Sherry, schlimme Gerüchte, die nach einer Nachrichtenmeldung in den USA über die First Lady (»FL«) im Umlauf sind, wegzulachen.

Von: Sheherazad Jaafari[XXXXXXXXXXXX]
Betreff: VS: Der Präsident und FL überraschen heute das Volk
Datum: 11. Januar 2012 18:27:16 GMT
An: sam@alshahba.com

Anbei ein Gespräch zwischen mir und Mike, »meinem vorhergehenden Chef«. In amerikanischen Medien wird spekuliert, ob FL »betäubt« war. Wie geisteskrank ist das denn?!

Sie weigern sich zu glauben, was du und FL heute gemacht haben, also erdichten sie Hollywood-Geschichten lol.

»Mike« ist Mike Holtzman vom PR-Büro Brown Lloyd James, der das *Vogue*-Interview für Asma organisiert hat und dem Regime später-hin bei der Medienstrategie behilflich war, als Bilder von der Ermordung unbewaffneter Demonstranten um die Welt gingen. Holtzman schreibt an Sherry: »Wir brauchen eine neue USA-Policy, meine Liebe. Was für Idioten.« Er gibt an, dass er stolz auf sie ist, und fragt, wie es allen geht.

Sherry antwortet: »Es geht ihnen gut. Der Ausgang wird für alle ein Schock sein. Ich habe es immer gesagt. *Dieser Mann wird von seinem Volk geliebt.*«[682]

In einer anderen E-Mail bittet sie einen von Assads Beratern, einen Gruß zu überbringen: »Sag ihm, dass ich ihn so so so sehr liebe und dass ich ihn vermisse.«[683]

Anderen gegenüber spricht Sherry vom Präsidenten oft als »the dude«. Wenn diese äußerst informelle Anredeform als Geheimnis gedacht war, verrät Hadeel sie (möglicherweise gewollt), als sie eine von Sherrys Facebook-Mails an Baschar weiterleitet: »Hier ist, was ich möchte, dass du es the dude sagst, wenn ihr miteinander sprecht ...«[684]

Hadeel wie auch Sherry ist Alawitin. Vor einer wichtigen Rede im Januar 2012 leitet Hadeel eine E-Mail weiter, in der der Präsident gebeten wird, unter anderem dadurch an die religiösen Gefühle der Sunniten-Mehrheit zu appellieren, indem er Israel die Schuld für alle Probleme des Landes gibt:

Bekräftigen, dass der Islam des syrischen Volkes der echte Islam ist, indem der Islam mit den Prinzipien Syriens verbunden wird: 1) Widerstand, 2) Feindschaft gegen Israel, dem größten Feind aller Muslime, 3) Schutz der Rechte des palästinensischen Volkes (richtige Gebete müssen in Richtung Jerusalem erfolgen). Vielleicht kann der Präsident hier seine Position verstärken, indem er die aktuelle israelische Praxis und die Politik, Al-Quds (Jerusalem) zu judifizieren, kraftvoll verurteilt.[685]

Die Rede lief sehr gut. Hadeel war der Ansicht, der Präsident habe den richtigen Anzug gewählt und frisch ausgesehen. Sie schreibt, dass sie seine »Kraft, Weisheit und [sein] Charisma«[686] bewundere.

Vermutlich war Hadeel erfreut, dass ihr Umgang mit den Medien besser lief als der der Rivalin. »Die amerikanische Psyche ist leicht zu manipulieren«[687], behauptete Sherry, während sie Baschar auf ein Interview mit der Veteranin Barbara Walters beim Fernsehsender ABC vorbereitete. Als das Interview jedoch zu einer größeren Herausforderung wurde, als sie angenommen hatten – Walters stellte nämlich Fragen zum andauernden Bürgerkrieg –, bekam Sherry »heftig Ärger« mit dem Präsidenten.

Sherry und die über achtzigjährige Walters wurden trotzdem gute Freunde (Walters nannte sie »mein liebes Mädchen«[688]). Als Sherry einen Platz an der Columbia University haben wollte, schrieb Walters ihr ein überschwängliches Empfehlungsschreiben und war gerade im

Begriff, ihr einen Job in Piers Morgans Stab bei CNN zu organisieren, als die E-Mails veröffentlicht wurden. Walters sagte, sie bereue es, sich eingemischt zu haben, und Sherry wechselte die Universität. In einer anderen E-Mail räumte sie ein, dass der Job als Assads PR-Beraterin »ein herausforderndes Erlebnis [war], aber gut für meinen Lebenslauf, und das ist alles, worum ich mich jetzt kümmere.«[689]

Selbst für jemanden, dem es ganz offensichtlich an Scham mangelt, muss das E-Mail-Leck peinlich gewesen sein, jedoch gibt es keinen Beweis für ein tatsächlich romantisches Verhältnis zwischen dem Präsidenten und diesen beiden Frauen. Das Schäbigste im Posteingang von Assad ist ein Foto von einem Mädchen (weder Hadeel noch Sherry) in Unterwäsche.[690] Wer unter euch ohne Sünde ist ...

Das Regime hält daran fest, dass alle E-Mails gefälscht sind, jedoch ist schwer zu glauben, dass Assads Erzfeinde nicht in der Lage seien, etwas Saftigeres als ein paar jämmerliche Kuschelnachrichten zu erdichten. Egal was passiert, sowohl Hadeel als auch Sherry scheint eine Karriere in den Medien garantiert zu sein.

Lasst sie Kuchen essen

Asmas Zukunft ist unsicherer. Es ist schwer, uneins mit der Freundin zu sein, die ihr riet, das Land zu verlassen. Sie hat keine formale Macht, gleichzeitig weiß sie aber, mit wem sie verheiratet ist, und jeder weitere Tag, der vergeht, ist ein weiterer Tag, an dem sie nichts unternimmt. Vielleicht hofft sie, dass die Familie zumindest die Kontrolle über *Teile* Syriens behält. In diesem Fall hat sich ihr Sohn Hafez schon freiwillig gemeldet, das Amt des Präsidenten zu übernehmen. Als Elfjähriger sorgte er im August 2013 für Schlagzeilen, als er die Amerikaner auf seinem Facebook-Profil als »Feiglinge« bezeichnete und schrieb: »Ich hoffe wiiiiiiirklich, dass sie angreifen, denn ich will, dass sie einen Riesenfehler machen und etwas anfangen, dessen Ende sie nicht erleben werden ... Syrien für immer und ewig.«[691]

Asmas Büro ließ im Februar 2012 verlauten: »Der stark ausgelastete Zeitplan der First Lady setzt den Fokus noch immer darauf, die unterschiedlichen wohltätigen Stiftungen zu unterstützen, in die sie seit Langem involviert ist, sowie auf die Entwicklung der ländlichen Gegend und auf die Unterstützung des Präsidenten, wenn dies erforderlich ist. In diesen Tagen ist sie daran beteiligt, Brücken zu bauen und zum Dialog zu ermuntern. Sie hört zu und tröstet die Familien der Opfer der Gewalt.«[692] Das offizielle Instagram-Konto des Regimes (»syrianpresidency«) zeigt Asma in Kindergärten, in Krankenhäusern und in der Suppenküche, und es gibt keinen Zweifel daran, dass ihr Engagement für Kinder und Jugendliche echt ist, zumindest von Fall zu Fall.

Allerdings sollte man sich die Bilder näher anschauen. Während sie Essen an hungrige Kinder verteilt, trägt sie gleichzeitig einen blauen *Jawbone-Up-Kalorienzähler ums Handgelenk.*[693] Den zu Hause zu lassen, ist ihr nicht in den Sinn gekommen. Die Marie Antoinette des Nahen Ostens versucht viel zu sehr, Angelina Jolie zu sein.

Anderthalb Jahre nach dem berüchtigten *Vogue*-Artikel schrieb Journalistin Joan Juliet Buck in der *Newsweek* ein langes *Mea culpa*, voll von gestrichenen Szenen der ursprünglichen Reportagereise. (Sherry hat einen Gastauftritt; nachdem sie einen schlechten Salat gegessen hat, erleidet sie eine Lebensmittelvergiftung und muss zum Magenauspumpen ins Krankenhaus.) Buck betrachtet ihre Erlebnisse in Syrien nun in einem neuen Licht, zum Beispiel, als Asma sie mit zu einem Jugendzentrum in der Küstenstadt Latakia nahm. Aus Spaß erzählte die »FL« den armen Teenagern, das Zentrum müsse schließen, weil kein Geld mehr da sei. Nach ein bisschen Entsetzen und Weinen lächelte Asma breit und sagte: »Nein, das Zentrum wird nicht schließen. Das war nur ein Test, um zu sehen, wie sehr es euch hier gefällt.« Megalustig! Buck war derart geblendet von Diamanten, dass sie nicht begriff, dass ihr die ganze Zeit Gold serviert worden war.[694]

Der böse Vergewaltiger

Muammar al-Gaddafi

(1942–2011)

»Die wichtigste Belohnung für mich ist es, die Frauen meines Landes
befreit, stark, lauthals und zuversichtlich zu sehen!«

MUAMMAR AL-GADDAFI

Libyens Anführer zeichnete gern ein Bild von sich selbst als den einzigen feministischen Staatsmann des Nahen Ostens. Der Beduine
Gaddafi wuchs mit seiner Mutter als Stammesoberhaupt, umringt von
Schwestern und Tanten, auf. Auf der Militärakademie kletterte er die
Rangleiter schnell nach oben. 1969 leitete er einen Militärputsch, in dessen Folge er als Staatsoberhaupt eingesetzt wurde. 1979 eröffnete er eine
Militärakademie eigens für Frauen, die einzige ihrer Art. Die Vorschrif-
ten für die Rekruten lauteten, »voll und ganz an die Ideen und die Ideologie Muammar al-Gaddafis zu glauben. Und sie müssen bereit sein,
ihr Leben für ihn zu opfern.«[695] Die tüchtigsten Absolventinnen wurden für Gaddafis private Garde geworben. Auf ihren ID-Karten stand
»Muammar al-Gaddafis Tochter«.[696] Die »schillernden Amazonen« des
Diktators sorgten auch in ausländischen Medien für Aufsehen:
    »Silvio Berlusconi hatte wohl kaum etwas dagegen, dass Gaddafi
im Juni 2009 eine Gruppe Amazonen mit nach Rom brachte«, feixte
der norwegische TV- und Rundfunksender NRK. Diese tüchtigen
Damen waren die letzte Verteidigungslinie des Diktators: »Wir wissen, dass sie vom Militär kommen, top trainiert und waffenkundig
sind. Die Elitetruppe besteht aus dreißig bis vierzig Frauen. Die Kan-

didatinnen durchlaufen ein umfassendes Training im Gebrauch von Waffen sowie im Nahkampf.«

Was die Amazonenstreitkraft tatsächlich taugte, ist etwas unklar. Dem Journalisten zufolge »sind sie geschult, allem zum Trotz auf ihrem Posten zu bleiben. Bei einem Kongress der Arabischen Liga in Sharm el-Sheikh wurde Gaddafis Leibwächterin der Zutritt zum Veranstaltungssaal untersagt. Sie musste mit Macht zurückgehalten werden, weil sie sich weigerte, Gaddafi aus den Augen zu lassen.«[697] Auch wenn der Eifer bewundernswert ist, ist ein professioneller Leibwächter nicht sonderlich nützlich, wenn es so einfach ist, den Betreffenden »zurückzuhalten«.

Für die Dokumentation *Shadows of a leader* reiste die Regisseurin Rania Ajami mit einigen vorgefertigten Theorien im Gepäck nach Libyen. Wie einem ihrer Kommentare in dem Film zu entnehmen ist, schien die weibliche Elitestreitkraft »das übliche Bild des Islam von der Frau als unterwürfig und machtlos herauszufordern«. Möglicherweise. Oder sie war lediglich Ergebnis des Wunsches eines Diktators, sich mit so vielen Schätzchen wie möglich zu umgeben.

Ajami bekam Dutzende Mädchen zu sehen, die eine Waffe luden, ohne sie jemals abzufeuern. Mit der Zeit wurde sie unsicher, ob sie überhaupt wussten, wie man eine Waffe abfeuerte. Nach langem Drängen durfte sie die eigenen Aufnahmen der Militärakademie einsehen, kurze Ausschnitte mit Frauen, die in der Wüste Pistolen abfeuerten, anscheinend in die Luft und nicht auf eine Zielscheibe. Eine ebenso langweilige Angelegenheit ist das Video von Rekruten, die sich im Kampfsport üben; ein Mädchen schwingt ein Messer, ein anderes wirft etwas, das wie ein alter Videorecorder aussieht.

Obwohl sie Gaddafis Segen hatten, wurde den »Elitesoldatinnen« außerhalb der Akademiemauern nicht viel Respekt entgegengebracht. Ajami nahm die Hauptperson ihrer Dokumentation, Fathiya, mit zur Seekriegsschule nach Tripolis, um die Möglichkeit einer Aufnahme weiblicher Rekruten zu untersuchen.

Die männlichen Offiziere würdigten Fathiya kaum eines Blickes.

»In Libyen haben wir keine Frauen in der Marine«, erklärte einer von ihnen. »Möglicherweise wegen des Problems der Unterbringung. Wir sind es nicht gewohnt, dass Frauen und Männer zusammenwohnen, wie in Europa.« Ein anderer dachte laut: »Können Frauen das wirklich leisten?«

Fathiya verschränkte die Arme und bestand darauf, halb frivol, halb gedemütigt: »Selbstverständlich sind Frauen stark genug!«

Die Admirale waren nicht überzeugt. »*Sie* meint, es würde kein Problem geben«, sagte einer von ihnen, so als befände sich Fathiya nicht im selben Raum. »Aber da ist sie wohl die Einzige. Meiner Meinung nach wird es sehr schwer, libysche Frauen an Bord des Schiffes zu haben.«

Späterhin sah sich Fathiya gezwungen einzuräumen, dass Frauen physisch schwächer *sind* als Männer. Allerdings verfügten sie über eine Art siebenten Sinn! »Der weibliche Instinkt ist speziell«, sagte sie. »Wenn eine Frau den Anführer bewacht, wird sie Gefahr bemerken, lange bevor diese entsteht.«

Regisseurin Ajami erhielt exklusiven Zugang, allerdings wurde jede ihrer Bewegungen von Gaddafis Aufpassern streng überwacht.[698] Der Großteil der von ihr interviewten Rekruten erwies sich als stockdumm, in Todesangst oder beides. Dennoch lässt sich allein durch das Kratzen an der Oberfläche überraschend viel herausfinden – und hier stimmte ganz eindeutig etwas nicht.

Der Film stammt aus dem Jahr 2004. 2011 fingen die Rekruten an, für die Aufständischen zu arbeiten.

Hinter der Fassade

Fatima begann 1980 auf der Militärakademie. Das war eine spannende Zeit: »Wir waren eine Weltattraktion. Es kamen Fernsehteams aus der ganzen Welt«, erzählte sie später der *Le Monde*-Journalistin Annick Cojean. »Wir waren die Zukunft! Wir waren modern.« Aber bereits einen Monat nach der Abschlusszeremonie sah sie ein, dass man sie allesamt getäuscht hatte. Gaddafi »erwartete offensichtlich nichts von den Frauen – sie waren für ihn nur Symbole zur Erschaffung eines Mythos ... und ein Tummelplatz für Liebhaberinnen.«

Fatima hatte eine Uniform, aber keine Macht, keinerlei reale Verantwortung. Der Lohn war elendig. Als sie hinsichtlich Disziplin und Training allmählich ins Hintertreffen geriet, fiel das keinem der männlichen Offiziere auf.

Fatima war mit Gerede über die Heldinnen der algerischen Revolution in die Akademie gelockt worden. Erst als sich abzeichnete, dass der »Frauenbefreier« Gaddafi den Bürgerkrieg verlieren würde, hatte er Verwendung für seine Soldatinnen. Nur wenige von ihnen nahmen an den Kämpfen teil, die meisten mussten Kontrollposten besetzen, den Verkehr regeln und in den Schlangen zur Verteilung von Benzin für Ordnung sorgen. Andere wurden als Freudenmädchen für die Soldaten an der Front eingesetzt. Fatima wechselte lieber die Seiten und schloss sich den Aufständischen an. Auf ihrem Stützpunkt agierte sie als Doppelagentin und verbreitete Propaganda. Nach Ende des Krieges schloss sie sich dem neuen Militärrat in Tripolis an.

Sie ist nie hübsch genug gewesen, um Teil der Garde zu werden, wo Aussehen das einzige Kriterium war. »Vergessen Sie das Bild von einem Elitekorps«, sagte sie. »Das war nur eine x-beliebige Gruppe, eine Show, wobei Gaddafi darauf achtete, dass einige schwarze Frauen dabei waren, um zu zeigen, dass er kein Rassist war, um sich somit die Türen zu Afrika offenzuhalten. Die tatsächlichen Leibwächter, die für seine Sicherheit verantwortlich waren, waren in diesem Bild nicht sichtbar. Das waren Männer aus seiner Heimatstadt Sirte.«

Oberst Aicha Abdousalam Milad war in der Rekrutierung der Leibwächterinnen tätig. Lediglich die charismatischsten und »spektakulärsten« kamen durch das Nadelöhr hindurch. Die Garde war eine begehrte Einheit: »Sie durften den Führer begleiten, wohin er auch reiste, und erhielten Umschläge mit Unmengen an Geld. Dann –

glauben Sie mir – wenn sie erst einmal dabei waren, setzten sie alles daran, nach oben zu kommen. Toll geschminkt, tadellos gekleidet … Sie wussten nur zu gut, dass alle Kameras auf sie gerichtet waren.«[699]

Gute Momente dauern aber nur so lange an, bis sie jäh vorüber sind. Im August 2011 ließ Gaddafi den Großteil seiner Amazonen hinrichten. Ihre Leichen wurden in seinem ausgebombten Hauptquartier gefunden. Gaddafi wollte nicht, dass die »Elitestreitkraft« ihn während der Flucht aufhielt.

Der Weg zum Herzen eines Mannes

Während des Studiums in den USA fand ein junger Libyer Gefallen an der Meinungsfreiheit. Als Al-Sadek Hamed Al-Shuwehdy 1984 in seine Heimat zurückkehrte, beteiligte er sich an einigen friedlichen Protesten. Er wurde verhaftet und des Todes durch Erhängen verurteilt. Tausende von Schülern wurden ins Basketballstadion von Bengasi gekarrt, um der Hinrichtung beizuwohnen, die auch direkt im libyschen Fernsehen übertragen wurde. Während der Mann vom Galgen aus um sich trat und röchelte, wurde die Fanatikerin Houda Ben Amer derart ungeduldig, dass sie nach vorn stürzte und ihn an den Beinen zog, damit er schneller starb. Das brachte ihr den Beinamen »die Henkerin Houda« ein.

Gaddafi hatte seit Langem ein Auge auf Houda geworfen, jetzt aber kapitulierte er. Wie sehr mochte er sie? Er zwang sie nicht nur *nicht* zur Abtreibung, nachdem er sie geschwängert hatte, sondern brachte sogar seine Frau Safia dazu, das Mädchen, Hanna, zu adoptieren. Wer hat gesagt, die Romantik sei tot? (Um international Sympathie zu gewinnen, log Gaddafi, als die USA im April 1986 Libyen bombardierten, und behauptete, Hanna sei dabei getötet worden.)

Houda legte eine kometenhafte Karriere hin, als Bürgermeisterin von Bengasi, Regierungsministerin, Chefin des libyschen Rechnungshofes und Präsidentin des Arabischen Parlaments. Sie wurde zu einer der meistgehassten Personen Libyens. In einer ihrer ersten Aktionen brannten die Aufständischen ihr Haus in Bengasi nieder. Mittlerweile sitzt sie in Tripolis im Gefängnis.[700]

Mit dem groß angelegten Datendumping von Diplomatenmails verschaffte Wikileaks der Ukrainerin Galyna Kolotnytska weitaus mehr Medienpräsenz, als sie es erwartet hatte. In einer internen Notiz, verfasst vom amerikanischen Botschafter Gene Cretz (der daraufhin unmittelbar zurückberufen wurde) stand:

> *Gaddafi stützt sich sehr auf seine langzeitangestellte ukrainische Krankenschwester Galyna Kolotnytska, die als »üppige Blondine« beschrieben wird ... der libysche Protokollstab hat gegenüber mehreren Angestellten der Botschaft unterstrichen, dass Gaddafi nirgends ohne Kolotnytska hinreist, denn nur sie »kennt seine täglichen Bedürfnisse« ... Einzelne Kontakte der Botschaft behaupten, dass Gaddafi und die achtunddreißigjährige Kolotnytska ein romantisches Verhältnis haben.*[701]

Galyna wies die Gerüchte zurück. Nur gute Freunde. Sie konnte berichten, dass Gaddafi ein netter Chef war, aber auch »streng sein konnte, wenn er musste«.[702] Sie hatte nie Angst vor Gaddafi gehabt; als sie im Mai 2011 in Norwegen Asyl suchte, geschah dies, um ukrainischen Journalisten zu entkommen! (Der Antrag wurde abgelehnt.) Auch Galynas Mutter Irina hatte für die Presse wenig übrig: »Ihr habt die Ehre meiner Tochter gekränkt, indem ihr sie als Gaddafis Geliebte bezeichnet habt. Fahrt zur Hölle.«[703]

Galyna war nicht die einzige üppige ukrainische Krankenschwester Gaddafis. Auch die (brünette) Oksana Balinskaja besteht darauf, dass die Arbeit ausschließlich daraus bestanden habe, die Gesundheit und Ernährung des Anführers zu beaufsichtigen. Aus einem

Interview in der *Komsomolskaja Pravda* geht hervor, dass sie Gaddafi »Papa« nannten.

»Wenn Sie sich die Armbanduhr einer Person ansehen, erfahren Sie, wer für Papa arbeitet«, sagte Oksana. Enge Mitarbeiter stattete Gaddafi mit Golduhren mit seinem Konterfei darauf aus. Weiterhin ist zu lesen, dass bei Auslandsreisen Heizöfen in Gaddafis Hotelzimmer gestellt wurden. »Papa ist ein Mann der Wüste, der Hitze gewohnt ist.« Und er reiste auch nicht mit leichtem Gepäck: »Papas Flugzeug folgten zwei Jets – einer mit all seinen Sachen und der andere mit seinen Autos.«[704]

Botschafter Cretz warnte früh davor, sich von all dem Feuerwerk rund um Gaddafi blenden zu lassen: »Auch wenn es verlockend ist, seine vielen Exzentrizitäten als Zeichen der Instabilität zu deuten, so ist Gaddafi ein kompliziertes Individuum, dem es mittels eines tüchtigen Ausbalancierens von Interessen und realpolitischen Methoden gelungen ist, über vierzig Jahre lang an der Macht zu bleiben.«[705]

Gaddafis Hampeleien in den Zeitungen waren Berlusconi-artige Ablenkungsmanöver, die Rhetorik hinsichtlich der Frauenbefreiung sollte sich jedoch als eine groteske heuchlerische Anti-Wahrheit erweisen: Die Militärakademie war ein Witz, die Leibwächter waren regelrechte Zuhälter, und Gaddafi selbst war ein übler, perverser Vergewaltiger.

Nachdem er im Oktober 2011 von einem Mob ermordet worden war, kamen viele Geschichten über die Brutalität des Regimes ans Tageslicht. Die Aufständischen zeigten ausländischen Journalisten nur zu gerne die Folterkammern und die luxuriösen Paläste. Über Gaddafis schmutzigere Geheimnisse wurde jedoch nicht viel geredet. Vergewaltigung ist ein Tabuthema, selbst in Ländern wie Norwegen. In einer patriarchalischen Ehrengesellschaft, wo Sex außerhalb der Ehe mit Gefängnis bestraft wird, ist es ein Un-Thema. Vergewaltigte Frauen können zum Beispiel von ihren Vätern oder Brüdern getötet werden, die die Scham der Familie bereinigen wollen. Cojean von *Le Monde* musste sich lange bemühen, um die betroffenen Frauen zum Reden zu bewegen.

Das Wort »Sadismus« ist vom Namen des berüchtigten französischen Autors und Libertin Marquis de Sade abgeleitet, und viel von dem, was Cojean letztendlich in dem Buch *Gaddafi's Harem* aufdeckt, klingt, als sei es aus *Die 120 Tage von Sodom* entnommen. Gaddafis Benehmen eignet sich vorzüglich zur Illustration der Maxime: »Absolute Macht korrumpiert absolut«. Es ist schwer, zu einem anderen Schluss zu kommen, als dass er physisch davon abhängig war, andere Menschen sexuell zu erniedrigen und zu dominieren. Selbst auf der Flucht konnte er vor den Augen der wenigen Wachleute, die nicht desertiert waren, kleine Jungs vergewaltigen. Es hat nicht den Anschein, als sei irgendein echtes sexuelles Bedürfnis im Spiel gewesen; er musste wie ein Irrer Potenzpillen knabbern, um es überhaupt zu Stande zu bringen.[706] Es ging um sadistische Machtdemonstration. Selbst wenn er Frauen auf »traditionelle« Art und Weise verführte, indem er sie mit luxuriösen Geschenken überhäufte, geschah dies vor allem, um Rache an ihren Ehemännern zu nehmen. Er schlief mit den Frauen mehrerer afrikanischer Regierungschefs. Die begehrteste Trophäe war die Tochter von König Abdullah von Saudi-Arabien. Er bezahlte einen libanesischen Gauner dafür, sie ihm zu beschaffen. Als sich das Mädchen weigerte, heuerte der Mann stattdessen einfach eine Doppelgängerin an. (Gaddafi fiel darauf herein.)[707]

Die Verantwortung dafür, Gaddafi Vergewaltigungsopfer zu beschaffen, fiel in den Zuständigkeitsbereich des »Protokollministeriums« unter der Leitung von Nuri Mesmari, »dem General für Sonderangelegenheiten«.[708] Im September 2001 entwickelte sich zwischen Libyen und dem Senegal eine diplomatische Krise, als eine Chartermaschine, vollbesetzt mit visumslosen, minderjährigen Mädchen, auf dem Flughafen in Dakar gestoppt wurde. Mesmari schickte »Talentesucher« auch in Schönheits- und Friseursalons, in Krankenhäuser und Schulen sowie auf Feste und Hochzeiten. Gaddafis Angestellte mussten bei ihm Bilder und Videos von ihren eigenen Hochzeiten abliefern. Nicht einmal die Braut war vor einer Entführung sicher, wenn sie es war, die

Gaddafi am besten gefiel. Protestierte ein Bräutigam, dann wurde er getötet. Die Glücklichen wurden lediglich gehängt. Andere wurden in kleine Stückchen zerteilt oder zwischen zwei Autos gebunden und in Stücke gerissen. All das wurde gefilmt und neu eingestellten Wachleuten gezeigt, damit diese – ein bisschen zu spät, um es zu bereuen – verstanden, worauf sie sich mit der Annahme des Jobs eingelassen hatten.

Nicht einmal ältere Männer im inneren Kreis waren sicher. Gaddafi konnte Minister, Diplomaten und Generäle, die ihm nicht behagten, zum Analsex zwingen. Es kam auch vor, dass er ihnen befahl, ihm ihre Töchter oder Ehefrauen oder beides zu überlassen.[709] Als einer seiner Generäle herausfand, dass seine Tochter zu einem sexuellen Verhältnis mit Gaddafi gezwungen worden war, wurde er so wütend, dass er eine Hirnblutung erlitt, die ihm späterhin das Leben kostete. Es half auch nicht, ein Teil der Familie zu sein; Gaddafi vergewaltigte auch die Ehefrau eines Vetters.

Männer wurden häufig wegen erfundener Verbrechen zum Tode verurteilt, woraufhin ihre Schwestern die Nachricht erhielten, die Strafe könne umgewandelt werden, insofern sie als Sexsklavinnen für Gaddafi arbeiteten. Eine von ihnen, Khadija, erzählte Cojean, wie sie als »Honigfalle« eingesetzt wurde, um Gaddafis Mitarbeiter vor versteckter Kamera zu verführen. Gaddafi wollte den größtmöglichen Dreck über so viele Menschen wie möglich ausschütten. Als er Khadija an einen seiner Wachmänner verheiratete, witterte sie endlich einen Ausweg. Sie reiste nach Tunesien und ließ sich ein neues Jungfernhäutchen einsetzen, um für den Ehemann »rein« zu sein. Am Hochzeitstag jedoch rief Gaddafi sie zu sich und vergewaltigte sie. Die Universität von Tripolis verfügte über geheime Räume für Abtreibungen und das Einsetzen neuer Jungfernhäutchen sowie einen eigenen Schlafraum für Gaddafi.[710]

Als Ronald Reagan Gaddafi als »den verrückten Hund des Nahen Ostens« bezeichnete, war dies unfreiwillig eine präzise psychologische Zusammenfassung.

Libyen war ein riesiges Bordell. War man erst einmal in Gaddafis

Blickfeld geraten, gab es wenig anderes zu tun, als entweder auf einen *One-Night-Stand* oder einen schnellen Tod zu hoffen. Cojean gelang es, mit einer Frau zu sprechen, die ihre gesamte Jugend in Gaddafis Gefangenschaft verbrachte. Ihre Geschichte ist nur eine von Hunderten.

Ein Blumenstrauß

»Soraya« (nicht ihr wirklicher Name) wusste nicht, was Menstruation war. Ihre Mutter wollte es ihr auch nicht erklären. Sie versprach, sie würden »das Gespräch führen«, wenn Soraya achtzehn würde. Gaddafi bekam sie früher zu fassen.

Im April 2004 besuchte er ihre Schule in Sirte. Soraya wurde ausgewählt, dem Anführer einen Blumenstrauß zu überreichen. Sie war fünfzehn. Auch wenn sie aus einer viel gereisten Mittelklassefamilie ohne sonderlich viel Sympathie für Gaddafi stammte, fühlte sich Soraya geehrt und war außer sich vor Freude. Als der große Tag gekommen war, küsste sie dem Diktator die Hand. Gaddafi beäugte sie von Kopf bis Fuß, lächelte und tätschelte ihr den Kopf – ein Signal für seine Leibwächter. Am nächsten Tag holten sie sie ab. Sie sagten, sie würden sie für die Überreichung eines weiteren Blumenstraußes benötigen. Es würde nicht länger als eine Stunde dauern.

Sie wurde in ein Militärlager außerhalb der Stadt gebracht. Dieses Mal schaute Gaddafi sie kaum an. »Macht sie bereit«, sagte er. Eine Frau namens Fathiya nahm sich ihrer an.

»Ist das die Neue?« »Wo kommt sie her?«

Ist das die gleiche Fathiya wie aus dem Dokumentarfilm *Shadows of a leader*? Sorayas Beschreibung »einer merkwürdigen Person mit der Stimme und den Schultern eines Mannes, aber den beeindruckenden Brüsten einer Frau« hört sich zumindest danach an.

Soraya wurde vermessen, mit Enthaarungscreme eingeschmiert und auf HIV getestet. Sie musste einen Tanga und ein weißes Satinkleid anziehen. Dann wurde sie in Gaddafis Schlafzimmer geschoben. Der Anführer lag nackt auf dem Bett. Er zog sie zu sich heran. »Hab keine Angst«, sagte Gaddafi. »Ich bin dein Papa – so nennst du mich, nicht wahr? Aber ich bin auch dein Bruder, und bald bin ich dein Liebhaber. All das werde ich für dich sein. Denn du wirst hier bleiben und für immer bei mir sein.«

Er küsste und umarmte sie. Soraya war vor Schreck wie gelähmt. Gaddafi wurde ihrer schnell überdrüssig. »Sieh dir diese Hure an!«, rief er seinem Assistenten Mabrouka zu. »Sie weigert sich, das zu tun, was ich wünsche! Bring es ihr bei! Unterrichte sie! Und bring sie zu mir zurück.«

Mabrouka schlug um sich und schimpfte. Soraya kroch im Salon in sich zusammen und weinte stundenlang. Hier tauchte die Ukrainerin Galyna auf. Die Krankenschwester setzte sich aufs Sofa und nahm Sorayas Gesicht in ihre Hände. »Erzähl mir, was passiert ist.« Soraya war nicht in der Lage, etwas zu sagen, Galyna jedoch verstand, was vor sich ging. »Wie können sie einem kleinen Mädchen so etwas antun? Wie können sie es wagen?«

Am nächsten Tag wurde Soraya in ein blaues Negligé gekleidet. Mabrouka erklärte ihr: »Dieses Mal wirst du das Begehren deines Herrn befriedigen oder ich töte dich.« Erneut wurde sie in Gaddafis Zimmer geschoben. Er lag mit Jogginghose und Unterhemd bekleidet auf dem Bett. Er blies ihr Rauch ins Gesicht und nannte sie Hure. Er sagte, sie könne es komplett vergessen, wieder nach Hause zu fahren. Erneut sträubte sich Soraya, bis Gaddafi aufgab. Sie war der Freiheit herzzerreißend nahe, als Mabrouka anbot, »sie zur Mutter zurückzujagen und eine andere zu finden«. Gaddafi aber bestand auf Soraya.

Sie steckten sie ins Blutlabor, wo sie im Dunkeln ausharren musste. Galyna kam mit einer Decke und einem »tröstenden Blick« zu ihr. Am Tag darauf vergewaltigte Gaddafi sie schließlich. Sie war Jungfrau und blutete. Mit einem Handtuch wischte ihr Gaddafi den

Bereich zwischen den Oberschenkeln trocken und behielt selbiges als Trophäe.*

Die drei Tage, in denen Soraya ohne Unterlass blutete, hatte sie Ruhe. Galyna war schockiert von den Verletzungen des Mädchens und beschwerte sich gegenüber Mabrouka:»Wie kann jemand einem Kind so etwas antun? Das ist grausam!«[711] All ihre Entrüstung hatte jedoch keinen Einfluss auf ihr enges Verhältnis zu»Papa«; als Soraya einmal zwecks Vergewaltigung zu Gaddafi gebracht wurde, sah sie, wie Galyna ihn massierte. Als Soraya sagte, sie hätte Angst, schwanger zu werden, log Galyna und behauptete, sie würden Gaddafi»Spritzen« geben, die ihn unfruchtbar machten.[712]

Nach einer Woche wurde Soraya in die Bab al-Azizia-Basis in Tripolis gebracht, ihrem neuen Zuhause. Hier wohnten auch die anderen Sexsklavinnen. Einige von ihnen waren bereits seit mehr als zehn Jahren dort.

Hier gehen die Gruselgeschichten nahtlos ineinander über. Gaddafi ließ Soraya nackt zu alten Beduinenliedern tanzen. Er zwang sie zu rauchen und zu trinken, und er vergewaltigte sie, während er nach dem rohen Knoblauch stank, den er zum Frühstück gegessen hatte. Hure, Hure, Hure.»Alle Frauen sind Huren!« Einmal sagte Gaddafi: »Auch Aisha war eine elendige Hure!« Dabei bezog er sich entweder auf die Frau des Propheten Mohammed oder seine eigene Mutter.[713]

Gaddafi beschwerte sich über Sorayas»Technik«, weshalb sie einen Stapel mit Filmen bekam, damit sie»ihren Job lernen« konnte. Porno wurde für Soraya zu einem verwirrenden Erlebnis; sowohl die Frauen als auch die Männer in den Filmen sahen in der Tat so aus, als würde ihnen gefallen, was sie da taten.

Eines Tages tauchte Gaddafis Ehefrau Safia in Bab al-Azizia auf. Mabrouka ließ die Mädchen wie Dienstmädchen kleiden und den

---

* Geschichten wie Sorayas, die zu abscheulich erscheinen, um wahr zu sein, werden auch in Antonia Rados RTL-Dokumentation *Das Doppelleben des Diktators: Auf den Spuren des Vergewaltigers* (2013) bestätigt.

Abwasch verrichten. Als sie vorbeiging, schaute Safia sie böse an. Es ist unklar, ob sie auf das Schauspiel hereinfiel; sie war seit 1970 mit Gaddafi verheiratet.

Muammar Gollum

Als Gaddafi die Macht in Libyen übernahm, war er achtundzwanzig Jahre alt und den Fotos nach zu urteilen ein groß gewachsener, attraktiver Kerl. Viele Jahre später, nach diversen plastischen Operationen samt Kokain- und Alkoholmissbrauch sah er aus wie eine geschmolzene Wachsfigur. Sein Gesicht war eine einzige große hedonistische Wunde, »eine römische Wildnis aus Schmerz«, wie sie Jim Morrison in *The End* besingt. Das Aussehen eines Vergewaltigers sollte vollkommen irrelevant sein, Gaddafis groteske Erscheinung jedoch macht Sorayas Geschichte nahezu mythenhaft entsetzlich – sie war in der Höhle des Minotaurus gefangen.

Gaddafi zwang Soraya, zusammen mit ihm Kokain zu schnupfen. Einmal nahm sie eine Überdosis, die ukrainischen Krankenschwestern holten sie jedoch wieder ins Leben zurück.[714] Drogen machten Gaddafi unberechenbar und verwirrt. Er konnte sie mit Wildheit vergewaltigen, dann jäh aufhören und für eine Weile ein Buch lesen oder die E-Mails checken, bevor er sich wieder auf sie stürzte. Er biss sie, rang mit ihr, schlug sie, spuckte sie an und urinierte auf sie. Er hatte Sex mit Jungs, während andere Jungs, als Mädchen verkleidet, tanzten. Houda, eine andere von Cojean interviewte Sexsklavin, berichtete, dass Gaddafi, als sie sich einmal sträubte, komplett den Verstand verlor und den Assistenten vergewaltigte, der sie in den Raum gebracht hatte.

Das Verhältnis zwischen Soraya und den anderen Sklavinnen war mitunter professionell und freundlich, mitunter rivalisierend und kleinlich. Ein Mädchen namens Najah überredete Soraya, ein schwarzes Nachthemd anzuziehen, eine Farbe, die Gaddafi hasste. Dieses

Mal wurde sie nur aus dem Zimmer getreten, Gaddafis Vorlieben zu trotzen, konnte auch brutalere Konsequenzen haben; als er sie einmal mit offenen Haaren sah, säbelte er sie ihr mit einem Messer vom Kopf.

Ihre Zimmerkameradin Farid brachte Soraya bei, bei der Menstruation zu bluffen, indem sie Lippenstift auf eine Damenbinde schmierte. Kurz darauf verpetzte sie sie bei Gaddafi. Galyna unterzog Soraya einer fürsorglichen Strafpredigt: »Wie konntest du dich auf diese Weise täuschen lassen? Papa Muammar ist wütend und hat mir befohlen, dich zu inspizieren. Du arme Kleine. Du bringst mich in eine fürchterliche Klemme. Was soll ich ihm erzählen?« Galyna log, um sie zu beschützen, und sie hatte einen ganzen Tag lang Ruhe, bevor Fathiya Soraya eigenhändig untenherum inspizierte und Gaddafi vom Ergebnis berichtete. Er konfrontierte beide Frauen damit:

»Warum hast du mich angelogen und gesagt, sie hätte ihre Menstruation?«

»Ich habe nicht gelogen«, sagte Galyna. »Bei jungen Mädchen kann der Zyklus unregelmäßig sein, mit wenig Blut.«

»Du bist nicht mehr als eine Lügnerin und falsch dazu!« An Soraya gewandt: »Geh in dein Zimmer, du kleine Hure. Du verpasst nichts, wenn du hier wartest.« Einige Tage später »rief mich Gaddafi wieder zu sich und griff meinen Körper mit einer solchen Gewalt an, dass ich vollkommen groggy und mit blauen Flecken bedeckt wieder herauskam«. Galyna sah Soraya nie wieder.[715] Sie wurde allem Anschein nach umplatziert. Jedes Mal, wenn sich in Bab al-Azizia jemand zu sehr mit jemandem anfreundete, ließ Gaddafi sie trennen, wie zum Beispiel als Jalal, einer der Wachmänner, sich in Soraya verliebte. »Zumindest *glaubte* er, dass er in mich verliebt war«, sagte Soraya, die doch nur froh darüber war, jemandem zu begegnen, der sie anlächelte und nett zu ihr war. Jalal machte ihr schließlich einen Antrag, und Soraya sagte sofort Ja. Gaddafi verweigerte es und ließ Jalal versetzen.[716]

Ab und an durften die Mädchen aus dem Harem an offiziellen Veranstaltungen und Empfängen teilnehmen. Soraya begegnete

Tony Blair (der lächelte und rief: »Hallo, Mädchen!«) sowie der Ehefrau von Nicolas Sarkozy (die »hübsch und arrogant« war). Sprachlos und machtlos konnten sie nur lächeln und sich verbeugen.[717] Ab und an durfte Soraya für jeweils ein paar Minuten ihre Familie treffen. Das war, als würde sie mit Erinnerungen an Freiheit und Familienglück verhöhnt werden. Nach ein paar Jahren erhielt sie die Erlaubnis, ab und an alleine in die Stadt zu fahren. Eines Tages lernte sie einen Jungen kennen, Hicham. Sie tauschten Telefonnummern aus und blieben in Kontakt. Sie floh, um mit ihm zusammen zu sein. Als ihre Familie das herausfand, stellte sie sich gegen sie. »Was ist aus meiner kleinen Soraya geworden?«, sagte die Mutter am Telefon. »Ein Luder! Eine Hure! Ich will dich lieber tot sehen, als dass du so ein Leben lebst. Ich bin enttäuscht von dir!« Die Geheimpolizei stattete Hichams Familie einen Besuch ab. Es nützte nichts, sie konnte sich nicht mehr verstecken. Sie kehrte zu Gaddafi zurück, der schrie: »Du Hure! Ich weiß, dass du mit anderen Männern geschlafen hast!« Er spuckte ihr ins Gesicht, vergewaltigte sie und pinkelte sie an. Sie würde jetzt unter einem neuen Regime stehen, ließ er sie wissen: »Von neun Uhr morgens bis zehn Uhr abends wirst du hier sein, zu meiner Verfügung. Letztendlich wirst du die Disziplin der Revolutionärsgarde schon lernen.«[718]

Nach mehr als sechs Jahren im Harem war Soraya nicht nur psychisch zerstört, sondern durch Gaddafis brutale Behandlung auch physisch verwundet. Ihr Körper war voller Narben, und sie musste zur Brustrekonstruktion nach Tunesien geschickt werden.

Revolution

Am 26. März 2011 stürzte eine junge Frau namens Iman al-Obeidi ins Restaurant des Hotels Rixos in Tripolis, in dem viele ausländische Journalisten wohnten, um über die laufenden Aufstände zu berichten. Sie erzählte allen, die es hören wollten, dass Gaddafis Männer sie vergewaltigt hatten. (Sie bekam später Asyl in den USA, persönlich bewilligt von Hillary Clinton.) Gaddafi begann nun, seinen Harem zu »säubern«, um noch mehr Aufsehen zu vermeiden – Najah und Farid wurden hingerichtet.

Als sich die NATO auf die Seite der Aufständischen stellte, waren Gaddafis Tage gezählt. Soraya sah ein, dass sie nun wegen »Zusammenarbeit« mit Gaddafi ermordet werden konnte. Hicham brachte sie nach Tunesien in Sicherheit. Im August starb Hicham bei einem NATO-Bombardement; er war von Gaddafi-Loyalisten in den Dienst gezwungen worden. Im September kehrte Soraya nach Tripolis zurück. Im Oktober war Gaddafi tot.

Sein letzter Augenblick wurde von den Handykameras der Aufständischen eingefangen. Er hatte sich in einem Abwasserrohr versteckt. Es waren keine tüchtigen Damen bei ihm. Blutend und verletzt flehte er um Gnade: »Kennen Sie nicht den Unterschied zwischen richtig und falsch?«[719] Er wurde ein letztes Mal sodomisiert, mit einem Stock, bevor er erschossen und wie Schlachtvieh durch die Straßen geschleift wurde.

Soraya war außer sich: »Gaddafi starb, ohne sich vor dem libyschen Volk verantworten zu müssen, auf dem er zweiundvierzig Jahre lang herumgetrampelt war, ohne vor einem internationalen Gericht zu stehen, ohne der ganzen Welt Rede und Antwort zu stehen. Und allen voran, ohne mir Rede und Antwort zu stehen.«[720]

Soraya erzählte ihre Geschichte den Aufständischen. Das Verhör fand in der ehemaligen Militärakademie für Frauen statt.

Ihr wurde »Gerechtigkeit« versprochen. Sie wurde in einer beschlagnahmten Privatwohnung einquartiert, wo einer der Aufständischen sie sexuell missbrauchte. »Ein Mädchen mit meiner Vergangenheit …«

Dieses Mal zeigte sie die Tat an.

Das ist die libysche Version eines glücklichen Endes.

Literatur

Abraham, Ole-Jacob: »Ivan den grusame – grusam tsar i ei grusam tid«, in: Phania Nr. 4, 1997

Allilujewa, Svetlana: *Brev til en venn*, übers. Ole Kristian Grimnes, Aschehoug, Oslo, 1967

Allilujewa, Svetlana: *Bare ett år*, übers. Erik Egeberg und Ole Kristian Grimnes, Aschehoug, Oslo, 1969

Bashir, Ala/Sunnanå, Lars Sigurd: *Saddams fortrolige*, Cappelen, Oslo, 2004

Beevor, Anthony: *Berlin – Nederlaget 1945*, übers. Arne-Carsten Carlsen. N. W. Damm & Søn, Oslo, 2003

Behr, Edward: *Kiss the hand you cannot bite – The rise and fall of the Ceauşescus*, Villard books, New York, 1991

Black, Mark: *Anne Boleyn*, Very Brief History, 2012

Bosworth, R. J. B.: *Mussolini*, Arnold, London, 2002

Brackman, Roman: *The secret file of Joseph Stalin – A hidden life*, Frank Cass, London, 2001

Camus, Albert: *Sämtliche Dramen*, Rowohlt, 2013 (E-Book)

Cojean, Annick: *Gaddafi's Harem*, Grove Press, New York, 2013 (E-Book).

Coldstream, Rob: *The last days of Anne Boleyn*, BBC, 2013 (Dokumentarfilm)

Coughlin, Con: *Saddam – the secret life*, Pan Macmillan, London, 2003

Cranitch, Mary: *The six wives of Henry VIII. – part 2, Anne Boleyn*, Channel 4, 2001 (Dokumentarfilm)

Chruschtschow, Nikita: *Krusjtsjov minnes*, übers. Eldor Breckan, Per A. Hartun, Lotte Holmboe, Cappelen, Oslo, 1971

De Madariaga, Isabel: *Ivan the Terrible – First tsar of Russia*, Yale University Press, New Haven/London, 2005

Demick, Barbara: *Mørkets rike – reportasje fra Nord-Korea*, übers. Kirsti Vogt, Cappelen Damm, Oslo, 2011

Diaz, Ramona S.: *Imelda*, CineDiaz, 2003 (Dokumentarfilm)

Dio Cassius: *Dio's Rome, Volume 4*, Project Gutenberg, 2004 (E-Book)

Ducret, Diane: *Las mujeres de los dictadores*, Aguilar, Madrid, 2012 (E-Book)

Ellison, Katherine: *Imelda – Steel butterfly of the Philippines*, McGraw Hill, New York, 2012 (E-Book)

Enríquez, Carmen: *Carmen Polo, Señora de El Pardo*, La Esfera de los Libros, Madrid, 2012 (E-Book)

Ferrero, Guglielmo: *The women of the Caesars*, The Century Co., New York, 1911 (E-Book 2005 zugänglich unter www.gutenberg.org/ebooks/16324)

Grant, Michael: *Nero*, The Folio Society, London, 1998

Gun, Nerin E.: *Eva Braun-Hitler: Leben und Schicksal*, Blick + Bild Verlag, Velbert, 1968

Görtemaker, Hcike B.: *Eva Braun – Life with Hitler*, Albert A. Knopf, New York, 2011 (E-Book)

Görtemaker, Heike B.: *Eva Braun – Leben mit Hitler*, C. H. Beck, München, 2010

Hackett, Francis: *Henrik den åttende*, übers. Nils Lie, Gyldendal, Oslo, 1971

Heissig, Walther (Hg.): *Die Geheime Geschichte der Mongolen*, Diederichs, Düsseldorf, 1981

Krupskaja, Nadeschda: *Reminiscences of Lenin*, Evergreen Review, Inc, 2008 (E-Book)

Kyemba, Henry: *Idi Amin*, übers. Per A. Hartun, Cappelen, Oslo, 1977

Lambert, Angela: *Eva Braun*, übers. Jorunn Carlsen, N. W. Damm & Søn, Oslo, 2006

Lampsos, Parisoula/Swanberg, Lena Katarina: *Mitt liv med Saddam*, übers. Hege Frydenlund, Schibsted, Oslo, 2010

Law, Diane: *Idi Amin and Emperor Bokassa I*, Magpie books, London, 2011 (E-Book)

Lewis, Ben: *The King of Communism: The Pomp and Pageantry of Nicolae Ceauşescu*, BBC, 2002 (Dokumentarfilm)

MacGregor, Hugo: *Caligula with Mary Beard*, BBC, 2013 (Dokumentarfilm)

Man, John: *Djengis Khan – en biografi*, übers. Gunnar Nyquist, Gyldendal, Oslo, 2008

Medvedev, Roy & Zhores: *The Unknown Stalin*, I. B. Tauris, London, 2003

Montefiore, Simon Sebag: *Stalin – Den røde tsarens hoff*, übers. Jorunn und Arne-Carsten Carlsen, Cappelen, Oslo, 2006

Montefiore, Simon Sebag: *Ondskapens ansikter – Historiens grusomste menn og kvinner*, übers. Torstein Ulshagen, Cappelen Damm, Oslo, 2009

Olteanu, Cristina Liana: *Cultul Elenei Ceausescu în anii '80*, übers. Svanhild Naterstad, Universität Bukarest, 2004

Orizio, Riccardo: *Talk of the devil – encounters with seven dictators*, Secker & Warburg, London 2003

Pacepa, Ion Mihai: *Red horizons – Chronicles of a Communist spy chief*, Regnery Gateway, Washington, 1987

Payne, Robert/Romanoff, Nikita: *Ivan the Terrible*, Cooper Square Press, New York, 2002 (E-Book)

Petacci, Claretta: *Jeg, Il Duces Kvinne*, übers. Astrid Nordang, Red. Mauro Suttora, Forlaget Historie og Kultur AS, Oslo, 2010

Petersen, Rasmus Kjærbye/Skov, Andreas (Red): *Diktatorer – fra Mussolini til Saddam*, Det historiske hus og Aschehoug dansk forlag A/S, Kopenhagen, 2004

Read, Anthony: *The Devil's disciples – Hitler's inner circle*, Jonathan Cape, London, 2003

Read, Christopher: *Lenin – a revolutionary life*, Routledge, University of Oxford, 2005

Rempel, William C.: *Diary of a dictator – Ferdinand & Imelda: The Last Days of Camelot*, Smashwords, Los Gatos, 2013

Ridley, Jasper: *Mussolini*, Constable, London, 1997

Sarfatti, Margherita: *My fault – Mussolini as I knew him*, Red. Brian Sullivan, Enigma books, New York, 2014 (E-Book)

Schram, Stuart: *Mao Tse-tung*, übers. Kari und Kjell Risvik, Gyldendal, Oslo, 1970

Service, Robert: *Lenin – en biografi*, übers. Bertil Knudsen, N. W. Damm & Søn, 2004

Soto-Trillo, Eduardo: »Paco y Carmina, Franco y doña Carmen«, in: Ducret 2012

Sveton: *Romerske keisere*, übers. Henning Mørland, Aschehoug, 1974, Oslo

Tacitus: *Årbøkene*, übers. Henning Mørland, Aschehoug, 1988, Oslo

Terrill, Ross: *The life of Madame Mao*, New Word City, 2012 (E-Book)

Ujica, Andrei: *Autobiografia lui Nicolae Ceauşescu*, ICON, 2010 (Dokumentarfilm)

Weatherford, Jack: *Genghis Khan and the making of the modern world*, Three Rivers Press, New York, 2004

Weir, Alison: *The six wives of Henry VIII.*, Grove press, New York, 1991

Williams, Beryl: *Lenin – profiles in power*, Pearson Education limited, Essex, 2000

Winterling, Aloys: *Caligula – A biography*, University of California press, Berkeley, 2011

Witke, Roxane: *Kamerat Chiang Ching*, übers. Per A. Hartun, Helge Rabben, Cappelen, Oslo 1978

Zetkin, Clara: *Reminiscences of Lenin*, Modern books limited, London, 1929

Wichtige Internetseiten und -artikel

Die durchgesickerten E-Mails des Ehepaars Assad: http://www.theguardian.com/world/assad-emails

Interview mit Kim Jong-ils geflohenem Freudenmädchen: http://asiamatters.blogspot.com.es/2010/02/interviews-with-former-member-of-kim.html

Interview mit Kim Jong-ils Sushi-Koch: Johnson, Adam: »Dear Leader dreams of sushi«, GQ Magazine, Juni 2013. http://www.gq.com/newspolitics/newsmakers/201306/kim-jong-il-sushi-chef-kenji-fujimotoadam-johnson

Transkription des Prozesses gegen Nicolae und Elena Ceauşescu: http://www.ceausescu.org/ceausescu_texts/revolution/trial-eng.htm

Die Liebesbriefe Heinrichs VIII. an Anne Boleyn: www.gutenberg.org/files/32155/32155-h/32155-h.htm

Zetkin und Lenin: https://www.marxists.org/deutsch/archiv/zetkin/1925/erinnerungen/lenin.html

Personenregister

Abdulla, König 324
Acerronia 156
Acte 154f.
Agnew, Spiro 239
Agrippina 137–142, 145f., 150
Agrippina die Jüngere 142, 151–158, 183
Ajami, Rania 318f.
Akhras, Fauaz 306
al-Ali, Hadeel 311–315
al-Assad, Asma 299ff., 303–308, 310f., 313, 315f.
al-Assad, Baschar 299–303, 305f., 308ff., 312, 314f.
al-Assad, Basil 301
al-Assad, Hafez 315
al-Bakr, Ahmed Hassan 282f.
Alcalá-Zamora, Niceto 60
Alexander der Große 147
al-Gaddafi, Muammar 6, 235, 255, 257, 276, 278, 306, 317f, 320–332
al-Gaddafi, Safia 321
Allilujewa, Jevgenija »Zjenja« 105ff.
Allilujewa, Kira 107
Allilujewa, Nadeschda »Nadja« 6, 97–103, 105
Allilujewa, Pawel 102, 105ff.
Allilujewa, Sergej 97
Allilujewa, Wassili 97, 99, 104, 113
Al-Obeidi, Iman 332
Al-Shuwehdy, Al-Sadek Hamed 321
Al Thani Al Mayassa 307
Amann, Max 47
Amer, Houda Ben 321f.
Amin, Idi 267–279
Andrei, Ştefan 121
Anna von Kleve 191
Anying (Sohn von Yang) 215

Armand, Inessa 80f., 83ff., 87ff.
Alexander (Mann von Inessa) 81
Aquino, Benigno 248f.
Aquino, Corazón 249
Ardeleanu, Ion 125
Arthur 177f., 180
Augustus, Kaiser 138f.
Azaña, Manuel 59f.

Babuschkin, Iwan 78f.
Bagaya, Elizabeth 269f.
Balabanoff, Angelica 12, 14, 89
Balinskaja, Oksana 322f.
Bashir, Ala 283f.
Beams, Dovie 241–246
Bechterew, Wladimir 108f.
Beria, Lawrenti 107, 113
Blanco, Luis Carrero 68f.
Bloch, Dora 276f.
Boleyn, Anne 175–191
Boleyn, George 188ff.
Bomelius 204
Börte 165, 167ff.
Bosworth, Stephen 248
Brackman, Roman 97
Brandt, Willy 119
Braun, Eva 6f., 33, 36–52
Braun, Franziska 43f.
Braun, Gretl 44, 47
Braun, Ilse 44
Buck, Joan Juliet 299f., 316
Byroade, Henry 245

Caesonia, Milonia 145, 147ff.
Caligula 137–150, 151ff., 158

336

Anmerkungen

1   Ducret 2012, Kindle loc 402/6919
2   Petacci 2010, S. 92
3   Bosworth 2002, S. 74
4   Petacci 2012, S. 272
5   Bosworth 2002, S. xvii
6   http://www.telegraph.co.uk/news/
    worldnews/europe/italy/6143841/
    Berlusconi-to-give-evidence-in-court-
    against-impotency-claims.html
7   Ridley 1997, S. 53
8   Petacci 2010, S. 250
9   Petacci 2010, S. 120
10 Ridley 1997, S. 10
11 Ridley 1997, S. 29
12 Ridley 1997, S. 48
13 Sarfatti 2014, Kindle loc 761/9593
14 Sarfatti 2014, Kindle loc 783
15 Ducret 2012, Kindle loc 902
16 Sarfatti 2014, Kindle loc 1112
17 Sarfatti 2014, Kindle loc 3988
18 Bosworth 2002, S. 54
19 Ducret 2012, Kindle loc 881
20 Ducret 2012, Kindle loc 927
21 Ridley 1997, S. 31
22 Ridley 1997. S. 33 ff.
23 Ducret 2012, Kindle loc 873
24 Ridley 1997, S. 52 f.
25 Ducret 2012, Kindle loc 527
26 Bosworth 2002, S. 91 f.
27 Ridley 1997, S. 70
28 Montefiore 2009, S. 210
29 Bosworth 2002, S. 117
30 Ridley 1997, S. 73 ff.
31 Sarfatti 2014, Kindle loc 1266
32 Sarfatti 2014, Kindle loc 1430
33 Ridley 1997, S. 93 f.

34 Bosworth 2002, S. 176
35 Petersen, Skov 2004, S. 21
36 Ducret 2012, Kindle loc 962
37 Bosworth 2002, S. 116; Ducret 2012,
    Kindle loc 970
38 Ridley 1997, S. 53
39 Sarfatti 2014, Kindle loc 8303
40 Sarfatti 2014, Kindle loc 8107
41 Sarfatti 2014, Kindle loc 8182
42 Sarfatti 2014, Kindle loc 1983
43 Sarfatti 2014, Kindle loc 7431
44 Sarfatti 2014, Kindle loc 4571
45 Sarfatti 2014, Kindle loc 4601
46 Sarfatti 2014, Kindle loc 4574
47 Sarfatti 2014, Kindle loc 4720
48 Petacci 2010, S. 464
49 Bosworth 2002, S. 211
50 Ducret 2012, S. Kindle loc 1003
51 Petacci 2010, S. 141
52 Op. cit., S. 136
53 Op. cit., S. 270
54 Op. cit., S. 312
55 Op. cit., S. 463
56 Op. cit., S. 29
57 Op. cit., S. 28
58 Petacci 2010, S. 50
59 Ducret 2012, Kindle loc 1061
60 Petacci 2010, S. 556
61 Petacci 2010, S. 279
62 Petacci 2010, S. 337
63 Petacci 2010, S. 281 f.
64 Petacci 2010, S. 92-97
65 Sarfatti 2014, Kindle loc 7110
66 Petacci 2010, S. 55 ff.
67 Petacci 2010, S. 99
68 Petacci 2010, S. 131

69 Petacci 2010, S. 111

70 Petacci 2010, S. 133

71 Petacci 2010, S. 215

72 Petacci 2010, S. 306 f.

73 Sarfatti 2014, Kindle loc 4055

74 Petacci 2010, S. 301 ff.

75 Petacci 2010, S. 352 f.

76 Petacci 2010, S. 199

77 Petacci 2010, S. 184 f.

78 Petacci 2010, S. 195

79 Petacci 2010, S. 267

80 Petacci 2010, S. 165

81 Petacci 2010, S. 87 f.

82 Petacci 2010, S. 66

83 Petacci 2010, S. 447

84 Sarfatti 2014, Kindle loc 4004

85 Petacci 2010, S. 16

86 Ducret 2012, Kindle loc 1294

87 Bosworth 2002, S. 31

88 Ridley 1997, S. 365

89 Ducret 2012, Kindle loc 1310

90 Montefiore 2009, S. 211

91 Petacci 2010, S. 114

92 Petacci 2010, S. 353

93 Montefiore 2009, S. 218

94 Ducret 2012, Kindle loc 5083

95 Ducret 2012, Kindle loc 5029

96 Lambert 2006, S. 98

97 Ducret 2012, Kindle loc 5051

98 Ducret 2012, Kindle loc 5040-5079

99 Ducret 2012, Kindle loc 5083-5159

100 Lambert 2006, S. 112

101 Lambert 2006, S. 133

102 Lambert 2006, S. 25

103 Görtemaker 2011, Kindle loc 270

104 Lambert 2006, S. 20, 491

105 Lambert 2006, S. 25

106 Görtemaker 2010, S. 51

107 Ducret 2012, Kindle loc 4887

108 Görtemaker 2011, Kindle loc 3141

109 Görtemaker 2011, Kindle loc 2337

110 Görtemaker 2011, Kindle loc 333

111 Ducret 2012, Kindle loc 5279

112 Ducret 2012, Kindle loc 5271

113 Beevor 2003, S. 263

114 Lambert 2006, S. 168

115 Görtemarker 2010, S. 63

116 Gun 1968, S. 76

117 Ducret 2012, Kindle loc 5858

118 Beevor 2003, S. 374

119 Gun 1968, S. 70 f.

120 Gun 1968, S. 74 f.

121 Gun 1968, S. 76

122 Görtemaker 2011, Kindle loc 1734

123 Gun 1968, S. 75

124 Gun 1968, S. 77

125 Lambert 2006, S. 142

126 Lambert 2006, S. 204

127 Gun 1968, S. 78

128 Lambert 2006, S. 152

129 Görtemaker 2011, Kindle loc 1899

130 Görtemaker 2011, Kindle loc 2375

131 Lambert 2006, S. 225

132 Görtemaker 2011, Kindle loc 639

133 Görtemarker 2010, S. 121

134 Görtemarker 2010, S. 122

135 Görtemarker 2010, S. 124

136 Görtemaker 2011, Kindle loc 342

137 Görtemaker 2010, S. 45

138 Görtemaker 2011, Kindle loc 1129

139 Ducret 2012, Kindle loc 5346

140 Görtemaker 2011, Kindle loc 2413

141 Ducret 2012, Kindle loc 5291

142 Lambert 2006, S. 250

143 Ducret 2012, Kindle loc 5364

144 Ducret 2012, Kindle loc 5356

145 Ducret 2012, Kindle loc 5356

146 Görtemaker 2011, Kindle loc 1364

147 Görtemaker 2011, Kindle loc 2633

148 Görtemaker 2011, Kindle loc 2724-2746

149 Görtemaker 2011, Kindle loc 996
150 Görtemaker 2011, Kindle loc 2515
151 Görtemarker 2010, S. 98
152 Ducret 2012, Kindle loc 3247, Lambert 2006, S. 253 f.
153 Lambert 2006, S. 285
154 Lambert 2006, S. 253
155 http://www.side3.no/3660989.html
156 Lambert 2006, S. 253
157 Lambert 2006, S. 405
158 Görtemarker 2010, S. 263
159 Montefiore 2009, S. 221, Lambert 2006, S. 420
160 Read, Anthony: The Devil's disciples, Random House, New York, 2011, S. 17
161 Beevor 2003, S. 302
162 Lambert 2006, S. 429
163 Görtemaker 2011, Kindle loc 3493
164 Lambert 2006, S. 464
165 Lambert 2006, S. 467
166 Lambert 2006, S. 467 f.
167 Görtemaker 2011, Kindle loc 4624
168 Görtemaker 2011, Kindle loc 2566
169 Görtemaker 2011, Kindle loc 2812
170 Görtemaker 2011, Kindle loc 3758
171 http://en.wikipedia.org/wiki/Eva_Braun
172 https://www.welt.de/welt_print/kultur/literatur/article6476331/Nicht-nur-in-Hitlers-Schatten.html
173 Soto-Trillo 2012, Kindle loc 6267-6285
174 Soto-Trillo 2012, Kindle loc 6271
175 Soto-Trillo 2012, Kindle loc 6316
176 Soto-Trillo 2012, Kindle loc 6306
177 Soto-Trillo 2012, Kindle loc 6311
178 Soto-Trillo 2012, Kindle loc 6255
179 Soto-Trillo 2012, Kindle loc 6335
180 Enríquez 2012, Kindle loc 560
181 Enríquez 2012, Kindle loc 72
182 Enríquez 2012, Kindle loc 352
183 Enríquez 2012, Kindle loc 347
184 VG (Verdens Gang) 11.10.1972, Seite 33
185 Enríquez 2012, Kindle loc 375
186 Enríquez 2012, Kindle loc 396
187 Soto-Trillo 2012, Kindle loc 6303
188 Enríquez 2012, Kindle loc 420
189 Enríquez 2012, Kindle loc 1680
190 Enríquez 2012, Kindle loc 434
191 http://en.wikipedia.org/wiki/Carmen_Polo,_1st_Lady_of_Meir%C3%A1s
192 Enríquez 2012, Kindle loc 449-488
193 Soto-Trillo 2012, Kindle loc 6387
194 Enríquez 2012, Kindle loc 534
195 Soto-Trillo 2012, Kindle loc 6395
196 Enríquez 2012, Kindle loc 550-595
197 Soto-Trillo 2012, Kindle loc 6438
198 Enríquez 2012, Kindle loc 660
199 http://en.wikipedia.org/wiki/Francisco_Franco#During_the_Second_Spanish_Republic
200 Soto-Trillo 2012, Kindle loc 6451
201 Enríquez 2012, Kindle loc 681-769
202 Enríquez 2012, Kindle loc 766
203 Enríquez 2012, Kindle loc 89
204 Enríquez 2012, Kindle loc 814
205 Enríquez 2012, Kindle loc 794
206 Montefiore 2009, S. 227
207 Enríquez 2012, Kindle loc 831
208 Enríquez 2012, Kindle loc 865
209 Enríquez 2012, Kindle loc 166
210 http://www.zeit.de/1960/43/als-hitler-seine-meister-fand/seite-6
211 Enríquez 2012, Kindle loc 936
212 Montefiore 2009, 226
213 http://en.wikipedia.org/wiki/Lost_children_of_Francoism
214 Enríquez 2012, Kindle loc 1083-1112
215 New York Times, 23.10.1976: http://query.nytimes.com/mem/archive/pdf?res=F30611FE395B-167493C1AB178BD95F428785F9
216 http://en.wikipedia.org/wiki/Carmen_Polo,_1st_Lady_of_Meir%C3%A1s

217 Soto-Trillo 2012, Kindle loc 6598

218 Enríquez 2012, Kindle loc 1329

219 Soto-Trillo 2012, Kindle loc 6574

220 Enríquez 2012, Kindle loc 1131-1159

221 http://www.foroporlamemoria.info/ documentos/juanadona_marmolina. htm; http://ca.wikipedia.org/wiki/ Juana_Do%C3%B1a_Jim%C3%A9nez, Villaronga, Agustí: Carta a Eva, TVE, 2013

222 Enríquez 2012, Kindle loc 1724

223 Enríquez 2012, Kindle loc 1774

224 Enríquez 2012, Kindle loc 1823

225 Enríquez 2012, Kindle loc 1817

226 Enríquez 2012, Kindle loc 1852

227 Enríquez 2012, Kindle loc 1371

228 Enríquez 2012, Kindle loc 2338-2378

229 Enríquez 2012, Kindle loc 2432

230 Enríquez 2012, Kindle loc 2876

231 Enríquez 2012, Kindle loc 2822

232 Soto-Trillo 2012, 6649

233 Enríquez 2012, Kindle loc 2997-3021

234 Enríquez 2012, Kindle loc 3054-3077

235 Enríquez 2012, Kindle loc 31

236 Enríquez 2012, Kindle loc 145

237 Enríquez 2012, Kindle loc 3530

238 Enríquez 2012, Kindle loc 2105

239 Enríquez 2012, Kindle loc 165

240 Enríquez 2012, Kindle loc 3474

241 http://en.wikipedia.org/wiki/Carmen_ Polo,_1st_Lady_of_Meir%C3%A1s#La- ter_years

242 Enríquez 2012, Kindle loc 3448

243 Williams 2000, S. 15

244 Read 2005, S. 19 f.

245 Krupskaja 2008, Kindle loc 111/4866, Vgl. Service 2004, S. 107

246 Read 2005, S. 21

247 Ducret 2012, Kindle loc 1341/6919

248 Service 2004, S. 135

249 Williams 2000, S. 29

250 Read 2005, S. 30

251 Read 2005, S. 43 ff.

252 Ducret 2012, Kindle loc 1416

253 Service 2004, S. 136

254 Read 2005, S. 165

255 Service 2004, S. 130

256 Williams 2000, S. 41

257 Read 2005, S. 135

258 Williams 2000, S. 47

259 Ducret 2012, Kindle loc 1492

260 Read 2005, S. 63

261 Service 2004, S. 213

262 Read 2005, S. 103

263 Read 2005, S. 130

264 Read 2005, S. xi

265 Read 2005, S. 103

266 Krupskaja 2008, Kindle loc 3762

267 Ducret 2012, Kindle loc 1518

268 Read 2005, S. 237

269 Service 2005, S. 263

270 https://www.marxists.org/deutsch/archiv/ zetkin/1925/erinnerungen/lenin.html

271 Service 2004, S. 224

272 Ducret 2012, Kindle loc 1647

273 Williams 2000, S. 54

274 Service 2004, S. 248

275 Williams 2000, S. 54 f.

276 Service 2004, S. 249

277 Read 2005, S. 95

278 Read 2005, S. 140 f.

279 Williams 2000, S. 62 ff.

280 Read 2005, S. 165 f.

281 Read 2005, S. 257

282 Ducret 2012, Kindle loc 1828

283 Service 2004, S. 474 f.

284 Service 2004, S. 475

285 Service 2004, S. 592

286 Montefiore 2006, S. 62

287 Service 2004, S. 539

288 Read 2005, S. 279

289 Ducret 2012, Kindle loc 1898-1916
290 Montefiore 2006, S. 40
291 Brackman 2001, S. 1
292 Brackman 2001, S. 5 ff.
293 Brackman 2001, S. 6
294 http://en.wikipedia.org/wiki/Besarion_Jughashvili
295 Allilujewa 1967, S. 162
296 Ducret 2012, Kindle loc 1940
297 Ducret 2012, Kindle loc 2046
298 http://morgenbladet.no/2007/dikt_av_soselo_josef_stalin
299 Ducret 2012, Kindle loc 1963
300 Brackman 2001, S. 58 f.
301 Montefiore 2009, S. 206
302 Montefiore 2006, S. 56
303 Medvedev 2003, S. 298 ff.
304 Ducret 2012, Kindle loc 2197
305 Montefiore 2006, S. 99
306 Montefiore 2006, S. 36
307 Montefiore 2006, S. 117
308 Service 2004, S. 516
309 http://www.marxists.org/archive/lenin/works/1922/dec/testamnt/congress.htm
310 Montefiore 2006, S. 37
311 Montefiore 2006, S. 117
312 Montefiore 2006, S. 303
313 Montefiore 2006, S. 39 f.
314 Ducret 2012, Kindle loc 2249-2285
315 Montefiore 2006, S. 44 ff.
316 Montefiore 2006, S. 135
317 Montefiore 2006, S. 138
318 Montefiore 2006, S. 46
319 Medvedev 2003, S. 300 ff.
320 Allilujewa 1967, S. 162
321 Montefiore 2006, S. 408
322 Montefiore 2006, S. 325
323 Montefiore 2006, S. 324
324 Montefiore 2006, S. 328
325 Montefiore 2006, S. 329
326 Montefiore 2006, S. 330 f.
327 Montefiore 2006, S. 438
328 Brackman 2001, S. 196
329 Allilujewa 1967, S. 179 f.
330 Montefiore 2006, S. 490
331 Allilujewa 1967, S. 183 f.
332 Allilujewa 1967, S. 186 f.
333 Montefiore 2006, S. 554
334 Allilujewa 1969, S. 131 f.
335 Brackman 2001, S. 382
336 Chruschtschow 1971, S. 280
337 Chruschtschow 1971, S. 269
338 Brackman 2001, S. 398
339 Allilujewa 1967, S. 18 ff.
340 Behr 1991, S. 182 f.
341 Behr 1991, S. 66 f.
342 Behr 1991, S. 68 ff.
343 Behr 1991, S. 102
344 Behr 1991, S. 119
345 Behr 1991, S. 140
346 Ducret 2012, Kindle loc 4396
347 Behr 1991, S. 140 f.
348 Ducret 2012, Kindle loc 4382
349 Behr 1991, S. 158
350 Lewis 2002
351 Olteanu 2004
352 Ducret 2012, Kindle loc 4333
353 Pacepa 1987, S. 53
354 Pacepa 1987, S. 180 f.
355 Pacepa 1987, S. 52
356 Ducret 2012, Kindle loc 4525
357 Pacepa 1987, S. 178 f.
358 Pacepa 1987, S. 51
359 VG (Verdens Gang) 23.12.1989, S. 6
360 Ducret 2012, Kindle loc 4437
361 Ducret 2012, Kindle loc 4464
362 Ducret 2012, Kindle loc 4451
363 Ducret 2012, Kindle loc 4481
364 Ducret 2012, Kindle loc 4588
365 Behr 1991, S. 182 ff.
366 Lewis 2002, 23.10

367 Behr 1991, S. 187
368 Olteanu 2004
369 Lewis 2002, 21.45
370 Oltenau 2004
371 Behr 1991, S. 219
372 Behr 1991, S. 101
373 Lewis 2002, 43:50
374 Olteanu 2004
375 Behr 1991, S. 243-248
376 Behr 1991, S. 4
377 https://www.youtube.com/watch?v=-wWIbCtz_Xwk; https://www.youtube.com/watch?v=uv7-LVFgd8U
378 Aftenposten morgen 23.12.1989, S. 8
379 Behr 1991, S. 16 ff.
380 http://www.ceausescu.org/ceausescu_texts/revolution/trial-eng.htm
381 Tacitus 1988, S. 270 (VI, 25)
382 MacGregor 2013, 06.15
383 Tacitus 1988, S. 203 (IV, 12)
384 Tacitus 1988, S. 145 f. (III, 4)
385 Tacitus 1988, S. 229 (IV, 54)
386 Winterling 2011, S. 26 ff.
387 Montefiore 2009, S. 31
388 Winterling 2011, S. 36 ff.
389 Sueton 1974, S. 210 f. (XXV)
390 Sueton 1974, S. 210 (XXIV)
391 Winterling 2011, S. 3
392 Sueton 1974, S. 203 (XV)
393 Winterling 2011, S. 62 ff.
394 Sueton 1974, S. 219 (XXXVI)
395 Sueton 1974, s. 222 f. (XL, XLI)
396 Sueton 1974, S. 211 (XXV)
397 Sueton 1974, S. 273 (VI)
398 Winterling 2011, S. 103 ff.
399 Winterling 2011, S. 147-151
400 Winterling 2011, S. 159
401 Montefiore 2009, S. 32
402 MacGregor 2013, 46.25
403 Winterling 2011, S. 127 ff.
404 Camus 2013 (E-Book)

405 Sueton 1974, S. 257 f. (XXVI)
406 Ferrero 1911, Kindle loc 1555/2009
407 Ferrero 1911, Kindle loc 1609
408 Tacitus 1988, S. 410 (XIV, 9)
409 Grant 1998, S. 12 f.
410 Ferrero 1911, Kindle loc 1643-1665
411 Sueton 1974, S. 281-285 (XX-XXIV)
412 Sueton 1974, S. 286 f. (XXVI)
413 Tacitus 1988, S. 369 (XIII, 13)
414 Sueton 1974, S. 287 ff. (XXVIII)
415 Sueton 1974, S. 294 (XXXV)
416 Tacitus 1988, S. 404 (XIV, 2)
417 Sueton 1974, S. 288 (XXIX)
418 Tacitus 1988, S. 391 f. (IX, 45, 46)
419 Tacitus 1988, S. 409 (XIV, 8)
420 Aischylos 1987, S. 93
421 Tacitus 1988, S. 411 (XIV, 12)
422 New York Times, 1.2.1902: http://query.nytimes.com/mem/archive-free/pdf?res=FA0A10FC3E5412738DDDA-80894DA405B828CF1D3
423 Cassius Dio, Buch 62.13
424 Tacitus, S. 439 ff. (XIV, 62-65)
425 Sueton 1974, S. 295 (35), Tacitus 1998, S. 498 (XVI-6), Cassius Dio, Buch 62.27
426 Sueton 1974, S. 288 (28)
427 Grant 1998, S. 114 ff.
428 Sueton 1974, S. 279 (16)
429 Sueton 1974, S. 301 (42)
430 Grant 1998, S. 196 f.
431 Chaucer 1981, S. 307
432 Heissig 1981, S. 17
433 Heissig 1981, S. 18
434 Weatherford 2004, S. 13f.
435 Heissig 1981, S. 24 ff.
436 Weatherford 2004, S. 25ff.
437 Man 2008, S. 84 f.
438 Weatherford 2004, S. 30 f.
439 Heissig 1981, S. 33
440 Heissig 1981, S. 36
441 Heissig 1981, S. 40

442 Weatherford 2004, S. 35 f.

443 Weatherford 2004, S. 55 f.

444 Man 2008, S. 102

445 Weatherford 2004, S. 60 f.

446 Montefiore 2009, S. 77

447 http://news.bbc.co.uk/2/hi/uk_news/
england/london/3871159.stm

448 Man 2008, S. 236

449 Weatherford 2004, S. xx, xxi

450 http://www.dagbladet.no/2013/04/15/
kultur/litteratur/bok/hilde_ostby/
leksikon_om_lengsel/26593462/

451 Sandved 1997, S. 54 (1. Akt, Szene IV)

452 http://no.wikipedia.org/wiki/Anne_Bo-
leyn

453 Weir 1991, S. 160

454 Black 2012, Kindle loc 163-182

455 http://www.deutschlandfunk.de/kuehner-
als-ein-loewe.871.de.html?dram:article_
id=127338

456 http://www.gutenberg.org/files/32155/
32155-h/32155-h.htm

457 http://www.gutenberg.org/
files/32155/32155-h/32155-h.htm

458 Hackett 1971, S. 258

459 Black 2012, Kindle loc 187

460 Weir 1991, S. 221

461 Weir 1991, S. 222

462 Weir 1991, S. 230 f.

463 Cranitch 2001, 21.00

464 Cranitch 2001, 24.40

465 Hackett 1971, S. 330

466 Weir 1991, S. 282

467 Weir 1991, S. 303 f.

468 Weir 1991, S. 327

469 Weir 1991, S. 333

470 http://en.wikipedia.org/wiki/Oh_
Death_Rock_Me_Asleep

471 Weir 1991, S. 332

472 Black 2012, Kindle loc 367

473 Hackett 1971, S. 352

474 De Madariaga 2005, S. 53 f.

475 De Madariaga 2005, S. 54

476 Payne/Romanoff 2002, Kindle loc 2654

477 Payne/Romanoff 2002, Kindle loc 1086

478 Payne/Romanoff 2002, Kindle loc
1565-1586

479 Payne/Romanoff 2002, Kindle loc 2069

480 Payne/Romanoff 2002, Kindle loc
2190-2232

481 Payne/Romanoff 2002, Kindle loc
2326-2337

482 De Madariaga 2005, S. 142

483 De Madariaga 2005, S. 143-148

484 De Madariaga 2005, S. 186

485 De Madariaga 2005, S. 242

486 De Madariaga 2005, S. 245

487 Payne/Romanoff 2002, Kindle loc
4018-4034

488 De Madariaga 2005, S. 432

489 De Madariaga 2005, S. 439

490 De Madariaga 2005, S. 327,442

491 Payne/Romanoff 2002, Kindle loc
6232-6273

492 De Madariaga 2005, S. 341

493 Terrill 2012, Kindle loc l924/7504

494 Ducret 2012, Kindle loc 3814

495 Terrill 2012, Kindle loc 293-311

496 Terrill 2012, Kindle loc 434

497 Terrill 2012, Kindle loc 422

498 Witke 1978, S. 55 ff.

499 http://en.wikipedia.org/wiki/Yang_Kai-
hui

500 Schram 1970, S. 285

501 Ducret 2012, Kindle loc 3674

502 Terrill 2012, Kindle loc 2338-2352

503 Min 2001, S. 147

504 Terrill 2012, Kindle loc 2419-2432

505 Terrill 2012, Kindle loc 2474-2526

506 Terrill 2012, Kindle loc 3291-3340

507 Terrill 2012, Kindle loc 3390

508 Ducret 2012, Kindle loc 4087

509 Ducret 2012, Kindle loc 4124
510 Terrill 2012, Kindle loc 4870-4960, 7136
511 Terrill 2012, Kindle loc 4993-5022
512 Terrill 2012, Kindle loc 468, 752, 1070, 1721, 3404, 4622
513 Ducret 2012, Kindle loc 4157
514 Terrill 2012, Kindle loc 6556-6569
515 Terrill 2012, Kindle loc 6586
516 Terrill 2012, Kindle loc 46
517 Terrill 2012, Kindle loc 6725
518 Terrill 2012, Kindle loc 6704
519 Terrill 2012, Kindle loc 6661-6672
520 Terrill 2012, Kinde loc 6746
521 Terrill 2012, Kindle loc 46
522 Terrill 2012, Kindle loc 6831
523 Terrill 2012, Kindle loc 6841-6853
524 Terrill 2012, Kindle loc 6757-6778
525 Terrill 2012, Kindle loc 6800
526 Terrill 2012, Kindle loc 114
527 Terrill 2012, Kindle loc 6919
528 Terrill 2012, Kindle loc 6940
529 Terrill 2012, Kindle loc 7039-7059
530 Ellison 2012, Kindle loc 1021/5397
531 Diaz 2003, 11.00
532 Diaz 2003, 11.24
533 Ellison 2012, Kindle loc 993
534 Ellison 2012, Kindle loc 1233
535 Ellison 2012, Kindle loc 1161
536 Ellison 2012, Kinde loc 1498-1509
537 Rempel 2013, Kindle loc 1463
538 Ellison 2012, Kindle loc 1520-1537
539 Ellison 2012, Kindle loc 2319
540 Ellison 2012, Kindle loc 1537
541 Ellison 2012, Kindle loc 1464
542 Ellison 2012, Kindle loc 1987
543 Diaz 2003, 40.30
544 Rempel 2013, Kindle loc 1400
545 Diaz 2003, 02.10
546 Rempel 2013, Kindle loc 3634
547 Diaz 2003, 28.25
548 Rempel 2013, Kindle loc 3738
549 Ellison 2012, Kindle loc 2523
550 Ellison 2012, Kindle loc 2596
551 Ellison 2012, Kindle loc 2611
552 Ellison 2012, Kindle loc 2791
553 Petersen/Skov 2004, S. 171
554 Ellison 2012, Kindle loc 3246
555 Ellison 2012, Kindle loc 2046
556 Rempel 2013, Kindle loc 1672
557 Rempel 2013, Kindle loc 1740
558 Rempel 2013, Kindle loc 1794
559 Rempel 2013, Kindle loc 1712
560 Rempel 2013, Kindle loc 1807
561 Ellison 2012, Kindle loc 2089
562 Ellison 2012, Kindle loc 5244
563 Ellison 2012, Kindle loc 2112
564 Rempel 2013, Kindle loc 2125
565 Ellison 2012, Kindle loc 199
566 Diaz 2003, 74.20
567 Diaz 2003, 68.40
568 Ellison 2012, Kindle loc 272
569 Diaz 2003, 81.50
570 Diaz 2003, 98.30
571 http://www.foxnews.com/world/2014/04/16/north-korean-officials-complain-about-uk-salon-owner-poster-mocking-kim-jong-un/
572 http://asiamatters.blogspot.com.es/2010/02/interviews-with-former-member-of-kim.html
573 Demick 2011, S. 25
574 The Guardian, 4.4.2003: http://www.theguardian.com/film/2003/apr/04/artsfeatures1
575 BBC News, 5.3.2003: http://news.bbc.co.uk/2/hi/asia-pacific/2821221.stm
576 Thomson 2003
577 https://www.koreatimes.co.kr/www/common/printpreview.asp?categoryCode=142&newsIdx=14298
578 Gorenfield 2003

579 Gorenfield 2003

580 The Atlantic, Januar 2004: http://www.
theatlantic.com/magazine/archive/2004/-
01/i-was-kim-jong-ils-cook/308837/

581 http://www.gq.com/news-politics/
big-issues/200610/north-korea-po-
wer-struggle

582 Johnson 2013

583 The Huffington post, 19.2.2013: http://
www.huffingtonpost.com/2013/03/19/
kim-jong-un-daughter-dennis-
rodman_n_2908514.html

584 http://www.nytimes.com/2012/07/26/
world/asia/north-korean-leader-mar-
ries-reports-say.html?pagewan-
ted=all&_r=0

585 http://www.theguardian.com/
world/2013/sep/09/dennis-rod-
man-north-korea-baby-name

586 http://www.telegraph.co.uk/news/
worldnews/asia/northkorea/10328373/
North-Korea-denies-Kim-Jong-un-exe-
cuted-mistress-to-protect-wife.html

587 http://www.dagbladet.no/2013/12/12/
nyheter/nord-korea/utenriks/
politikk/30815387/

588 Dagbladet, 16.12.2013, Seite 16

589 VG (Verdens Gang), 17.12.2013, Seite
16–17

590 http://www.nytimes.com/2013/12/24/
world/asia/north-korea-purge.html

591 Law 2011, Kindle loc 204

592 Kyemba 1977, S. 100

593 Kyemba 1977, S. 113

594 VG (Verdens Gang) 12.8.1977, Seite 20

595 Kyemba 1977, S. 49 f.

596 VG (Verdens Gang) 12.8.1977, Seite 20

597 Kyemba 1977, S. 65 ff.

598 New Vision, 28.4.2013: http://www.
newvision.co.ug/news/642114-princess-
bagaya-was-fired-for-refusing-to-mar-
ry-amin.html

599 Kyemba 1977, S. 66 f.

600 Orizio 2003, S. 21

601 Kyemba 1977, S. 66 f.

602 Kyemba 1977, S. 100 f.

603 Kyemba 1977, S. 90

604 Kyemba 1977, S. 98-107

605 Orizio 2003, S. 25

606 Law 2011, Kindle loc 338

607 Kyemba 1977, S. 64

608 VG (Verdens Gang) 12.8.1977, Seite 20

609 Kyemba 1977, S. 108-112

610 Montefiore 2009, S. 282

611 Kyemba 1977, S. 119

612 Kyemba 1977, S. 122 f.

613 Orizio 2003, S. 23 f.

614 http://pullquote.typepad.com/
pullquote/2004/04/general_idi_ami.
html

615 Orizio 2003, S. 29

616 Kyemba 1977, S. 51

617 Kyemba 1977, S. 114

618 Coughlin 2003, S. 4-9

619 Coughlin 2003, S. 36 f.

620 Bashir/Sunnanå 2004, S. 264 ff.

621 Bashir/Sunnanå 2004, S. 329 f.

622 Bashir/Sunnanå 2004, S. 295 ff.

623 Bashir/Sunnanå 2004, S. 294

624 Coughlin 2003, S. 230-37

625 http://breakfornews.com/articles/
Saddams%20wife%20in%20gold.htm

626 Lampsos/Swanberg 2010, S. 18

627 Lampsos/Swanberg 2010, S. 26

628 Lampsos/Swanberg 2010, S. 29-32

629 Lampsos/Swanberg 2010, S. 38 f.

630 Lampsos/Swanberg 2010, S. 96 f.

631 Lampsos/Swanberg 2010, S. 119

632 Lampsos/Swanberg 2010, S. 109

633 Lampsos/Swanberg 2010, S. 151 f.

634 Lampsos/Swanberg 2010, S. 173-180

635 Lampsos/Swanberg 2010, S. 167 f.

636 Lampsos/Swanberg 2010, S. 201 f.

637 Lampsos/Swanberg 2010, S. 211 f.

638 Lampsos/Swanberg 2010, S. 228

639 Lampsos/Swanberg 2010, S. 246 f.

640 Lampsos/Swanberg 2010, S. 290 ff.

641 Lampsos/Swanberg 2010, S. 299 f.

642 Lampsos/Swanberg 2010, S. 303-312

643 Lampsos/Swanberg 2010, S. 327-332

644 Lampsos/Swanberg 2010, S. 264 ff.

645 Lampsos/Swanberg 2010, S. 331 f.

646 http://abcnews.go.com/Primetime/story?id=131987

647 Lampsos/Swanberg 2010, S. 351

648 Lampsos/Swanberg 2010, S. 195

649 *Vogue* Februar 2011: http://www.sott.net/article/264587-A-Rose-in-the-Desert-Asma-Al-Assad-Lady-Diana-of-the-Middle-East

650 http://en.wikipedia.org/wiki/Timeline_of_the_Syrian_Civil_War_(January%E2%80%93April_2011)

651 http://www.newsweek.com/joan-juliet-buck-my-vogue-interview-syrias-first-lady-65615

652 http://www.elle.fr/People/Style/Trajectoire-mode/Best-dressed-2008-les-femmes-d-etat/1-Asma-Al-Asad#

653 http://economictimes.indiatimes.com/slideshows/spending-lifestyle/memorable-first-ladies-hall-of-fame-and-shame/queen-rania-al-abdullah-jordan/slideshow/19647565.cms

654 Buck 2011

655 New York Times, 25.9.2006: http://www.nytimes.com/2006/09/25/world/americas/25arar.html

656 The Independent, 17.12.2013: http://www.independent.co.uk/news/world/middle-east/british-prisoner-dr-abbas-khan-found-dead-in-syrian-jail-days-before-he-was-due-to-be-handed-over-to-mp-george-galloway-9010003.html

657 Interview mit Dennis Kucinich und Fox News, September 2013: http://sana.sy/eng/21/2013/09/19/503275.htm

658 http://www.theguardian.com/world/2012/mar/14/bashar-al-assad-syria4

659 http://www.theguardian.com/world/2012/mar/14/bashar-al-assad-syria19

660 http://www.theguardian.com/world/2012/mar/14/bashar-al-assad-syria23

661 http://www.theguardian.com/world/2012/mar/14/bashar-al-assad-syria25

662 http://www.theguardian.com/world/2012/mar/14/bashar-al-assad-syria20

663 http://www.theguardian.com/world/2012/mar/15/assad-emails-father-in-law-crackdown

664 http://www.theguardian.com/world/2012/mar/15/bashar-al-assad-syria4

665 http://www.theguardian.com/world/2012/mar/14/bashar-al-assad-syria8

666 http://www.theguardian.com/world/2012/mar/15/bashar-al-assad-syria3

667 http://www.theguardian.com/world/2012/mar/14/bashar-al-assad-syria9

668 http://www.theguardian.com/world/2012/mar/14/bashar-al-assad-syria24

669 http://www.theguardian.com/commentisfree/2012/mar/15/assads-at-war-killing-shopping

670 http://www.theguardian.com/world/2012/mar/14/syria-middleeast1

671 http://wikileaks.org/syria-files/docs/2100488_long-live-bachelors.html

672 http://blottr.com/breaking-news/best-jokes-bashar-al-assad

673 Buck 2011

674 http://blottr.com/breaking-news/best-jokes-bashar-al-assad

675 http://www.telegraph.co.uk/news/worldnews/middleeast/syria/9151547/Syria-I-am-the-real-dictator-declares-Asma-al-Assad.html

676 http://www.theguardian.com/world/2012/mar/16/syria-middleeast1

677 http://www.theguardian.com/world/2012/mar/16/syria-middleeast

678 http://www.theguardian.com/world/2012/
mar/14/bashar-al-assad-syria17

679 http://www.theguardian.com/world/2012/
mar/14/syria-bashar-al-assad3

680 http://www.theguardian.com/world/2012/
mar/14/assad-emails-syria-damascus

681 http://www.theguardian.com/world/2012/
mar/14/bashar-al-assad-syria12

682 http://www.theguardian.com/world/2012/
mar/14/syria-bashar-al-assad2

683 http://www.dailymail.co.uk/news/
article-2116653/Bashar-al-Assad-Emails-
leaked-Syrian-rebels-reveal-married-dic-
tators-secret-admirers.html

684 http://www.theguardian.com/world/2012/
mar/14/bashar-al-assad-syria18

685 http://www.theguardian.com/world/2012/
mar/14/bashar-al-assad-syria15

686 Harding 2012

687 New York Post, 13.6.2012: http://nypost.
com/2012/06/13/aide-helped-as-
sad-spin-atrocities/

688 http://www.dailymail.co.uk/news/
article-2159224/Assads-glamorous-ai-
de-Sheherazad-Jaafari-defends-wor-
king-aide-brutal-dictator.html

689 Bennett 2012

690 Brennan 2012

691 http://www.independent.co.uk/news/
world/middle-east/facebook-post-suppo-
sedly-written-by-assads-son-invites-ame-
ricans-to-attack-syria-8791340.html

692 http://www.amnesty.no/aktuelt/flere-ny-
heter/ber-asma-al-assad-bruke-kvinne-
list-i-syria

693 http://www.huffingtonpost.
com/2013/08/20/asma-al-assad-jawbo-
ne_n_3781631.html

694 http://www.newsweek.com/joan-ju-
liet-buck-my-vogue-interview-syrias-
first-lady-65615

695 Ajami, Rania: Shadows of a leader,
Cipher Productions, 2004 (Dokumentarfilm)

696 Cojean 2013, Kindle loc 661

697 http://www.nrk.no/verden/gadda-
fis-amasoner-1.7529568

698 Ajami 2004

699 Cojean 2013, Kindle loc 2231-2258

700 Cojean 2013, Kindle loc 2392-2408

701 The Guardian, 7.12.2010: http://www.
theguardian.com/world/2010/dec/07/
wikileaks-cables-gaddafi-voluptu-
ous-blonde

702 The Telegraph, 27.12.2011: http://www.
telegraph.co.uk/news/worldnews/
africaandindianocean/libya/8350678/
Libya-Gaddafis-alleged-lo-
ver-flees-country.html

703 http://www.vg.no/nyheter/innenriks/
libya/derfor-kom-gaddafi-sykepleie-
ren-til-norge/a/10085225/

704 Der Spiegel, 6.4.2011: http://www.
spiegel.de/international/world/
gadhafi-s-ukrainian-nurses-papa-is-
used-to-the-heat-a-755470.html

705 Leigh, 2010

706 Cojean 2013, Kindle loc 2389

707 Cojean 2013, Kindle loc 2534

708 Cojean 2013, Kindle loc 2644

709 Cojean 2013, Kindle loc 927, 2459

710 Cojean 2013, Kindle loc 1945-1998

711 Cojean 2013, Kindle loc 310-503

712 Cojean 2013, Kindle loc 921

713 Cojean 2013, Kindle loc 531-580, 880

714 Cojean 2013, Kindle loc 1091

715 Cojean 2013, Kindle loc 999-1042

716 Cojean 2013, Kindle loc 925-937

717 Cojean 2013, Kindle loc 905

718 Cojean 2013, Kindle loc 1066-1190

719 Washington Post, 21.10.2011: http://www.
washingtonpost.com/blogs/blogpost/
post/moammar-gaddafis-last-words-do-
you-know-right-from-wrong/2011/10/21/
gIQAiyrI3L_blog.html

720 Cojean 2013, Kindle loc 1628

Über den Autor

SVEINUNG MIKKELSEN (geb. 1982) ist Autor und Fernsehjournalist. Seine Romane sind in norwegischer und englischer Sprache erschienen. *Die Frauen der Diktatoren* ist sein erstes Sachbuch. Auf Twitter ist er unter @sveinungmikkel aktiv.